욕망의 코카콜라

욕망의
코카콜라

9 788962 620740 93400

김덕호 지음

지호

얼마 전

우리 곁을 떠나신 아버지

김광조 님께

차례

들어가는 글

코카콜라를 통해서 본 소비사회

스티브 잡스를 모르는 사람은 거의 없을 것이다. 짧고도 굵었던 그의 파란만장한 삶을 어찌 모르랴. 잡스는 많은 사람들이 지하철이나 카페를 비롯한 일상의 공간에서 고개를 숙이고 열중하는 이젠 신체의 일부처럼 된 스마트폰을 선사한 사람이다. 그런 잡스에게 평생에 단 한 번 엄청난 패배를 안겨준 사람이 존 스컬리John Sculley였다. 스컬리는 애플 사의 최고경영자로서 이사회에 잡스의 해임 안을 상정하여 창업자인 잡스를 쫓아냈다. 그런데 그 스컬리를 어렵게 애플로 불러온 사람이 바로 이 잡스였다.

스컬리는 원래 '펩시코Pepsi Co'에서 펩시콜라 사장을 맡고 있었다. 그는 1970년대 초 '펩시 세대Pepsi Generation'라는 감성적 광고를 만들어 미국의 젊은이들을 끌어들였다. 이 광고를 통해 펩시는 젊지만 코카콜라는 늙었다는 인상을 미국의 소비자들에게 분명히 전달하고 있었다. 이 광고의 성공으로 그는 입사 십 년 만에 펩시콜라 역사상 최연소 사장이 된 마케팅의 귀재였다. 사장이 된 그는 1980년대 초 '펩시 챌린지Pepsi Challenge'라는 프로그램을 전국으로 확대하여 코카콜라 사를 거의 공황상황에 빠뜨렸다. 결국 코카콜라 사는 백 년 동안 유지해온 제조법을 버리고 '뉴 코크New Coke'이라는 새로운 콜라를 만들었다. 그러나 미국의 소비자들이 이에 등을 돌리는 초유의 참사를 맞이하게 되고, 결국 코카콜라 사는 자신의 엄청난 실수를 인정할 수밖에 없었다. 그러니 어찌 보면 코카콜라 사로 하여금 '뉴 코크 소동'이라는 악수를 두게 한 사람이 바로 이 스컬리였다.

그런데 서부 촌놈 잡스가 동부 도시 사람인 스컬리에게 대기업인 펩시코를 버리고 중소기업인 애플로 와달라고 손을 내밀었다. 중소기업의 잡스는 전통산업인 로우테크low-tech에 머물지 말고 하이테크high-tech인 컴퓨터 산업에 도전해보라는 권유를 해온 것이다. 하지만 여러 차례 만나고도 스컬리가 망설이다 거절의 뜻을 표명하자, 잡스는 결정적인 한 방을 날렸다. 앞으로도 평생 '설탕물' 장사만 하다가 죽을 것이냐고. 이 한 방에 스컬리는 안정된 장래를 포기하고 신생 중소기업인 애플로 옮겼던 것이다.[1] 잡스는 핵심을 정확히 찔렀다. 콜라 사업은 본질적으로 설탕물을 파는 것이다. 코카콜라는 원료의 99퍼센트가 설탕과 물로 이루어진 탄산음료이다. 펩시콜라도 마찬가지다. 콜라는 기껏해야 탄산이 포함된 설탕물인 것이다.

그런데 이 대단치도 않은 설탕물로 만든 코카콜라가 지난 13년 동안 전 세계의 이름난 브랜드 중에서 부동의 1위 자리를 차지해온 현실을 어떻게 설명할 것인가. 코카콜라는 세계적인 브랜드 컨설팅 회사인 '인터브랜드Interbrand'가 2000년부터 실시한 '최고의 글로벌 브랜드' 평가에서 연속적으로 부동의 1위를 차지했다. 2012년 10월에 발표한 보고서에 따르면, 코카콜라의 브랜드 가치는 무려 778억 달러나 된다. 이것은 2011년에 비해서도 8퍼센트가 증가한 수치다. 우리 돈으로 환산하면 85조 5천8백억 원에 해당하는 천문학적인 금액이다.[2] 그런데 그저 그렇고 그런 설탕물인 탄산음료가 어떻게 이 지구상에서 최고의 브랜드가 될 수 있을까? 이 질문에 대한 답변은 코카콜라 사의 광고와, 코카콜라 광고가 만들어낸 소비사회, 그리고 그 소비사회를 떠받치고 있는 자본주의와 관련되어 있다. 사실 20세기 자본주의 사회에서 광고만큼 위력적인 것은 없었다. 이미지의 힘을 통한 대중적 커뮤니케이션의 수단으로서 광고야말로 세기의 총아였다.

1993년의 베니스 비엔날레의 감독을 역임한 예술비평가 아실레 보니토 올리바Achille Bonito Oliva는 "코카콜라가 왜 단순한 상표가 아니라 정치적 십자군의 상징"인지를 로마 황제 콘스탄티누스의 말을 인용해 명쾌하게 들려주었다. "(너희는) 이 표식으로 승리할 것이다.In Hoc Signo Vinces." 이런 메시지가 막센티우스와의 전투를 앞둔 콘스탄티누스 앞에, 그것도 백주 대낮의 하늘에 십자가 표식과 함께 나타났다고 전한다. 콘스탄티누스는 자신의 군대에게 명령하여 군기와 방패마다 십자가를 표시하도록 했고, 그리하여 '밀비오 다리'의 전투에서 승리했다. 이후 그는 기독교를 공인한 최초의 로마 황제가 되었다. 그런데 1990년대 파격적인 베네통 광고들을 만들었던 올리비에로 토스카니Oliviero Toscani가 볼 때 코카콜라야말로 광고를 통해 모든 것을 이미지에 종속시키는 기적을 행할 수 있었다. 콘스탄티누스가 십자가를 이용하였듯이, 코카콜라는 빨강색과 흰색을 대비시킨 선명한 로고, 부드러우면서도 강렬한 느낌을 주는 스펜서 식 서체, 그 특이한 모양의 병을 통해 라틴아메리카와 유럽, 마침내 전 세계를 정복했다. 나아가 이것은 미국의 소비자본주의가 장차 전 세계에서 승리를 거두는 과정이기도 했다. 토스카니의 주장처럼 20세기의 광고는 "정복자의 마지막 이데올로기"였을지도 모르겠다.[3] 그리하여 좋든 싫든 코카콜라 사의 상표는 20세기의 대표적인 보편적 상징물이 된 것이다.

그렇다면 우리는 이 성공적인 상품인 설탕물 99퍼센트의 코카콜라를 통해서 우리의 일상생활을 떠받치고 있는 자본주의와 자본주의를 굴러가게 하는 소비사회를 이해하고, 소비사회에 활력을 불어넣고 상품의 존망까지도 좌우하는 광고의 속성까지도 코카콜라의 역사를 통해 그 단면을 엿볼 수 있지 않겠는가. 그것이 좋든 나쁘든 우리의 현재를 규정하고 있는 환경을 만든 것이고, 우리의 지난 백 년의 역사도 이 방향으로 치달았기 때문이다. 곧 코카콜라는 우리의 백 년의 삶을 지배한 풍조의 한 아이콘이 될 수 있다는 말이다.

만일 코카콜라가 지금의 소비사회 이전에 만들어졌다면, 그래도 과연 많은 사람들이 코카콜라를 갈증의 해소책으로 선택했을까? 소비사회는 모든 사물을 소비 가능한 인공물로 만들어 버린다. 코카콜라는 코카와 콜라를 이어 붙인 이름이다. 코카 잎은 주로 페루, 볼리비아나 콜롬비아 같은 국가에서, 콜라 열매는 아프리카 사하라 사막의 남쪽 해안 열대 우림 지역의 국가들에서 주로 생산된다. 그런데 코카콜라에 코카 성분도 콜라 성분도 없다면, 그래도 코카콜라라는 이름으로 불리는 것이 온당할 것인가?

일부 주장에 따르면 1948년 이후 코카인을 화학적으로 제거한 코카 성분조차도 코카콜라에서 없어졌다고 한다. 또한 현재 코카콜라든 펩시콜라든 콜라 추출물을 사용하지 않고 있다는 주장도 있다. 그런 까닭에 성분상으로 보자면 코카콜라를 비롯한 콜라 음료는 세븐업 같은 사이다처럼 콜라가 아니라고 주장한다.[4] 아무튼 오늘날 사람들이 코카콜라를 마시는 것은 코카 잎이나 콜라 열매의 의약품으로의 효능 때문에 마시는 게 아니라는 사실만큼은 분명하다. 그런데도 전 세계의 수많은 사람들이 날마다 엄청나게 코카콜라를 마신다.

존재조차 몰랐던 상품이라도 광고를 통해 효과적으로 선전이 되면 사람들은 그 상품이 필요하다고 느낀다. 특정한 상품이 탄생하면 광고에 의해서 시장이 형성되는 것이다. 이것이야말로 소비사회의 한 단면이기도 하거니와, 또한 소비사회가 작동하는 방식이기도 하다. 우리는 이미 소비사회에 살고 있다. 장 보드리야르Jean Baudrillard가 말한 것처럼, 우리는 넘쳐나는 "사물의 밀림"에서 거주하는 셈이다.[5] 그러면서 우리는 인간의 욕망은 무한하지만 세상의 자원은 유한하다는 경제학의 중요한 기본 전제를 잊고 있다. 마찬가지로 우리는 그렇게 많은 코카콜라를 소비하면서도 거기에 사용될 설탕이나 설탕 대용물이 얼마나 필요한지에 대해서는 생각조차 하지 않고 있다.

코카콜라는 분명 사람들이 절실히 원해서 만들어진 음료가 아니다. 처음에는 소화불량이나 두통, 심지어는 신경증의 치료제라고 선전하던 19세기 후반 미국의 수많은 특허매약 중의 하나였을 뿐이었다. 이런 코카콜라가 어떻게 청량음료로 변신하였던가. 게다가 어떻게 특정 탄산음료가 프랑스의 포도주처럼 미국을 대표하는 '토템 음료'가 되었으며, 자본주의를 상징하게 되었으며, 나아가 소비사회의 아이콘이 되었던가.

반드시 마시지 않아도 되는 것을 마시고 싶다고 느끼는 것이 바로 욕망이다. 코카콜라도 다르지 않다. 갈증과는 무관하게 사람들은 이 탄산음료를 욕망한다. 목마름이라는 생리적 욕구야 물로도 채울 수 있지만, 사람들은 코카콜라를 '콕 집어' 찾는다. 이러한 상태가 바로 욕망이 지배하는 사회의 모습이다. 필요의 단계에서는 생리적 만족이 최우선이지만, 욕망은 생리적 만족을 넘어 심리적 만족에까지 이를 때 비로소 실현된다고 말할 수 있다. 코카콜라는 바로 그 심리적 만족을 목표로 한다. 그것은 갈증이라는 생물학적 필요뿐 아니라, 행복 또는 라이프스타일로 표현되는 사회학적 욕망까지도 충족시키는 소비재이다.

니체가 말했던 '푸줏간 앞의 개'에 대해서 생각해보자. 배고픈 개에게 푸줏간에 걸린 고기를 먹고 싶다는 간절한 욕망은 너무 절실하지만, 그 욕망을 실현하려다 자칫 잘못되면 푸줏간 주인에게 몽둥이찜질을 당하기에 너무 두렵다. 욕망과 공포 사이의 딜레마 때문에, 그 개는 푸줏간의 고기를 빤히 보고서도 "공포 때문에 전진할 수도 없고, 욕망 때문에 후퇴할 수도 없다."[6] 산업혁명 이전 이른바 민중들은 욕망과 관련해서 니체의 개 수준의 취급을 받았을 것이다. 당연히 푸줏간 주인은 성직자나 귀족들이 해당될 것이고, 이들은 신분사회에서 자신의 욕망을 실현시킬 수 있었다. 그들만이 화려한 사치품을 입고 온갖 보석으로 몸을 치장할 수 있었다. 절대 다수를 차지하는 대중은 그저 바라만 보고, 그들의 욕망은 지배계급이 행사하는 공권력의 공포에 의해 철저히 봉인되어 있었다. 그런데 산업혁명이 진행되면서 대량생산이 가능해지고, 어느 시점부터 생산량이 기존의 수요량을 넘어서면서, 오히려 더 많은 수요를 창출해야 할 필요성이 생겼다. 소비하는 대중이 필요하게 된 것이다. 나아가 그들에게 소비가 미덕인 양 권유하는 사회로 변모하게 되었다. 이제 대중에게도 소비라는 욕망을 실현할 자격이 주어진 것이다. 따라서 욕망을 이해하지 않고는 소비현상을 이해할 수 없다. 즉 욕망은 현대 대중소비사회를 이해하는 키워드이자 열쇠이다.

세상이 달라졌다. 그리고 이렇게 변화된 새로운 세상의 성격을 잘 보여줄 수 있는 프레임이 바로 이 코카콜라다. 우리는 코카콜라를 통해 미국 남부의 도시 애틀랜타 한 구석에서 시작한 탄산음료가 미국 전체를 사로잡고, 마침내 전 세계를 품게 되는 놀라운 이야기를 이해하고자 한다. 전 지구적으로 소비사회가 심화되고 있거나 혹은 소비사회를 지향하고 있는 현 상황에서, 소비사회가 어떻게 만들어지며, 또 어떻게 진행되어 왔는가를 탄산음료라는 인공물을 통해 알아보는 것도 나름대로 의미가 있으리라는 생각에서 이 책을 쓰게 되었다.

코카콜라를 주제로 글을 쓰겠다고 한 것은 정말 우연이었다. 1996년 겨울 1월 즈음에 미국사학회에 속해 있던 임원들이 그해 여름 학술대회 주제를 정하기 위해 모임을 가졌다. 나는 이 자리에서 미국의 대기업 문화를 역사적으로 접근해보면 어떻겠냐는 제안을 했다. 당시 나는 미키마우스와 코카콜라를 생각하고 있었다. 미키마우스는 역사가 워렌 서스먼Warren Susman, 코카콜라는 내가 공부했던 대학의 리처드 카이즐Richard Kuisel 덕분이었다. 그 학술대회의 논문 발표를 위해 우선 2차 사료만 찾아볼 수밖에 없었는데, 월트 디즈니에 관한 자료들은 조금 있었지만 미키마우스에 관한 제대로 된 자료들은 거의 찾을 수 없었다. 반면에 코카콜라에 관해서는 최근 저서 두 권이 출간되어 있었다. 당시 1차 사료를 찾아 작업한다는 것이 시간상 불가능했기에 나는 광고를 중심으로 코카콜라에 관한 논문을 작성하여 무사히 발표를 마칠 수 있었다.

그러면 어떻게 코카콜라를 발표 주제로 선택하였던 것일까. 미국에서 유학하던 1990년 봄 학기에 나는 '학위논문 워크숍'이라는 수업에 참가했다. 이것은 박사 학위논문을 쓰기 전에 반드시 들어야 하는 수업이었다. 그리고 이 수업을 이끈 분이 바로 카이즐 선생님이었다. 그 분은 첫 수업에서 자신의 논문을 보여주었다. 학술지에 실릴 논문의 초고로서 학술지 편집자가 이곳저곳에 빨간색으로 제법 많은 교정부호를 통해 수정사항을 표시해놓고 있었다.[7] 카이즐 선생님은 학술지에 글을 싣게 되면 누구나 다 이런 식으로 수정을 요구받으니, 학생들은 교수가 지적한다고 해서 지레 겁먹지 말라고 당부했다. 그때 보여준 논문이 제2차 세계대전 이후 프랑스의 미국화와 반미주의에 관한 것이었으며, 그 반미주의의 상징으로 코카콜라를 분석한 글이었다. 나는 그때까지만 해도 피자를 먹을 때나 가끔 마시던 코카콜라가 학술적 연구의 대상이 될 것이라고는 생각하지 못했다. 그 뒤 학위논문을 쓰고, 한국에 돌아와서는 강의와 밀린 논문 쓰느라 그 일을 까맣게 잊고 있었던 것이다. 그런데 학술대회를 준비하는 모임에서 자연스럽게 코카콜라라는 주제가 떠올랐던 것이다. 마치 지나친 기억의 한 장면처럼.

마들렌이라는 프랑스 과자를 아시는지 모르겠다. 프랑스 사람들이야 어릴 때부터 익숙한 맛이겠지만 한국 사람에게는 낯선 음식이다. 마르셀 프루스트의 『잃어버린 시간을 찾아서』에서 주인공은 바로 이 마들렌 과자를 홍차에 적셔 마시면서 불현듯 자신의 잃어버린 과거의 시간으로 돌아갈 수 있었다. 그러니까 마들렌이 바로 프루스트에게는 타임머신이었던 것이다. 마들렌에 대한 미각이 프루스트를 과거의 어느 시점으로 돌려놓았던 것처럼, 필자 또한 코카콜라라는 음료를 통해 미국의 대량소비사회가 역사적으로 어떻게 전개되어 왔으며, 나아가 전 세계는 어떻게 미국식 소비사회를 받아들게 되었는가 하는 주제로 들어설 수 있었다. 그리고 예정보다는 많이 늦어졌지만, 지금에서야 이 주제에 대한 여정을 일단락 지을 수 있게 되었다.

2013년 아우내와 매지리에서

김덕호

1부

가자, 욕망의 나라로

"코카콜라가 주변에 없다 하더라도
인류는 멸망하거나 아주 불편하지는 않을 것이다.
그러나 인류는 코카콜라와 더불어 좀 더 잘 지내고 있다.
모든 인간들의 보편적인 공통점은 휴식과 활동을 번갈아 하는 것이다.
코카콜라의 역할은 언제나 휴식의 시간을 좀 더 즐겁게 만드는 것이다.
즉 어떠한 잠깐의 휴식도 상쾌한 휴식이 될 수 있게 하는 것이다"

로버트 우드러프: 팻 워터스의 『*Coca-Cola: An Illustrated History*』에서 재인용

1장

코카콜라의 탄생

코카콜라는 미국의 소비문화를 상징하면서 동시에 전 지구적으로 널리 알려진 음료수다. 코카콜라는 1886년 이 지구상에 처음 태어났다. 그런데 당시 코카콜라는 오늘날 우리가 알고 있는 것 같은 청량음료가 아니었다. 목이 마를 때 갈증을 채우기 위해, 또는 음식을 먹을 때 같이 마시는 음료수로 시작한 것이 아니라는 뜻이다. 어찌 보면 엉뚱하게도 코카콜라는 이 세상에 의약품으로 첫선을 보인 것이다. 코카콜라는 초창기에 두통이나 위장병, 또는 피로회복 등 다양한 효과가 있는 특허매약patent medicine(일반 약국에서 손쉽게 구입하여 복용할 수 있는 것을 여기서는 매약이라고 한다. 특허와는 별 상관이 없지만 약 성분의 비밀을 유지함에 있어서 특허라는 별칭을 붙였다)으로 광고했고, 또 그렇게 팔렸다. 우리가 코카콜라의 탄생을 이해하기 위해서는 그 당시의 사회상을 이해할 필요가 있는데, 그것은 코카콜라가 매약의 시대에 존재하던 수많은 매약 중의 하나로 출발했다는 점 때문이다. 이 사실은 의

미심장한 것이다. 필자가 코카콜라에 관심을 갖게 된 이유 중 하나는 바로 미국에서의 소비사회가 어떻게 출현하게 되었는가를 알려는 더 큰 관심에서 출발한 것이었으며, 나아가 코카콜라를 더 잘 이해하게 될수록 미국의 소비사회의 성격 또한 더 잘 이해하게 되리라는 기대 때문이었다.

그렇다면 왜 코카콜라는 지난 백 년 이상 성분은 거의 변화가 없었는데도 왜 건강음료를 강조하던 의약품에서 청량음료로 그 용도가 바뀌었을까?

매약으로 시작한 코카콜라

코카콜라가 태어난 시대적 배경은 매약의 시기였다. 그리고 당시가 매약의 시대였기 때문에 코카콜라의 탄생이 가능했다. 왜 당시가 매약의 시대였던가? 그때 남부 사람들은 남북전쟁(1861~1865년)에서 패하여 물질적으로나 정신적으로 황폐할 수밖에 없었던 고통스러운 시기였다. 이 시기에 누군가가 병이 나면 제대로 치료하기가 어려웠다. 남부에는 부상을 입은 수많은 제대군인들로 넘쳐났지만, 그들을 제대로 치료할 수 없었다. 당시 사회에 의학적 지식이 충분치 못했을 뿐더러, 전문적으로 교육을 받은 의사 또한 많지 않았기 때문이다. 남부는 의학을 전문으로 다루는 의과대학도 드물었지만, 의사 또한 숫자가 많지 않았다. 그렇기 때문에 남부 사람들은 북부 사람들보다 더욱 더 약국에서 손쉽게 살 수 있는 매약에 의존할 수밖에 없었다.

19세기 동안 특허매약의 주요한 특징은 그 성분을 대외적인 비밀로 유지하는 것이었다. 사실상 매약은 원가가 저렴한데다 알코올이나 마약류 같은 위험한 성분을 다량으로 포함하고 있었기 때문에, 비밀 유지가 관건이어서 이런 신비주의를 부추겼다. 여하튼 매약은 대규모 제약회사가 등장하기 이전인 19세기 미국에서 유행한 의약품으로, 특허의 취득과는 직접적인 관련이 없었으며, 실제로는 개별적 약제사들이 비슷비슷한 원료를 가지고 만든 약들이었다. 이들은 자신이 만든 매약의 약효를 과장하여 거의 모든 질병이나 통증에 낫는 만병통치약인 것처럼 선전했다. 결과적으로 많은 사람들이 오남용하는 경향이 늘어 19세기 말에 가면 매약은 많은 사회적 문제를 야기했다.

미국의 경우 최초의 특허매약은 식민지 시절 본국인 잉글랜드로부터 건너왔다. '대피의 만병통치약Daffy's Elixir'이니 '터링턴의 생명의 향유Turlington's Balsam of Life' 따위의 이름이 붙은 매약은 제법 장사가 잘 되었다. 대부분의 경우 매약 성분은 밝히지 않았지만 몸에 해롭지는 않았다. 예컨대 어떤 화학자가 당시 인기 있던 매약인 '허스티터의 비터즈Hostetter's Bitters'를 분석해보았더니, 64퍼센트가 물이고, 32퍼센트가 호밀로 만든 알코올이고, 단지 4퍼센트만 약초 성분이 들어 있었다. 그러나 일부 제품은 위험하거나 중독성 있는 성분이 들어 있었다. 게다가 많은 매약들이 모르핀이나 아편 등의 마약 성분을 포함하고 있어 중독될 가능성이 높았다.[8]

그렇지만 이들 매약을 파는 사람들은 자신들의 매약이 특허를 받았기 때문에 약의 성분을 밝힐 수 없는 것처럼 거짓광고와 과대광고를 서슴지 않고 했다. 이들은 제대로 의학교육을 받은 적도 없으면서 의사를 자처하거나, 증언을 위조하거나, 없는 질병을 만들어내기도 하고, 자신들의 매약에 알기도 어려운 외국어 제목을 붙여 수입품이라고 속이거나, 희귀하고 비싼 약제 성분으로 만들어졌다고 사기 행각을 벌이기도 했다. 심지어 가난한 사람들을 미끼로 마치 자선사업가처럼 그들을 무료로 치료해 낫게 한 것처럼, 부자들을 속여 약을 팔기조차 했다. 이렇게 가짜 특허매약으로, 엉터리 만병통치약으로 그들은 떼돈을 벌 수 있었다. 그리하여 당대 저명한 의사이자 시인인 올리버 웬델 홈즈Oliver Wendell Holmes 박사는 이들을 "버섯, 아니 차라리 독버섯 백만장자"라고 맹비난했다.[9]

다시 한 번 강조하지만 19세기로 넘어오면서 특허매약은 충분히 돈벌이가 되었다. 왜냐하면 대다수 매약업자들은 상대적으로 저렴한 원료비에 많은 이익을 챙겨 약값을 책정했기 때문에 "모든 소비재 중에서 가장 이윤이 많은 투자"가 되었다. 떠돌이 행상들이 온갖 물건들을 가지고 돌아다니면서 팔았지만, 결국에 가장 많이 팔린 것은 '마법의 만병통치약magic elixir'이었다. 그리하여 남북전쟁이 끝나는 1865년경의 미국에는 만능약품을 포함한 특허매약이 1,500가지 이상 존재하였으며 도매가로 10억 달러에 이르렀다. 이렇다 보니 특허매약 시장이 점차 경쟁적인 상황이 되었다.[10]

역사가 데이비드 포터David Potter가 이야기했듯이 어떤 상품에 대한 수요가 공급보다 많을 때에는 광고가 단순할 수밖에 없다. 예컨대 "여기 있으니 와서 가져가시오" 같은 광고가 전부다. 그러나 상황이 반전되면 광고 자체도 변할 수밖에 없었다. 특허매약도 마찬가지였다. 이러한 상황이 남북전쟁 이후부터 매약업자들 사이에 벌어졌다. 그들은 넘쳐나는 매약을 고객들에게 팔아야만 했다.[11] 경쟁이 심화되자 매약 제조업자들은 매약의 성분보다 광고나 판매 기술이 더 중요하다는 것을 깨닫게 되었다. 그 결과 매약의 사활이 걸린 중대한 문제는 어떻게 일반 대중에게 자신의 제품을 확실하게 알릴 수 있느냐 하는 것이었다. 어떤 방식으로든지 자신의 매약이 뛰어나다고 알리지 않으면 안 되었는데, 이 시기 신문의 광고를 싣는 최대 고객이 바로 매약 제조업자들이었다. 특허매약이 신문, 잡지와 광고회사들에게 가장 큰 고객이 되기 시작하고, 이들의 성패는 많은 경우 광고에 좌우되게 되었다. 광고는 매우 공격적이었으며 게다가 확인되지 않은 효능들까지 나열하는 등 과장이 아주 심했다. 결과적으로 특허매약을 취급한 사람들은 1860년대와 1870년대에 형성되기 시작한 광고대행사의 가장 큰 고객이 되었다.[12]

언제가 매약 시대의 황금기였을까? 여기에 대해서는 여러 의견이 있다. 예컨대 리처드 밀러Richard Miller는 19세기 초반에서 중반 사이 수천 개의 매약이 활개 치던 시대라고 보는 반면, 잭슨 리어스Jackson Lears는 대략 1880년에서 식의약품을 통제 및 감독 기능을 강화하는 법안인 '순정식의약품법'이 된 통과된 1906년까지로 보고 있다. 그렇지만 1886년의 한 신문 기사에 따르자면 특허매약 시장이 워낙 경쟁이 심해 전체 매약 중에서 단지 2퍼센트만이 가까스로 살아남을 수 있었다고 보고하고 있다. 이 신문 기사가 미국 전체 매약 시장을 상대로 조사를 한 것인지는 불분명하지만, 이 시기가 되면 이미 매약 시장이 포화상태에 이르렀다는 간접 증거로 생각할 수 있을 것이다.[13]

1880년대와 1890년대의 매약업자들은 광고에 의존해 그들의 상품을 팔았기 때문에, 누구보다도 먼저 광고의 중요성을 인식하고 있었다. 원료비는 판매가의 10분의 1 이하에 불과했기에, 그들은 광고비

투자를 중요한 판매 전략으로 생각하고 있었다. 수많은 경쟁업체들 중에서 자신의 제품을 알리기 위해서는 광고가 필수적이었다. 따라서 매약은 당시 광고시장의 가장 큰 광고주들 중의 하나였다. 그들은 로고logo, 등록상표trademark, 사회적 지위 이용 등의 방법으로 대중들에게 그들의 상품을 선전했다. 어떤 면에서 보면, 그들은 단순히 상품이 아니라 이미지를 팔았던 최초의 사업가들이었다. 바로 이들 중 한 사람이 수십 년 이상 세계 최고의 브랜드 가치를 지닌 코카콜라를 창조한 존 펨버튼John S. Pemberton이었다.

펨버튼과 프렌치 와인 코카

존 펨버튼은 1833년 조지아 주 녹스빌Knoxville에서 태어나 남북전쟁이 끝난 후인 1869년 애틀랜타에 정착했다. 이곳에서 그는 매약의 전성기를 목격하고 있었다. 매약은 남북전쟁 이후 '신 남부New South'의 성장에 활력을 불어넣었다. 특히 애틀랜타는 미국 전역을 통틀어 어떤 도시보다도 도시 경제에서 매약업이 차지하는 비중이 컸으며, 따라서 이 산업은 애틀랜타가 '신 남부'의 주도권을 쥐는 데 큰 공헌을 했다.[14]

펨버튼 또한 특허매약을 만들어 일확천금을 꿈꾸던 애틀랜타의 꽤나 알려진 약제사였다. 그가 만든 몇몇 특허매약은 성공적이었다. 예를 들어 염색약인 '인디언그린Indian Queen Hair Dye'나 기침약인 '글로브플라워Globe Flower Cough Syrup'가 그랬다. 그래서인지 애틀랜타 시의 한 일간지는 1885년 3월의 기사에서 펨버튼이 "내놓는 약들이 족족 큰 성공을 거둔 것은 주목할 만하다. 그는 남부의 많은 소비자들에게 매우 명성이 높으며, 상표에 박힌 그의 이름은 빠른 효과와 성공의 보증수표다"라고 기록하고 있다. 1886년 4월의 또 다른 일간지 기사는 그를 "호감 가는 얼굴, 수수한 턱수염, 부드러운 눈빛, 모두에게 존경과 사랑을 받는 우리 시의 시민, J. S. 펨버튼 박사. 애틀랜타의 시민 중에 그를 모르는 사람이 있을까" 하고 묘사하고 있다. 이렇듯 그는 애틀랜타 지역에서는 제법 잘 나가는 매약업자였던 것이다.[15]

펨버튼은 당시 코카에 대한 연구에 몰두한 것 같다. 그는 코카의 효능에 관해서 유럽으로부터 많은 정보를 얻게 되었다. 오래 전부터 잉카인들은 코카를 '신의 식물'이라 여겼으며, 어떤 면에서는 이들에게 안데스 산맥을 넘나드는 여행이 가능했던 것이 이 코카 잎 때문이었다. 1855년에 유럽인들은 코카 잎에서 코카인을 분리하는데 성공했다. 그리고 이 코카인이 아편 중독 치료에 도움이 될 것이라 믿으면서, 특히나 화학자들과 의사들 사이에서 많은 연구가 있었다. 1884년 가을 전직 대통령이었던 율리시스 그랜트Ulysses S. Grant는 자신이 후두암에 걸린 사실을 알게 되었으며, 이 사실은 언론을 통해 미국인들에게 널리 알려졌다. 그랜트도 자신의 병의 진행 상태를 공표하게끔 허용했다. 그 과정에서 많은 미국인들은 자연스레 암의 고통을 줄여주는 데 코카인이라는 '기적의 약'이 결정적인 역할을 하고 있다는 것을 알게 되었다. 그랜트에게 코카인을 제공했던 사람은 코르시카 태생의 프랑스인 안젤로 마리아니Angelo Mariani였다. 마리아니는 약제사로서 코카 잎의 효능에 일찍 눈을 떠 그것을 상품화시키는 데 성공했다. 당시 그는 이미 기업가의 반열에 속해 있었다. 그가 만든 최고의 인기 상품은 보르도 산 포도주에다 페루에서 수입한 코카 잎을 6개월가량 담아놓은 것으로 '뱅 마리아니Vin Mariani'라는 매약이었다. 그는 1880년대 초에는 전 세계를 상대로 사업을 벌이고 있었으며, 토마스 에디슨, 교황 피우스 10세, 에밀 졸라 같은 많은 유명 인사들도 이 '뱅 마리아니'를 높이 평가했다. 따라서 그의 사업은 국제적인 성공을 거두고 있었다.[16]

이런 명성 때문에 여러 나라에서 이를 모방하려는 사람들이 많이 나타났는데, 특히 미국의 매약업자들이 앞을 다투어 비슷한 제품을 만들어냈다. 펨버튼도 바로 그런 사람들 중 하나였다. 그는 '뱅 마리아니'의 주성분에다 콜라 열매에서 추출한 내용물을 섞어서 '프렌치 와인 코카French Wine Coca'를 만들었다. 그리고 이 매약은 코카콜라의 이전 제품이므로 혈통적으로는 '뱅 마리아니'가 코카콜라의 할아버지뻘이라고 볼 수 있다.

이렇게 해서 1885년에 그가 개발한 '프렌치 와인 코카'는 분명히 매약이었지 음료수는 결코 아니었다. 1885년 '프렌치 와인 코카'에 대한 상표 등록을 마친 몇 주 뒤에 펨버튼은 애틀랜타의 지역지 〈애틀랜타 컨스티튜션*Atlanta Constitution*〉과 대담을 나누었다. 당시 이 신문의 기자는 그가 지닌 코카에 관한 지식에 감명을 받은 나머지, 그를 미국 내에서 최고의 전문가일 것이라고 추켜세웠다. 이 인터뷰에서 그는 코카를 인류에게 가장 큰 축복이라면서, 코카를 활용하여 아편, 모르핀, 알코올, 담배 또는 기타 마약성 자극제 사용에 중독된 모든 사람들을 치유하고 싶다는 의견을 피력했다.[17] 따라서 '프렌치 와인 코카'는 명백히 의약품적인 성격을 지닌 매약으로 제조되었음을 알 수 있다. 그리고 많은 매약에는 알코올 성분이 포함되어 있었다.

다만 '뱅 마리아니'의 짝퉁인 '프렌치 와인 코카'를 만들 때, 펨버튼은 연구 끝에 콜라 열매의 추출액을 새로이 넣었다. 여기에 펨버튼의 독창성이 있는 것이다. 콜라 열매 또한 코카 잎처럼 다량의 알칼로이드를 포함하고 있으며, 카페인 성분이 커피보다 많았다. 그는 코카 잎과 콜라 열매를 같이 재료로서 사용하여 결과적으로 코카인과 카페인이라는 강력한 강장제를 결합하여 '미국식 강장제'를 만든 것이다. 덕분에 미국에 수입되던 '뱅 마리아니'의 매출액이 오히려 줄어들었다.[18]

그는 자신의 신제품의 비밀을 알려주겠다면서 언론과의 접촉을 시도했다. 물론 자신의 신제품을 광고할 목적임은 당연한 것이었다. 그는 1885년 3월 초에 취재를 나온 기자에게 "순수한 포도주에 페루 산 코카 잎과 콜라 열매 추출물을 첨가했어요. 지금까지 나온 강장제 중 으뜸이라고 말씀드리고 싶습니다. 소화를 돕고 호흡기에 원기를 회복시켜주고, 근육과 신경체계를 강화해주지요"라고 '프렌치 와인 코카'를 소개했다. 기자가 '뱅 마리아니'의 모방품일 가능성에 대해 묻자, 이를 순순히 인정하면서 자신의 것이 더 나은 제품이라고 강조했다. 그리고는 얼마 되지 않아 광고를 통해 "이 세상에서 미국인들만큼 신경성질환으로 고생하는 사람들도 없습니다. ……신경성질환을 앓는 모든 분들에게 저희 신제품을 권해 드립니다. 저희 제품은 육체적 정신적인 피로감과 과민성소화장애, 변비, 두통 등 그 어떤 신경성질환을 앓는 분들이라도 금세 효과를 보실 수 있습니다. ……특히 무정자증이나 성기능장애에 특효가 있습니다. 다른 어떤 약을 써도 안 들을 때, 이 약 한 번 써보십시오" 하면서 그 자신이 개발한 '프렌치 와인 코카'를 소개하고 있다. '도금시대Gilded Age'는 일반적으로 남북전쟁 이후부터 19세기가 끝나는 시점까지를 의미하는데, 미국이 농업 중심의 국가에서 산업 중심의 자본주의 국가로 넘어가는 전환기였다. 즉 미국이 본격적으로 산업혁명에 박차를 가하여 경제적으로 대부분의 유럽 국가들을 따라잡던 시기였다. 이 시대에는 그 발전 속도가 어찌나 빨랐던지 많은 사람들, 특히 화이트칼라 계층은 '신경쇠약neurasthenia'이라는 새로 발견된 마음의 병으로 고생하고 있었다. 이 광고를 통해 그는 미국이 "이 세상에서 가장 신경질적인 국민"이라고 주장하면서, 그의 새로운 매약이 신경쇠약을 낫게 해줄 것이며, 나아가 변비, 두통, 우울증, 소화장애, 나아가 성적 능력 저하까지도 치료할 수 있는 만병통치약인 양 선전했다. 그의 신약은 성공적이었다. 출시된 다음 주인 토요일 하루만도 애틀랜타의 드럭스토어drug store[19] 한 곳에서 가격이 1달러인 '프렌치 와인 코카'가 무려 900개나 팔렸다.[20]

금주법 소동과 코카콜라

그런데 펨버튼이 '프렌치 와인 코카'를 본격적으로 자신의 효자 상품으로 판매하려고 애쓸 때 불행하게도, 애틀랜타에서는 술의 판매를 둘러싼 논쟁이 벌어지고 있었다. 한편에서는 반금주법 운동을 벌이고, 다른 한편에서는 금주법 실시를 강력하게 주장했던 것이다. 샘 존스 목사를 중심으로 한 개신교 단체의 압력으로 애틀랜타의 시장은 이 문제를 주민투표로 해결하고자 했다. 마침내 1885년 11월 25일에 애틀랜타와 그 주변의 풀턴 카운티Fulton County는 근소한 표차로 금주법을 통과시켰다. 금주법은 7개월의 유예를 둔 다음, 1886년 7월 1일부터 시행될 예정이었다. 펨버튼이 '프렌치 와인 코카'로 이제 큰돈을 벌기 시작하려는 순간 커다란 장벽에 부딪치게 되었다. 이는 다른 매약상들에게도 마찬가지였다. 많은 매약들에는 알코올이 주요 성분이었기 때문이었다.

그는 대체 제품을 찾아 '프렌치 와인 코카'의 성분을 바꾸는 데 주력했다. 포도주를 제거하는 것이야 그렇다 하더라도 콜라와 코카의 쓴맛을 어떻게 제거하느냐가 문제였다. 그는 일단 설탕을 첨가하여 쓴맛을 줄일 수 있었다. 그리고는 거의 매일 연구실에서 새로운 향을 넣고 빼는 실험을 반복했다. 일단 결과물이 나오면 그의 조카인 루이스 뉴먼Lewis Newman이나 제자뻘 되는 존 터너John Turner가 그것을 가지고 '제이콥스 드럭스토어'에 있는 탄산음료매장soda fountain[21]에 가져가 손님들에게 맛보게 했다. 1885년 겨울부터 1886년 봄까지 '금주 음료'를 만들고자 애쓴 결과, 4월 경 마침내 펨버튼은 코카콜라를 만들어냈다. 언론인 프레드릭 앨런Frederick Allen은 '프렌치 와인 코카'에서 코카콜라로 발전되었다는 주장은 사실이 아니라고 본다. 또한 금주법 때문에 코카콜라를 만들었을 것이라는 추정도 논리적이지만, 사실은 아니라고 생각한다. 왜냐하면 금주법 때문에 술집들이 문을 닫았지만, 주류의 판매량이 줄지 않았기 때문이다. 그러나 분명히 펨버튼은 금주법의 시행 예정을 심각하게 받아들였으며, 그렇기 때문에 코카콜라를 '나의 금주 음료'라고 불렀다. 조카인 뉴먼 또한 1886년 5월의 편지에서 삼촌이 자신의 '공장'에서 "새로운 금주 음료를 만들어 팔기 시작했다"고 언급하고 있다. 그래서인지 애틀랜타의 금주법 시기가 예상과 달리 일찍 끝나버리자 펨버튼은 '프렌치 와인 코카'

를 별도로 판매했으며, 이후 1893년까지도 이 매약은 애틀랜타 지역에서 팔리고 있었다.[22]

이렇듯 펨버튼은 예상치 못한 상황에서 금주법이 통과되자 코카콜라를 만든다. 그는 '프렌치 와인 코카'의 성분을 변경하여 코카콜라를 만들었던 것이다. 그러니까 코카콜라는 '프렌치 와인 코카'로부터 진화해왔거나, 또는 거기에 기원을 두고 있다고 볼 수 있을 것이다.

그런데 코카콜라를 화학적으로 만든 사람이 펨버튼이라면, 여기에 영혼을 불어넣은 사람은 프랭크 로빈슨Frank M. Robinson이었다. 로빈슨은 오늘날 우리가 연상할 수 있는 코카콜라 이미지의 토대를 만든 사람이었다. 많은 사람들은 로빈슨이 코카콜라 역사의 숨은 영웅이며, 코카콜라가 오늘날 전 세계적인 명성을 갖게 된 것도 로빈슨 때문이라고 보고 있다. 사실상 초기 20여 년 동안 로빈슨은 코카콜라의 광고를 제작했으며, 이들 광고가 오늘날의 코카콜라를 만드는 데 원동력이 되었다. 그는 일찍부터 광고의 중요성을 인식하고 있었다.

그는 메인 주 출신의 양키로서 아이오와 주에서 활동하다가 1885년 12월 남부의 애틀랜타로 내려와 펨버튼과 동업을 시작했다. 이 두 사람에 펨버튼의 파트너였던 에드 홀랜드Ed Holland가 합쳐 1886년 1월에 '펨버튼 화학회사Pemberton Chemical Company'라는 새로운 회사를 만들었다. 펨버튼은 조제를, 로빈슨은 광고를 포함한 판매를 담당하기로 일을 분담했다. 그는 펨버튼이 만든 매약인 '나의 금주 음료'에 코카콜라라는 이름을 붙여준 인물이었다. 로빈슨은 코카콜라의 두 주요 성분인 코카Coca에서 이름을 따오고 콜라Kola의 K자를 앞 글자와 통일시키기 위해 C자로 바꾸었으며, 두 단어를 이음줄로 연결하여

'Coca-Cola'라는 이름을 붙였다. 그러고 'Coca-Cola'를 스펜서 식 서체의 필기체 로고로 만들어 상표에 썼다. 그리하여 1887년 6월 16일자 코카콜라 광고에 처음으로 로빈슨이 제안한 이 스펜서 식 서체가 등장했다.[23]

이처럼 펨버튼은 애틀랜타의 변화된 환경 속에서 코카콜라를 만들었다. '프렌치 와인 코카'와 비교하자면 광고가 지향하는 목표는 달랐지만 효능만 보자면 매우 유사했다.

일단 펨버튼이 만든 광고와 광고 문안을 본다면 누가 보아도 '프렌치 와인 코카'가 매약이었음을 알 수 있을 것이다. 1885년의 '프렌치 와인 코카'의 종이 라벨은 그것이 "이상적인 신경강장제"와 "건강 회복제와 자극제"로 광고되고 있음을 보여준다.[24] [그림 1]

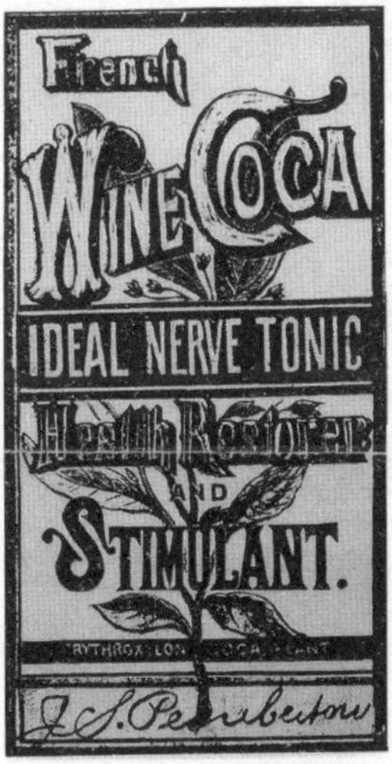

[그림 1]
1885년 프렌치 와인 코카의 종이 라벨

또한 1885년의 광고 문안 중의 하나가 5월 23일자 〈애틀랜타 저널 *Atlanta Journal*〉에 실려 있는데, 이 제품은 목표가 치료적 성격을 지니고

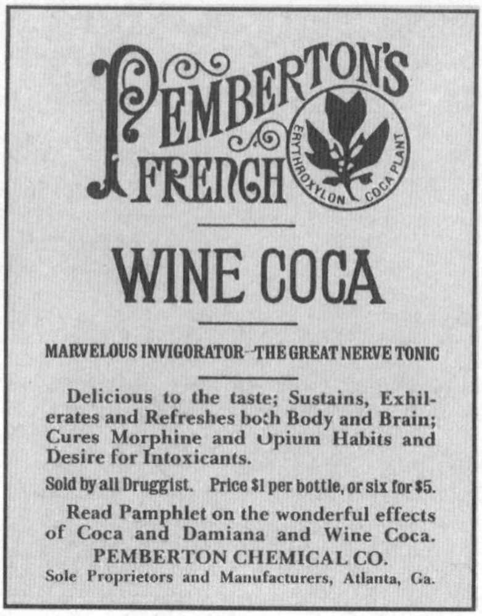

[그림 2]
1885년 〈애틀랜타 저널〉의 프렌치 와인 코카 광고

있음을 명확하게 읽을 수 있다.[25] [그림 2]

> 펨버튼의 프렌치 와인 코카.
> 굉장한 활력제Invigorator— 위대한 신경강장제.
> 미각에 맛있는; 몸과 두뇌를 유지하고, 기분을 돋우고, 상쾌하게 한다.
> 모르핀과 아편 습관 및 알코올성 음료에 대한 욕망을 치유한다.
> 모든 약제사들이 판매함. 1병에 1달러 혹은 6병에 5달러.
> (밑줄은 필자의 강조)

위에서 보듯이 펨버튼은 '프렌치 와인 코카'를 건강회복제나 신경강장제 용도로 판매하고자 했음을 알 수 있다. 또한 그것이 탄산음료매장용 음료가 아니었음은 여타 매약의 경우처럼 원액을 병으로 개당 1달러의 높은 가격에 팔고 있는 것을 통해 확인할 수 있다.

코카콜라의 첫 신문광고는 1886년 5월 29일자 〈애틀랜타 저널〉에 다음과 같이 실렸다.

맛있는!

상쾌한!

기분을 돋우는!

기운 나게 하는!

놀라운 코카 잎과 유명한 콜라 열매 성분을 함유한 새롭고 대중적인 탄산 음료매장용 음료. 윌리스 베너블, 너넬리 & 로슨에서 판매함.[26]

단어수로 광고료가 계산되어서 그랬는지 아닌지는 확인할 수 없어도 코카콜라의 첫 광고는 놀랍게도 같은 시대의 길고 지루한 상품 설명과는 질적으로 달랐다. 그것은 마치 20세기 이후에나 볼 수 있는 광고문처럼 단순하면서도 시각적으로 보기 편안하다. 강조하는 네 가지 효능은 굵은 고딕의 글자체로 전부 대문자로 통일되어 있다. 하여간 '프렌치 와인 코카'의 광고와 이 광고를 비교해보면, 흥미롭게도 앞의 광고가 강조한 네 가지 효능들(밑줄 친 부분)이 뒤의 광고에도 그대로 남아 있어, 효능만 보자면 두 개의 제품을 구별하기 힘들다. 또한 앞의 광고가 그 효능들을 동사, 명사, 형용사의 형태로 열거하고 있는 반면에 뒤의 광고는 전부 형용사 형태임을 알 수 있다. 다만 한 가지가 다른데 그것은 '프렌치 와인 코카'의 광고가 강장제임을 강조한 반면, 코카콜라의 광고는 탄산음료매장용 음료를 강조하고 있었다. 그렇기 때문에 우리는 전자의 목표가 의약품용인데 비하여 후자의 목표는 탄산음료매장용임을 추정할 수 있다. 적어도 첫 신문광고만 보자면 펨버튼이 코카콜라를 매약이 아닌 탄산음료로 팔고자 했음을 알 수 있다.

이것은 코카콜라와 별개로 '프렌치 와인 코카'가 드럭스토어용으로 판매되고 있었다는 것을 의미한다. 즉 펨버튼은 1886년 5월에는 코카콜라를 탄산음료로, '프렌치 와인 코카'는 매약으로 팔고 있었다는 해석이 가능하다.

코카콜라의 비법

펨버튼이 코카콜라를 만든 목적이 무엇인지 분명하게 확인하기 전에 하나만 짚고 넘어가자. 그것은 코카콜라의 내용이랄지 성분이 어떻게 구성되어 있었는가 하는 것이다.

코카콜라 또한 특허매약으로 출발했기 때문에 처음에는 성분을 공개하지 않았으며, 오늘날까지도 특정 성분에 대해서는 끝까지 그 내용을 공개하지 않아 많은 사람들이 여전히 코카콜라의 비밀조제법에 대해 궁금증을 지니고 있다. 그 비밀스러운 조제법을 담은 문서가 '조지아 신탁회사Georgia Trust Company' 금고에 들어가 있다거나, 물품번호 '7X'로 분류되어 있는 비밀성분을 아는 사람들이 코카콜라 사에 둘에서 세 명 정도 있는 것으로 알려져 있는데, 그들은 동시에 같은 비행기를 타지도 않는다는 둥 하며 세인의 호기심을 더하게 한다.

그렇다면 왜 코카콜라의 조제법은 여전히 비밀스럽고 아직도 베일에 쌓여있는 것일까? 그 이유 중의 하나는 코카콜라가 바로 특허매약에 뿌리를 두고 있었기 때문이다. 사실은 그렇게 '비법' 운운하는 자체가 코카콜라가 매약으로부터 출발했다는 반증이기도 하다. 당시 매약은 수많은 유사품들과 경쟁관계에 있었기 때문에 서로 비슷한 성분을 사용했음에도 그 조제법을 비밀로 하고 있었다. 또한 그래야만 자신이 만든 약품이 다른 약품과 동일한 증세에 사용될지라도, 자신만의 비밀 제조법에 의해 상대방보다 훨씬 효능이 낫다고 주장할 수 있었기 때문이다. 따라서 색다른 이름으로 색다른 효능 때문에 더욱 많은 질병과 통증에 잘 듣는다고 우길 수밖에 없었다.

대략 1875년에서 1900년 사이에 특정 이름을 지닌 탄산음료들이 미국인들의 입맛을 사로잡기 시작했다. 또한 병에 담아 팔기도 했지만 수익은 매장에서 원액으로 팔거나 원액을 탄산수에 섞어 파는 것이 가장 좋았다. 이들 대부분은 제약업자들이 만들었는데, 이들 중 소수의 사람들은 만병통치약에 가까운 매약을 만들어 팔아 백만장자가 되기도 했다. 이 시기는 '돌팔이 치료법의 황금기'이기도 했다. 이들은 비법 운운하면서 떠돌아다니며 자신들의 매약을 팔기도 했다. 그리하여 절대 다수의 신종 탄산음료들은 그 지역을 벗어나지 못했으며, 매우 적은 수의 탄산음료들만이 전국적 유통 범위를 자랑할 수 있었다. 예컨대 '목시Moxie,' '닥터 페퍼Dr Pepper,' '하이어스 루트 비어Hires Root Beer,' '클리컷 클럽 진저에일Clicquot Club Ginger Ale' 같은 브랜드는 전국적인 지명도를 갖고 있었다.[27]

'하이어스 루트비어'는 1876년 미국 최초의 세계박람회가 필라델피아에서 독립 백주년 기념으로 열렸을 때 처음으로 대중에게 선보였다. 그런데 광고를 보면 이해가 잘 되지 않을 정도로 소비자들에게 호소력이 떨어졌다. 예컨대 1897년 〈레이디스 홈 저널*Ladies Home Journal*〉에 실린 광고는 어린아이, 그것도 기형에 가까운 모습의 어린아이 손에 상품을 들고 파는 모습으로 표현하고 있다. 광고의 기본 메시지는 '전국적인 금주 음료'로서 가장 두드러진 목표를 보여주고 있다. 또한 광고문에는 "마시고 달콤한 향을 즐겨라. 신경을 누그러뜨리고, 피에 생기를 주고, 두뇌에 상쾌함을, 모든 방식으로 유익하다"면서 당시 코카콜라의 광고 내용과 별로 차이가 없다. 코카콜라 사 또한 1907년 광고를 통해 코카콜라를 '위대한 금주 음료'라고 선전하고 있었다.[28]

'목시'는 1876년 경 오거스틴 톰슨Augustin Thompson이 만들었는데, 이것의 주재료는 용담의 뿌리였다. 그는 처음에는 이것을 '목시 신경식품'이라 부르면서 거의 모든 신경계통의 질병 치료제라고 주장했다. 신경쇠약에서 성적불능, 정신이상, 저능에 이르기까지 그 광범위한 치료 범위를 나열했다. 몇 년 후에 그는 원래의 제조법에 소다수를 첨가하여 만들어 '목시 신경 식품 음료' 라는 탄산음료를 만들었으며, 1884년에는 이 음료를 병 또는 매장용 시럽으로 만들어 팔았다. 그는 이것을 "씁쓸함과 달콤함의 맛있는 결합이자, 모든 사람의 입맛을 만족시키는 음료"로 선전했다. '목시'는 1920년에는 코카콜라보다 더 많은 매출액을 기록하기도 했으며, 1925년에 이르러 절정에 달했는데, 이 당시 35개 주에서 2천5백만 상자가 판매되었다. '닥터 페퍼' 또한 '목시'처럼 매약으로 시작했다. 초창기에는 "최상의 강장음료"로 선전하거나, '닥터 페퍼'를 마셔야 하는 이유 12가지 중에는 피곤하거나 조바심이 나거나 잠이 안 올 때, 또는 피곤하거나 지칠 때, 나아가 소화불량일 때도 포함되어 있었다. 심지어 담배를 지나치게 필 때조차도 니코틴 중독을 막아준다고 선전했다. 그야말로 만병통치약에 가까운 광고를 하고 있었던 것이다.[29]

이러한 상황은 코카콜라가 계급이나 인종을 초월하여 남녀노소할 것 없이 모든 사람들이 즐겨 마실 수 있는 '전국적 음료'가 될 수 있었던 조건이었을 것이다. 코카콜라 또한 매약으로 시작했으며, 탄생과 더불어 탄산음료매장에서 팔리기 시작했다. 즉 훗날 에이서 캔들러Asa Candler의 코카콜라 사는 미국 전역에 최소한 수천 개 이상의 장소에 코카콜라를 공급할 수 있었다.

여하튼 이 코카콜라의 성분은 위의 특허매약들하고 얼마나 달랐을까? 1916년 코카콜라 사가 출간한 『코카콜라의 낭만*The Romance of Coca-Cola*』이라는 소책자에는 코카콜라가 "끓여 소독한 순수한 물이다. 알갱이로 만든 최고 품질의 설탕, 향료 추출액과 캐러멜, 차의 능동적 원리인 카페인, 구연산과 인산"으로 구성되어 있다고만 밝히고 있다. 그런가하면 1931년 경제 잡지인 〈포춘*Fortune*〉은 코카콜라가 99퍼센트의 설탕과 물로 이루어져 있으며, 나머지는 캐러멜, (라벤더, 라임 주스의 액체 추출액과 여러 밀감 오일)과일향, 인산, 카페인, 물품번호 5번(그 원료는 4분의 3은 코카인 성분을 제거한 코카 잎 그리고 4분의 1은 콜라 열매로 구성되었다), 그리고 비밀스러운 물품번호 '7X'로 구성되어 있다고 주장했다. 칸E. J. Kahn은 『거대 음료*The Big Drink*』라는 책에서 위의 성분 외에 육두구, 계피, 바닐라, 글리세린을 추가했다.[30]

코카콜라 사는 코카콜라를 제조할 때 각각의 원료에 물품번호를 붙여 분류했다. 예를 들자면 설탕은 1번, 캐러멜은 2번, 카페인은 3번, 인산은 4번 등이다. 그러나 코카콜라만의 고유한 맛을 나게 하는 이 원료의 성분은 공개적으로 밝힐 수 없었기 때문에 이를 '7X'라고 분류했다. 그리고 이것을 마치 비법의 핵심인 양 취급했다. 그럼에도 애틀랜타 출신의 작가 마크 펜더그래스트Mark Pendergrast는 자신의 책 2판 부록에 당당히 그 비법을 공개하고 있다. 읽는 독자들이 믿거나 말거나 말이다. 그러나 그가 우연히 발견하게 된 제조법이 적힌 문서에 얽힌 얘기는 흥미진진하니까 여러분들도 관심이 있으신 분들은 읽어보기 바란다. 그는 자신이 찾아낸 그 서류가 원래의 문서라고 생각하고 있다.[31]

이렇듯 코카콜라가 무엇으로 만들어졌는가에 대해서는 여러 의견들이 존재한다. 왜 그 정확한 성분이 알 수 없을까. 단지 사업상의 비밀 유지 때문이었을까?

1923년 코카콜라 사가 만든 팸플릿에 따르면 코카콜라는 1온스의 원액에 5온스의 탄산수를 섞어서 만든다. 물론 코카콜라에는 여러 성분들이 포함되지만 양으로 따지면 워낙 적어서 그냥 6온스의 잔, 또는 병으로 팔린다. 하여간 그들이 제시한 표준적인 형태의 한 잔 혹은 한 병은 다음과 같이 구성되어 있다.[32]

순수한 탄산수	89.305 %
(시럽 형태의) 순수한 설탕	10.19 %
(자연의 맛을 섞은) 향미	0.435 %
(모든 채소를 포함한 가치 있는 음식 요소)인산	0.055 %
(차 잎에서 고른) 카페인	0.015 %
	100.000 %

이 팸플릿에 의하면, 향미야말로 코카콜라를 코카콜라답게 만드는 고유한 향을 의미하며, 그것은 순수 과일향, 캐러멜, 코카인이 제거된 코카 잎과 콜라 열매 추출액을 섞은 것이라고 설명하고 있다. 또한 코카콜라가 비록 음식으로 팔리지는 않지만, 코카콜라에 들어있는 설탕만으로도 "상당한 음식의 가치"가 있다고 주장하고 있다. 즉

코카콜라 한 잔에 든 설탕이 74.6칼로리로 달걀(66칼로리)보다 더 열량이 많으며, 빵 한 쪽(75칼로리) 수준이며, 중간 크기의 오렌지(87칼로리)와 근사하다고 주장하고 있다. 오늘날 이러한 정보를 제공했다가는 건강에 대해 유념을 넘어 집착하는 수준인 세계의 수많은 사람들에게 외면당하기 십상인 내용이었다.[33]

우리의 결론은 코카콜라의 '비법'이라는 것은 사실상 그 당시 웬만한 특허매약 성분에서 볼 수 있는 것들이기 때문에 비법으로 보기는 곤란하며, 사람들이 '비법'이 있지 않은가 하고 수군거려도 코카콜라사가 오랜 세월 대응하지 않았던 것도 오늘날 연예인들이 곧잘 사용하는 '신비 전략' 정도로 생각하면 될 것 같다.

코카콜라는 약인가 음료인가

그렇다면 진정으로 초창기 코카콜라는 어떤 용도로 판매하려 했을까? 이 문제에 대해서는 세 종류의 다른 해석이 있다. 첫째 일부 사람들은 코카콜라의 주요 목표가 특허매약이었다고 주장한다. 예를 들어 제임스 칸James Kahn은 코카콜라가 '기분전환' 용도가 아니라 '두통치료' 용도로 발명되었다고 주장한다. 둘째 또 다른 학자들은 코카콜라가 처음서부터 두 가지 목표를 지니고 있었다고 생각한다. 팻 워터스Pat Watters는 펨버튼이 코카콜라의 목표를 매약에다 두었으며, 그런 다음에 청량음료라는 목표가 더해졌다고 본다. 마크 펜더그래스트Mark Pendergrast나 프레드릭 앨런Frederick Allen 또한 코카콜라가가 초기부터 특허매약으로 뿐만 아니라 음료로 사용되었다고 주장한다. 예컨대 펜더그래스트는 펨버튼이 코카콜라를 "두통과 우울증을 치유하는 자극제였을 뿐 아니라 독특한 맛을 지닌 탄산매장음료"로 생각했다고 이해하고 있다. 셋째로 코카콜라는 처음부터 탄산음료였다는 주장이다. 놀랍게도 이 주장은 프랭크 로빈슨으로부터 나왔다. 코카콜라의 역사에서 그는 중요한 인물이다. 그는 펨버튼의 첫 번째 동업자였으며, 펨버튼이 만든 매약에 코카콜라라는 이름을 붙여주었을 뿐더러 로고까지 고안한 사람이었으며, 후일 에이서 캔들러를 도와 코카콜라를 미국을 대표하는 음료로 키우기도 했다. 그런 그가 코카콜라의 판매 목표가 매약이 아닌 탄산음료였다고 주장했다.[34]

로빈슨은 흥미롭게도 1914년 코카콜라를 연상시키는 유사제품을 만든 회사를 고소했던 '코크 사건' 때 법정에 나와 코카콜라의 전신인 '프렌치 와인 코카'가 한 병에 1달러에 팔던 특허매약이었던 반면, 코카콜라는 음료로서 탄산음료매장용이었다고 증언했다. 그는 '프렌치 와인 코카' 뿐만 아니라 펨버튼이 만든 다른 제품들도 의약품임을 분명히 했다.[35] 따라서 로빈슨이 볼 때 펨버튼의 제품 가운데 코카콜라만이 유일하게 탄산음료매장 용도로 조제된 것이었다.

그런데 흥미로운 것은 코카콜라가 출시된 지 불과 일 년 후인 1887년 6월 30일자의 신문광고는 "두뇌 강장제이자 지적인 탄산음료매장 음료를 마시자"고 선전하고 있었다.[36] 즉 이 광고는 코카콜라를 '프렌치 와인 코카'처럼 '두뇌 강장제'로 소개하면서 동시에 탄산음료로 소개하고 있다. 그렇다면 이는 위에서 제시했던 1년 전의 광고와는 분명히 다른 목표를 겨냥한 것 같다. 즉 1886년 5월의 광고가 코카콜라를 탄산음료로서만 소개하고 있는데 반하여, 1887년 6월의 광고는 음료뿐만 아니라 동시에 의약품으로 선전하고 있었던 것이다. 이를 보면 펨버튼은 불과 1년 사이에 코카콜라의 판매 목표 대상을 바꾼 것이 아닌가 하는 생각이 든다.

1887년 6월 28일자로 펨버튼이 작성한 코카콜라를 위한 특허 라벨에 쓰인 문구에도 위의 광고 내용과 비슷한 내용이 포함되어 있다.

> 코카콜라
> 코카콜라 원액과 농축액.
> 소다수와 기타 탄산음료용
> 이 지적인 금주 음료는…… 코카 잎과 콜라 열매의 귀한 강장 및 신경 자극 성분을 지니고 있으며, (탄산음료매장 혹은 기타 탄산음료로 제공되는) 맛있고, 상쾌하고, 활력을 주며, 원기를 북돋는 음료일 뿐만 아니라, 소중한 두뇌 강장제 및 모든 신경증을 — 두통, 신경통, 히스테리, 우울증 등 — 치료한다.
> 코카콜라의 독특한 향은 모든 이들의 입맛을 즐겁게 한다. 그것은 여타 과일 시럽처럼 탄산음료매장에서 제공된다.[37]

이렇듯 1887년이 되자 펨버튼에게 코카콜라는 음료수이면서 두뇌 강장제를 위한 '지적인 금주 음료'가 되었다. 추정컨대 코카콜라를 판매했던 첫해에는 그것을 탄산음료매장 음료로 공급하기를 원했으나 저조한 수입 때문에, 이듬해에는 어쩔 수 없이 코카콜라를 특허매약이면서 탄산음료로 광고했던 것 같다. 코카콜라의 첫해 매출은 저조하다 못해 참담했다. 겨우 25갤런을 팔았을 뿐이니 이를 잔으로 환산하면 3,200잔에 해당했다. 판매총액은 50달러에 지나지 않았으나, 반면 광고비용은 73달러 96센트나 되었다.[38]

그러나 프랭크 로빈슨의 주장에 따르면 첫해 매출액이 "매우 소량"이었던 것은 이 시기가 "대체적으로 보아서 실험적"이었기 때문이었다.[39] 그는 위의 재판에서 첫해(1886년 5월에서 1887년 5월)의 총 매출량이 25에서 30갤런이었다고 증언했다. 그런데 펜더그래스트는 단호하게 로빈슨의 증언이 거짓이거나 착오였다고 생각한다. 왜냐하면 1887년 7월 22일 로빈슨에 의해 작성된 재무기록에 따르면, 1887년 3월부터 7월 14일까지 990갤런의 코카콜라 원액을 판매했기 때문이다. 그의 주장은 당시 애틀랜타의 일간지를 통해서도 간접적으로 확인해볼 수 있다. 〈애틀랜타 컨스티튜션*Atlanta Constitution*〉은 1887년 5월 1일자 신문의 한 면을 코카콜라에 관한 기사로 채웠다. 기사에 따르면 지난 몇 주 동안 코카콜라 원액이 600갤런(약 2,270리터) 이상 팔렸으며, 이를 잔으로 환산하면 76,800잔 이상이 판매된 셈이다. 그래서 이 기자는 "이 회사는 전대미문의 성공을 거두었다"고 보도했다.[40]

한 번 인구학적 접근을 해보자. 1848년 인구 2만 명 정도였던 시카고에 있는 탄산음료매장이 여름 성수기에 하루 2천 잔의 매상을 올렸다는 것을 생각해본다면, 왜 코카콜라는 첫해인 1886년 겨우 하루에 9잔 정도밖에 매상을 올리지 못했을까? 물론 이듬해에는 하루 평균 368잔으로 40배 이상 놀라운 매출 증가를 보여주었다고 해도 말이다. 당시 애틀랜타의 인구는 37,409명(1880년)과 65,533명(1890년) 사이였다.[41] 그렇다면 거의 40년 전의 시카고보다 최소한 2배 이상의 인구가 있었는데도 이 정도 밖에 판매하지 못했다면 무언가 통계에 문제가 있는 것은 아닌가? 애틀랜타의 탄산음료매장이 시카고만큼의 인기가 있었다면 하루에 736잔 정도는 팔아야했다. 당시 애틀랜타 시내에는 겨우 5개의 탄산음료매장이 있었다.[42] 시카고의 경우를 1개로 계산하고 애틀랜타의 경우를 5개로 해석해도 147잔은 팔았어야만 했다.

그런데도 펜더그래스트를 제외한 대부분의 연구자들이나 코카콜라 사조차도 첫해 판매량을 25갤런으로 기록하고 있다. 첫해의 매출액이 25갤런이 맞는다면 왜 이렇게 판매량이 저조했는가 하는 문제가 남는다. 추정컨대 펨버튼은 원래 코카콜라를 매약이 아닌 탄산음료매장에서 팔리는 음료로 팔고자 했으나, 첫해에는 원액에 탄산수를 타지 않아서 기대 이하로 저조하게 팔려 결국 매약으로도 광고를 하지 않을 수 없었다고도 볼 수도 있다. 그리고 이듬해인 1887년에는 탄산수를 섞은 코카콜라를 매장에 내놓아 고객들이 즐겨 찾고, 또한 특허매약으로도 광고하여 결과적으로 판매액이 40배 이상 증가한 것은 아닐까? 그렇다면 처음 코카콜라가 만들어졌을 때 탄산수가 포함되지 않았다면 왜 펨버튼은 탄산음료매장에서 판매하고자 했으며, 윌리스 베너블Willis Venable은 탄산음료도 아닌 코카콜라를 왜 자신의 탄산음료매장에서 판매하는 것을 허용했느냐는 의문이 여전히 남는다.

따라서 필자는 코카콜라가 처음 제조되었을 때 펨버튼은 이 코카콜라를 매약이라기보다는 실험적으로 탄산음료로서만 판매하였으나, 자신의 예상과는 달리 판매가 부진하자 그 이듬해부터 사망 전까지는 음료로서뿐 아니라 강장제나 신경증 치료제 같은 매약으로서 코카콜라를 광고하였다고 생각한다. 왜냐하면 사실상 많은 탄산음료매장들은 탄산음료만 팔았던 공간이 아니라, 성분을 일부 변경하여 탄산음료 형태의 매약도 제공했기 때문이다. 특히 남성들이 주 고객층인 경우는 그러했다. 그렇다면 코카콜라는 우선적으로 탄산음료매장을 위하여 그곳에서 탄산음료로 제공되기 위해 탄생했다. 그러나 불과 일 년 만에 이러한 목표는 기대 이하의 판매량과 매출액으로 인하여 매약의 기능까지 더하여 변신을 꾀하게 되었다고 생각한다. 따라서 탄산음료매장은 코카콜라의 탄생 공간으로 광고의 목표가 바뀌었다 하더라도 중요한 시사점을 제공한다. 이 둘은 떼려도 뗄 수 없는 관계이기 때문이다.

우선 탄산음료매장들은 위치에 따라 그 기능이 많이 달랐다는 점이다. 뉴욕 시만 하더라도 쇼핑지역에 위치한 매장은 여성 고객을 위하여 그녀들이 좋아할 종류의 탄산음료를 제공한 반면, 회사에 다니는 화이트칼라나 비즈니스맨의 경우에는 탄산음료에 매약을 섞어서 제공하곤 했다. 주로 피로회복이나 소화불량, 또는 활력을 되찾는 용도의 매약이 제공되었다. 따라서 탄산음료매장은 드럭스토어에서 시작되었으며, 그곳에서는 매약이나 치료적 효과가 있는 음료를 계속 팔고 있었다. 남성들의 비즈니스 구역에 위치한 일부 탄산음료매장에서는 숙취음료를 제공하기도 했다. 나아가 '해리슨 마약법Harrison Narcotic Act'이 통과된 1914년 이전까지도 드럭스토어는 아편이나 모르핀, 해시시hashish, 코카인 따위의 마약류를 쉽사리 구입할 수 있는 공간이기도 했다.[43] 그렇다면 탄산음료매장은 도대체 미국에서 어떤 사회적 기능을 가진 공간이었을까?

2장

코카콜라의 변신

미국적 제도로서의 드럭스토어

어느 나라에서나 약국에서는 제약업자나 약사가 약국을 운영하고 있다. 그런데 미국의 경우에는 약국이 약만 파는 공간이 아니라 소매점, 혹은 잡화점의 기능을 포함하고 있었다. 1900년경 미국에는 4만 개의 드럭스토어가 존재했다. 이는 2천 명에 한 개꼴로 미국 전역에 널리 퍼져있었던 것이다. 또한 이 사실은 드럭스토어가 미국 사회에 깊숙이 자리 잡은 "진정한 미국적인 제도"가 되었다는 것을 의미했다.[44] 20세기 후반 미국을 대표하는 방송인이었던 월터 크롱카이트Walter Cronkite는 자신의 어린 시절인 20세기 초 할아버지가 운영하던 드럭스토어를 "사람들이 두통약을 사거나, 탄산음료매장에서 피로를 풀고, 시가나 담배, 혹은 캔디를 사거나, 이웃과 잡담을 나누면서, 또한 의학적 조언을 얻기도 하는 그런 공동체 생활의 중추hub"로서 기억하고 있다. 그는 할아버지의 드럭스토어가 그 시기의 전형적인 모습으로 자신에게는 "놀라운 공간"으로 붉은색 탄산음료 용기와 금속 의자, 포마드와 가짜 만병통치약으로 가득 찬 유리 선반, 그리고 아로마 향이 방을 가득 매우고, 약제실에는 기이한 라틴어 이름으로 쓰인 병들과 상자들이 가득했다고 회상했다. 그리고 이 모든 것을 주관하던 사람들이야말로 매우 현명했을 거라고 생각했으며, 바로 자신의 할아버지가 그랬다고 어린 시절의 추억담을 늘어놓았다.[45]

그런데 크롱카이트 할아버지의 경우와 마찬가지로 당시 대부분의 드럭스토어에는 탄산음료매장이 존재했다. 드럭스토어의 주인이 직접 운영하는 경우도 있었고, 임대해주는 경우도 있었다. 따라서 펨버튼이 코카콜라를 탄산음료매장에서 팔고자 했다는 의도는 중요하다. 앞에서도 말했지만 '프렌치 와인 코카'는 드럭스토어에 원액 형태로 공급했지만 탄산음료매장에는 공급하지 않았다. 그런데 중요한 것은 탄산음료매장이야말로 미국적 상황에서 대량소비가 가능한 최적의 공간이었다는 점이다. 미국이 앞장서서 주장할 '소비의 민주주의'가 바야흐로 바로 그곳에서 잉태되었다. 그렇기 때문에 탄산음료매장이 얼마나 미국적인 공간인지, 나아가 코카콜라의 변신을 이해하는 데 얼마나 중요한지를 우선 살펴보기로 하자.

탄산음료의 기원

모든 음료수는 약으로부터 시작하였다. 특히 탄산음료carbonated beverage는 더욱 그러했다. 비록 오늘날에는 그냥 청량음료soft drinks일 뿐이지만, 탄산음료는 한때 치료의 효능을 지닌 음료라고 생각했으며, 그렇기 때문에 사람들은 남녀노소 불문하고 탄산음료를 취급하는 탄산음료매장을 즐겨 찾았던 것이다.

사람들이 목이 마를 때 본능적으로 물을 찾는 것은 너무나 당연한 일이다. 그러나 도시에서 자연 상태의 물은 많은 경우 오염되어 있어 그냥 마시면 많은 문제를 일으킨다. 인류는 역사적 경험을 통해 물은 반드시 끓여 먹어야 안전하다는 사실을 알게 되었다. 그러나 끓인 상태의 물은 맛이 없다. 그런 까닭에 사람들은 끓인 물에 특정 식물의 잎을 잠시 담갔다가 마셨다. 많은 시행착오를 통해 인류는 어떤 식물은 머리를 맑게 해주고, 어떤 식물은 소화불량에 도움이 되기도 하고, 또 어떤 식물은 숙취를 해소해준다고 믿게 되었다. 약제사와 의사들은 이 방면에 큰 관심을 가지게 되었으며, 결과적으로 그들은 수천 년에 걸쳐 다양한 종류의 의학서를 집필하거나 편찬했다.

차 문화가 점차 발달하게 되자, 찬물이나 찬 음료를 손님에게 대접하는 것은 상스러운 일이거나 아예 용납조차 할 수 없는 일이 되기도 했다. 오히려 찬물을 마셔 병에 걸려 사망했다는 것과 같은 얘기가 퍼지기도 했다. 나아가 찬 음식을 먹는 것도 위험하게 생각했다. 따라서 예컨대 1869년 여성교육운동가이자 개혁가인 캐서린 비처Catharine Beecher가 여성들에게 아이스크림을 먹게 되면 위장이 온도가 낮아져 소화불량이 될 수 있으니 아이스크림을 먹지 말라고 경고한 것은 당연한 일이었다.[46]

그런데 광천수mineral water만은 예외였다. 왜냐하면 그것은 의학적 치료의 효능을 지닌 물이라고 간주했기 때문이다. 오래 전부터 사람들은 자연 상태의 광물을 함유한 광천수를 마시거나 광천수로 목욕을 하면, 피부병을 비롯한 여러 가지 질병의 치료에 도움이 된다고 믿었으며, 또한 광천수는 그러한 기대를 충족시켜주었다. 영국의 '바스Bath'나 독일의 '바덴바덴Baden-Baden'은 지명 자체가 목욕과 관련된 도시들로 일찍이 로마제국 시절부터 휴양지로 인기를 끌었다. 이들은 온천 도시로서 많은 사람들이 순례나 질병 치료의 목적으로 찾아와, 그곳의 광천수에서 목욕을 했다. 그런데 문제는 온천 도시를 가고 싶어도 갈 수 없는 사람들이 너무 많았다는 점이다. 18세기 말까지도 소수의 귀족이나 부자, 또는 부르주아지만이 그런 곳을 방문할 여력이 되었다. 절대 다수를 차지하는 보통사람들은 평생 한 번 구경하기도 쉽지 않았다. 그들 입장에서는 자신들이 사는 곳에서 광천수를 마실 수만 있어도 좋겠다는 생각을 하지 않을 수 없었다.

사람들은 왜 광천수를 마시려고 했을까? 광천수를 마시는 것만으로도 병을 치료할 수 있다고 믿었기 때문이었다. 게다가 일부 광천수는 탄산 성분을 포함하고 있었다. 그렇지만 모든 지역의 사람들이 이러한 광천수를 마실 수는 없었다. 그렇기 때문에 대안으로서 인공적으로 만든 탄산수가 등장하게 되었다. 사람들의 이러한 기대를 채워준 것이 바로 탄산음료로 인공의 탄산수에 과일향을 섞어 만든 것이 대부분이었다. 굳이 광천수가 나오는 곳을 찾아가지 않더라도 몸에 좋은 탄산음료를 마실 수 있다는 기대를 이용하여, 도시 곳곳에 탄산음료매장이 하나둘 들어섰다. 그러다가 어느 시점이 되자 탄산음료매장이 곳곳에 촘촘히 자리 잡았다.

인공으로 만든 탄산수는 1767년 리즈의 한 양조장에서 최초로 만들었다. 영국의 과학자 조셉 프리스틀리Joseph Priestley는 발효통에서 거품이 올라오면서 가스가 만들어지는 현상에 주목했다. 그리고 그는 이 가스가 물속에서 용해된다는 사실에 흥미를 느꼈다. 그가 맛본 그 물은 "매우 상쾌하고 거품이 나는 물"인 탄산수였다. 그는 1770년대 초 탄산가스를 물에 포화시킬 수 있는 장치를 발명했으며, 1772년 런던의 왕립학회에서 발표회를 가졌다. 그러나 그는 자신이 만든 탄산수를 가지고 장사를 할 생각이 전혀 없었다. 그렇지만 맨체스터의 화학자이자 약제사인 토마스 헨리Thomas Henry는 최초로 이 인공의 탄산수를 의약품으로서 사람들에게 판매했다. 그는 이 탄산수가 "지독한 고열과 이질, 그리고 담즙 이상에 의한 구토 등에 탁월한 효과"가 있다고 선전했다. 또한 탄산수에 레모네이드를 섞어 마시면 더 좋다고 추천하기도 했다. 그러니까 단순한 탄산수가 아닌 설탕을 포함한 달콤한 탄산음료로의 변화를 꾀한 것이다.

1790년대가 되면 유럽에서는 몇몇 과학자와 사업가들이 인공 탄산수를 판매하여 제법 성공을 거두고 있었다. 특히나 스위스의 제네바에서 이 사업을 공동으로 시작한 니콜라스 파울Nicholas Paul과 야콥 슈베페Jacol Schweppe는 주목할 만하다. 얼마 후 두 사람은 회사를 나누어 각자 운영하게 되었다. 특히 슈베페는 1792년 영국 런던으로 사업 본거지를 옮겨 사업을 계속했는데, 그의 탄산음료는 영국인들의 입맛을 사로잡았다. 이 '슈웹스Schwepps'는 이후 전국적인 브랜드가 되었으며, 나중에는 세계적으로 알려진 탄산음료가 되었다. 이후 조셉 브라마Joseph Bramah를 비롯한 여러 사람들이 탄산수를 만드는 장치를 개발해냈다. 브라마의 제자 중의 하나인 존 매튜John Matthews는 미국으로 이민을 가서 1832년 뉴욕에 정착해서 탄산수를 제조하고 판매했으며, 미국에서 탄산음료매장을 널리 보급시키는 데 중추적 역할

을 했다.[47]

탄산음료의 발명은 비서구인에게는 진보의 상징이었다. 재래드 다이아몬드의 『총, 균, 쇠』의 서문에 '얄리'라는 뉴기니의 원주민이 등장한다. 불과 2백 년 전까지지도 여전히 석기시대에 살고 있던 얄리의 조상들은 백인이 가져온 '화물'을 보고 큰 충격을 받았다. 여기서 '화물'이란 백인들이 배에 싣고 온 서구 문명의 발명품들로서, 성냥, 쇠도끼, 우산, 그리고 청량음료 등이었다.[48] 흥미롭게도 청량음료는 폴리네시아 원주민들에게 경이로운 문명의 목록에 당당히 포함되었으며, 그들이 만들 수 없었던 백인의 발명품으로 인식되었다.

미국의 탄산음료매장

원래 '소다soda', '소다 팝soda pop', 혹은 '소다 워터soda water'는 모두 탄산소다로서의 탄산수 또는 상업용 탄산음료라 할 수 있다. 따라서 '소다 파운틴soda fountain'은 말 그대로 소다수를 담고 있는 커다란 통인데, 초창기에는 대개 항아리 모양으로 만들었고, 아랫부분에 수도꼭지처럼 주둥이가 달려 있어 꼭지를 틀면 바닐라, 레몬, 바나나, 딸기, 라즈베리 등 여러 종류의 맛이 첨가된 음료나, 또는 아무것도 첨가하지 않은 순수한 소다수가 흘러나왔다. 이러한 소다수 통을 놓고 고객들에게 탄산음료를 제공하는 상업적 공간을 '탄산음료매장soda fountain'이라 불렀다. 애초 이 공간은 더운 여름에 찬 음료를 제공할 목적으로 만들어졌기 때문에 겨울철에는 영업하기 힘들었다.

탄산음료매장은 유럽에는 없는 그야말로 전형적인 미국적인 공간이었다. 19세기 독일에 맥주를 즐기는 공간인 '비어 가르텐'이 있었고,

프랑스에는 커피를 즐기는 공간인 '카페'가 있었다면, 미국에는 탄산음료매장이 있었다. 19세기 후반 미국 사회에서 음주를 통제하려는 정책이 중간 계급을 중심으로 점차 강화되었다. 그에 따라 술을 팔지 않으면서도 사람과 사람 사이에 사회적 의사소통이 가능한 공간이 필요했으며, 탄산음료매장이 바로 그러한 역할을 해냈다.

정확하게 언제 탄산음료매장이 드럭스토어 안에 표준적인 형태로 있었는지는 알 수 없다. 하지만 당시 탄산음료가 의약품의 기능을 지닌 것으로 추정했으며, 또한 판매 이윤이 컸기 때문에 제약업자들은 기꺼이 이 사업에 동참한 것 같다. 예컨대 1812년에 간행된『기예와 과학의 백화점*The Emporium of Arts and Sciences*』에는 당시 미국의 대도시들에서 인공 광천수가 "약과 사치품"으로서 "매우 일반적으로" 이용되고, 이러한 이용이 쉽지 않았던 농촌 지역 사람들은 도시 사람들을 부러워하였다고 기술하고 있다. 필라델피아에서는 이미 1810년 이전, 또는 그 무렵부터 드럭스토어에 탄산음료매장이 하나둘씩 등장하고 있었다.[49]

초기의 탄산음료매장은 대서양 연안의 동부에서 인기를 끌었다. 그러다가 차츰 전 미국으로 퍼져나갔다. 소규모 농촌에도 더러 있었지만, 적어도 그 공간은 초기 수십 년 동안은 도시에만 있었다고 볼 수 있다. 남부의 경우도 남북전쟁(1861~65) 이전에는 전역에 분산되어 있었다. 1830년대 뉴올리언스에 적어도 탄산음료매장이 하나는 있었으며, 남북전쟁 직전에 앨라배마 주의 어떤 가게가 탄산음료매장을 설치했다고 광고했지만 신뢰하기는 좀 곤란한 점이 있다. 중서부의 경우는 기록조차 희귀하다. 1850년 미주리 주에는 탄산음료매장이, 위스

콘신 주의 경우에 1841년경 드럭스토어에 설치되었다.[50]

중서부로 분류되는 시카고의 경우는 약간 예외였다. 1848년 당시 인구 2만의 도시 시카고에 최초의 탄산음료매장이 개점하였다. 동부의 선례를 알고 있던 그 고장의 제약업자 조시아 리드Josiah H. Reed가 경제적 이익을 기대하며 매장을 연 것이다. 그의 탄산음료매장은 기온이 높아지는 여름철이면 하루에도 2천 잔의 탄산음료를 판매했다. 특히나 무더운 여름 저녁이면 많은 시민들이 이곳에 모여 차가운 음료를 마시면서 이야기꽃을 피우곤 했다. 사업이 잘되는 것 같아 보이자 리드는 두 번째 소다수 통을 주문했다. 이번에는 많은 사람들과 부딪치기 싫어하는 여자들을 위한 제한된 공간으로 만들었으며, 남자들은 여자를 동반하지 않으면 입장할 수 없었다. 결과적으로 매장 안에는 항상 여성 고객이 많았다.

앞에서도 밝힌 것처럼 미국의 드럭스토어는 우리네의 재래시장과 비슷한 역할을 했다. 그곳에서는 여러 종류의 생필품을 구입할 수 있었다. 동시에 장을 본 다음 피곤하고 지쳤을 때 목도 축이고 쉬어가는 공간이 된 것도 바로 이 탄산음료매장이었다. 따라서 탄산음료매장은 남성보다도 여성들을 위한 공간이었다. 특히나 주부들의 공간이었으며, 엄마를 따라나선 아이들도 머물 수 있는 공간이어야 했다. 이곳은 알코올이 완전히 배제된 사회적 공간이었다. 수많은 미국인들에게 이곳은 어릴 적의 기억이 켜켜이 쌓여 그리운 추억의 장소가 되었다. 청소년들도 이곳에서 처음으로 이성을 만나 대화를 나누거나 첫사랑에 빠지기도 했다. 이렇듯 탄산음료매장은 다양한 사회적 만남이 가능한 공적 공간이었다. 그리하여 20세기 초가 되면 그곳은 지극히 미국적인 공간이 되었다.

리드의 성공적인 탄산음료매장 운영은 시카고의 여러 사업가들을 자극했다. 남북전쟁 중에는 15개 정도가 문을 열었고, 1871년 시카고에서 대화재가 발생했을 당시에는 무려 200개가 성업 중이었다. 1896년에는 이 도시야말로 미국 전체에서 가장 많은 탄산음료매장이 있다는 주장도 나타났다.[51]

남북전쟁 이전에는 탄산음료매장의 메뉴가 몇 가지에 지나지 않았지만 전쟁 뒤에는 무려 100가지 이상으로 늘어났다. 각종 과일의 향을 여러 방식으로 탄산수에 조합하여 다양한 음료수를 만들 수 있었기 때문이다. 매장 길이만 해도 14미터나 되는 뉴욕 시의 리커스Riker's에서는 향료 없는 탄산음료에서 123가지 향이 조합된 탄산음료가 메뉴에 포함되었다. 그중에서 가장 인기 있는 향은 바닐라, 딸기, 라즈베리, 그리고 초콜릿이었다. 그리하여 남북전쟁 이후 탄산음료매장은 나이에 관계없이, 소득에 관계없이 누구나가 큰 경제적 부담 없이 마실 수 있는 사교의 장소로 자리 잡았다. 임대료가 비싸거나 화려한 실내장식을 한 곳에서는 한 잔에 10센트를 받았지만, 일반적인 가격은 5센트였으며, 가장 싼 곳은 대도시의 가판대였다. 고객의 계층에 따라 매장의 크기와 내부가 다양해졌다.[52]

1895년이 되면 미국 전역에 5만 곳 이상의 탄산음료매장 점포가 자리 잡고 있었다. 그렇기 때문인지 1891년 당시 유명 잡지인 〈하퍼스위클리*Harper's Weekly*〉에 실린 글에는, "탄산음료는 미국적 음료이다. 포터porter, 라인산 포도주, 클라레claret가 각각 영국적이고, 독일적이고, 프랑스적이듯이 그것은 본질적으로 미국적이다. 가난한 사람들이 맥주를 마실 동안 백만장자들은 샴페인을 마실 수도 있겠지만, 이들은 모두 탄산음료를 마신다"고 주장하고 있다.[53] 이 글의 저자는 나아가 소득에 관계없이 누구나 출입이 가능한 탄산음료매장을 미국의 민주주의와 연결시키고 있었다. 즉 탄산음료매장을 빈부를 초월하여 모든 사람들이 드나들 수 있는 미국적 특징이 있는 공간으로 이해하고 있었다. 하여간 이 기사는 19세기 후반 미국에서 탄산음료매장이 미국적 현상이 되었음을 알 수 있는 자료의 하나일 것이다.

탄산음료로서의 코카콜라

방금 앞의 기사를 인정한다면 1890년대 탄산음료는 미국인들에게 '국민 음료'라 할 수 있다. 그러나 이 기사의 저자는 코카콜라라는 특정 브랜드가 그 자리를 조만간 차지하게 되리라는 것을 모르고 있었거나 간과하고 있었을 것이다. 펨버튼이 코카콜라를 대중들에게 처음 선보인 공간은 애틀랜타 시 마리에타 스트리트의 파이브 포인트에 자리 잡은 조지프 제이콥스Dr. Joseph Jacobs의 드럭스토어 안의 탄산음료매장이었다. 이 매장은 윌리스 베너블Willis Erwin Venable이 운영하고 있었는데, 그는 이 지역에서 '위대한 탄산음료매장의 왕'으로 통했다. 그의 매장이나 판매액이 남부의 전 지역에서도 손꼽혔기 때문이다. 그런데 앞에서도 말했듯이 펨버튼의 초기 활동은 작가들마다 서로 서술이 다르고, 자료 또한 제한되어 있기에 재구성이 쉽지 않다. 펨버튼이 베너블을 만나게 된 경과조차도 확실하지 않다. 펨버튼이 코카콜라를 만든 다음 베너블을 만나 시음을 권했다는 주장을 따르면, 베너블은 원액과 물이 1:6의 비율로 섞은 코카콜라 한 잔을 마신 다음, 그 '특이한 맛'에 빠져 자신의 매장에 공급할 것을 동의했다고 한다. 그리고 그날이 1886년 5월 8일이라고 주장하고 있다.[54]

일부의 주장에 다르면 처음에는 그냥 맹물과 섞었지만, 몇 주 후에는 탄산수로 바꿈으로써 탄산음료가 되었다고 한다. 그런데 과연 그러한 주장대로 코카콜라 원액에 탄산수가 우연히 섞여 코카콜라가 탄생했을까? 콜라 특유의 톡 쏘는 맛은 탄산의 거품 없이는 불가능하다. 또한 탄산의 거품이 없는 코카콜라를 생각한다는 것은 단팥 없는 찐빵을 생각하는 것과 마찬가지일 것이다. 필자의 생각으로는 코카콜라가 처음서부터 탄산음료매장에서 팔렸다는 점이 코카콜라의 정체성을 이해하는데 중요한 관건이다.

코카콜라 사의 '문서고Coca-Cola Archives'의 오랜 책임자였던 윌버 커츠Wilbur Kurtz의 설명에 따르면 1886년 5월 8일에 코카콜라 원액을 완성한 펨버튼이 원액이 든 병을 들고서 제이콥스의 드럭스토어에서 탄산음료매장을 임대 중이던 베너블을 찾아갔으며, 잠시 후에 제이콥스까지 가세했다는 것이다. 펨버튼은 베너블에게 코카콜라 원액과 평범한 물을 1대 5의 비율로 섞어 시음해볼 것을 권했으며, 그 결과 맛이 먹을 만했다. 두 번째 실험에서는 베너블이 우연히 물 대신에 탄산수를 가져와 코카콜라 원액과 섞게 되었다. 그런데 그 새로운 맛을 보게 된 세 사람 모두 흥분했으며 "맛있다"고 동의했다. 즉 코카콜라 원액과 탄산수가 우연한 기회에 결합하여 놀라운 맛을 지니게 되었다는 것이다.[55] 또한 코카콜라 사의 비공식적 역사를 다룬 『그림이 있는 코카콜라 사The Coca-Cola Company, An Illustrated Profile』에 따르면, 1887년 초에 베너블이 이러한 "행복한 실수"를 저질렀다고 되어 있다. 그런데 펨버튼 이후 코카콜라를 지배했던 에이서 캔들러Asa Candler의 아들이자 훗날 코카콜라 사의 사장을 역임한 하워드 캔들러 또한 이러한 혼합이 1887년 봄 이후에나 발생했다고 적고 있다. 즉 어떤 손님이 두통을 호소하면서 코카콜라를 찾았을 때, 약제사가 가까이 있던 탄산수와 섞어 마시라고 권했다는 것이다. 그런데 그 손님이 맛을 보더니 훌륭하다는 평을 남겼다고 했다.[56]

만약에 처음부터 코카콜라 원액과 탄산수가 결합된 상태가 아니었다면 팸버튼은 이 원액을 왜 하필 탄산음료매장에서 판매하려 했을까? 당시 애틀랜타 시내에는 탄산음료매장이 5개뿐이었으며 그것도 주로 여름 기간에만 영업을 했다. 이러한 상황을 고려해보면 논리상 납득하기 어렵다.[57] 만일 탄산음료매장에서 판매할 의도가 없었다면 왜 펨버튼은 자신의 신제품을 그곳으로 가져갔던 것일까 하는 것이 여전히 의문으로 남는다. 코카콜라가 우연한 기회에 탄산수와 결합되었다는 주장을 인정하더라도, 추정컨대 그 시기는 1887년일 수는 없으며, 차라리 코카콜라가 탄산음료매장에서 팔리기 이전에 코카콜라 원액과 탄산수가 결합되었다고 보아야 할 것이다. 따라서 베너블의 탄산음료매장에서 최초로 팔릴 때부터 이미 코카콜라는 탄산음료 형태로 팔렸을 것이다. 앞서 밝힌 것처럼 탄산음료매장은 1830년대 이래 미국 사회에 정착했다. 그곳은 이미 1870년대를 통해 대부분의 드럭스토어에서 중요한 위치를 차지했으며, 1880년대쯤이면 사람들이 만나 얘기를 나누는 주요한 사교의 공간으로서 자리 잡게 되었다.[58] 그렇기 때문에 펨버튼은 더 많은 수익을 올리기 위해 자신의 신제품인 코카콜라를 탄산음료매장에다 공급하려 했을 것이다. 게다가 그는 특허매약 제조업자였지 탄산음료 제조업자가 아니었다. 그렇기에 그는 코카콜라를 원액 형태로 탄산음료매장에 공급하려 했을 것이다.

그런데 탄산음료매장이 주로 여름에만 열리는 공간이라는 문제가 있었다. 누가 찬 음료를 겨울에 마시고자 하겠는가. 무더운 날 땀이 나거나 목이 마를 때 시원한 탄산음료를 마셨기 때문에 나머지 계절은 많은 경우 개점휴업이었거나, 드럭스토어라면 이 매장의 문을 닫았던 것이다. 상황이 이랬다면 펨버튼은 여름에는 코카콜라를 탄산음료매장에 공급하고, 나머지 계절에는 매약의 용도로 선전하여 코카콜라를 판매하려고 하지 않았을까? 물론 남부의 경우 상대적으로 동부나 북서부에 비해 겨울이 짧고 여름이 길지만 말이다. 그렇다면 펨버튼이 죽기 전까지는, 나아가 매약을 비롯한 식품들이 사회문제가 되어 1906년 '순정식의약품법Pure Food and Drug Act'이 통과되기 전인 캔들러 시절까지도 코카콜라를 매약과 탄산음료로서 동시에 광고하는 것이 논리적으로나 실제적으로도 타당하지 않았을까? 즉 코카콜라가 탄생한 1886년부터 20년간은 코카콜라의 이러한 이중적 용도의 광고가 코카콜라를 만든 사람에게 더 많은 이익을 올려주었을 것이다.

캔들러 광고 전략의 양면성

대략 1887년 8월 이후 사망 전까지 건강이 점차 악화되자 펨버튼은 동업자들에게 알리지 않고 몰래 자신의 재산을 처분했다. 동업자인 프랭크 로빈슨이 모르는 사이에 자신의 주식 3분의 2를 두 명의 사업가에게 매도해버린 것이다. 그런데다가 1888년 1월에는 또 다른 동업자들을 포함하여 새로운 회사인 '펨버튼 제약회사Pemberton Medicine Company'를 만들었다. 그 결과 코카콜라의 소유권을 놓고서 혼란이 벌어졌다. 이 혼란은 소유권뿐 아니라 코카콜라 판매를 놓고도 벌어졌다. 왜냐하면 애틀랜타의 매약 판매상들이 세 곳의 회사로부터 코카콜라 원액을 사들이고 있었기 때문이다. 첫째 통로는 펨버튼 자신이 새로 만든 회사였고, 둘째는 아버지를 배신하고 회사를 만든 찰리 펨버튼이 만든 회사이고, 마지막으로는 에이서 캔들러와 로빈슨이 만든 새 회사였다.[59]

그러나 펨버튼은 코카콜라를 만든 지 불과 2년 후인 1888년 8월 16일 마침내 지병인 암으로 죽음을 맞이했다. 그러자 자수성가한 약제사이자 의약품 도매업자였던 캔들러는 애틀랜타의 매약 판매상들을 상대로 연설을 했다. 연설의 기본적인 메시지는 펨버튼이 남긴 업적을 찬양하면서, 그의 장례식 날에 상점 문을 닫아 그에 대한 존경의 마음을 표시하자는 것이었다. 그는 펨버튼의 관을 운구하는 등 사람들에게 펨버튼의 친한 동료인 양 행동함으로써 자신이 훗날 코카콜라에 대한 유일한 소유자가 되는 데 방해물을 제거할 수 있었다. 캔들러는 매우 복잡한 거래 끝에 1889년 5월 1일에서야 코카콜라에 대한 실제적인 소유권을 갖게 되었다.[60] 캔들러가 코카콜라에 관한 모든 권리를 자신의 것으로 만드는 데 쓴 비용은 총 2,300달러였다. 그만한 비용은 현재의 코카콜라 브랜드의 가치를 생각해본다면 '겨우'라고 생각할 수 있지만, 당시 기준으로 보면 그렇게 적은 비용은 아니었다. 물론 그는 처음에는 코카콜라를 자신이 가지고 있는 많은 특허 매약 중 하나로만 생각하고 있었던 것 같다. 처음에 그는 코카콜라에 별반 흥미를 갖고 있지는 않았다. 그 자신이 탄산음료매장을 갖고 있지 않았으며, 자신의 특허매약들을 파는 것만으로도 바빴기 때문이다. 그런데 일벌레였던 그는 항상 두통에 시달렸고 가끔씩 소화불량으로 고생하고 있었다. 어느 날 그는 코카콜라를 한 번 시음해보라는 권유를 받았었는데, 놀랍게도 먹자마자 그 불편함이 사라져버렸다.[61]

이러한 사실은 그가 동생인 워렌 캔들러에게 보낸 편지를 통해서도 확인해볼 수 있다. "너는 내가 두통으로 얼마나 고생하고 있는지 알 것이다. 얼마 전 한 친구(프랭크 로빈슨)가 나에게 '코코콜라(Coco-Cola)를 마실 것을 제안했단다. 마셨더니 고통이 줄어들었다. 며칠 후 한 번 더 마셔보았더니, 또 다시 고통이 완화되었단다." 편지에서도 보듯이 그는 코카콜라의 철자조차 정확하게 알지 못했다.[62] 그렇다고 해서 캔들러가 펨버튼의 매약제조업자로서의 명성을 모르고 있을 리는 없었다. 그는 자신의 드럭스토어를 통해 '프렌치 와인 코카'를 판매하고 있었기 때문이다. 또한 그는 펨버튼처럼 코카콜라가 코카인과 카페인 성분을 지니고 있기 때문에 탄산음료매장에서 잘 팔릴 것이라고 예상하고 있었다.[63]

하여간 중요한 것은 코카콜라가 그의 오랜 만성질환에 효과를 보았다는 사실이다. 그는 자신처럼 두통이나 소화불량 등으로 고통 받고 있는 사람들에게 코카콜라를 판매할 수 있다면 굉장한 인기를 끌 것이라고 짐작했다. 이것이 그가 코카콜라를 매입한 이유였다. 캔들러는 회사를 산 뒤에도 한 동안은 비록 탄산음료매장에서 팔지만, 코카콜라를 음료라기보다는 의약품적인 목적으로 판매하고자 했다.

이러한 짐작을 가능하게 하는 자료들은 많다. 아래에서는 그 가운데 일부를 제시하고자 한다. 1889년 5월 1일 〈애틀랜타 저널〉의 전면 광고에는 다음과 같은 문안이 들어 있었다. "놀라운 코카 잎과 유명한 코카 열매의 강장 성분을 포함한 새롭고도 인기 있는 음료가 대중적인 탄산음료매장에서 잔 당 5센트에 직접 통에서 제공된다."[64] 1886년 5월 29일자 최초의 신문광고와 이 광고를 비교해 볼 때 눈에 띄게 다른 점은 '강장 성분'이라는 단어이다. 이 단어가 추가됨으로써 코카콜라 판매가 화이트칼라를 목표로 하고 있음을 알 수 있다. 1890년 약사들에게 보낸 소책자에 따르면 코카콜라가 두통, 피로, 불면증, 그리고 신경통에 대한 치료제로 소개하고 있다. 심지어 코카콜라가 "노래와 연설로 엄청나게 자극받은 목소리"를 완화시켜준다고까지 주장하고 있다.[65] 또 다른 1891년의 한 신문광고에서는 코카콜라가 "두통을 치유하고 소화를 돕는 놀라운 신경 강장제"로 소개되고 있다.[66] 위의 광고들을 통해서 코카콜라가 의약품과 같은 목적으로 팔리고 있었음을 알 수 있다.

또 다른 커다란 실례는 '이상적인 두뇌 강장제'이다. 몇몇 학자들은 19세기말 일부 코카콜라 광고를 통해, 그것이 고객에게 "지친 몸에 원기를 북돋우고 피곤한 두뇌를 활기차게" 만들 수 있다거나 "정신적 육체적 기진맥진을 덜어준다"고 선전했음을 알게 되었다. 이러한 종류의 가장 현저한 예는 '이상적인 두뇌 강장제'이다. 그들은 이 슬로건이 1898년에서 1911년까지 유지되었다고 주장한다.[67] 그러나 사실상 이 슬로건의 사용은 적어도 1891년까지 거슬러 올라갈 수 있다. 즉 그 해 코카콜라의 판촉용 명함[그림 3]에 이 슬로건이 적혀 있었다. 또한 1895년의 판촉용 시계[그림 4]에도 이러한 슬로건이 새겨져 있었다.[68]

나아가 코카콜라가 '강장제' 효능을 가지고 있다고 선전된 것은 앞에서 이야기했던 것처럼 이미 1887년부터이다. '두뇌 강장제'라고 했으니, 다만 '신경'에서 '두뇌'로 바뀌었을 뿐이다.

[그림 3] 1881년 코카콜라 판촉용 명함

[그림 4] 판촉용 시계

따라서 강장제로 소개하고 있는 코카콜라 광고는 적어도 1887년부터 1911년까지 유지되고 있었다.

그러나 일부 학자들은 캔들러가 처음서부터 코카콜라를 매장용 탄산음료와 더불어 두뇌 강장제로 선전했다고 주장했다. 팻 워터스 Pat Watters는 "팸버튼의 광고와 1890년대의 캔들러 광고가 코카콜라의 맛을 칭찬해야 할지, 또는 치유력을 칭찬해야 할지에 대해 커다란 애매함을 드러냈다"고 주장했다. 따라서 그는 코카콜라의 초기 광고들을 '정신분열적 광고'라고 여겼으며, 이러한 불명료함은 빅토리아 시대로부터 현대로 넘어오는 과도기 때문이라고 이해했다. 그는 또한 이러한 종류의 광고가 19세기 말에서 20세기 초 사이에 끝났다고 주장했다.[69]

필자 또한 캔들러가 결국에는 코카콜라를 이중적 목적을 가지고 판매했다고 생각하지만, 캔들러의 이러한 전략은 1890년대 중반에 시작되었다고 생각한다. 즉 그는 코카콜라를 인수한 초창기에는 코카콜라를 매약으로 판매하고자 했으나, 시간이 지나면서 점차 음료로서의 중요성도 인정하게 되었다고 본다. 그 증거로 필자는 어떤 계층을 코카콜라의 고객으로 삼아야 할 것인지에 대한 1895년도 로빈슨의 관찰에 초점을 맞추고자 한다. 1895년 12월 캔들러는 연말 주주총회에서 코카콜라가 미국의 모든 주에서 판매되고 있다고 보고했다. 그해의 코카콜라 사가 간행하는 뉴스레터에도 코카콜라가 바야흐로 "전국적인 음료"가 되었다고 선언했다.[70] 펨버튼이 첫선을 보인지 10년도 지나지 않아, 또한 캔들러가 주식회사로 만들어 판매한지 4년 만에 코카콜라는 미국 전역에서 팔릴 만큼 그 브랜드 가치를 높이고 있었다.

사실상 이때까지도 코카콜라 매출의 대부분은 남부 지역이었기 때문에 캔들러의 주장에는 과장이 있었지만, 지나친 허풍은 아니었다. 그가 코카콜라에 대해 독점적 권리를 완전하게 갖게 된 1889년 이후, 코카콜라 매출은 놀라운 속도로 증가했다. 캔들러는 1889년 2,171갤런(약 8,218리터)의 코카콜라 원액을 판매했으나, 이듬해에는 8,855갤런으로 4배 이상 증가했다. 코카콜라의 판매량은 1891년에는 19,831갤런으로 그 전년의 2.2배 이상, 1892년에는 35,360갤런으로 전년의 1.78배 이상, 그리고 1895년에는 76,244갤런(약 288,615리터)으로 3년 전보다 2.15배 이상 증가했다. 하루 평균 사람들이 마시는 코카콜라의 양을 잔으로 계산하면 1889년의 761잔에서 1895년에

는 26,738잔으로 불과 6년 동안 무려 35배 이상 급증한 셈이다.[71]

이렇듯 코카콜라에 대한 수요가 기하급수적으로 증가한 것에 대하여 코카콜라 광고를 전적으로 책임지고 있던 로빈슨은 다양한 계층의 사람들이 코카콜라를 찾기 때문일 것이라고 생각했다. 그런데 그는 점차 여성을 포함한 많은 고객들이 자신들이 마시는 코카콜라의 이미지가 청량음료라기보다는 의약품이라는 것 때문에 불만을 표시하고 있다는 사실을 탄산음료매장 업주들의 보고를 통해 알게 되었다. 그들이 소비자 입장에서 코카콜라를 마시면서 특허매약을 먹는 것 같은 느낌 때문에 떳떳하지 못한 기분을 느끼고 싶지 않다는 점을 로빈슨은 주목했다. 그는 "우리가 대중들에게 광고해야 할 때, 소수에게 광고하고 있다는 것을 알게 되었"으며 따라서 광고 정책을 바꿔야 한다고 증언했다. 그는 이러한 정책 변화 시기를 1895년이라고 진술했다. 로빈슨에게 있어서 모든 사람들은 목마름을 느끼기 때문에 코카콜라의 미래는 특허매약이 아닌 탄산음료에 있었다. 로빈슨은 미국에 대량소비사회가 도래하고 있음을 날카롭게 인식하고 있었던 것 같다. 코카콜라를 건강을 생각하는 계층이나 특정 질병의 치료나 치유의 목적으로 생각하는 일부 계층이 아니라, 모든 사람들이 마실 수 있다면 그보다 더 좋은 상황이 어디 있겠는가. 그래서 그는 되도록이면 많이 코카콜라를 "맛있고 상쾌한 코카콜라를 마시자. 마시자 코카콜라, 맛있고 상쾌한"라는 단순한 광고로 선전하고자 했다.[72] 그렇기 때문에 캔들러도 변화하는 미국의 시대 상황을 무시할 수는 없었을 것이다.

로빈슨의 주장에도 캔들러는 코카콜라를 의약품으로 선전하기를 포기하지 않았다. 주주들을 위한 1896년 연례보고서에서 캔들러는 "무엇보다도 코카콜라가 모든 사람들의 건강과 호감을 위한 물품이라는 것을 세상을 향해 가르치려는 우리의 노력이 뒤처지지 않았다"고 주장하고 있다.[73] 연말마다 연례보고서를 작성하는 것이 그에게 중요한 일이라는 점을 생각한다면, "모든 사람들의 건강과 호감"을 위한 것이라는 목표 천명은 코카콜라의 이중적 기능에 대한 긍정으로 볼 수 있을 것이다. 또한 1898년 코카콜라 사는 탄산음료매장 소유자들에게 "코카콜라는 음료일 뿐만 아니라 고기이다. 그것은 갈증을 해소할 뿐만 아니라 몸에 영양을 제공한다"고 선언했다.[74] 이 광고는 코카콜라가 음료일 뿐만 아니라 자양강장제 역할도 하고 있는 것을 표현한 것 같다. 따라서 캔들러는 코카콜라를 강장제 역할에 초점을 맞춘 광고를 하여 단순한 음료가 아닌 '건강음료'라는 점을 강조하고 있다.

캔들러는 자신이 이미 확고한 고객층인 정신노동자나 화이트칼라를 무시할 수 없었기에 코카콜라가 이들에게 '필수품'이라고 생각했다. 1893년의 광고를 보면 "두통과 피로에는 코카콜라를 마시자"거나 아예 단순하게 "두통에 특효가 있는"이라는 슬로건을 제시했다. 당시 특허매약들은 거의 다 단일한 목적이거나 두루두루 사용되는 전반적 목적 가운데 하나를 선택하고 있었다. 그러니까 후자의 슬로건으로만 보자면 캔들러는 분명 코카콜라를 의약품 용도로 국한해서 광고하고 있었던 것이다. 물론 당시 코카콜라 사의 상황을 고려해보면 이를 문자에 국한해서 해석을 제한해야 할 것이다.[75] 그래서 코카콜라 사는 1898년 "많은 의사들은 그것(코카콜라)이 해롭지 않을 뿐만 아니라 신경과 두뇌가 과로할 때 회복제로서 도움을 주고 유익하다고 선언하고 있다. 일부 사람들에게 코카콜라는 사치이지만, 많은 사람들에게는 거의 필수품이 되고 있으며, 특히나 일 또는 공부로 무리한 사람들에게 그러하다"고 주장했다. 그리하여 1899년의 코카콜라 사 광고비 중 약 10퍼센트를 여전히 이러한 목적으로 코카콜라를 광고하는 데 사용했다.[76]

1907년에 미국 농업부 소속 식의약품안전청의 연방관리인 리만 캐블러Lyman F. Kebler는 코카콜라 소비 실태에 관한 자료를 얻을 목적으로 남부의 몇몇 대도시와 군 부서를 포함한 지역을 방문했다. 그의 조사에 따르면, 애틀랜타는 '탄산음료매장의 도시'였으며, "코카콜라는, 비록 사무직 노동자와…… 정신노동자가 가장 풍족하게 마시지만, 모든 계층에 의해 소비되는 널리 보급된 음료"였다.[77] 그의 관찰이 정확하다는 전제로 적어도 1907년까지 애틀랜타에서는 코카콜라를 가장 많이 소비하는 집단은 화이트칼라였다. 캔들러는 바로 이들을 무시할 수 없었으며, 코카콜라 사는 코카콜라를 청량음료이자 유익한 강장제임을 표방하는 이중 전략을 포기할 수 없었던 것 같다.

연방정부와의 갈등

앞에서 말한 것처럼 로빈슨은 고객의 불만이 적힌 이러한 편지들에 동조하면서, 코카콜라를 의약품이 아닌 탄산음료로 인식시키는 것이 미래를 더욱 긍정적으로 맞이할 수 있는 지름길이라고 주장했다. 왜냐하면 누구도 목마르지 않은 경우는 없기 때문이다.

1898년에 일어난 미서전쟁Spanish-American War은 코카콜라의 강장제로서의 역할을 위축시켰다. 스페인과 미국 사이에 전쟁이 벌어지자, 미 의회는 필요한 전비를 마련하기 위해 의약품에 인지세를 부과할 것을 결정했다. 코카콜라 광고가 건강을 강조하는 점을 간파한 조지아 주의 세무당국은 코카콜라를 매약으로 분류하여 세금을 부과했다. 결과적으로 연방정부가 코카콜라 사에게 코카콜라가 음료인지 의약품인지 선택할 것을 강요하자 코카콜라는 기로에 설 수밖에 없었다. 그래도 코카콜라 사의 입장은 단호했다. 그들은 코카콜라가 약이 아니라 음료라고 주장하면서 이러한 정부의 조치를 받아들이지 않았다.[78]

즉 미국 정부가 코카콜라를 특허매약으로 분류하여 거의 11,000달러의 연방 세금을 추징하고자 하자, 코카콜라 사는 미서전쟁이 끝난 뒤 코카콜라는 탄산음료라고 주장하며 소송을 제기했다. 배심원들은 코카콜라가 그 물품의 성격상 의약품인지 아닌지를 판단해야 했다. 세무당국은 코카콜라 성분의 일부가 카페인과 코카인을 함유하고 있기에 약이라고 주장했다. 그 가운데 코카인은 건강에 가장 치명적이었다. 정부 측 화학자가 코카콜라가 "측정할 수는 없지만 혀로는 알아차릴 수 있는 미량의 코카인을 함유하고 있다"는 것을 증명하고자 노력하는 동안, 코카콜라 사 또한 능력 있는 화학자를 고용하여 "그러한 흔적조차 없앨 수 있는 방법을 확실하게 하는 과정을 개발"하기도 했다. 19세기말이 되면 코카인은 미국 사회에 많은 문제를 발생시켰으며, 많은 사람들로부터 비난의 포화에 휩싸이게 된다. 예컨대 1899년 미국의 의학 잡지들은 일반인들이 코카인을 쉽사리 시중에서 구할 수 있다고 여론을 환기하기 시작했다. 그러자 코카콜라 사는 1903년으로 추정되는 해에 코카콜라에서 이 마약 성분을 조용히 없애버렸다. 코카 잎에서 코카인 성분을 화학적으로 제거한 다음에 코카콜라 원료로 사용했던 것이다.[79]

재판의 결과는 예상 밖이었다. 앞에서도 보았듯이 당시 코카콜라 사는 광고를 통해 코카콜라가 두통, 히스테리, 우울증, 신경증, 불면증 등에 대해 "뛰어난 치유 약품"이라거나 "특효약"이라고 주장하고 있었다. 1899년 코카콜라 사가 만들어 배포한 달력에도 "맛있고 상쾌한"이란 표현도 있지만 "정식적-육체적 피로를 덜어준다" 또는 "두통을 낫게 한다"는 표현을 써서 이중적인 목적을 선전하고 있었다. 그럼에도 놀랍게도 배심원단은 코카콜라 사의 편을 들어주었다. 덕분에 코카콜라 사는 세금을 돌려받았을 뿐만 아니라 수천 달러의 이자까지 보상받을 수 있었다.[80]

특허매약의 위기와 코카콜라

그러나 20세기 초 미국에는 혁신주의의 바람이 거세게 불고 있었다. 그리하여 개인과 기업의 탐욕과 독과점에 대한 비판이 증대하고 있었다. 건강과 관련하여 무책임한 광고를 쏟아내고 있었던 의약품 업체들 또한 이러한 비판을 피해갈 수 없었다. 모든 병을 치료할 수 있는 것처럼 광고하던 특허매약에 대한 비난이 급증하자, 코카콜라를 강장제로 선전하던 코카콜라 사 또한 곤경에 처하게 되었다. 예를 들어 잡지 〈콜리어스*Collier's*〉는 1905년 10월 7일자부터 시작된 일련의 기사를 통해 특허매약의 문제점을 적나라하게 파헤쳤다. 폭로작가인 새뮤얼 애덤스Samuel Hopkins Adams가 비판적 글을 썼는데, 특허매약과 관련 사업에 대한 그의 결론은 시리즈의 제목처럼 "거대한 미국의 사기"라는 것이었다. 사실상 매약 및 엉터리 치료에 대한 반대와 비판은 1890년대 〈레이디스 홈 저널〉이 앞장서고 있었다. 이 일은 발행인인 사이러스 커티스Cyrus H. K. Curtis와 그의 사위인 편집자 에드워드 복Edward Bok이 주도하였다. 특히나 1904년과 1905년 엉터리 만병통치약에 대한 공격을 진행했다. 언론인 마크 설리번Mark Sullivan에게 이 일을 맡겼는데, 그는 당시 유명한 매약 조제업체 중의 하나인 리디아 핑크햄Lydia Pinkham의 신화를 붕괴시켰다. 이 업체의 대표적 매약인 '베지터블 컴파운드Vegetable Compound'는 위장장애나 어지럼증 등에 특효가 있는 것처럼 선전되고 있었으며, 고객들도 그러한 효과를 봤다면서 편지를 많이 보내기도 했다. 그런데 이 업체는 광고에 핑크햄의 얼굴을 내세우며, 그녀가 고통 받는 여성들에게 의학 지식에 대해 조언을 해주는 것처럼 광고를 하고 있었다. 그런데 설리번의 확인 결과에 따르면 그녀는 이미 20년도 전인 1883년에 죽었다. 그는 그 증거로 그녀의 사망일이 새겨진 묘비를 사진으로 실었다. 게다가 제품을 분석한 결과 알코올이 무려 15~20퍼센트나 포함되어 있었다.[81]

이와 같이 사회 개혁의 분위기 속에서 이윤만을 추구하던 기업들은 여러 가지 추문을 폭로하는 기사로 인해 타격을 받게 되었다. 특히 1906년 2월에 출간된 업튼 싱클레어Upton Sinclair의 『정글*The Jungle*』은 시카고에 위치한 혐오스러운 고기 포장 공장의 실태를 보여줌으로써 국민 보건에 대한 전국적인 관심을 끌어냈다. 이런 시대적 분위기 속에서 식의약품안정청의 책임자인 하비 와일리Harvey W. Wiley가 매약업체를 비난하고 나섰다. 와일리는 순정식의약품법의 필요성을 강조하여 그 법안이 1906년 6월 의회에서 통과되는 데 결정적인 역할을 했다. 이 법안 중 특허매약에 관한 조항들은 그동안 아무런 규제 없이 제멋대로 약의 효능을 과장하거나, 허위로 선전하던 수많은 매약업체들에게 철퇴를 가할 수 있는 법적 근거가 되었다. 그 조항들은 제조업체들이 반드시 매약의 라벨에 전부 진실일 필요는 없지만, 중대한 측면에서의 사실은 명기해야 한다고 규정했다. 특히나 몇몇 위험한 약성분, 예컨대 알코올, 아편, 마취제로 쓰이는 클로랄하이드레이트, 진통 및 해열제로 사용하는 아세트아닐리드 등은 반드시 표시해야만 했다. 결과적으로 이 법안은 과장되고 허위로 판명된 의료 효과로 가득했던 매약업체들의 광고에 재갈을 물리고, 나아가 '매약 시대'의 종말을 가져오는데 커다란 공헌을 했다.[82]

코카콜라 사는 이 법안에 대해서 처음에는 부정적인 입장을 견지했으나, 캔들러의 동생이자 조지아 주 대법원 판사였던 존 캔들러John Candler의 조언을 받아들여 이 법안을 지지하게 되었다. 존 캔들러는 이 법안이 시대적 대세임을 밝히고, 궁극적으로는 이 법안이 수많은 코카콜라의 모방업체들을 제거시켜줄 것이며, 코카콜라 사에 이익을 가져다 줄 것이라고 형을 설득했던 것이다. 캔들러 또한 이 법안에 찬성함으로써 국민들에게 신뢰감을 심어주며, 나머지 매약업체들과 분명하게 차별화할 수 있을 것이라는 계산이 섰을 것이다. 코카콜라 사는 즉각적으로 코카콜라 성분에서 사카린을 제거했다. 이 법안이 통과되자마자 코카콜라 사는 코카콜라가 건강음료인 양 '건전한,' '순수한,' 혹은 '위대한 전국적인 절주 음료'라고 선전했다. 또한 피로회복에 도움이 되며, 특히 순정식의약품법에 의해 보증을 받는다는 식의 광

고를 내보냈다.[83]

그러나 코카콜라 사는 또 다시 연방정부와의 지루한 법정 소송에 휩싸이게 되고, 더 이상 코카콜라를 강장제 따위의 건강을 강조하는 광고하기가 곤란해졌다. 1909년 9월에 갑자기 코카콜라 원액공장을 방문한 연방정부 농업부 순정식품 부서의 린치J. L. Lynch는 코카콜라의 핵심적 비밀인 물품번호 '7X'를 넘겨줄 것을 요구했으나 거부당했다. 대신 그는 코카콜라 원액 샘플을 가져갈 수 있었다. 그런 다음 코카콜라 사와 연방정부 사이에 다시 한 번 법정 소송이 벌어지게 된 것이다. 하비 와일리로 대표되는 연방정부는 1906년의 순정식의약품법에 근거하여 코카콜라 사를 기소했다.[84] 코카콜라 사에 대한 주요 기소 내용은 코카콜라라는 이름이 잘못됐다는 것과 불순물이 포함되었다는 점이었다. 전자의 경우는 코카 잎의 주요 성분인 코카인이 코카콜라 성분에 포함되지 않는다면 코카콜라라는 이름은 잘못 붙여진 것이 아닌가 하는 것이고, 후자의 경우는 "유독하고 몸에 해로운 성분"을 포함하고 있는 카페인이 첨가된 불순품 여부와 관련된 문제였다.

이 소송은 1911년 3월 13일에서야 테네시 주 차타누가Chatanooga에서 열렸다. 비록 일심에서 코카콜라 사가 이겼지만 85,157.62달러에 해당하는 재판 비용을 지불해야만 했다. 결국 최종적으로 항소심을 거쳐 1916년 연방법원에 도달했을 때 대법원장인 찰스 에반스 휴즈Charles Evans Hughes는 초콜릿 혹은 바닐라라는 이름을 지닌 제품에 초콜릿 성분이나 바닐라 성분이 들어있지 않다면 "비논리적"이라고 판결하면서 이 사건을 하위 재판소로 돌려보냈다. 여러 번의 법정 외부에서의 조정을 통하여 1918년에서야 코카콜라 사는 간신히 이 소송을 끝낼 수 있었다. 이때쯤이면 재판의 주요 주인공들이 무대에서 사라진 뒤였다. 캔들러는 1916년 말 자식들에게 사업을 물려주고 은퇴했으며, 연방정부 쪽의 주역인 하비 와일리 박사 또한 이미 1912년에 사퇴를 했다. 그리고 코카콜라 사 또한 제조법을 변경하여 코카콜라에서 카페인의 양을 절반으로 줄였다.[85]

코카콜라 사는 처음부터 골칫거리였던 코카인 문제를 반드시 해결해야만 했다. 로버트 헤스터Robert Hester의 주장에 의하면, 펨버튼이 애초에 코카콜라 원액을 만들 때 사용된 코카 잎 추출액은 코카인 성분이 50~75퍼센트 정도가 있었다. 비록 코카콜라 제조법이 1886년 최초로 제조된 이후 최소한 8번 바뀌었고, 코카콜라 사는 이미 1906년 이전부터 코카인 성분이 없다고 주장했지만 말이다. 사실상 펨버튼이 코카 잎을 성분으로 만든 최초의 매약은 코카콜라가 아니라 1881년에 제조한 '생강과 코카 강장제Ginger and Coca Tonic'이었다.[86] 하여간 코카콜라 안에 코카인 성분이 들어있다는 것은 문제가 될 수밖에 없었다. 예를 들어서 일간지 〈애틀랜타 컨스티튜션〉은 일찍이 1891년 6월 12일자에 코카콜라의 내용물이 의심스럽다면서, 코카콜라에 중독된 사람들의 증언과 코카콜라가 "마약 중독에 이르는 첫 단계"라는 의사의 보고를 싣고 있었다. 캔들러는 정면으로 이를 반박했다. "만약 코카콜라 때문에 어느 누구라도 피해를 입었다면 즉시 생산을 중단하겠다"고 선언하면서 의심의 불길을 잡았다. 그렇지만 그도 훗날 코카콜라에 코카인이 들어 있음을 인정했다. 1901년 그는 코카콜라 제조법에 관한 소책자를 출간하면서 코카콜라에 코카인 성분이 있지만 극히 미량이라고 주장했다. 결국 코카콜라 사는 1903년경 코카인 성분을 코카콜라에서 조용히 제거했다. 물론 코카콜라 사는 공식적으로 이러한 내용을 인정한 적이 없다. 그렇지만 여하튼 코카콜라라는 이름에서 연유한 마약의 은어인 '도프dope'나 '코크coke'가 당시 널리 사용되었던 것은 사실이었다. 또한 잠시였지만 펨버튼이 만든 마지막 회사인 '펨버튼 제약회사'에서 '코크Koke'를 생산했는데 제법 성공적이었다. 그래서인지 캔들러는 탄산음료매장을 찾는 사람들이 코카콜라를 '도프'나 '코크'로 부르는 것을 싫어하는 정도가 아니라 아예 혐오했다. 결국 코카콜라 사는 이 이름을 사용하는 회사인 '아메리카 코크 회사The Koke Company of America'를 상대로 제소하였으며, 미 연방대법원은 1920년 판결을 통해 '코크'는 코카콜라에 대한 상표권 침해에 해당한다고 판결했다.[87]

코카콜라를 통하여 부자가 되고 싶었던 펨버튼과 코카콜라의 상업화에 성공하여 그것을 전국적인 음료로 만들려고 애썼던 캔들러가 활동한 시기는 정확하게 매약의 황금기(1880~1906)와 일치했다. 그러나 1906년 순정식의약품법이 통과된 이후 캔들러는 매약의 시대가 끝났음을 인정하지 않을 수 없었다. 게다가 1910년대 내내 피고의 입장에서 연방정부를 상대로 소송사건이 진행되는 동안, 코카콜라는 더 이상 두통이나 신경쇠약 해소 같은 의약품의 성격을 드러내는 매약으로 자리매김할 수 없었다. 나아가 그는 자신이 원하든 원하지 않든 간에 대량소비사회 출현이라는 새로운 조류 변화에 따라가지 않을 수 없었다.

훗날 코카콜라 사에 지대한 영향력을 행사하게 될 로버트 우드러프Robert Woodruff는 인간의 일상생활에 반드시 있어야 할 필수품이 아님을 인정했다. 대신 그는 코카콜라가 사람들이 휴식을 취할 때 그 시간을 기분 좋게 만드는 역할을 할 수 있다고 생각했다.[88] 코카콜라사가 인정하듯이 이 음료는 본질적인 상품은 아니었다. 결국 코카콜라가 특정 계층을 위한 의약품적인 용도에서 모든 사람을 위한 음료적인 용도로 그 쓰임이 바뀐 주된 이유는 미국 사회가 소비사회, 대중사회로 변화해갔기 때문이다.

매약의 역사에 관해 권위자인 제임스 영James Harvey Young 교수는 코카콜라를 "매약과 음료 사이의 경계에 있는 생산물"이라고 했다.[89] 때때로 음식과 약의 영역은 애매하거나 중첩되기도 하다. 그러나 일단 매약에서 '즐거운 음료'로 전환이 완결되자, 코카콜라는 코카콜라사에 끝없는 축복의 원천임을 스스로 증명했다.

3장

코카콜라에 대중의 부르주아적 욕망을 싣다

대중의 부르주아적 욕망

앞에서 탄산음료매장이 코카콜라의 소비를 증진시키는 데 아주 중요한 공간이었음을 설명했지만, 그 공간이 미디어학자 요시미 순야吉見俊哉가 제시했던 대중의 '부르주아적 욕망'을 실현하는 공간이라는 점까지는 설명하지 않았다. 19세기 이후, 이제 대중은 마냥 특권계층에 굽실거리며 살던 사람들이 아니었다. 그들은 프랑스 혁명 이후, 또는 프랑스 혁명을 통하여 새로이 '보통사람들people' 혹은 민중이 되었다. 그렇기 때문에 이제 바야흐로 국가의 존재 이유는 1863년 링컨이 게티즈버그 연설에서 감동적으로 보여준 것처럼, 보통사람들을 빼면 아무것도 아닌 빈 껍데기에 불과했다. 민주주의의 핵심 또한 그러했다. 그런데 바로 이들이 특권계층이 누리던 것들을 자신들도 누리고 싶다는 욕망을 서슴지 않고 드러내기 시작했다. 이들은 정치에서의 민주주의뿐 아니라 경제에서의 민주주의도 요구하고 있었다.

어떻게 대중이 무슨 수단을 통해서 이 '부르주아적 욕망'을 실현할 수 있겠는가? 19세기 전반까지는 정치적으로는 말할 것도 없이 경제적으로 수많은 평민들, 아니 이제 신분상 보통사람들이 된 대중들이 부르주아적 욕망을 꿈꾼다는 것은 꿈에도 상상하기 힘든 일이었다. 그러나 몇몇 소비의 공간들이 이들을 착각의 늪에 빠뜨리기 시작했다. 이들은 자신들이 귀족인 양, 아니면 적어도 부르주아지라는 특권층인 것처럼 이런 공간에 드나들기 시작했다. 그 대표적인 공간은 백화점이었다. 백화점이야말로 대량소비가 가능한 곳이었다. 1838년에 문을 열은 파리의 '봉 마르셰Bon Marché'는 근대 백화점의 효시였으며, 1차 세계대전 이전까지는 세계에서 가장 큰 백화점이기도 했다. 여기는 파리의 여인네들을 가슴 뛰게 하고, 조만간 시골의 아낙네들조차 파리에 오면 반드시 가봐야 하는 곳이 될 예정이었다. 여기서는 모든 것이 정찰제였다. '봉 마르셰'의 경우 1850년경 정찰제가 정착되었으며, 그 뒤로도 대다수의 백화점이 이 방침을 고수했다. 동네 시장에서 하듯이 촌스럽게 가격 흥정을 하면 스스로를 촌사람으로 만드는 것이기에 흥정은 금기였다. 이곳에서는 샹들리에 불빛 아래 평소에는 구경조차 할 수 없었던 수많은 소비재들이 그네들을 기다리고 있었다. 이른바 사치품들이 진열장에 놓여있어 돈만 있으면 누구나 살 수 있었다.[90]

미국 또한 뉴욕의 '메이시스Macy's', 시카고의 '마셜 필드Marshall Field's', 필라델피아의 '워너메이커Wanamaker' 등을 선두로 많은 백화점들이 문을 열었다. 백화점은 여성들에게 쇼핑을 의무로부터 "취향을 정교화하고 훌륭한 삶의 비전을 확대할" 수 있는 기회로 바꾸어놓았다. 특히나 워너메이커 백화점의 경우는 놀라웠다. 존 워너메이커는 자신의 백화점을 문자 그대로 '소비의 궁전'으로 만들었다. 1880년경에는 파리에 지점을 만들어 파리의 최신 유행과 유행품들을 바로 미국으로 수입할 수 있었다. 이렇듯 프랑스 취향을 강조함으로써 그는 자신의 백화점을 사치품의 중심지로 만들 수 있었다.[91]

그렇지만 이런 백화점들은 19세기 후반까지는 몇몇 대도시에 국한된 공간이었다. 따라서 아직까지는 보통사람들이 자주 찾을 수 있는 공간은 아니었다. 그들은 자신들이 특권층과 다를 바 없다는 것을 경제적으로 보여주고 싶었다. 그들의 이러한 욕망을 조금이나마 채워준 곳이 바로 탄산음료매장이었다. 게다가 백화점이 무엇보다도 여성들만의 공간이었다면, 탄산음료매장은 여성뿐 아닌 어린이나 남성들도 출입이 가능한 공간이었다. 게다가 불과 5에서 10센트의 돈이면 누구라도 고대 그리스나 로마 양식의 기둥이 있는 화려한 실내장식으로 치장한 공간에서 마치 특권계층처럼 즐길 수 있었다. 이들 공간은 앞다투어 다양한 맛으로, 더 고급스러운 실내장식을 제공하여 소비자들을 유혹했다. 따라서 이러한 욕망을 채워줄 수 없는 탄산음료매장은 도태될 수밖에 없었다. 이러한 대량소비사회를 지향하는 세태를 보여주는 초기 상황을 19세기 초 탄산음료매장이 미국에 정착되던 시기를 통해 확인할 수 있다.

대량소비, 그리고 탄산음료매장

식민지 시절의 미국조차도 온천이 치유력을 가지고 있음에 관심을 갖고 있었다. 당대 최고 의사 중의 하나인 벤자민 러쉬Benjamin Rush는

1773년 온천에 관한 두 편의 논문을 쓰기도 하고, 광천수를 마실 것을 강력하게 추천했다. 그러나 본격적으로 인공 광천수를 상업적으로 팔겠다는 생각은 19세기 초 벤자민 실리먼Benjamin Silliman이었다. 예일대학의 젊은 교수인 그는 1806년에 25달러를 주고 탄산수를 인공적으로 만들 수 있는 존 누스의 장치를 구입했다. 그는 교수직을 유지하면서 소규모로 탄산수를 병에 담아 팔았다. 하지만 그는 탄산수를 단지 의약품의 용도로만 이해했고, 사업 감각이 떨어져 1809년 말 결국 그의 탄산음료매장 사업은 실패로 끝났다.[92]

그렇다면 그는 왜 실패했을까? 한 마디로 말하자면 실리먼은 사업가가 아니었다. 우선 그가 만든 탄산수 광고 문구를 보자. 그는 자신이 만든 탄산수가 "올바른 화학correct chemical science"에 근거하여 제조되었다고 광고했을 뿐이다. 그는 광고를 통해 사실만을 전달하고자 했다. 그런데 그의 사업상 동료인 노이에스 달링Noyes Darling은 탄산음료매장을 운영한다는 것이 단지 약의 효능을 지닌 탄산수를 파는 것뿐만이 아니라 고객들의 마음도 사로잡아야 한다는 것을 깨닫고 있었다. 그는 뉴욕의 '시티 호텔'에 탄산음료를 파는 매대를 설치할 때 마호가니 기둥에 좀 더 장식을 화려하게 추가해야 한다고 실리먼을 설득했다. 특히나 유행에 민감한 뉴욕 시민들을 상대로 사업을 할 때는 스타일에 신경 써야 한다는 점을 알고 있었던 것이다. 그렇기 때문에 달링은 "나는 알게 되었다네. 스타일이 다양한 열렬한 신자들을 보유하고 있음을"이라고 실리먼에게 강조할 수 있었다. 그뿐만이 아니었다. 그들이 뉴욕 시내에 탄산음료매장을 두 군데나 열었을 때, 경쟁자인 조지 어셔George Usher의 가게는 일요일에도 영업하고 있었다.

달링이 자신들의 매장도 일요일에 열어야 한다고 생각한 반면, 실리먼은 기독교 교리 때문에 안식일은 절대 안 된다고 생각했다. 달링은 자신들이 파는 탄산수가 치료의 용도이므로 도덕적으로 문제가 안 된다고 보았지만, 그의 사업상 파트너를 설득하지는 못했다. 그렇지만 일요일에도 장사를 해도 좋은지 아닌지에 관한 문제는 19세기 내내 미국인들을 괴롭혔다. 게다가 어셔의 탄산음료매장이 더 인기가 좋았는데 그곳에서 제공하는 탄산음료가 더 시원하고 거품이 풍부했기 때문이었다. 이 사실은 흥미롭다. 왜냐하면 당시까지도 차가운 물은 몸에 해롭다고 생각했으며, 의사들도 환자들에게 찬물을 마시지 못하게 하였기 때문이다. 따라서 이러한 통념과는 달리 탄산수는 치료적 기능을 갖고 있으므로 얼마든지 차게 마셔도 좋다는 새로운 인식이 자리 잡았다.[93]

실리먼 교수의 탄산음료매장 운영을 어렵게 만든 문제는 세 가지였다. 첫째는 탄산음료매장이 스타일과 같은 소비사회적 가치관을 반영할 수 있는 공간으로 변화하고 있었다는 점이다. 그런데 설리먼은 자신이 인공적으로 만든 탄산수를 탄산음료로 생각하지 않았다. 그의 제품은 상업적으로 대량판매될 가능성이 있는 탄산음료보다도 그저 자연 상태의 탄산수를 재현에 그쳤다. 그러나 미국에서는 탄산음료매장이 개장한지 불과 10여 년 만에 음료의 풍미를 증진하기 위해 과일향 등을 첨가한 탄산음료가 쏟아져 나왔다. 1819년 필라델피아를 방문했던 한 영국인은 그곳에서 시럽이 첨가된 탄산음료를 맛볼 수 있었음을 기록하고 있다.

둘째는 청교도 전통을 지닌 미국에서 일요일에 장사를 한다는 것은 도덕적으로 용납할 수 없는 일이었다. 이 문제는 미국이 소비사회로 접어들면서 지역별로 차이가 있지만 일요일의 영업도 허용하는 방향으로 정리되었다. 소비사회로 이행된다 함은 더 많은 휴식과 더 많은 여가를 보장한다는 것을 의미했다. 그것은 일요일의 경우도 예외는 아니었다. 아니 오히려 휴일로서 일요일은 여가의 공간을 더 필요했다. 그러나 종교적 의식에 얽매인 사람들이나, 소비사회의 본질을 이해하지 못한 사람들은 일요일을 주일로서만 이해하고 준수하고자 했다.

셋째, 전통적으로 전 세계의 주요 음료들은 전부 따뜻한 것들이었다. 녹차나 홍차는 말할 것도 없고, 커피나 과일이나 허브로 만든 차의 경우도 따뜻한 상태로 마셨다. 그런데 탄산음료의 경우는 정반대였던 것이다. 탄산음료가 시원하면 할수록 오히려 더 즐겨 마시는 상황은 인류 역사상 매우 새로운 경험이었다. 그렇기 때문에 탄산음료 매장은 소비사회를 알리는 첨병의 역할을 할 수 있었다.

실리먼과 그의 경쟁자들이 초창기 탄산음료매장 사업을 벌일 때 그들은 탄산수 온천의 물을 흉내내려고 했을 뿐만 아니라 온천 자체를 복사하고자 했다. 즉 탄산음료매장 자체를 고급스럽고 화려한 온천장 분위기를 내서 고객들이 탄산음료를 마시는 동안 온천장에 머무는 양 우아한 사교활동을 한다고 느끼게 유도했다. 탄산수 공급업자들이 탄산수에 과일향이라는 풍미를 더하기 시작하면서, 고객들 역시 병을 치료할 목적으로 탄산수를 구입하는 것이 아니라 점차 맛에 끌려서 마시기 시작했다. 과일향이 보태지자 소다수에 섞인 약 성분은 부차적인 용도로 바뀌었다. 그래서 탄산음료매장을 의약품을 제공한다기보다는 사람들을 접대하는 곳으로 여기기 시작했다. 마고 레이븐 Margot Raven의 표현을 빌리자면 "치료에서 한턱내기"로 바뀌기 시작한 것이다. 우리는 이러한 변화를 당시 약품 조제의 기준을 제시하던 공식적인 책을 통해서도 확인할 수 있다. 즉 1831년에 출간된 『미국의 약전*U. S. Pharmacopeia*』에는 소다수 항목이 삭제되었다. 이것은 소다수가 의약품으로서의 기능을 잃어버렸다는 것과 미국 사회가 변했음을 분명하게 보여주는 것이다. 그리하여 19세기 중반쯤 되면 고객들은 순수하게 입과 혀와 코의 즐거움을 위해 화려하게 장식된 매장을 방문하여 탄산음료를 마시곤 했다.[94] 이것은 바야흐로 탄산음료매장이 대량소비사회의 공간으로, 즐거움과 쾌락의 공간으로 자리 잡고 있음을 알리는 신호탄이기도 했다. 따라서 코카콜라가 이곳에서 팔린다 함은 무엇보다도 대중들에게 즐거움을 주어야만, 쾌락을 제공해야만 한다는 것을 의미했다.

그러나 탄산음료매장만으로는 사업의 수지를 맞추기가 어려웠다. 상대적으로 날씨가 따뜻한 남부조차도 탄산음료매장이 네 달에서 길게는 여섯 달이나 문을 닫는 곳이었다. 그렇기 때문에 코카콜라 사 또한 20세기 초에는 일 년 내내 할 수 있는 장사를 위해서 겨울 비즈니스를 키우려고 노력했으며, 또한 북부의 추운 지역에서 겨울 매출을 늘리고 있었다.[95] 코카콜라는 더 많은 곳에서 더 많은 사람들에게 팔려야만 했다. 게다가 기왕의 탄산음료매장은 무엇보다도 도시적 공간이었다. 따라서 도시에서 살고 있는 않는 사람들, 곧 농촌 사람들이 코카콜라를 마시는 것은 특별한 볼일 볼 때 이외에는 쉬운 일이 아니었다. 또한 탄산음료매장은 고정된 공간이었기에 이왕이면 그곳 말고도 일반 소매점이나 다른 공간에서도 코카콜라 구입이 가능하면 좋을 것이다. 게다가 병과 같은 용기에 담아 들고 다니면서 이동하면서 또는 아무 곳에서나 마실 수 있는 음료가 된다면 얼마나 많이 팔릴 수 있겠는가. 물론 당시 병은 폭발 사고가 잦았으며 위생에서도 많은 문제가 있었다. 그렇지만 캔들러는 이 엄청난 잠재력이 있는 영역을 아예 처음부터 무시했다. 아니 그 가치를 제대로 생각조차 못하고 있었다, 애틀랜타에서 멀지 않은 테네시 주 차타누가Chatanooga에 사는 두 변호사들이 그를 방문할 때까지는. 이 두 젊은이들은 캔들러처럼 생각하지 않았다. 그들은 코카콜라를 만일 병에 담아 팔게 되면 훨씬 더 많은 사람들이 코카콜라를 찾고 즐길 수 있을 것이라고 생각했다.

코카콜라와 보틀링 사업

변호사였던 벤자민 토마스Benjamin Thomas와 조지프 화이트헤드Joseph B. Whitehead는 코카콜라를 병에 담아 팔고 싶어 했다. 토마스가 1898년 미서전쟁 참전 시 쿠바에서 사람들이 탄산음료를 병으로 마시는 장면을 목격한 뒤로 미국에서도 병으로 팔면 좋겠다는 아이디어를 갖게 되었다. 물론 이러한 생각은 그들만이 한 것은 아니었다. 이미 1894년부터 미시시피 주의 빅스버그Vicksburg에서 조그만 과자류 사업을 하던 조지프 비든헌Joseph Biedenharn은 코카콜라 사의 동의 없이 그 지역에서 코카콜라를 병에 담아 팔고 있었다. 그가 이러한 생각을 하게 된 것은 단순했다. 도시에서는 탄산음료매장에서 코카콜라를 사먹을 수 있었지만, 시골에 사는 사람들은 그럴 수가 없었기 때문이다, 가끔씩 도시를 방문할 때를 제외하면 말이다. 그는 후일 "나는 도시에서 코카콜라에 대한 수요를 보았을 때, 내가 그것을 농촌에 가져가면 이익이 되겠구나 생각했다. 나는 그 상품을 고객에게 가져다 줄 수 있다고 믿었다. 나는 코카콜라를 탄산음료매장의 경계 밖에 있는 농촌 사람들에게 가져다주고 싶었다"고 증언했다.[96] 기본적인 생각은 비든헌이나 차타누가의 변호사들이나 똑같았다. 다만 엄청난 차이는 비든헌이 일방적으로, 비공식적으로 자신이 살고 있는 지역에서만 코카콜라를 병으로 팔았다면, 이 두 사람은 코카콜라 사에 정식으로 권리를 사들여 결과적으로 그들의 소비자를 전 미국으로, 나아가 전 세계로 확대할 수 있었다는 점이 다른 것이다.

1899년 7월 21일, 토마스와 화이트헤드는 코카콜라 본사를 방문했다. 그들은 캔들러를 만나서 단돈 1달러라는 터무니없는 가격에 미시시피 주와 뉴잉글랜드 지방의 5개 주, 그리고 텍사스 주를 제외한 전미 지역에 코카콜라 원액을 병에 담아 판매할 수 있는 권리를 사들이는데 성공했다.[97] 사실 캔들러는 이들의 생각이 마뜩치 않았다. 앞에서 말한 것처럼 병 제품의 위생상태나 안전 문제가 그렇게 좋지 않았기 때문이다. 그러나 이들의 끈질긴 간청에 결국 굴복하고 말았던 것이다. 그는 이들에게 코카콜라 원액을 병에 담아 판매할 수 있는 권리에 대해서 어떠한 요구 조건도 걸지 않았다. 다만 계약이라는 형태를 보이기 위해 단지 1달러를 형식적으로 요구했던 것이다. 그는 코카콜라를 병에 담아 팔겠다는 생각이 그렇게 많은 수익을 가져다주리라고 결코 기대하지 않았다. 여하튼 보틀링bottling 공장을 세울 수 있는 권리는 이들이 가져갔으며, 캔들러는 이들에게 병과 관련하여 생길 수 있는 모든 문제에 대한 책임을 지웠으며, 이들 또한 기꺼이 그러한 책임을 받아들였다. 물론 이들의 보틀링 사업이 기존의 탄산음료매장의 사업을 방해하지 않는다는 조건만 충족시킨다면 말이다.

캔들러와의 성공적인 면담이 끝난 직후 토마스와 화이트헤드는 자신들의 영역을 나누었다. 토마스는 캘리포니아, 오리곤, 워싱턴 주를 포함한 중서부 지역을, 화이트헤드는 애틀랜타를 포함한 남부 지역을 가지기로 했다. 토마스는 보틀링 권리를 획득한 바로 그해에 코카콜라 보틀링 회사The Coca-Cola Bottling Company를 만들었으며, 자본이 충분치 못한 화이트헤드는 애틀랜타로 이주하여 존 럽튼John T. Lupton에게 자신의 몫의 절반을 넘기면서 새로운 동료를 만들었다. 토마스는 1899년 최초의 보틀링 공장을 차타누가에, 화이트헤드는 1900년에 두 번째 공장을 애틀랜타에 만들었다. 그러나 화이트헤드는 1906년 젊은 나이에 폐렴으로 사망하여 그의 몫은 찰스 레인워터Charles Veasey Rainwater가 계승했다. 이들은 자신들의 보틀링 회사를 모기업으로 삼아 자신들의 지분을 나누고 또 나누는 프랜차이즈 방식으로 미국 전역에 보틀링 회사를 만들 수 있었다. 보틀링 공장을 하나 만드는 데 대략 2,500달러에서 5,000달러가 소요되었다. 한두 사람이 담당하기에는 큰 비용이었기에, 보틀링 지역은 마치 중세 봉건제도처럼, 봉건영주인 갑은 을과 병에게 봉토를 일부 나눠주고, 을과 병은 또 다시 정, 무, 기, 경 등으로 지역을 나누어주었다. 세포분열을 일으키듯이 이들 관계는 연쇄적으로 연결되었다. 결과적으로 계속해서 지역이 나누어지고, 또 나누어졌다. 그리하여 1902년에는 이미 34개의 보틀링 공장이 건설되고 있었으며, 불과 십 년 후인 1909년에는 379명의 지역 보틀러bottler가 생겨났다.[98] 그리고 1909년 이들의 활동을 보여주는 잡지인 〈코카콜라 보틀러*The Coca-Cola Bottler*〉는 캔들러의 친척이기도 한 윌라드J. J. Willard가 창간했다. 같은 해 1월에는 레인워터의 주도하여 최초의 보틀링 회사 소유자와 경영자들의 모임, 즉 보틀러 총회가 애틀랜타에서 열렸다. 1914년에는 토마스도 사망하여 그의 조카인 조지 헌터George T. Hunter가 그의 뒤를 이었다.

이 보틀링 사업의 결과는 어떠했던가? 병에 담은 코카콜라를 탄산음료매장이 아닌 다양한 종류의 도소매상점에 공급할 수 있었다. 곧 이전까지는 생각지도 못했던 새로운 소비자 시장을 개척했던 것이다. 탄산음료매장에만 공급한다는 것은 마시고 싶은 소비자가 그 공간까지 이동해야한다는 것을 전제로 한다. 그러나 병에 담긴 콜라라면 소비자들이 구입한 다음에 자신들이 원하는 장소로 이동해 마실 수 있다는 것을 뜻했다. 그곳이 야구장이 되었든, 자동차를 타고 놀러가는 교외가 되었든, 혹은 영화를 보는 극장에서라도 전혀 문제가 되지 않았다. 공간적 이동을 즐기는 미국인들의 습관에 잘 어울리는 아이디어였던 것이다. 그런데 사업의 귀재였던 캔들러조차도 20세기를 맞이하는 시점에서 보틀링 사업에 미래가 있다는 생각은 하지 못했다. 그래서 그렇게 터무니없는 가격에 보틀링 사용 권리를 넘긴 것이다.

하기야 그는 차타누가의 변호사들이 찾아오기 몇 년 전에도 병에 담긴 코카콜라가 어떤 의미가 있는지를 간과하고 있기는 했다. 즉 위에서 이야기했던 빅스버그의 비든헌은 코카콜라를 찾는 소비자들이 급증하고, 코카콜라를 탄산음료매장에서만 판매할 수 있음을 깨닫고 병에 담아 팔아야겠다는 생각을 직관적으로 했던 것이다. 그는 코카콜라 사의 허락도 받지 않고 코카콜라를 병에 담은 것이 마음에 걸렸는지, 최초로 병에 담은 코카콜라 상자들 중 하나를 캔들러에게 보냈다. 그것을 받은 캔들러는 비든헌에게 "괜찮군"이라고 답신을 보냈을 뿐이었다.[99] 그때가 바로 1894년이었다. 그리고 그것으로 끝이었다. 그는 병에 담긴 코카콜라의 엄청난 시장 잠재력을 이해하지 못했으며, 얼마나 많은 사람들이 자신의 소비자가 될 수 있는지를 전혀 생각지 못했던 것이다.

물론 그의 의도와는 상관없이, 또는 의도치 않은 결과로 코카콜라 시장은 엄청나게 커졌다. 현명하게도 토마스와 화이트헤드는 자신들만 보틀링 사업을 독점한 것이 아니라 가능한 관심 있는 많은 사람들에게 보틀링 권리를 팔았다. 즉 그들은 코카콜라 보틀링 사업을 프랜차이즈 사업으로 확대하여 더 많은 사람들이 코카콜라 판매 네트워크에 참가하게 만들었다. 결과적으로 엄청난 사람들이 눈에 보이는 자신의 이익을 위하여 열심히 코카콜라 판매에 참여하게 되었다. 토마스와 화이트헤드로부터 수백 명의 보틀러를 거쳐 수만 명의 도소매업자들에 이르기까지, 그들 모두는 코카콜라 판매를 통하여 이익을 끌어낼 수 있었다. 그 결과 짧은 기간 내에 코카콜라는 미국의 모든 도시와 마을 전역에 골고루 보급되었다.

각 지역의 보틀러들은 대부분 지역의 유지들이었다. 그들은 많은 지역 사람들을 고용하고, 생산에 필요한 많은 물품들을 지역에서 공급받는 등 직간접적으로 지역 경제에 도움을 주었다. 따라서 지역의 보틀러들 또한 자신들만 코카콜라를 판 이익을 독점하는 것이 아니라, 그 일부를 지역으로 환원하고 있었다. 이런 면에서 보자면 코카콜라 보틀링 시스템은 지역화를 조장하고 있었다고 볼 수 있다. 이런

한 보틀링 시스템은 훗날 전 세계를 상대로 한 프랜차이즈 계약을 할 때도 비슷한 상황으로 전개되었다.

자신의 의도와 상관없이 1달러에 보틀링 권리를 제공한 캔들러의 결정은 그가 예상치 못한 놀라운 결과를 가져왔다. 코카콜라의 사업 범위를 엄청나게 확대한 것이다. 많은 사람들이 코카콜라를 둘러싸고 이익을 나눌 수 있었다. 이 결정은 코카콜라의 매출로 코카콜라사만 돈을 버는 것이 아니라 수많은 보틀러까지도 돈을 벌 수 있었다. 이러한 방식 때문에 코카콜라를 위하여 수백 수천의 사람들이 자발적으로 열심히 일을 했다. 프랭클린 루즈벨트 행정부 당시 법무부에서 반독점 부서 책임자를 역임했던 서먼 아놀드Thurman Arnold는 1953년 한 잡지에 기고한 글에서, 셔먼 반독점법은 미국에서의 경제활동에서 건전한 경쟁관계를 보장하려는 기본 목적을 갖고 있는데, 이러한 목적에 잘 부합하는 하나의 대기업을 들라면 바로 코카콜라 사라고 언급했다. 그는 코카콜라 사야말로 미국의 "미래의 자유 시장경제"를 대표한다고 주장했다.[100]

결과적으로 캔들러가 의도하지 않았던 결단의 결과로 코카콜라 보틀링 사업은 마치 물 만난 고기처럼 번창했다. 상생적 공생관계의 모범을 보여준 토마스와 화이트헤드의 프랜차이즈 전략 덕분에 판매량 또한 놀라울 정도로 수직 상승했다. 1905년 기준으로 코카콜라 원액은 총 1,548,888갤런이 판매되었는데, 이 가운데 보틀러들이 452,511갤런을 소화해냈다. 병으로 팔리는 코카콜라가 전체 판매량의 29.2퍼센트로 거의 3분의 1을 차지하고 있었다. 그러니까 코카콜라 매출에 있어 탄산음료매장과 보틀링 공장이 벌써 2대 1 수준으로 나눠가졌다는 의미였다. 1910년이면 미국 전역에 이미 379개의 보틀링 공장이 세워졌으며, 그곳에서 1,325,176갤런의 코카콜라 원액을 소비했다. 비록 아직까지는 탄산음료매장에 공급된 코카콜라 원액 2,864,973 갤런의 절반에 미치지는 못했지만, 불과 5년 사이에 병으로 생산되는 코카콜라가 거의 3배 이상 증가했던 것이다. 1919년이면 보틀링 공장이 1,200개로 증가하여 거의 모든 미국의 지역에 보틀러가 존재하게 되었다.[101]

손으로 만져도 알 수 있는 코카콜라 병

토마스와 화이트헤드의 두 보틀링 회사들은 서로 다른 병을 사용하고 있었다. 토마스가 호박색을 선호한 반면, 화이트헤드는 선명한 색을 좋아했다. 심지어 지역마다 색깔과 병의 모양이 다양했기 때문에 코카콜라 사가 골머리를 썩였던 모조품과 위조품 증가를 방조한 꼴이 되었다. 따라서 이 문제의 해결이 시급했다. 토마스 또한 일찍이 "우리는 어떤 사람이라도 심지어 어두운 곳에서도 코카콜라 병으로 알아볼 수 있는 병이 필요하다"고 역설하곤 했다. 그렇지만 이 문제 해결의 직접적인 실마리는 코카콜라 사의 법률자문을 하던 해롤드 허쉬Harold Hirsch가 제공했다. 그는 법률적 관점에서 볼 때 동일한 표준의 병을 만들어 사용할 수만 있다면 코카콜라 사가 우월한 위치에 있을 것이라 판단했다. 1913년 7월에 그는 모든 종가 보틀러Parent Bottlers와 코카콜라 사에 편지를 보내 "단일하고 두드러진" 코카콜라 병을 만들 것을 제안했다.[102]

그 결과 루트C. J. Root 병 제조업체에서 감독 역할을 하던 알렉산더 사무엘슨Alexander Samuelson 지휘에 따라 오늘날 누구나 알고 있는 코카콜라 병이 탄생하게 되었다. 직접적인 병 디자인 작업에는 클라이드 에드워즈T. Clyde Edwards와 얼 딘Earl R. Dean이 참여했지만, 최종적으로 1915년 11월 특허신청은 사무엘슨의 이름으로 했다. 그리고 약간의 수정을 거쳐 사람들에게 선보인 것이 1916년 여름이었다. 코카콜라 보틀러 총회에 제시된 여러 디자인 중 루트 회사의 병이 선택되었다. 거의 즉각적으로 이 디자인의 병을 거의 모든 보틀러들이 보편적으로 사용하게 되었다.[103] 이제 누구든 언제 어디서나 눈으로 보거나 손으로 만지기만 하면, 그것이 코카콜라 병인지 아닌지를 쉽사리 식별할 수 있게 되었다. 소비자들은 한 손에 딱 잡히는 새로 나온 코카콜라 병을 환영했다. 대량생산을 통하여 한 해에 수천만 병의 코카콜라가 미국 전역에서 유통될 것이었다.

이렇게 만들어진 코카콜라 병은 오늘날까지도 사용되고 있으며, 비평가들로부터 20세기의 대표적인 디자인 제품으로 인정받고 있다. 1930년대 미국을 대표하던 산업디자이너였던 레이먼드 로위Raymond Loewy는 "추한 것은 팔리지 않는다"는 그의 불문율을 선언한 적이 있다.[104] 그의 주장처럼 코카콜라는 한 눈에 알아볼 수 있을 뿐더러 병 모양 자체가 심미적으로도 아름다운 형태였다는 것에 사람들은 즐거워했을 것이다. 더불어 병 하단이 한 손에 잡히는 감촉과 상대적으로 묵직한 느낌이 드는 병의 무게도 안성맞춤이었다. 즉 코카콜라는 미국인들의 미각을 즐겁게 했을 뿐 아니라 시각과 촉각까지도 만족시켰던 것이다. 사람들이 코카콜라를 마신다는 사실을 이 새로운 병만큼 확실하게 느끼게 해줄 수 있는 것은 없었다. 멀리서 보거나 어둠 속에서도 알아볼 수 있는 놀라운 인공물을 만들어낸 것이다. 덕택에 더 많은 사람들이 이 병을 통해 코카콜라의 충성스러운 고객이 되었다. 이 독특한 모양의 병은 향후 코카콜라가 '글로벌 아이콘'이 되는데 한 몫을 차지했다. 이제 대중들은 마음 놓고 그들의 욕망을 코카콜라 병에 담을 수 있게 된 것이다.

[그림 5] 코카콜라 병의 연도별 변천사
http://iplj.net/blog/wp-content/uploads/2011/10/coke-bottle-chronology.jpg

광고가 새로운 수요를 만들다

보편적 음료로서 절대 다수의 미국인들에게 팔릴 코카콜라는 이제 소비자들에게 자신을 적극적으로 드러내는 마지막 수단이 필요했다. 생산은 전혀 문제가 되지 않았다. 생산된 양을 다 팔 수 있는 수요를 창출하는 것만이 문제였다. 코카콜라 사는 대중의 '부르주아적 욕망'

을 찾아주고, 알려주고자 했다. 이러한 방식에 광고만큼 도움이 되는 것은 없었다. 광고야말로 수요 창출의 으뜸가는 역할을 할 것이다. 어차피 광고는 자본주의의 젖줄이 되고 있었다. 그리고 이러한 변화를 다른 어떤 미국의 기업보다도 먼저 알아차리고 혁신적인 방식으로 광고를 하고 있었던 곳이 바로 코카콜라 사였다.

광고의 중요성을 누구보다 먼저 알고 있던 사람은 펨버튼이었다. 병마와 싸우고 있던 펨버튼은 1887년 6월에 동업자와 상의 없이 자신의 이름으로 코카콜라 상표를 등록했다. 등록 직후 그는 조카인 루이스 뉴먼에게 다음과 같이 털어놓았다. 만약 자신에게 2만5천 달러가 있다면, 2만4천 달러를 광고비로 사용하고, 나머지 1천 달러를 가지고 코카콜라 원액을 생산할 것이며, 그렇게 하면 부자가 될 수 있을 것이다. 불과 1천 달러, 즉 자신이 가진 자산의 4퍼센트만 제품 생산에 쓰고도 제품이 총 판매액이 투입한 비용을 초과한다는 것을 전제로 한 희망사항이었다. 그렇다면 그는 실제로도 원 재료비의 수십 배를 받고서 탄산음료매장에 코카콜라 원액을 판매했음에 틀림없다. 물론 그의 의지가 실현되지는 못했지만 생각은 분명했다. 그는 매약이나 탄산음료의 경우 광고가 얼마나 중요한지를 간파하고 있었던 것이다. 절대적으로 광고가 중요했다. 광고를 하지 않고서는 도저히 비슷비슷한 성분과 효능을 지닌 경쟁 제품들 속에서 두드러진 매출을 올리기는 불가능했다. 펨버튼이 1887년에 쓴 광고 세목을 검토해보면, 1,600장의 포스터, 56개의 간판, 500개의 전차카드, 1개의 스텐실 대형간판이 광고의 수단으로 사용되고 있음을 알 수 있다.[105] 그러나 로빈슨이 광고와 판매를 담당했다 하더라도 펨버튼에게는 광고비라는 실탄이 절대적으로 부족했다.

캔들러는 1892년 마침내 자신의 회사를 법인화하여 코카콜라 사The Coca-Cola Company를 만들었다. 코카콜라 사는 처음 20년 동안 불과 30명 이하의 인원으로도 승승장구할 수 있었는데, 이런 비약적인 성장의 원인은 무엇보다도 공격적이고 다양한 광고에 있었다. 제품의 성격상 코카콜라의 품질이 타사 제품보다 월등하다는 것을 객관적으로 증명하기란 어려웠다. 아니 증명할 성질의 것도 아니었다. 제조 공정은 거의 바뀌지 않았고 원료비도 큰 변동이 없었다. 문제는 마케팅이었다. 그리고 마케팅의 관건은 광고였다.

회사가 법인화한 1892년 이후 10개월 동안의 활동을 담은 최초의 연례보고서에 따르면 22,500달러가 원료비로 충당되었고, 11,400달러가 광고비로 사용되었다. 로빈슨은 광고 예산을 늘리면서 신문, 포스터, 시계, 달력, 쟁반, 컵받침, 온도계, 연필, 전차 등에 이르기까지 "마시자 코카콜라. 맛있고 상쾌한Drink Coca-Cola. Delicious and Refreshing"이라는 간결한 문구를 널리 선전했다. 1898년 한 해 동안만 100만 개 이상의 판촉용품이 뿌려질 정도였다.[106]

캔들러 또한 매약이나 탄산음료에 광고가 필수적이라는 사실을 잘 알고 있었다. 그는 광고의 수단과 대상을 확대하기 시작했다. 우선 달력과 실외용 포스터가 1891년에, 거리의 벽을 색칠한 광고는 1894년에, 탄산음료매장의 용기와 쟁반을 이용한 광고는 1896년에 도입되었다. 그리고 20세기 초부터는 〈먼시스Munsey's〉나 〈새터데이 이브닝 포스트Saturday Evening Post〉 같은 전국적인 잡지들에 광고를 싣기 시작했다. 1901년에는 광고비가 10만 달러를 초과하더니, 불과 10년 후인

1911년에는 100만 달러를 넘어섰다.[107]

앞에서도 이야기했던 것처럼 코카콜라 사는 연방정부와의 재판이 진행되던 중에도 의약품적인 효능을 강조하는 광고를 여전히 하고 있었다. 그렇지만 코카콜라를 모든 사람들이 마실 수 있도록 한 로빈슨의 광고 전략 덕분에 20세기 들어오면서 매약에 대해 쏟아지는 비난을 비켜갈 수 있었다.[108] 중요한 점은 19세기말쯤이면 미국은 공간적으로 계층 사이가 더욱 더 유동적인 사회로 바뀌고, 더불어 여가지향적인 사회로 변해가고 있었다는 것이다. 캔들러는 코카콜라가 강장제인 동시에 갈증을 해소하는 상쾌함을 제공하는 제품으로 보이기를 원했다. 그런데 왜 목마름에 주목하게 되었을까? 이는 여가의 영역이 넓어졌기 때문이었다. 남성들의 경우에는 골프, 테니스 등의 야외 구기 종목에 열광하거나, 야구 구경을 즐겼다. 경기 도중 잠시 휴식을 할 때나 목이 마를 때가 바로 코카콜라가 필요한 순간이었다. 여성들의 경우는 새로운 소비 공간인 백화점이나 연쇄점chain store 등에서 마음껏 쇼핑을 즐기게 되었다.[109] 이 물건 저 물건을 마음껏 구경하다 지쳤을 때 목이 마르고 휴식이 필요한 순간 코카콜라가 준비되어 있었다. 그렇기 때문에 코카콜라의 많은 광고 문구들은 "건강에 좋은 상쾌한 음료" "기쁘고, 입맛에 맞는 건강음료" 혹은 "갈증 해소"로서 그 이미지를 전달하고 있었다. 아래의 네 광고 문구들은 그 구체적인 예이다.

1) 건강에 좋은 상쾌한 음료는 인기 있는 코카콜라이다. 그 음료는 일 년의 모든 계절 동안 절대적으로 안전하고, 건강에 좋고 상쾌한 음료임을 스스로 증명한 보편적인 인기 품목이다.(1903년)

2) 코카콜라는 기쁘고, 입맛에 맞는 건강음료이다. 그것은 피로를 없애주고 사업가 및 전문인들, 학생, 자전거 타는 사람, 운동가에게는 필수불가결하다. 그것은 정신적 육체적 피로를 완화시켜준다. 또한 목마르고, 지쳐있고, 의기소침한 여성들이 즐겨 찾는 음료이다.(1905년)

3) 타는 목은 상쾌하게, 지친 몸에는 기운을 북돋고, 피곤한 두뇌는 활기차게.(1905년)

4) 한 잔의 코카콜라는 연극 자체만큼이나 즐겁다. 모든 오락과 즐겁게 어울리는 그것은 맛있고, 상쾌한 강장음료로서 그 속에 건강과 행복에의 제안이 확고한 사실이 된다.[110] (1906년)

이렇듯 코카콜라 사는 적어도 1909년까지도 코카콜라를 자양강장제와 청량음료로서 두 가지 효능으로 광고하고 있었다. 그들은 코카콜라가 음료라는 점을 부정하지는 않았다. 그러나 그들에게 코카콜라가 음료 그 이상이었는데, 그것이 피로를 풀어주는 효과가 있다고 믿었기 때문이었다. 그러한 이유 때문에 그들은 코카콜라가 '건강음료'나 '강장음료'로 불리기를 희망했던 것이다. 따라서 이 시기에는 비록 두통을 없애준다거나, 노이로제를 완화시켜준다는 노골적인 의약품의 효과를 강조하는 광고 문구는 사라졌지만, 피로회복 따위의 유사-의약품 성격의 광고는 유지된 것이다. 즉 캔들러는 이러한 두 가지 목표의 어느 것도 놓치고 싶지 않았던 것 같다. 그래서 이러한 두 목표를 동시에 보여주거나 또는 별도로 각각의 효능을 강조하는 광고들이 당분간 지속되었다. 연방정부가 코카콜라의 매약적 성격에 촉각을 곤두세우고 있었음에도 특정 계층과 일반 대중을 상대로 한 줄타기는 아슬아슬하게 진행되고 있었다.

그럼에도 불구하고 마지막으로 인용한 1906년도 광고는 주목할 만하다. 연극이 끝난 후 두 남녀가 코카콜라와 더불어 즐거운 시간을 보내고 있다. 이제 코카콜라는 미국인들에게 일과시간 이후에 스포츠나 극장 관람 따위의 여가를 즐길 것을 권장하기 시작했으며, 그러한 시간과 공간에 코카콜라를 통해서 '건강과 행복'을 찾을 것을 제안하고 있다. 비록 여전히 강장음료임을 포기하지 않았지만, 코카콜라를 마시는 동안 즐거움과 행복을 맛볼 수 있다고 소비자들을 유혹하고 있었다.

캔들러는 코카콜라 사의 운영자로서 광고에 관한 한 펨버튼 밑에서도 광고 전략을 잘 운용했던 프랭크 로빈슨에게 일임하는 한편, 판매는 자신의 외조카인 새뮤얼 돕스Samuel Dobbs에게 맡겼다. 그러나 야심만만한 젊은이였던 돕스는 시간이 지나면서 더욱 정력적으로 자신의 영역 범위를 넓혔으며, 결국에는 두 사람의 일이 중복되면서 갈등이 표면화되고 증폭되기 시작했다. 이 시점에서 우리는 점점 더 캔들러의 신뢰를 얻게 된 돕스가 새로이 부상함에 주목해야 한다. 비록 그 갈등의 원인은 정확하게 알려져 있지 않지만, 1906년이 되자 돕스는 마침내 로빈슨을 대신하여 판매뿐만 아니라 광고까지도 책임지게 되어 갈등이 표면상 종지부를 찍게 된다. 즉각적으로 돕스는 광고계의 떠오르는 샛별인 윌리엄 다아시William D'Arcy를 광고 파트너로 지정했다. 다아시는 이후 1956년까지 반세기 동안이나 코카콜라 사 광고를 전담했다. 결과적으로 두 개의 광고회사들이 코카콜라 사의 광고를 수주하는 상황이 몇 년 동안 지속되었다. 시간이 지나면서 로빈슨이 지정했던 원래 광고 계약 파트너였던 매센게일St. Elmo Massengale이 수주하는 광고액 비율이 점차 줄어들었다. 예를 들면 1910년에는 다아시가 22만5천 달러를 수주한 반면, 매센게일은 5만 달러로 줄어들었다. 점차 일에서 통제력을 잃게 되고 건강이 악화된 로빈슨은 마침내 1913년 말 코카콜라 사에서 은퇴하게 되었다.[111]

매센게일 광고의 특징은 그 모델들이 주로 화이트칼라 계층이나 중산층 이상의 사람들이었다는 것이었다. 이들은 누구보다도 앞장서 야외에서 스포츠와 여가 활동을 즐겼다. 따라서 매센게일의 광고는 모든 계층을 끌어안고 있다고 보기는 어려웠다. 그러나 다아시 광고의 특징은 광고에다가 이야기를 부여하고자 했다. 이는 기본적으로 돕스가 요구하는 것이기도 했다. 그는 여기에 흥미를 더했다. 그렇기 때문에 다아시가 만든 광고는 단순하면서도 감정에 호소하고 있었다. 즉 그는 일찍부터 감성 광고를 시도하고 있었던 것이다. 이것은 무엇보다도 다아시가 인간 본성을 잘 파악하고 있었기 때문에 가능한 일이었다. 1906년 이후 다아시의 광고는 점차 모든 미국인을 상대로 호소하고 있었다. 예를 들자면 1907년의 한 광고에서는 코카콜라를 계급이나 나이, 성을 초월한 "위대한 전국적인 음료"라고 설명하고 있었다. 1909년 거의 76만2천 달러에 달하는 엄청난 광고비 때문이기도 했겠지만 코카콜라 사의 광고는 보상을 받았다. 그해 미국광고연합클럽은 코카콜라를 "미국에서 가장 잘 선전된 품목"이라고 선정했다. 그리고 돕스는 그해에 바로 이 단체의 회장으로 선출되었다.[112]

연방정부와의 오랜 고통스런 재판이 진행되는 동안에, 아니 순정식의약품법이 통과된 이후에 코카콜라의 광고는 변화하고 있었다. '피로를 없애준다', '두뇌', '신경' 같은 단어들이 점차 사라지면서, '즐거움' '행복' 또는 단순히 '맛있고 상쾌한' 이라는 단어가 등장했다. 예를 들어, 새로운 10년의 시작을 알리는 1910년도 달력에 코카콜라 사는 '행복한 날들'이라는 슬로건을 제시했다. 이 광고 문안은 코카콜라가 앞으로 지향해야 할 목표와 또한 동 시대의 낙천적 분위기를 표현하고 있다.

'행복한 날들'
마시자
코카콜라
맛있고 상쾌한[113]

이제 코카콜라 사는 갈증과 관련된 보편적 욕구에 호소하기 시작했다.

갈증 만족
매일– 하루에도 여러 번,
아무것도 만족시켜줄 것 같지 않을 때
마시자 코카콜라
그와 같은 것은 세상에 없다.
그것은 순수한 물처럼 건강에 좋고,
다른 것이 할 수 없는 갈증을 풀어준다.
맛있고–상쾌하고 건전한[114]

[그림 6]
1912년의 코카콜라 광고(디아시 광고회사)

1912년에 만들어진 위 그림은 다아시 광고회사의 작품으로 갈증이라는 보편적 욕구 만족에는 코카콜라만한 것이 없으며, 화살표를 보면 코카콜라를 만날 수 있다는 메시지를 동시에 전달하고 있었다. 어찌 보면 유치한 것 같지만 화살표는 헷갈릴 수 없는 분명한 의사를 전달하고 있다. 젊은 처녀가 유혹하고 있었다, 코카콜라를 마시자고.

코카콜라 광고의 힘

목마름은 인간이면 누구나 느낄 수 있는 보편적인 '욕구need'이다. 그리고 그 욕구는 물을 마심으로서 해결된다. 그러나 코카콜라 사는 갈증을 느낄 때 물이 아닌 코카콜라라는 특정의 탄산음료를 마셔 갈증을 만족시킬 수 있다고 얘기하고 있다. 이렇듯 갈증이 왔을 때, 코카콜라만이 목마름을 해소시켜줄 수 있다고 생각하게 될 때, 특정 사람들에게 코카콜라는 특정한 '욕망desire'의 대상이 된다. 그렇다면 이때는 '목시'나 '닥터페퍼', 또는 '펩시콜라' 같은 종류의 탄산음료들이 아닌, 오직 코카콜라를 마셔야 만이 이들의 욕망은 충족될 것이다. 즉 보편적 욕구를 특정한 욕망으로 만족시켜줄 수 있다고 주장하고 있는 것이다. 코카콜라 광고는 사람들로 하여금 목마를 때 코카콜라를 마셔야만 갈증을 풀어줄 뿐만 아니라 맛있기도 하고 상쾌하다고 유혹하고 있다. 이러한 광고의 유혹에 사람들은 점점 더 빠져들었다. 그냥 물은 갈증은 해소할지 몰라도 그 이상은 아니었다. 그런데 코카콜라는 그 이상의 것을 제공할 수 있다고 유혹하는 것이다. 유혹에 깊이 빠져들수록 코카콜라에 대한 욕망은 깊어갈 수밖에 없었다.

칼 마르크스나 프랑크푸르트학파가 볼 때 대량소비는 대량생산의 논리적 귀결이었다. 그런데 영국에서의 소비혁명이 18세기 중반에 발생했다고 주장하는 닐 켄드릭Neil Kendrick의 시각에서는 커피, 차, 도자기, 면화 등 많은 소비재들이 이미 존재하고 있었다. 그렇지만 그가 볼 때, 당시 패션 잡지의 광고나 조슈아 웨지우드Joshua Wedgwood가 시도한 마케팅 전략 등이 없었다면 대량 수요를 창출해내고, 그 결과로 출현할 수 있는 대량소비를 이끌어낼 수 없었다. 따라서 이러한 광고나 마케팅이 있었기 때문에 대량생산이 가능해져서, 훗날 산업혁명이 일어날 수 있었다고 켄드릭은 주장하고 있다.[115]

결국 광고의 역할은 새로운 수요를 창출하는 데 있었다. 코카콜라의 경우는 더더욱 그러했다. 끊임없이 다양한 매체를 통한 많은 양의 광고야말로 코카콜라 매출 상승의 일등 공신이었다. 구체적인 판매량과 광고비를 확인해보자. 1901년에 코카콜라 원액은 총 468,411갤런이 팔렸으며, 10년 후인 1911년에는 4,815,677갤런으로 증가했다. 그런데 1901년 광고비는 100,276.01달러였으며, 1911년에는 그 비용이 1,089,010.68달러로 증가했다. 그러니까 20세기의 첫 10년 동안 광고비가 10.86배 증가할 때, 판매액은 10.34배 이상 증가한 셈이어서 거의 정확하게 그 증가비가 일치하고 있다. 1920년 12월에 연방대법원은 코카콜라 대 코크아메리카 사 사건에서 '코크Koke'가 코카콜라의 위조품이라는 판결을 내렸다. 당시 대법원의 판결문을 작성한 올리버 웬델 홈즈 판사 또한 이 비례 관계에 주목했다. 1900년 이래로 판매액이 "매우 큰 비율로" 광고비와 비슷하게 증가하고 있다면서, 홈즈 판사는 코카콜라가 "하나의 원천에서 나온 하나의 물건을 의미하며 공동체에 잘 알려져 있다. 그 음료가 그 이름을 특징짓는 것만큼이나 그 이름이 그 음료를 특징짓는다고 말한다 해서 결코 지나친 말은 아닐 것이다"라고 주장했다.[116] 판결 이후 코카콜라 사는 이 구절을 두고두고 필요할 때마다 '명가의 보도'처럼 인용하였다.

20세기 광고가 미국의 수많은 사람들을 부르주아적 욕망으로 끌어당겼는가? 코카콜라야말로 대량생산이 대량소비로 연결되었다기보다는 대량소비가 대량생산으로 이어졌다고 보아야할 것이다. 많은 경우 광고 덕분에 사람들은 탄산음료매장으로, 식료품 가게로 달려가 코카콜라를 찾았다. 그런 면에서 코카콜라의 광고는 계속해서 소비자의 지출을 끌어냈다. 더 많은 매출을 위하여 더 많은 광고비를 겁내지 않은 캔들러는 코카콜라를 미국인들의 필수품으로 만드는 데 성공했다. 광고를 통해 더 많은 수요를 창출하여 더 많은 보틀링 공장들이 세워진 것이지, 보틀링 공장들이 세워졌기 때문에 더 많은 코카콜라를 팔아야했던 것은 아니었다. 더 많은 매출과 더 많은 보틀링 공장 사이에는 분명한 상관관계가 있지만, 코카콜라의 경우에는 공급이 수요를 창출했다기보다는 수요가 공급을 만들었다. 그리고 그 수요는 사실상 대부분 광고를 통해서 만든 것이었다. 결국 이러한 일련의 과정을 통해서 다른 어떤 소비재보다도 코카콜라는 대중의 부르주아적 욕망을 찾아내고, 이를 이끌어내고, 심지어 창조해내는 데 선구자이자 개척자였다.

아래의 구체적 통계는 코카콜라의 판촉활동을 통한 광고의 힘을 보여줄 것이다. 엄청난 양과 규모로 코카콜라 사가 미국 전역에 걸쳐 융단폭격을 했다는 비유를 사용해도 무방할 것이다. 1차 대전 직전이면 코카콜라 사가 이용하지 않는 광고 매체는 거의 없을 정도였다. 모든 것이 광고의 대상이 되었다. 코카콜라가 당시 미국에서 가장 많이 선전된 상품이라는 돕스의 주장은 결코 과장된 말이 아니다. 미국인들은 어디에서든 코카콜라의 이미지와 만나게 되었다. 여기서 1913년의 코카콜라 광고비를 분석해보자. 총 비용은 1,399,430달러였다. 이 비용을 어느 광고 품목에 얼마만큼 사용했는지를 일부 확인해보자.[117]

장식용 냅킨	50,000,000
야구 득점 카드	25,000,000
압지(blotters)	20,000,000
종이 성냥	10,000,000
석판 인쇄된 금속간판	5,000,000
탄산음료매장용 쟁반	2,000,000
달력	1,000,000
부채	1,000,000
보틀러용 12×36 인치 특별 간판	250,000
연필	144,000

물량으로만 계산해도 엄청났다. 개수로만 따져 1억 개를 훌쩍 넘어섰다. 위의 품목들이 전부가 아니었다. 거기에 수십 만 개의 다양한 종류의 광고 간판들, 5만 개의 온도계, 1만 개의 사무실용 대형달력 등등……. 도대체 이런 것도 광고 대상이 될까 싶은 것까지도 광고 판촉물로 사용하고 있었다. 이 모든 것들이 일상의 어디에서나 쉽게 볼 수 있는 것들이었다.

이런 광고물만 아니라 무료 시음권 또한 코카콜라를 알리는 중요한 수단 중의 하나였다. 1894년에서 1900년 사이에 코카콜라 사는 무려 9백만 장이 넘는 시음권을 뿌려서 탄산음료매장에서 소비자들이 코카콜라를 공짜로 마실 수 있게 했다. 코카콜라 사는 1894년부터 "우리의 초보적인 제안"이라는 판촉활동을 시작했는데, 기본적인 내용은 미국과 멕시코, 쿠바에 있는 약 20만 개의 탄산음료 제공업소 중에서 2만 개를 추려서 코카콜라를 소개하는 편지를 보내는 것이다. 그 안에 무료 시음권을 동봉하여 고객들에게 권해달하는 부탁을 했다. 그리고 고객들이 이를 통해 시음한 다음에는 이를 현금으로 보상해주겠다는 내용을 덧붙였다. 결과는 고무적이었다. 아래의 통계로 확인해보자.

연도	무료 시음권 (개수)	지급된 현금(달러)
1894	7,721	386.05
1895	773,760	38,688.00
1896	1,282,790	64,139.30
1897	1,961,815	98,090.75
1898	2,369,760	118,488.00
1899	2,752,965	137,648.25
	9,148,811	457,440.55

통계에서 보듯이 코카콜라 사가 무료 시음권을 통해 지급한 금액은 1894년에서 1899년까지 6년 동안 거의 46만 달러에 육박하는 거액이었다. 그렇지만 그것은 9,148,811잔을 잠재적 소비자에게 공짜로 제공했음을 뜻한다. 비록 많은 사람들이 중복되었더라도 말이다. 이러한 판촉 행위는 코카콜라를 탄산음료매장 뿐만 아니라 직접적으로 소비자에게 알리는 계기가 되었다. 로빈슨은 무료 시음의 기회가 광고 중에서 "가장 설득력 있는 형태"의 광고였다고 털어놓았다.[118] 결국 이러한 판촉 행위는 코카콜라 사와 매장의 공급자들과 좋은 유대 관

계를 유지하는 데에도 도움이 되었다. 시내를 달리는 전차에 붙은 광고판, 로고가 새겨진 음료수 잔, 거대한 입간판, 쟁반이나 시계 등등. 이제 코카콜라가 미국인의 일상생활의 일부가 되었다는 것은 어찌 보면 너무도 당연했다.[119]

시간이 지날수록 코카콜라는 점점 더 '기분 좋은 음료'가 되었으며, 목마름은 '즐거움'의 대상이 되었다. 1910년대 소비사회의 두 상징적 인공물인 탄산음료와 자동차가 즐거움과 기쁨을 강조하는 광고를 사용한 것은 주목할 만하다. 1916년 코카콜라 사에서 "목마름을 즐긴다"라는 광고가 나오고 3년 후에는 한 자동차 회사가 "운전의 기쁨"이라는 광고를 내보냈다.[120] 소비를 지향하는 사회에서 자동차는 더 이상 단순히 타는 도구가 아니었으며, 탄산음료 또한 단순히 마실 것이 아니었다. 많은 미국인들의 생활수준은 이미 필요의 단계를 넘어서고 있었다. 대략 이 시기를 전후하여 코카콜라의 광고들은 미국인들에게는 '자명'하고 '양도할 수 없는 권리'인 '행복의 추구'를 지향하기 시작했다. 바야흐로 코카콜라는 대중의 부르주아적 욕망을 본격적으로 실현할 준비를 갖춘 것이다.

4장

코카콜라와 함께 온 대량소비사회

소비 민주주의와 코카콜라

당대의 저명한 언론인은 월터 리프먼Walter Lippman은 1차 세계대전을 전후한 미국 사회에서 소비자로서의 정체성이 빠른 속도로 성장하고 있음을 후대 사람이 보기에도 감탄할 만큼 날카롭게 관찰하고 있었다. 그는 한 저서를 통하여 이 시기 미국에서 '소비자 의식'이 "매우 빠르게 자라나고" 있음을 강조했다.[121] 20세기 초의 대부분의 지식인들이 노동운동이나 계급의식 등에 관심을 기울이고 있을 때, 그는 미국 사회에서 대중들 사이에 소비가 주된 관심사임을 알아채는 놀라운 통찰력을 보여주었다.

19세기 말과 20세기 초에 비누나 시리얼, 화장품 등의 값싼 소비재가 대량생산되면서 미국에서는 이미 대량소비가 민주주의 실현의 가장 강력한 수단 중의 하나라는 메시지를 담은 광고들이 자리 잡기 시작했다. 코카콜라 사 또한 1907년 광고를 통해 "모든 계급과 남녀노소는 코카콜라를 마신다"고 하거나 1916년에는 광고에서 "마음의 욕망"을 이야기했다. 한편 또 다른 새로운 시장을 개척한 질레트Gillette 사는 1910년 광고를 통해 자신의 안전면도기가 "세상에서 가장 민주적인 사물"이라고 주장하고 있었다.[122] 이제 미국에서는 소비를 누구나 참여할 수 있는 기회의 균등으로 여기면서, 민주주의와 동일시하는 경향이 나타나게 되었다. 오히려 대량생산이 가능해져 가격이 내려가면서, 대수롭지 않은 돈만 있으면 누구나 대량소비에 참여할 수 있게 된 상황이 바로 민주주의라는 주장이 설득력을 갖게 되었다. 미국은 이 지구상 어느 국가보다도 먼저 소비를 통한 민주주의, 즉 '소비 민주주의'를 실천하고 있는 사회라는 것이다. 이제 자신의 욕망을 감추거나 억제할 필요가 없어졌다. 바야흐로 대중의 부르주아적 욕망의 실현이 가능해보였다. 그리고 이러한 대중의 욕망이 실현되면서 인류 최초의 '대량소비사회mass consumer society'는 바야흐로 시작되었다. 코카콜라는 당연히 그 선두에 서서 미국인들을 대량소비사회로 안내하고 있었다. 1920년대가 바로 그 시기였다.

소비사회론

1920년대는 진정한 의미에서 20세기가 시작된 시점이다. 20세기의 특징이라면 다른 무엇보다도 '소비의 시대'라는 것이다. 19세기 중반까지도 자본주의는 하나의 생산체제였으나, 그 이후는 사정이 달라졌다. 그것은 생산체제일 뿐만 아니라 소비체제로도 기능하기 시작했다. 20세기 자본주의 사회의 핵심은 소비 자본주의에 있었다. 그러한 소비체제는 1920년대 미국에서 '소비주의consumerism'라는 새로운 이념을 낳았으며, 다수의 미국인들이 그 이념을 받아들였다. 역사가 피터 스턴스Peter Stearns은 소비주의라는 개념 자체는 최근에 와서야 새로 발견된 영역이지만, 그 중요성은 날로 확대되고 있다고 했다.[123]

소비사회에 대한 관심을 촉구하는 역사 연구는 1980년대 초에 시작되었다. 닐 맥켄드릭Neil McKendrick 등이 한 작업은 이 분야의 효시로 볼 수 있다. 물론 페르낭 브로델Fernand Braudel의 근대 초기 물질문명에 관한 저작이 이들에게 영향을 미쳤음은 주지의 사실이다. 그런데 소비사회의 기원에 대해서는 학자들마다 견해가 달라서, 그 시기나 지역 등에 있어 해석이 분분하다. 그럼에도 그들의 논의는 크게 두 가지로 요약된다. 하나는 2차 세계대전 이후에 제대로 된 소비사회의 모습이 드러났다는 것이다. 이와는 달리 그 기원을 17세기와 18세기에서 찾는 이들도 있다. 후자의 경우에 있어서도, 멕켄드릭은 근대 소비사회의 탄생을 18세기 중반 영국에서 찾고 있으나, 로잘린 윌리암스Rosalind Williams 같은 학자는 19세기 후반 프랑스에서, 찬드라 무커지Chandra Mukerji는 15, 16세기 영국에서 그 기원을 찾고 있다. 이것은 기본적으로 연구자들마다 소비사회를 정의하는 기준이 다르기 때문에 빚어진 현상이다.[124]

소비사회의 기원을 언제 어디서 찾든지 간에 한 가지 분명한 사실이 있다. 유사 이래로 인류가 소비하지 않은 적은 없었지만 산업혁명이 진행되기 전까지 어떠한 국가도 '국민경제national economy'에 있어 생산이 항상 소비에 못 미쳤다는 공통점이 있다. 즉 공급은 언제나 수요를 따라잡지 못했다. 그러나 자본주의가 본격적으로 발달하면서 17세기 유럽의 소수 귀족층과 부르주아 계급에서 시작된 소비문화는 점차 노동계급에까지 확산되고, 공간적으로는 대서양을 건너 미국에까지 이르렀다. 미국은 1차 세계대전 이후 1920년대를 지나는 동안 포디즘의 실현으로 대량생산이 가능해짐으로써, 대다수 미국인들이 소비에 참여할 수 있게 되었다. 그래서 대량생산과 대량소비를 이어주는 대량유통에 기초한 '대량소비사회'에 이르게 되었다. 필자의 관심사는 소비사회의 기원을 구명하는 것이 아니다. 그보다는 진정한 의미에서 특정 사회 절대 다수의 사람들이 소비주의 이념을 적극적으로 수용하고, 구현하려 애쓰고, 소비에서 삶의 즐거움과 쾌락을 찾고 있는 대량소비사회의 탄생과 발전을 염두에 두고 있다. 그런 점에서 1920년대 미국에서 세계 최초로 대량소비사회가 시작되었다고 볼 수 있다.

풍요와 풍요의 문화

대량소비사회를 보여주는 주요 징표 가운데 하나는 '풍요'이고 '풍요의 문화'였다. 2차 세계대전이 끝난 후의 미국 사회를 '풍요' 라는 개념을 통해 바라보게 만든 주역 중의 한 사람은 다름 아닌 데이비드 포터 David M. Potter라는 역사학자였다. 그는 예일대학의 사학과 교수로서 자신의 주요 전공 분야는 19세기 남부 미국이었지만, 다소 엉뚱하게도 그가 미국 문화를 분석하는 과정에서 얻은 결실인 『풍요의 국민: 경제적 풍요와 미국의 국민성*People of Plenty: Economic Abundance and the American Character*』을 1954년에 출간하자 즉각적으로 많은 비평가들이 이를 환영했고, 언론도 많은 찬사를 보냈다. 그는 이 책에서 미국이라는 국가가 기술이니 자연 자원, 모험가 정신 등 모든 면에서 세계의 어느 국가보다도 오랫동안 풍요로웠기 때문에, 미국인들은 온갖 종류의 상품들을 마음껏 즐길 수 있게 되었다고 주장했다. 그는 미국의 소비문화 나아가 미국 문화의 핵심이 '풍요'라는 점을 분명히 제시했다. 심지어 미국의 민주주의조차도 경제적 풍요와 분리해서 설명하기 곤란하다고 주장했다. 그의 이 책은 전후 미국의 경제적 번영으로 낙천적인 사회 분위기를 타고 대중들 사이에서 널리 읽히고 큰 영향력을 발휘했다. 그런데 그가 염두에 두었던 '풍요'라는 단어가 미국의 대기업들이 즐겨 애용하던 이미지, 즉 넘쳐나는 대량생산된 상품들이라는 광고적 이미지와 연관되어 있다는 점이 문제였다.[125]

포터가 말했듯이 미국 문화에서의 '풍요'는 소비문화와 연관되어 있었으며, 20세기 미국의 문화는 무엇보다도 '풍요의 문화'였던 것이다. 우리가 이 장에서 본격적으로 다루고자 하는 대량소비사회 역시 무엇보다도 '풍요의 문화'라는 렌즈를 통해 더 잘 이해할 수 있을 것이다.

1차 세계대전이 끝난 1920년대 미국은 경제적 번영을 되찾으며 사회적으로나 문화적으로 급격한 변화를 경험하고 있었다. 1920년대 미국은 농촌 중심에서 도시 중심의 사회로, 생산 중심에서 소비 중심의 사회로, 역사가 워렌 서스먼Warren Susman의 표현을 빌리자면, '청교-공화주의적, 생산자-자본가 문화'에서 소비와 여가를 미덕으로 여기는 '풍요의 문화'로 무게 중심이 이동하고 있었다. 그리고 이러한 '풍요의 문화'는 이전의 전통문화와는 다르게 일련의 새로운 통신 기술의 발명이 가져온 '통신혁명'과 밀접한 상관관계를 지니고 있었다. 즉 이전의 문화는 통신 기술과 관련이 없었지만, 새로운 '풍요의 문화'는 통신혁명이 가져온 새로운 사회질서와 밀접한 관련이 있었다.[126]

허버트 후버Herbert Hoover 대통령이 만든 '사회경향위원회'의 보고서인 『최근 사회 경향*Recent Social Trends*』 또한 이러한 변화를 아래와 같이 요약하고 있었다.

> 1900년 이후 금전소득의 증가 추세는 수백만 가족들이 이전 어느 때보다도 사용할 수 있는 더 많은 돈을 가지고 있는 것을 뜻했다. 노동시간의 축소는 이러한 소비자들이 상품을 즐길 수 있는 더 많은 여가를 갖는 것을 의미했다. 물질적 생산물의 증가는 사업가들이 시장에 내놓을 더 큰 규모의 상품을 보유하는 것을 뜻했다. 이러한 생산물 중에서 커다란 덩치의 새로 고안된 상품들은 제조업자들과 상인들이 남성과 여성의 대중들에게 새로운 취향과 방식을 가르쳐야 한다는 것을 의미했다. (1930년대 대)공황 이전의 소비 습관에서 발생한 변화들은 이러한 네 가지 근저에 깔린 경향들을 통해 설명할 수 있을 것 같다.[127]

1933년에 출간된 이 보고서는 분명하게 20세기 이후 미국 사회의 변화를 관찰하고 있으며, 그러한 변화가 바로 대다수의 미국인이 참여하고 있는 소비사회로의 이동이라는 것을 이야기하고 있었다. 그렇기 때문에 생산자와 유통업자들은 새로 출현한 미국의 소비자들에게 학교를 대신하여 어떻게 소비해야할지 가르칠 의무가 있는 것처럼 설명하고 있다. 예를 들어서 '할부 판매' 제도의 고안 등을 통해서 소비자의 구매 습관을 바꿔놓을 수 있었으며, 이 시기가 바로 1920~1929년 사이라고 말하고 있다. 그리고 바야흐로 대부분의 미국인들은 "그들과 그들의 가족이 안락한 삶을 즐길 수 있기 위하여 일을 하고 있다"고 날카롭게 관찰하고 있었다.[128]

고객에서 소비자로

역사가 수잔 스트로서Susan Strasser가 날카롭게 관찰한 것처럼 19세기 말 20세기 초 미국인들은 '고객'에서 '소비자'로 변신하고 있었다. 소비사회의 출현 이전에 사람들은 동네 가게를 방문하여 필요한 물건을 구입하던 고객이었다. 대부분의 경우 습관적으로 갈 수밖에 없기 때문에 단골고객이 되었다. 그리고 무엇보다도 가게의 주인들은 바로 자신들의 이웃이었다. 게다가 그곳에서 취급하는 상품들은 대부분 그 지역에서 만든 것들이었다. 그런데 이제 바야흐로 미국의 동부 대서양 해안에서 서부의 태평양 해안에 이르기까지 기차가 다니고, 통신혁명으로 인하여 전신과 전화가 미국 전역을 촘촘히 연결하고 있는 중이었다. 이러한 네트워크를 통해 전국을 상대로 하는 기업들이 속속 등장하고 있었다. 이들은 보이지도 않고 본 적도 없어서 고객이 될 수 없는 사람들을 향하여 제품을 대량생산하고 있었다. 그들이 원하는 것은 미국 전역을 상대로 한 "소비자의 시장을 만드는 것"이었지 소비자들이 자사 제품을 가지고 무엇을 하는가는 관심이 없었다.[129] 날마다 또는 일주일에 한두 번씩 동네의 잡화점을 들려서 주인이 집안 식구서부터 친척에 이르기까지 알고 있는 단골 형태의 고객이 될 수밖에 없는 미국인들이 이제는 제품이 어디서 만드는지도 모르고, 유통과정은 더더욱 모르는 대량생산된 표준화된 제품들을 구입하기 시작했다. 지역을 대표하던 상품들은 점차 사라지거나, 또는 그 반대로 전국적 브랜드로 성장했다. 특히나 음식이나 음료, 의류 등 소비재로 불리는 상품들이 그러했다.

1880년대 미국에서 전기가 본격적으로 사용되기 시작하면서 대량생산이 훨씬 더 용이해졌다. 담배 산업이 그러했고, 성냥 산업 또한 그랬다. 후자의 경우에는 기계의 도입으로 한 해에 수십 억 개의 성냥을 생산하여 통에 담아 시장에 공급했다. 덕분에 다이아몬드 성냥회사는 전 세계적인 회사가 되었다. 이러한 변화는 다른 소비재에도 영향을 미쳤다. 1880년대 프록터 앤 갬블Procter & Gamble 사는 '아이보리Ivory'라는 브랜드로 비누를 대량생산하기 시작했다. 찰스 필스버리Charles Pillsbury 또한 덩어리로 팔던 관행을 버리고 밀가루를 포장하여 자신의 이름을 딴 '필스버리'라는 브랜드로 팔기 시작했다. 귀리도 앞의 제품들과 유사하게 헨리 크로웰Henry P. Crowell은 '퀘이커 오츠Quaker Oats'라는 이름으로 미국인의 아침 식단에 올려놓았다.[130] 이제 바야흐로 대다수 미국인들이 전국적인 브랜드에 노출되기 시작했다. 그냥 비누가 아니라 '아이보리' 비누로 세수나 목욕을 하고, 그냥 귀리가 아닌 '퀘이커 오츠'로 아침을 해결할 것이다. 나아가 성인 남성들이 피할 수 없는 면도의 경우도 마찬가지였다. 기차나 배로 여행을 해야 하거나 실외에서 주로 활동해야 하는 남자들은 주기적으로 이발소에 들러 수염을 다듬기가 쉽지 않았다. 이런 사람들에게는 다른 사람들도 사용했을 면도날을 들이댈 필요조차 없으며, 스스로 안전하게 면도할 수 있는 킹 질레트King Gillette가 판매하는 '질레트' 면도기를 아침마다 사용하면 전혀 문제가 없었다.[131]

미국인들은 이제 생산자가 아닌 소비자로서 자신의 위치를 자리매김해야만 했다. 그리고 그러한 변화를 차츰 자연스럽게 받아들이기 시작했다. 프랭크 트랜트먼Frank Trentman의 말처럼 "소비는 생산의 그림자로부터 빠져나왔다. '소비하는 인간homo consumens'은 '만드는 인간homo faber'을 대체했다."[132] 그리고 우리는 그러한 현장을 1920년대 미국에서 볼 수 있는 것이다. 그런데 '고객'에서 '소비자'로의 변신은 그냥 자연스럽게 이루어진 과정은 결코 아니었다. 그것은 새로운 가치관, 새로운 도덕, 그리고 새로운 세계관을 필요로 했다. 그것이 바로 소비주의였다.

소비주의의 탄생과 1920년대

1918년 11월, 1차 세계대전이 종결되어 미국은 유럽에서 발을 뺄 수 있었다. 미국인들은 전시 비상사태에서 가능한 빨리 정상으로 복귀하기를 희망했다. 그러나 전후 분위기는 당대 언론인인 프레데릭 앨런Frederick Lewis Allen의 관찰에 따르면, 여전히 전쟁에 대한 환멸감이 존재했으며, 갑자기 휴가를 맞이하게 된 사람들처럼 미국인들은 전쟁 전보다 더 즐겨야한다는 강박감과 그런데도 삶이 보잘 것 없다는 생각에서 벗어나지는 못했다. 그렇지만 미국 사회의 새로운 변화는 금세 감지할 수 있었다. 가장 두드러진 것은 여성들의 치마와 화장의 놀라운 변화였다. 〈보그*Vogue*〉 같은 잡지에서는 프랑스 혁명 이후 여성의 치마가 발목 위로 그렇게 많이 올라간 적이 없었다고 했다. 1919년 이면 가정주부들조차도 치마 길이가 발꿈치에서 대략 15센티미터 가량 올라가 있었다. 게다가 얼굴 화장은 거리의 여자들이나 한다는 기존의 관념은 이미 사라졌으며, 어린 소녀들조차도 화장을 하고 있었다.[133] 무엇보다도 이러한 변화의 기저에는 다시금 소비의 욕망이 자리잡고 있었다.

1920년대 미국 사회는 세계 최초로 소비가 미덕인 사회로 접어들고 있었다. 포디즘으로 상징되는 대량생산, 대량소비사회가 전개된 것이다. 그리하여 많은 중간계급 미국인들은 자신들의 사회가 생산 중심의 사회에서 소비 중심의 사회로 이행되고 있음을 깨닫게 되었다. 그들은 여가와 소비가 일상생활에서 중요한 위치를 차지하고 있다는 것을, 나아가 자신들이 소비자란 것을 인식하고 있었다. 이러한 상황 속에서 노동계급조차도 자신들을 소비자로서 인식하기 시작한 것은 놀라운 발전이었다.

자동차야말로 중간계급의 미국인들이 라디오와 더불어 누구나 누려야 할 1920년대의 필수품이자 상징이었다.[134] 자동차가 사치품에서 필수품으로 전환하는 데 결정적인 역할을 한 것은 바로 포드 자동차 회사의 T형 자동차였다. 포드 회사에서 만든 T형 자동차의 가격은 1908년도만 해도 850달러였으나, 4백만 대째 T형 자동차가 출시된 1920년에는 440달러로, 1천만 대째 T형 자동차가 출시된 1925년에는 290달러로 가격이 내려갔다. 어떻게 이것이 가능했을까? 1908년 포드 회사는 자동차를 약 6천 대 생산했으나, 8년 후에는 거의 60만 대를 생산했다. 생산량이 이 8년 동안 100배 증가한 것이다. 바로 대량생산이 가격 인하의 요체였다. 그리고 이 대량생산은 일괄공정에 의한 포디즘 때문에 가능했다. 대량생산은 자동차의 단가를 낮출 수 있었다. 낮아진 구매가격은 대량소비를 부추겼다. 게다가 노동자의 평균 노동시간은 1850년의 66시간에서 1920년에는 48시간으로 기존 노동시간의 73퍼센트 정도로 줄어들었다. 동시에 세속화의 진행은 일요일을 '주일'이 아닌 '휴일'로 만들었으니, 노동자들은 더 많은 시간을 여가 활동에 사용할 수 있었다.[135]

헨리 포드Henry Ford는 나아가 누구보다도 먼저 노동자들이 고임금을 받으며, 여가가 늘어나면 대량생산된 상품들을 소비할 수 있다고 생각했다. 1914년 1월에 "하루 5달러"라고 선언하여 노동자들의 일당을 당시 시중 평균 일당의 2배 이상으로 올려 회사의 이익을 나누겠다는, 그렇게 해서 더 많은 소득을 얻게 된 그들도 자신들이 직접 만든 차를 살 수 있게 하겠다는 포드의 파격적인 제안이 있었다. 20세기 초 미국 주류 경제학의 권위자인 하버드대학의 프랭크 토식Frank W. Taussig은 1911년에 출간한 『경제학 원론*Principles of Economics*』에서 20세기 첫 10년 동안 노동계급의 연평균 임금이 8백 달러 정도라고 기술했다. 그런데 1913년 미국 피고용인의 연평균 노동시간은 2,600시간이었다. 따라서 포드 회사의 노동자들이 일당을 5달러 받는다면 연간소득은 약 1,444달러 정도 될 것이다.[136] 그렇다면 포드의 놀라운 제안은 비현실적인 생각이 결코 아니었다. 소득이 증가하자 노동자들도 점차 스스로를 소비자로 여기기 시작했다.

그렇게 해서 어느 노사관계 조정관은 1927년 〈산업 경영*Industrial Management*〉이라는 잡지에서 이제 노동자들은 생산자로서보다는 소비자로서 더 중요하며, 나아가 소비 증가가 노동자들의 규율이나 저축 또한 증가시킬 수 있다고 주장했다. 보스턴 백화점의 창설자였던 에드워드 필린Edward A. Filene은 기업가들이 이제는 상품생산뿐 아니라 소비자를 창출해내야 한다고 역설했다. 바야흐로 1920년대를 통하여 19세기의 '생산자 윤리'가 20세기의 '소비자 윤리'로 바뀌고 있었다.[137]

언론인이던 새뮤얼 스트로스Samuel Strauss가 바로 이러한 변화를 목격했다. 그는 1924년의 글을 통해서 미국 '건국의 시조들'이 결코 예측할 수 없었던 놀라운 현상이 출현했는데, 그것이 바로 '소비주의'라고 주장했다. 그는 이 새로운 변화를 미국인들이 더 이상 부자를 비난하거나 공격하지 않고 "호사, 안전, 그리고 안락함"을 "바람직한 인생"을 추구함에 있어 반드시 필요한 것으로 생각하기 시작한 데서 찾고 있다. 그 결과 소비주의가 보통의 미국인들로 하여금, 미국 시민의 으뜸가는 미덕은 이제 더 이상 시민이 아니라 소비자라는 인식을 가져왔다고 주장했다. 그는 이제 소비자로서의 미국인들이 "2백 년 전의 어떤 왕들보다도 더 많은 안락함과 편리함"을 누리고 있다고 보았다.[138]

이러한 새로운 변화는 유럽인의 시각을 통해서도 확인할 수 있다. 프랑스의 비평가인 앙드레 지그프리드André Siegfried는 1928년 〈애틀랜틱 먼스리*Atlantic Monthly*〉에 기고한 글을 통해 미국에서 새로운 사회가 출현하고 있다고 보았다. 그는 20세기 이후 4번에 걸쳐 미국을 방문했는데, 1901년과 1904년 방문했을 때에는 변화가 명료하지 않았으나, 1919년과 1925년 방문했을 때에는 새롭게 바뀌고 있다고 느낄 정도로 변화가 확연했다고 주장했다. 그는 이러한 변화를 "대량생산과 대중 문명의 흥기"에서 찾았다. 또한 미국인들은 당시 자신들이 누리던 생활수준을 도덕적으로도 당연히 획득해야할 것으로 생각하고 있었다고 보았다.[139]

콜롬비아대학의 사회학자 린드 부부Robert and Helen Lynd가 현장조사를 나갔었던 인디애나 주 먼시Muncie와 같은 중서부의 중간 정도의 도시에서조차, 미국이 소비 중심의 사회로 변화하고 있는 분위기를 읽을 수 있었다. 1924년도 먼시의 한 유력지는 사설을 통해 "미국 시민의 국가에 대한 으뜸가는 중요성은 더 이상 시민으로서가 아니라, 소비자로서의 그것이다. 소비는 새로운 필수다"라고 주장하여 언론인 스토로스의 논조를 반영하고 있었다. 그렇기 때문에 린드 부부는 만약 워싱턴 어빙Washington Irving의 단편소설 주인공인 립 반 윙클Rip Van Winkle이 깊은 잠이 들었다가 식민지 시대 미국으로부터 백 수십 년 후인 1920년대 중반에 잠에서 깨어났다면, 그곳에서 발생한 변화에 적응이 안 되었을 것이라고 생각했던 것이다.[140]

욕망의 견인차, 광고

역사가 피터 버크Peter Burke는 그의 책 『이미지의 역사』에서 이미지를 "역사적 증거"로써 이용하여 역사의 증언자로 취급하고 있다. 즉 전통적 의미의 사료인 공식적 비공식적 문서들뿐만 아니라 이미지를 새로운 사료로서 제시하고 있는 것이다. 예를 들자면 몸의 역사를 이해하기 위해서 그림들은 "질병과 건강에 대한 인식이 어떻게 바뀌어 왔는지를 보여주는 안내자"로서, 또한 "미의 기준이 변해 왔다는 것을 보여주는 증거"로서, 나아가 남녀를 불문하고 "사람들이 얼마나 외모에 집착해왔는지를 말해주는 증거"로서 중요한 역할을 한다는 것이다. 그렇기 때문에 "이미지의 증언이 없었다면 물질문화의 역사는 사실상 불가능했을 것"이라고 주장하고 있다.[141]

저명한 언론학자인 마셜 맥루언Marshall McLuhan 또한 20세기 주요 사료로서의 광고의 중요성을 일찍부터 주목했다. 그는 후대의 학자들이 "우리 시대의 광고야말로 사회의 모든 활동 범위를 매일같이 풍부하고 또한 가장 충실하게 반영한 것이었음을 발견할 것"이며, 심지어

광고를 "20세기의 가장 위대한 예술 형식"이라고까지 주장했다.[142]

그렇기 때문에 1920년대 미국 사회를 이해하는 데 있어 광고의 역할은 어떤 다른 것보다 중요했다. 그리고 광고계에 종사하고 있는 사람들 또한 그러한 역할을 자각하고 있었다. 지도적 위치에 있는 광고인들은 포디즘 아래서 대량생산된 상품들을 대량소비할 수 있기 위해서는 상품 유통에 있어 "흐름의 속도"를 높여야하는데, 자신들이 바로 그러한 역할을 할 수 있다고 생각했다. 또한 당시 미국을 "세계에서 가장 현대적 사회"로 자리매김하기 위하여 필요한 "효율, 특수화, 그리고 합리화의 과정"을 촉진하는 역할을 자신들이 할 수 있다고 생각했다. 따라서 이들은 자신들을 "현대성의 복음"을 전파하는 사도 역할을 떠맡았다고 생각했다.[143]

1925년 휴스턴에서 열린 '세계 연합 광고 클럽Associated Advertising Clubs of the World'에서 행한 연설을 통해, 당시 상무장관인 허버트 후버는 광고와 욕망의 관계를 명확히 했다. 광고업자들이 생활수준을 높이고 욕망을 끌어올리는 데 커다란 몫을 하고 있으며, 과거에는 소망이나 결핍이 원동력이었으나, 이제는 광고업자들이 "욕망을 창출하는 일"을 떠맡아야 한다고 주장했다. 대신 경제 분야에서는 "순차적으로 욕망의 고통이 수요를 창출하고, 수요에서 우리는 생산을 창출한다. 그리하여 한 바퀴를 돌아 우리는 증가된 생활수준에 착지하게 된다"고 후버는 주장했다.[144]

따라서 1920년대 번영을 가능케 한 본질적 집단 중의 하나가 세일즈맨과 광고인들이었다. 세일즈맨은 번영의 대행업자 역할을, 광고인은 번영의 전도사 역할을 담당했다. 그 결과 "광고인은 치밀한 전국적 캠페인을 기획하고, 심리학자에게 상담하고, 시인의 모든 미사여구를 동원하며, 소비자들이 구매하도록, 혹은 소비자의 저항을 분쇄하도록 현혹하거나 위협해야만 했다."[145] 광고업은 1920년대에 와서 도약 단계에 진입했다.

1920년대 들어 본격화된 대량생산 체제는 상품의 유통과 소비 또한 대규모로 진행되어야 한다는 것을 뜻했다. 따라서 기업의 입장에서 생산자인 노동계급이 소비자로서도 활약하게 만들어야한다는 것을 의미했다. 이 역할을 광고주와 광고회사가 맡게 된 것이다. 따라서 광고는 노동계급을 이제는 소비자로 인식하게 하고, 마치 소비가 그들 자신의 욕망인 양 도와주어야만 했다. 이제는 절약이 아닌 풍요의 메시지를 전해주어야 했다. 그리고 바로 그 지점에서 미국인들에게 소비를 통해 욕망을 불러일으키는 데 주역을 담당한 것이 광고였다. 1923년 심리학자인 해리 덱스터 킷슨Harry Dexter Kitson 또한 이러한 입장을 지지했다. 그가 볼 때 광고는 무엇보다도 소비자들에게 소개하려는 상품 자체의 정보보다, 오히려 욕망이라는 의미 부여에 더 주목해야한다면서, "소비자의 마음을 이해하기 위해서는 욕망에 이끌리고, 욕망을 고조시키는 문제에 접근해야 한다"고 주장했다.[146]

광고가 바로 이러한 메시지를 전달하는 역할을 했기 때문에 광고 문구를 만드는 사람들은 상품의 기능과 특징에 관심을 기울이기보다는 사람들의 감추어진 욕망에 호소했다. 곧 "젊고 매력적이고 부유해지고 싶다. 지고 싶지 않다, 선망 받고 싶다는 욕망에 더 초점을 맞추"었던 것이다. 결국 "광고의 성공 비결은 합리적 또는 비합리적으로, 그리고 진실되게 또는 냉소적으로, 상품과 이러한 욕망 가운데 몇 가지를 결합시키는 것이었다."[147] 이렇듯 1920년대 광고는 욕망의 찬가를 부르고 있었다.

사치, 욕망의 필수품

1920년대 광고가 표현하고자 했던 메시지의 주요 단어들은 대부분 그 시기에 와서 새로운 의미를 갖게 된 것들이었다. 소비의 욕망에 관련된 단어들은 1920년대의 새로운 키워드로 부상했다. '필수품', '사치', '생활수준', '욕망', '소비자' 같은 단어는 1차 세계대전 이전에는 널리 쓰인 용어가 아니었다. 그러나 1920년대 들어와서는 그 빈도에 있어 '시민'이나 '노동자'라는 용어와 비슷한 수준을 나타냈다. 또한 '상품의 흐름', '만족의 흐름'과 같은 용어들도 일상적으로 사용되었다. 나아가 동일한 단어들이 새로운 의미를 갖기도 했다. 예를 들자면 1920년대의 '소비자'라는 단어에는 1899년 사회개혁을 지향하며 만든 최초의 소비자 단체인 '전국소비자연맹National Consumers' League'이 활동하던 시기인 20세기 초의 적극적인 행동주의를 내포하고 있는 것이 아니라, 광고의 메시지를 일방적으로 수용한다는 의미에서 수동성이라는 새로운 뉘앙스가 추가되었다. 그러나 '소비자 호소력', '소비자의 욕망과 소망', '소비자 주권' 같은 용어를 통해서는 소비자들이 주체적으로 소비를 하여 생산자들에 대해 적극적이고 독립적인 위치를 차지하고 있는 것 같은 인상을 주기도 했다.[148]

또한 '욕망'이니 '사치', '필수품', '생활수준' 등의 용어들에게도 새로운 정의를 내리게 되었다. 예를 들어 '사치'는 1860년대와 1870년대만 해도 "도덕적으로 타락한" 것으로 받아 들여졌지만, 1910년대에 이르러서는 사치품과 필수품에 대한 구분이 애매해지더니, 1920년대가 되면 '사치'라는 단어가 많은 미국인들 사이에서 부정적 의미를 잃게 되었다. 그리하여 당대의 영향력 있는 콜롬비아대학의 경제학자 에드윈 샐리그먼Edwin R. Seligman이 볼 때도 '사치'는 윤리적으로도 '중립적'인 단어가 되었다. 또한 경제적인 의미에 있어서 '사치'는 미국이라는 대량소비시장에서 '필수'가 되었다고 그는 주장했다. 사회적 진보란 "사치품이 편의품으로, 편의품이 필수품으로 전환되는 과정일 것이다"라고 강조했다.[149] 이렇듯 사치는 미국인들에게 더 이상 악덕이 아니었다. 이전 세대의 사치품은 이제 모든 미국인들이 욕망하는 필수품이 되었다.

그런데 기존의 단어들이 새로운 의미를 가지게 된 데에는 무엇보다도 광고의 힘이 컸다. 생각해보라. 19세기 초까지만 하더라도 광고를 보고난 후에야 자신이 무엇을 원했는지를 알게 되는 경우는 상상조차하기 힘들었다. 즉 당시에 광고를 본다는 것은 어떤 물건을 구매할 의사를 가진 후에, 특정의 물건들과 관련된 광고를 찾아보았기 때문이다. 그러나 대량생산 대량소비의 시대로 접어들면서, 오히려 광고를 보고난 뒤에야 자신이 무엇을 원하는지, 또는 원하지 않았었는지를 깨닫게 되었다.[150] 광고를 통해 사치품이라고 생각했던 것이 어느덧 필수품이 되었으며, 어떤 인공물을 욕망한다는 것이 부끄러운 것이 아니라 자신 있게 드러내놓고 자신을 표현하는 데 사용될 수 있다는 것을 배우게 되었다.

현대 광고의 기본적인 목표는 욕망을 만들어내고, 나아가 여태껏 존재하지 않은 욕망을 창조해내는 것이었다. 그래서 생산을 더 늘리기 위해서는 욕망을 효력 있게 만들어내야 하며, 욕망을 효과적으로 창조하기 위해서는 광고가 커다란 역할을 할 수밖에 없었던 것이다. 1920년대 킴벌리-클락Kimberly-Clark 사가 여성용 생리대인 '코텍스Kotex'를 〈굿 하우스키핑*Good Housekeeping*〉이라는 여성잡지에 광고를 게재한 경우를 생각해보자. 그런 인공물은 '코텍스' 이전에 알려진 적이 거의 없었다. 감히 비밀스러워야할, 감춰져야할 여성의 생리에 관한 담론을 그런 공적인 공간에 선보이자, 처음에는 비난과 거부의 화살이 쏟아졌다. 그러나 그러한 부정적 시각만큼이나 이러한 광고는 논쟁적 대상이 되었으며, 사회의 이목을 받아 오히려 예상보다 더 많이 팔리는 결과를 가져왔다.[151]

이러한 상황에서 가정경제학의 권위자인 크리스틴 프레데릭Christine Frederick은 그녀의 책 『소비자 여사에게 팔기』(1929년)에서 미국이 전 세계에 선물한 위대한 사상은 다름 아닌 '소비주의'라고 주장했다. 그녀는 소비주의가 대중과 노동자를 단지 생산자로 간주할 뿐만 아니라 무엇보다도 소비자로 인식하고 있으며, 그리하여 소비주의는 "그들에게 더 많이 지불하고, 그들에게 더 많이 팔고, 그들을 더 많이 번영하게 하는 것이 동등한 상태"가 되는 결과를 만들어준다고 주장했다. 따라서 많은 미국인들에게 소비주의는 세계관이자 '삶의 철학'이 되었다. 그것은 또한 가난한 사람들에게는 풍족한 삶이 무엇인가를 생생하게 보여주었다.[152]

이러한 소비주의는 새로운 가치관과 문화를 요구하고 있었다. 은행가 폴 마저Paul Mazur는 그의 저서 『미국의 번영*American Prosperity*』(1928)에서 이러한 1920년대의 시대정신을 파악하고 있었다. 그는 미국인들의 새로운 정신 상태가 '욕망의 만족'에 익숙해지게 되었는데, 그것은 미국이 '필요'의 문화에서 '욕망'의 문화로 이동했기 때문이라고 주장했다. 그리하여 미국인들은 "변화를 욕망하는 것에 길들여졌으며, 오래된 물건들을 전부 소비하기도 전에 새로운 물건들을 원하는 것에 길들여졌다"고 보았다. 그는 이제 인간의 욕망은 필요를 충분히 넘어서 있다고 생각했다. 나아가 그는 동료 사업가들에게 인간의 욕망은 끝이 없을 것이기 때문에, 소비자의 수요가 한계가 있지 않을까 염려하지 말라고 했다. 그는 특정 상품의 소비에는 한계가 있을 수 있지만, 전체적인 소비로는 한계도 없다고 주장했다. 따라서 무엇보다 필요한 것은 사람들 특히 노동자와 주부들에게 욕망하는 법을 교육시키는 것이었다. 그리고 그는 이것을 자본주의 이념의 핵심이라고 보았다.[153]

소비주의는 어떤 면에서 사람들에게 배고픈 것은 참아도 배 아픈 것은 못 참게 만드는 상황을 만들어냈다. 불필요한 경쟁심 때문에 만들어지는 욕구 말이다. 경제학자 존 케인즈John M. Keynes는 인간의 욕구에는 두 종류가 있는데, 하나는 타인의 상황과 관계없이 느끼는 절대적 욕구이고, 나머지는 어떤 것의 소유를 통해 타인보다 자신을 높은 위치로 자리매김하고자 하는 상대적 욕구라고 생각했다. 첫 번째가 '필요'의 차원이라면, 두 번째는 '욕망'의 차원이었다. 또한 첫 번째 경우가 배고픈 경우라면, 두 번째 경우는 배 아픈 경우였다. 그런데 케인즈가 언급한 두 번째 욕구는 결코 만족시킬 수 있는 경우가 아니었다. 남보다 앞서겠다거나 남에게 뒤지지 않겠다는 욕망은 언제나 비교 우위에 입각한 상대적 욕망이므로 다른 사람이 자신의 위치로 올라오는 순간 이미 만족할 수 없는 상황이 되기 때문이다. 이것은 존 갈브레이스John K. Galbraith가 이야기했듯이 욕구를 충족시키는 과정이 바로 욕구를 새로이 만들어내는 과정이 되는 순환 현상이 벌어지는 것이다. 즉 다람쥐가 쳇바퀴를 돌듯이 끊임없이 하나의 욕구가 새로운 욕구를 만들어내고, 그 욕구가 또 다른 욕구를 만들어내는 결코 만족할 수 없는 욕구 말이다. 바로 이러한 상황이 다름 아닌 소비로 나타났다. 그리하여 "한 사람의 소비가 이웃의 소망이 되었다."[154]

연방정부와 대량소비사회 만들기

그러나 이러한 소비사회의 실현에는 또한 국가의 협력이 필요했다. 미국의 경우에는 다른 어느 국가보다도 적극적이었다. 워렌 하딩Warren Harding, 캘빈 쿨리지Calvin Coolidge, 허버트 후버로 이어지는 공화당 출신 대통령들은 재임기간(1920~1932) 동안에 기업의 이익을 최우선적으로 배치하는 데 주저하지 않았으며, 자유방임정책을 유지하고자 했다. 미국이라는 국가의 본연의 임무는 쿨리지 대통령의 선언에서 보듯이 기업을 적극적으로 돕고 기업 활동을 최대한 보장하는 것이었다. 1920년대 사적인 영역의 경우 대중적 퍼레이드에서 패션모델들을 조직하는 것에 이르기까지 전문가들이 소비자를 유혹하는 방법을 알아내기 위해 애쓰고 있는 동안, 이렇듯 공적인 영역에서는 국가가 소비산업을 위해 더욱 적극적으로 개입하기 시작했다.

연방정부가 미국인들의 일상생활에 미치는 영향력이 가시화된 시기는 대략 1894년에서 1920년 사이로 볼 수 있다. 그리고 1920년대 이후에는 연방정부의 그러한 영향력이 더욱 두드러지기 시작했다. 특히 미국이 대량소비사회로 전환하는 데 있어 "결정적인 중재자" 역할을 수행했다. 국가는 이러한 변화에 반응하기도 했지만 동시에 "하나의 경제적 촉매"이기도 했다. 그리고 이러한 변화를 "이끌기"도 했지만 때로는 "간섭하기"도 했다. 이 시기 업계를 도우려는 연방정부의 철학은 동시대 정치학자인 캐롤 우디Carroll H. Wooddy의 이야기처럼, 다른 무엇보다도 "통제에서 서비스로의 전환"에 나타나 있다. 즉 기업을 통제의 대상이 아닌 서비스를 받아야 할 대상으로 이해했던 것이다. 특히 쿨리지 대통령 재임기간 동안 상무장관이었던 후버를 중심으로 연방정부는 미국 땅에 소비사회를 뿌리내리기 위해 업계를 도울 수 있는 다양한 행정부서들을 만들어냈다.[155]

1928년 선거를 통해 대통령으로 당선된 후버는 연방정부의 우두머리로서 사회과학자들이 만들어낸 '대량소비', '대량서비스', '대중여가' 등의 용어를 제도권의 언어 및 관료주의 언어로서 공인했다. 이제 이러한 용어들은 대중적 어휘로서 자리 잡게 되고, 미국인들이 소비를 이해하는 방식을 분명히 보여줄 수 있게 되었다. 그리고 많은 미국인들이 생각하는 것처럼 후버에게도 "권리, 욕망, 필요품"은 등가의 동일한 의미였다.[156] 그리하여 그는 심지어 대공황이 진행되고 있을 때조차 경제를 살리기 위해서 저축보다는 지출을 하라고 자국의 국민들에게 권했던 것이다.

미국을 소비사회로 이끄는데 공헌한 연방정부를 대표하는 또 다른 인물로는 줄리어스 클라인Julius Klein이 있다. 클라인은 하버드 경영대학원에서 박사학위를 취득하고도 학계로 정착하지 않고 상무부에 자리 잡았다. 그곳에서 그는 실업계 사람들과 행정부 사람들을 연결해주는 것을 당연하다고 생각했다. 그는 후버 밑에서 후버의 의중을 누구보다 잘 이해하고 후버와 생각을 같이했던 인물이었다. 그는 국장을 거쳐 1927년에서 32년 사이에는 상무부차관의 자리에 있었다. 그는 1929년 〈뉴욕타임스 매거진*New York Times Magazine*〉에 기고한 글을 통해서 미국의 번영은 다른 무엇보다도 미국이 "욕망의 실현"을 목표로 했기 때문이라고 주장했다. 구체적으로 거대기업, 노사분규의 부재, 엄청난 소비능력을 지닌 국내시장, 정부와 업계 사이의 협력 등을 거론하면서 이러한 요소들이 시너지 효과를 내어 경제적 번영을 만들어냈다고 역설했다.[157]

이렇듯 1920년대 정부, 특히 연방정부와 사기업은 경쟁이나 대립관계가 아니라 연방정부가 사기업에 적극적으로 협력하는 상황이었다. 당시 미국의 연방정부는, 쿨리지 대통령이 단적으로 말했던 것처럼, 정부가 해야 할 일을 "국가의 비즈니스는 비즈니스"라고 생각했던 것이다.

욕망의 나라

무엇보다도 욕망의 실현은 각종 소비재로 표현되었다. 1919년에서 1929년 사이 소비재의 증가 추세는 놀라웠다. 자동차를 소유한 미국 가정의 수는 26퍼센트에서 60퍼센트로, 진공청소기는 4퍼센트에서 20퍼센트로, 세탁기는 8퍼센트에서 29퍼센트로, 그리고 라디오는 단 1퍼센트에서 무려 40퍼센트까지 증가했다.[158] 또한 여가시간의 증가 또한 현저했다. 1920년대 후반 미국인들은 1년에 100억 달러에서 120억 달러 정도를 여가비용에 사용하고 있다고 한 전문가는 추정했다. 여가는 자본주의 사회에서 결국 상업화된 형태로 나타날 수밖에 없었다. 구체적으로 1929년 미국인들은 40억 달러를 집안의 가구에, 20억 달러를 영화와 연주회에, 9억 달러를 게임과 스포츠에, 7억 달러를 화장품과 미용실에, 6억 달러를 보석류와 식탁용 은제품에, 2억 달러를 관상용 식물에 사용했다. 분명한 것은 생필품에 대한 가계비용은 줄어들었지만, 여가에 사용한 비용의 증가 추세는 가팔랐다는 것이다. 같은 해 미국의 광고 총비용은 15억에서 20억 달러로 추정되었다.[159] 이제 미국인들은 '욕망의 기계'가 되어가고 있었다. 대량생산과 대량소비라는 시대정신에 맞추어 그들 또한 대량 욕망을 자랑하게 된 것이다.

1930년대 미국의 산업디자인 분야를 주름잡았던 레이먼드 로위Raymond Loewy는 자신의 자서전에서 밝히기를, 프랑스에서 미국으로 건너온 이민자로서 1920년대 미국 생활의 핵심을 다음과 같이 간파하고 있었다, 곧 셀 수 없을 만큼 많은 상품들이 미국 내에 홍수처럼 넘쳐나고 있다는 것을 말이다. 유럽의 관찰자 또한 예외가 아니었다. 1926년 미국을 방문했던 네덜란드의 저명한 역사가인 호이징하Johan Huizinga는 미국의 도시들, 특히 수많은 물건들이 진열된 쇼윈도를 관찰한 다음 미국에서 제품 판매와 관련된 상술이 "터무니없는 낭비"를 낳고 있다고 기록했다.[160] 유럽인의 시각에서 그것은 분명 과도한 소비를 불러올 뻔뻔스러운 마케팅이었다.

그러나 이러한 시각은 유럽인의 시각일 뿐이었다. 당시 평균적 미국인이면 누구나 당연히 누려야할 '아메리칸 드림'이 실현되었다고 생각했을 것이다. 1932년 당시 영향력 있는 문필가였던 제임스 트러슬로 애덤스James Truslow Adams는 『미국의 서사시*The Epic of America*』에서 "능력 혹은 업적에 따라, 삶이 모두에게 있어 더 나아지고 더 부유해지고 더 완전해져야만 하는 나라의 꿈"에 대해서 이야기했다.[161] 이것이 그가 주조해낸 단어인 '아메리칸 드림'이었다. 쉬지 않고 쏟아져 나오는 신상품의 소비에 대한 욕망은 누구나 꿀 수 있는 꿈이라고 그들은 생각했다. 적어도 대공황을 알리는 1929년 9월 증권시장의 폭락이 있기 전까지는 말이다. 1920년대의 미국은 바야흐로 '욕망의 나라'로 달려가고 있었다.

5장

재즈 시대의 코카콜라

재즈 시대 들어가기

1890년과 1920년 사이 미국의 인구는 6천3백만 명에서 1억2천만 명으로 불과 30년 만에 거의 두 배가 늘어났다. 이 시기 가운데 1900년에서 1915년 사이에는 무려 1천5백만 명의 이민자가 남유럽과 동유럽 등으로부터 미국으로 건너왔다. 50만 명의 흑인들 또한 1차 세계대전 기간 중에 북부의 도시 지역으로 이주했다. 그리고 1920년의 인구센서스가 미국 인구의 50퍼센트 이상이 도시에서 살고 있다고 밝히고 있는 사실은 주목할 만하다. 정확하게는 51퍼센트의 미국 인구가 도시에 거주하고 있었다.[162] 소비의 주된 공간이 도시임을 고려한다면 위의 30년 동안 미국은 대량소비사회로 진입할 만반의 준비를 갖추고 있었던 셈이다.

미국의 1920년대는 조금 일찍 시작되었다. 1918년 11월에 1차 세계대전의 종전 소식과 함께 새 시대가 열렸다. 비록 유럽에서는 그 전쟁이 1914년 7월에 시작되었지만, 미국이 참전을 결정한 것은 1917년 4월이었다. 미국은 겨우 일 년 반 남짓 참전하였던 것인데, 그러고서도 종전에 가장 크게 공헌한 승전국이자 전후 세계 최대의 채권국으로 부상했다. 갑작스럽게 미국은 세계의 열강으로 떠올랐지만, 미국인들은 향후 유럽의 새로운 질서 회복에 직접 참가할 뜻은 없었다. 나아가 세계의 경찰 노릇을 할 생각도 없었다. 그런 이유로 미국은 '세계연맹League of Nations'에도 가입하지 않을 작정이었다. 이 기구가 자신들의 대통령인 우드로 윌슨Woodro Wilson이 앞장서서 만든 것임에도 말이다. 그들은 다시 한 번 자신들만의 고립된 세계에서 살기로 의회를 통해 결의했다. 실의에 빠진 대통령은 그들을 설득하겠다며 미국 전역을 누비다가 결국 뇌출혈로 쓰러졌다. 병상에 누운 그들의 대통령은 임기가 끝날 때까지 다시 일어나지 못했다.

1919년 1월 미 의회는 금주를 명문화하는 헌법 수정조항 18조을 최종적으로 비준했다. 민주주의 국가이면서도 음주를 개인의 기호나 선택으로 인정하지 않았다는 점에서 미국은 좀처럼 이해하기 어려운 나라였다. 그렇지만 미국의 중간계급에 속한 백인들은 이 수정조항을 혁신주의 시대의 개혁 조치로 이해하고 있었다. 하여간 이 수정조항은 술 마시는 행위를 금지한다고 언급하지는 않았지만 어떠한 알코올 음료도 생산, 유통, 판매할 수 없다고 명시했다. 따라서 미국 영토 어디에서든 이론상 술은 한 방울도 마실 수 없게 된 것이다. 오늘날의 이슬람 국가들과 마찬가지였다. 1920년 1월 17일부터 이 법안이 효력을 발생할 예정이었다. 코카콜라 사를 비롯한 탄산음료 회사들이야 신났겠지만, 술의 제조와 유통과 관련된 수많은 사기업들이 헌법에 보장된 자신의 재산권을 제대로 행사하지 못한 채로 사업을 접어야만 했다.

이처럼 특별한 과거 경험 탓인지는 몰라도, 1920년대의 미국 역사를 둘러싼 논쟁은 오늘날까지도 계속되고 있다. 물론 어느 시대인들 재해석되지 않으랴만 유독 1920년대가 그러하다는 말이다. 이 시대를 다룬 많은 역사 교과서들은 기존의 여성상과는 다른 '플래퍼flapper' 곧 '신여성'의 등장으로부터 시작한다.[163] '신여성'의 출현을 일반적으로 1920년대의 출발을 알리는 새로운 문화 현상으로 이해하는 것이다. 하지만 당시에는 이러한 문화적 변화만큼이나 변화에 강력히 저항한 세력도 존재했다. 서유럽 국가 사람들 이외에는 실질적으로 이민을 금지하는 이민할당제가 시행되었고, 백인우월주의에 입각한 인종차별주의자들의 비밀결사단체인 '큐 클럭스 클렌Ku Klux Klan'의 확대 역시 그 시대의 보수적 흐름을 대변했다. 또한 당시의 종교적 근본주의자들은 진화론 논쟁을 법정으로 끌고 가서, 이른바 '원숭이 재판'이라 불린 '스콥스Scopes 사건'을 일으켰다. 그래서인지 역사가 로렌스 리바인Lawrence W. Levine은 1920년대의 미국 사람들이 한편으로는 진보를 추구하면서도 다른 한편으로는 현대 이전의 과거에 대한 강한 향수를 가지고 있었다고 주장한다.[164]

대학 교재들은 이 시기를 주로 '새로운 시대New Era'라고 부르고 있지만, 많은 사람들은 '법석 떠는 20년대' 혹은 '재즈 시대'라고 인상적인 이름으로 명명했다. 특히나 '재즈 시대'는 흑인 음악을, 젊은이들을, 여성들을, 대중문화를, 그리고 라디오를 두드러지게 각인시키고 시대 변화의 상징으로 파악하기 위해 만든 용어이기도 했다. 이 용어가 지시하는 대상들이 1920년대 이전에는 미국 사회의 키워드가 아니었기 때문이다. 그런데 '재즈 시대'라고 불린 1920년대는 마치 이러한 모든 변화가 갑작스럽게 발생했고, 그 중심에 앞에서 말한 변화들과 재즈가 있었다는 인상을 준다. 코카콜라 사의 경우도 비슷했다. 코카콜라 사를 30년 가까이 좌지우지하던 캔들러가 그의 자식들에게 회사의 주식을 물려주고 채 2년도 지나지 않은 1919년 7월에 캔들러 자식들은 어니스트 우드러프Ernest Woodruff를 중심으로 한 금융 세력에 코카콜라를 팔아버렸다. 그렇게 해서 1920년 대는 코카콜라사에게도 갑자기 '새로운 시대'가 되었다.

새로운 시대와 광고

1920년대 미국은 소비자 사회라는 복음 속에서 눈부신 기술 발전을 보여주었다. 1929년쯤이면 평균적인 미국인은 대중 속의 한 사람이 되었다. 그는 대기업을 위해 일을 했고, 표준화되어 대량생산된 물품을 구입했으며, 대중지를 읽거나 영화를 보거나 라디오 방송을 들었다. 그는 "새로운 시대의 새로운 대중"이었다.[165]

1920년대에 들어오면서부터 소비는 본격적으로 미국 경제를 움직이는 '원동력' 역할을 하고 있었다. 헨리 포드는 지출이야말로 현명한 일이라고 주장했으며, 포드 자동차 회사는 "포드 차를 구입해서 차액을 건지자"라는 슬로건을 내걸었다. 즉 성능 대비 다른 회사 차보다 더 싼 가격이니 포드 차를 구매하여 지출을 줄일 수 있다는 메시지를 전하고 있었던 것이다. 지출이 경제를 움직이는 지렛대였기 때문에 지출은 '구매력'으로 표현되기도 했다. 그래서인지 숙련노동자의 노조인

'미국노동연맹American Federation of Labor'의 경제학자인 로이 디킨슨Roy Dickinson은 1921년 한 광고업계 잡지에 쓴 글에서, 노동계급의 저임금 문제는 그것이 구매력 저하로 이어지고, 그렇게 되면 그들이 축음기를 포함한 여타 소비재를 구입하기 힘들어지게 될 것이라고 주장했다. 나아가 '절약'라는 단어야말로 새로운 의미를 갖게 되었다. 비즈니스 업계에서는 저축이 아니라 '현명한 지출'이 바로 '절약'이라고 새로이 정의했으며, 그에 따라 많은 미국인들에게도 '절약'은 '사실상' 대량소비라는 의미로 변신했기 때문이다.[166]

은행가 폴 머저는 이론상 소비가 한계에 도달하는 지점은 존재하겠지만, 현실에서는 존재하지 않을 것으로 보았다. 그러므로 미국의 소비 자본주의가 계속적으로 잘 굴러가려면 쉬지 않고 미국인들에게서 "새롭고 미개발된 욕망을 자극해야" 한다고 주장했다. 결국 미국인들은 "욕망의 기계"가 되어야만 했다.[167] 미국인들이 "욕망의 기계"가 되어야 한다면 무엇이 이 기계가 잘 돌아가게 할 수 있는 윤활유 역할을 할 수 있겠는가? 그것은 다름 아닌 광고였다. 언론인 월터 리프만Walter Lippman은 광고가 앞으로의 미국 사회에 끼치게 될 영향력을 일찍이 간파하고 있었다. 그는 1914년에 쓴 저술을 통해, 대기업이 광고를 통해 생산뿐만 아니라 소비까지도 통제하려 한다고 주장했다. 당시 잡지들이 기업의 상품 광고로 도배되는 풍경을 이렇게 묘사하고 있다. "보라, 동쪽의 하늘은 추잉검으로 붉게 타오르고, 북녘 하늘은 칫솔과 속옷으로, 그리고 서쪽은 위스키로, 남쪽은 패치코트로, 하늘 전체는 괴기스럽게 요염 떠는 여인들로 빛나고…… 당신이 잡지를 훑어볼 때 거기에는 자동차와 베이킹파우더, 코르셋, 그리고 코닥의 숲 사이로 기사가 실개천처럼 졸졸 흐르고 있다."[168] 그러나 이런 광고의 홍수에 대한 경고는 1920년대에는 무의미해졌다. 왜냐하면 광고는 1920년대 미국 대중문화의 일부가 되었고, 광고 없는 대중매체나 소비사회는 생각할 수도 없었으며, 광고 없는 미국의 일상생활을 아마도 미국인들 자신이 견뎌내지 못했을 것이기 때문이다. 광고는 1920년대 미국인들이 언제 어디서나 만나게 되는 일종의 대중매체가 되었다.

"풍요–여가–소비자–쾌락 지향의 새로운 세계"를 지향하던 미국인들은 그들의 결핍을 충족시켜줄 대상을 찾고 있었다. 광고는 그들의 결핍을 채워주었을 뿐만 아니라 새로운 욕망도 만들어냈다.[169] 역사가 조지 마우리George Mowry의 표현을 빌리자면 광고는 '현대의 마술'이며, 1920년대의 광고인들은 중세의 연금술사도 하지 못했던 것을 성공적으로 해냈다. 광고는 대량소비를 부추겼으며, 경제를 끌어올리는 역할을 맡았고, 미국이라는 이 지상에서 가장 물질적인 사회에 환상을 만들어냈다.[170] 광고는 대중사회에서 수없이 쏟아져 나오는 상품들을 소비자에게 알릴 수 있는 가장 강력한 수단이었다. 나아가 광고는 소비자의 욕망까지도 창조해낼 수 있었다. 쿨리지 대통령도 광고를 "더 나은 사물들을 위해 욕망이 창조되는 방식"이라고 날카롭게 관찰했다.[171]

1920년대는 자연과학을 모델로 한 사회학, 심리학, 경제학 등의 사회과학이 미국 사회의 모든 분야에서 신뢰를 획득했던 시기였다. 미국의 사회과학자들은 자연과학적 원리와 방법론을 사회 현상에 적용하는 것이 가능하며, 또한 필요하다고 역설했다. 1920년대부터 인기를 끌기 시작한 광고업의 경우도 예외가 아니었다. 특히 대기업은 소비 창출을 위한 광고에 심리학을 적극적으로 응용했다. 존 왓슨John B. Watson이 주도하던 행동주의 심리학과 프로이트 심리학은 소비자들의 심리 테스트에 활용되거나, 나아가 대중으로서의 소비자를 통제하는 데까지 응용되었다.[172] 바야흐로 이른바 '과학적' 광고가 풍미하기 시작했다.

이런 소비 지향적인 사회에서 코카콜라 사의 광고는 단연 광고계의 선두주자였으며 기린아였다. 캔들러 집안이 코카콜라 사를 매각한 이후, 이 회사는 여러 면에서 1920년대 대기업의 전형을 보여주었다. 코카콜라 사는 캔들러 시대와 달리 가족기업에서 벗어나 정부 간섭을 극소화하고 경영과 이윤을 극대화할 수 있게 조직을 운영했다. 또한 그들은 시장조사연구원, 광고업자, 심리학자, 홍보전문가, 변호사 등 전문가에게 일을 맡겼다. 게다가 1920년대는 코카콜라 사에 유리하게 작용했다. 이 시기는 무엇보다도 미국의 헌법에 알코올의 제조, 유통, 판매금지를 새겨 넣었던 시대였다. 즉 금주의 시대였던 것이다.

우리는 재즈 시대의 코카콜라를 본격적으로 다루기에 앞서 여태껏 코카콜라 이야기의 주인공이었던 캔들러 집안이 무대에서 사라지던, 그리고 미국의 1차 세계대전 참전 이후 코카콜라 사에 위기가 연속적으로 몰아치던 그 막간의 이야기를 1910년대서부터 시작해보자.

갑작스런 캔들러 시대의 종말

1913년 12월에 프랭크 로빈슨은 28년 동안의 코카콜라와의 인연을 끝내고 은퇴했다. 로빈슨과의 오랜 동지 관계를 더 이어갈 수 없었던 것도 하나의 이유였겠지만, 공식적으로는 애틀랜타의 시장 선거에 나가기 위해서 에이서 캔들러 자신도 1916년 사장직을 사임했다. 로빈슨이 은퇴한지 불과 2년이 지난 시점이었다. 당시 그의 나이 65세였다. 캔들러는 자신이 직접 작성한 1916년 1월의 마지막 연례보고서에서 코카콜라 사가 1915년 "통상적인 번영"의 한 해를 보냈다고 담담히 기록했다. 그는 코카콜라의 성장과 미래에 관해 많은 우려를 했으며, 자신이 여태껏 이끌어온 방식으로 계속해서 회사를 운영해서는 곤란하다고 생각했다. 그래서 그는 비록 이사직은 유지했지만 이후 코카콜라 사와 공식적으로 인연을 끊었으며 어떠한 간섭도 하지 않았다. 그리고 그의 자리를 장남인 하워드 캔들러Howard Candler(1878~1957)에게 승계했다.[173]

1917년 크리스마스에 그는 자신이 가진 코카콜라 사 주식 중 7주를 제외한 나머지 전부를 부인과 5명의 자식들에게 나누어주었다. 이것이 후일 자신에게 불행을 가져올 것이라는 꿈에도 생각지 못했을 것이다. 캔들러가 2년 동안 애틀랜타 시장 직을 무사히 마치고 교회와 자선사업에 몰두하고 있는 동안에, 그의 아들들은 자신의 분신과도 같은 코카콜라 사를 매각할 계획을 세우고 있었다. 물론 어니스트 우드러프를 중심으로 한 투자자 집단이 그러한 제안을 먼저 했지만, 그의 자식들은 1차 세계대전을 겪으면서 코카콜라의 주원료 중의 하나인 설탕 때문에 골머리를 앓고 있었다. 그들은 과연 코카콜라 사의 미래가 언제까지나 밝을지 걱정했다. 1919년 7월 26일 매각을 위한 거래가 성립되었다. 정식 계약은 그해 9월 12일에 이루어졌다. 거래가 성립될 당시 7,500개의 탄산음료매장과 1,500명의 보틀러들이 코카콜라를 미국 전역에서 팔고 있었다. 이 매각은 적어도 당시 남부 지역에서는 최대 규모의 거래였다. 그들은 무려 2천5백만 달러에 코카콜라 사를 팔아넘긴 것이다, 자식들 중에서 어느 한 사람도 자신의 아버지에게 구체적인 거래 내역이나 거래 사실을 한 번이라도 제대로 보고하거나 상의조차 하지 않았다. 나중에서야 이 사실을 알게 된 에이서 캔들러는 당연히 엄청난 충격을 받아서 우울증에 빠졌다. 1919년에 자식들의 배신과 아내의 죽음은 그를 거의 폐인 상태로 만들었다.[174] 그의 말년은 비참했다. 재혼을 했지만 행복하지 않았으며, 이곳저곳을 떠돌다 1929년 뉴욕 시의 한 호텔에서 객사했다. 어찌 보면 셰익스피어의 비극에서 등장하는 비록 단 한 명이지만 진정한 효성을 지닌 자식을 지닌 리어왕보다도 더 못한 처지에서 죽음을 맞이했던 것이다.

코카콜라 사의 위기

코카콜라 사의 위기는 1차 대전 때 찾아왔다. 미국이 이 전쟁에 참전하기로 결정한 1917년 4월 이전부터 연방정부는 식량 원료의 제한 및 배급을 결정했다. 코카콜라 사는 설탕에 대한 할당량과 원액 판매에 대한 특별세 때문에 고전을 면치 못했다. 게다가 다른 원료도 부족했으며 세금 때문에 이윤을 거의 남길 수가 없었다. 코카콜라 사는 큰 위기에 빠지게 되었다. 새뮤얼 돕스는 회사를 살리기 위해 1917년 한 해 동안 코카콜라 사의 전속 변호사인 해럴드 허시Harold Hirsch와 더불어 동분서주했으며, 워싱턴을 쉴 새 없이 들락거렸다. 그 결과 간신히 그 전해와 같은 양의 설탕을 확보할 수 있었다. 그러나 정부의 식품국장인 허버트 후버는 그해의 마지막 두 달 동안 설탕의 할당량을 반으로 줄이겠다고 공표했다. 게다가 설탕 가격의 상승까지는 그들도 어쩔 수 없었다. 그해 설탕 가격은 파운드당 5센트에서 무려 8센트로 올랐다. 거기에다 1919년에는 모든 청량음료의 원액을 판매할 때마다 10퍼센트의 특별세가 부과되었다.[175]

어려운 상황이 불가피하다고 깨달은 돕스는 전속 광고사인 다아시와 함께 '설탕으로 군인 만들기'라는 광고 문안을 만들었다. 코카콜라 사는 이 광고를 통해 전쟁이라는 위기 상황에서 비록 그들이 전쟁터의 병사처럼 총을 들고 싸울 수는 없지만, 그들이 설탕을 통제하는 정부의 시책에 적극 협조함으로써 군인들이 당분을 섭취하여 승리를 이끌어낸다면, 그것이 결과적으로는 후방에서도 애국할 수 있다는 메시지를 전달하고 있었다. 즉 이 광고는 애국심이라는 미국인들의 소중한 가치에 호소한 것이다. 후버에게 이 광고가 흡족했음은 물론이다. 후버는 1918년 봄부터는 코카콜라 사에게 설탕의 할당량도 늘려주었고, 원액의 생산량도 전쟁 전의 80퍼센트까지 허용해주었다. 코카콜라의 원액 판매량은 1917년의 1,200만 갤런에서 1918년의 1,000만 갤런으로 줄었지만, 그래도 코카콜라 사는 살아남을 수 있었다.[176]

코카콜라 사는 1918년 7월 〈코스모폴리탄*Cosmopolitan*〉 잡지에 실린 또 다른 광고를 통해 자본주의 체제 안에서 하나의 기업으로서의 코카콜라 사의 희생은 전쟁이라는 비상상황에서는 당연하며, 기업의 이익보다 애국심이 더 중요하다는 점을 은연중에 강조하고 있었다. 전쟁이 끝나고 규제가 풀렸을 때, 그동안 억눌렸던 소비자들은 코카콜라를 폭발적으로 찾았다. 그리하여 1919년에는 전해에 비해 거의 두 배인 1,900만 갤런의 판매량을 기록할 수 있었다. 잔으로 계산하면 약 25억 잔으로 미국의 모든 사람들이 한 해 동안 일인당 30잔을 마신 꼴이었다.[177]

그러나 코카콜라 사의 위기는 1차 세계대전이 끝난 후에도 끝나지 않았다. 우선 하워드 캔들러 사장이 설탕 시장 예측에서 오판을 했다. 그는 자바산 설탕 4,100톤을 파운드당 20센트로 계약을 맺었다. 그런데 그해 12월 설탕 가격은 무려 9센트까지 떨어졌다. 4,100톤이 9,038,952파운드이므로 파운드당 11센트의 손해를 볼 경우, 그 손해액은 무려 994,284달러였다. 결과적으로 코카콜라 사는 하루에 2만 9천 달러(1992년 가격으로 213,235달러)씩 손해를 본 셈이었다.[178] 1919년 9월 12일에 챈들러 집안으로부터 공식적으로 코카콜라 사를 매입하자마자 새로운 주인의 우두머리 격인 어니스트 우드러프는 이사회를 열어 하워드 캔들러를 해임하고, 초대 사장으로 새뮤얼 돕스를 임명했다. 게다가 코카콜라 원액 매출은 1919년을 정점으로 이후 계속 줄어들고 있었다. 우연의 일치인지 몰라도 캔들러 집안이 코카콜라 사를 매도한 이후에 생긴 일이었다. 놀랍게도 1920년에는 또 다른 인기 탄산음료인 '목시'가 코카콜라보다 매출이 더 많았다. 그러나 1920년대를 지나는 동안 주요 원료인 설탕 가격이 상승한다고 광고비를 줄인 '목시'는 판매량 또한 감소했으며, 이후 다시는 코카콜라를 따라잡을 수 없었다.[179] 여하튼 이처럼 재정적으로 어려운 상황에서 코카콜라 사는 불가피하게 원액 공급가를 올리려 하고, 보틀러들은 원래 계약대로 갤런당 1달러로 하자는 과정에서, 코카콜라 사는 원액 공급 계약을 일방적으로 파기하려 했다. 이에 격분한 보틀러들이 1920년 이 문제를 법정으로 가져갔다.[180]

한편 코카콜라 사는 1913년에 시작된 '코크아메리카 사Koke Company of America'와의 모조품 관련 재판도 진행 중이었다. 이 회사가 '코크Koke'를 특허청에 특허등록을 시도했던 것이다. 코카콜라 사에게 모방업체는 처음부터 골칫거리였다. 일찍이 1894년 연례보고서에서 캔들러는 "가짜 대체물"에 대해서 언급하고 있으며, 1898년 12월에 열린 5번째 주주총회에서는 변호사와 상의하여 모방업체에 대한 소송의 가능성에 대해서 논의할 것을 제안했다. 1916년의 〈코카콜라 보틀러*Coca-Cola Bottler*〉는 코카콜라를 연상시키는 모방업체들이 무려 153개 이상 존재한다고 보고했다. 많은 경우에 코카콜라 사는 자신들의 생명과도 같은 이름인 코카콜라를 지키기 위해 소송도 불사했다.[181] 그리고 마침내 1920년 12월 6일 연방대법원은 이미 앞에서도 이야기한 것처럼 최종 판결에서 "피고의 혼합물은 원고의 모방으로서 조제되고 판매되고 있으며 '코크Koke'라는 단어는 원고가 해온 광고의 이득을 거두어들이려는 의도로 선택되었다"고 판시했다. 이로서 '코크'는 '코카콜라'를 의미하며, '코카콜라'라는 이름이 코카콜라 사의 등록상표임을 다시 확인시켜주었다. 이것은 코카콜라 사의 회사 가치를 급상승시키는 효과도 가져왔다.[182]

다행히도 연방대법원이 코카콜라 사의 손을 들어주었다. 그리고 부사장인 해리슨 존스Harrison Jones의 중재로 코카콜라 사는 보틀러들과도 타협을 할 수 있었다. 즉 새로운 계약을 통해서 그들에게 원액 1갤런당 1.17달러에 판매하기로 했다. 따라서 변호사 해럴드 허쉬가 주도했던 '코크 재판'에서 코카콜라 사가 이기지 못했다면, 그래서 해리슨 존스가 보틀러들과의 가격과 관련된 싸움에서 타협을 이끌어내지 못했다면, 이들은 매출의 감소와 함께 코카콜라 사를 큰 위기에 빠뜨릴 수도 있었다. 그렇지만 코카콜라 사의 위기는 완전히 끝나지 않았다. 1922년 코카콜라 사는 625만 달러의 매출을 올렸지만, 이 금액을 가지고는 운영비와 이 회사를 살 때 빌린 돈의 이자 갚기도 모자랐다. 결국 이사회는 코카콜라 사의 재정적 위기를 타개하기 위하여, 이 모든 위기에서 코카콜라 사를 구출할 새로운 사장을 찾기로 했다. 그가 바로 어니스트 우드러프의 아들인 로버트 우드러프Robert Woodruff(1889~1985)였다.[183]

새로운 구원투수 로버트 우드러프

1923년에 불과 33세의 로버트 우드러프가 새로이 코카콜라 사의 사장으로 취임했다. 이후 60년 이상, 죽는 그날까지 그는 코카콜라 사를 지배했다.[184] 코카콜라 사람들에게 우드러프는 가히 신적인 존재였다. 그의 인생과 코카콜라는 떼려야 뗄 수 없는 불가분의 관계였다. 그의 결혼생활은 문제가 없었으나 유감스럽게도 부부 사이에는 자식이 없었다. 그렇기 때문에 그는 더더욱 코카콜라에 집착했다. 그리하여 코카콜라가 바로 그였으며, 그는 코카콜라였다. 즉 코카콜라는 그의 또 다른 자아가 되었다.

그렇지만 가까운 지인들에게조차 우드러프는 이해하기 어려운 '수수께끼 인물'이었다. 그는 난독증이 있어 끝까지 읽은 책이 없다고 할 정도로 독서를 기피했으며, 예술이나 문화에 대해서도 문외한이었으며, 대중 앞에서 연설을 꺼리는 수준 이하의 연설가였으며, 심지어 많은 사람들이 모이는 곳을 기피하던 사교성이 없는 사람이기도 했다. 그럼에도 그의 결재를 받지 않은 주요한 결정들은 거의 없었으며, 그의 존재 자체가 주위 친구들뿐 아니라 직원들조차도 꼼짝 못하게 만들었다. 그래서인지 그의 몇몇 간결한 주장은 코카콜라와 연관된 많은 사람들에게는 감명 깊게 남아 있었다.[185]

우드러프는 비록 종교에 대한 신앙심이 두터웠다고 말할 수는 없어도, 일생을 통하여 코카콜라는 그에게 세속적 종교나 마찬가지였다. 그는 평생을 코카콜라만을 생각하면서 살았다 해도 과언이 아닐 정도였다. 그는 코카콜라를 '아메리칸 드림'으로 만들고자 했다. 그렇기 때문에 그는 코카콜라 사가 계속 커져가도 사업의 다각화를 모색하지 않았다. 오히려 더욱 더 코카콜라의 품질과 브랜드 가치를 높이는 데 전념했다. 그래서인지 그는 자신이 죽은 다음에나 코카콜라 원액의 성분을 바꿀 수 있다고까지 공언하곤 했다.[186]

우드러프는 코카콜라 사 사장으로 취임하자마자 코카콜라 사 판매에 대한 개혁에 착수했다. 그럴 수밖에 없었다. 1919년 코카콜라 판매량이 18,730,167갤런에서 정점을 찍고, 이후 계속 내리막길을 걸어 취임 전해인 1922년에는 15,437,612갤런으로까지 감소했기 때문이다. 회사가 비상사태에 직면하자, 그는 자신의 아버지의 반대에도 다른 이사들의 강력한 추천 덕택에 구원투수의 자리에 올랐던 것이다.[187] 그는 우선 조직을 재편하여, 미국 전역을 5개의 지역으로 나누고, 상호 협조적이지만 독립적인 회사로 운영하고자 하였다. 그리고 "좀 더 친밀하고 개인적인 접촉"이 가능할 수 있도록 지역 밑에 기존의

11개를 확대하여 총 16개의 판매구역을 두었다. 그리하여 실제적으로 각각의 지역에는 부사장급 지역 책임, 구역에는 구역 판매책임자를 두고 그 밑에 독립된 판매조직을 만들었다.[188]

많은 경우 우드러프는 경험을 통한 그의 직관에 의존했다. 예컨대 우드러프는 사장 취임 후 맞이한 첫 겨울에 대륙횡단열차를 타고 캐나다를 여행한 적이 있었다. 그는 기차가 사스캐치완Saskatchwan 주의 무스 저Moose Jaw라는 조그만 도시를 통과하게 되었을 때, 그곳 온도가 섭씨 영하 37도였음에도 사람들이 역에서 코카콜라를 마시는 장면을 주목했다. 그는 곧 직관적으로 겨울에 스토브 앞에서든, 또는 여름에 바닷가에서든 갈증을 느끼기는 마찬가지일 것이라고 생각했다. 따라서 코카콜라의 경우도 문화뿐 아니라 기후나 지리적 경계를 뛰어넘을 수 있을 것이라는 생각을 품게 되었다. 그의 관찰은 1925년 통계로도 확인되었다. 캐나다의 몬트리올이 1,200만의 코카콜라 병/잔을 소비한데 비하여, 플로리다 주의 마이애미는 900만 병/잔의 코카콜라를 마셨다. 추운 몬트리올이 따뜻한 마이애미보다 오히려 30퍼센트 이상이나 더 마신다는 사실로 그의 직관은 설득력을 갖게 되었다.[189]

그렇다고 해서 우드러프가 직관에만 의존해서 사업을 했다고 생각해서는 곤란하다. 그는 시대의 변화를 읽을 줄 알았다. 그는 '새로운 시대'에 코카콜라를 파는 것이 기술일 뿐만 아니라 과학이라고 보았다. 따라서 마케팅 전략도 바뀔 수밖에 없다고 생각했다. 1923년 우드러프는 정보부를 통계부로 확대 개편했다. 이후 통계부는 시장조사의 선구적 역할을 해냈다. 또한 코카콜라의 판매를 어떻게 극대화할 것인가에 대해서 과학적으로 접근하고자 애썼다. 예를 들자면 미 전역에 걸쳐서 4만2천 명의 드럭스토어 고객을 면담했다. 그 결과로 이들 가운데 62퍼센트가 마실 것을 탄산음료매장에서 구입하며, 탄산음료를 마시는 사람들의 경우 그들 가운데 36퍼센트가 코카콜라를 선호한다는 사실을 알 수 있었다. 이런 식으로 코카콜라의 수요 예측과 확산 가능성을 확인하곤 했다.[190]

우드러프는 또한 모든 것을 단순화시키는 것을 좋아했다. 그는 코카콜라 사를 경영함에 있어서도 간단한 3개의 '계명'을 만들어 실천하고자 했다. 첫째, 코카콜라와 코카콜라 사에 대한 절대적 충성을 요구했다. 둘째, 제품의 단순성, 즉 미국 전역에 걸쳐 하나의 음료, 하나의 병, 하나의 가격을 요구했다. 셋째, 코카콜라를 위해 일하는 사람들은 누구나 좋은 소득을 올려야한다고 했다.[191] 이러한 계명은 코카콜라 사가 꽤 오랫동안 코카콜라 이외의 음료는 거의 개발하지 않거나, 코카콜라의 사이즈도 6온스(약 170밀리리터) 한 종류만을 고집하거나, 음료에서 벗어난 사업 확장을 하지 않거나, 그리고 코카콜라 제조 및 유통과 관련된 모든 사람들이 크건 작건 돈을 버는 기회를 제공해 주거나 하는 것으로 나타났다.

우드러프는 자주 '서비스'를 강조했으며, 이 단어를 코카콜라 사의 판매부서에서 진지하게 받아들였다.[192] 그는 서비스가 얼마나 중요한지를 깜짝 이벤트를 통해 사원들에게 확실하게 보여주었다. 1927년 우드러프는 음료매장 세일즈맨을 애틀랜타에 소집하여, 모두를 음료매장판매부에서 해고한다고 선언했다. 그리고 이튿날 다시 이들을 불러 서비스부에 재고용한다고 선언하여, 자신이 코카콜라를 판매함

에 있어 얼마나 서비스를 강조하는지를 사원들에게 극적으로 보여주었다.[193]

우드러프의 위에서 행한 모든 조치들은 코카콜라에 대한 '품질 관리'를 위해서였다. 언제 어디서나 마실 수 있는 코카콜라가 지역에 따라, 탄산음료매장에 따라, 시기에 따라 다르다면 코카콜라 사에게는 재앙이 될 수 있다고 생각했다. 그렇기 때문에 코카콜라의 성공에 대한 으뜸가는 비밀이 무엇이냐는 질문을 받았을 때, 그는 자신 있게 코카콜라가 비록 양은 많지 않아도 미국 내에서 5센트의 비용으로 구입할 있는 최상의 품질을 제공했기 때문이라고 답변했다. 나아가 그는 1950년대 초반까지도 코카콜라 사가 "단일한 품목, 단일한 가격, 단일한 패키지"의 정책을 고수했으며, 이런 생각이 또한 옳았음을 증명할 수 있었다. 비록 1950년대 들어오면서 단일 가격을 엄격하게 지키기가 힘들어지기 시작하여, 간신히 1959년까지만 유지했더라도 말이다. 그렇지만 코카콜라 이외에 어떤 단일한 식음료품목이 70년 이상이나 변함없이 똑같은 가격을 유지한 경우는 거의 없었다.[194]

코카콜라 광고와 아치 리

아무리 우드러프가 코카콜라에 대한 품질 관리에 집중하고 최상의 품질을 약속할지라도, 코카콜라 판매의 관건은 무엇보다도 광고였다. 그리고 그에게는 자신의 철학을 실현시켜줄 든든한 동지가 된 다아시 D'Arcy 광고회사의 아치 리Archie Lee가 있었다.

향후 우드러프는 천재적 광고인인 아치 리와 더불어 코카콜라를 7월 4일이라는 미국 독립기념일처럼 미국인의 가슴속에 새겨질 아이콘으로 만들고자 했다. 리는 우선적으로 코카콜라 로고와 등록상표에 대한 작업에 들어갔다. '코카콜라'라는 스펜서 식 글자체를 직사각형 안에 위치시켰다. 또한 붉은색 둥근 원 안에 흰색으로 '코카콜라' 글자가 들어간 사인도 만들었다.[195] 1924년쯤이면 코카콜라 사는 어디서나 볼 수 있는 '빨간 기호'가 무엇을 의미하는지를 소비자에게 물었다. 이제 빨간 색은 코카콜라를 상징하고 있었다. 그리하여 빨간 기호를 보면 "시원하고 상쾌한 장소"에서 멈추어 자신을 상쾌하게 하라고 권하고 있었다.[196]

아치 리가 누구였던가? 애틀랜타 시의 〈조지언*Georgian*〉 지의 기자였던 그는 1919년 다아시 광고회사에 합류했다. 내성적이며 소설가가 되기를 원했던 그는 다아시 광고회사에서 재능을 발휘하기 시작했다. 그는 "인간의 근본적인 소망들"을 엄청난 위력을 지닌 코카콜라 광고 문구들로 바꿀 수 있는 재능을 지니고 있었다. 그는 1921년쯤이면 전반적인 코카콜라 광고 캠페인을 주도하고 있었다.[197] 리는 광고의 효과가 무엇보다도 반복에 있다고 보았다. 단순성과 친밀함과 함께 통일성 또한 중요한 요소로 꼽았다. 그러나 무엇보다도 광고에 의미와 이야기를 불어넣으려 애썼다. 자신의 다섯 살 난 딸이 곰 인형 푸를 가지고 마치 살아 있는 친구인 양 이런 저런 얘기를 나누었듯이 말이다. 이렇듯 광고에 스토리텔링을 넣는 아이디어는 딸과의 대화를 통해 찾아냈다.[198]

그런데 우드러프는 지난 20년 동안 코카콜라를 위해 성공적인 광고를 만들어왔다고 자부했던 다아시 광고회사의 책임자인 윌리엄 다아시와는 잘 지내지 못했다. 다아시는 우드러프보다 16년이나 나이도 많은데다가 광고에 대한 나름의 철학이 이미 확고했기 때문에, 코카콜라 사를 새로이 바꾸려는 우드러프와는 잘 어울리기 힘들었다. 그래서 우드러프는 다아시를 우회하여 아치 리를 상대하고자 했으며, 막상 만나보니 그와는 광고뿐 아니라 많은 면에서 생각을 같이하고 있었다. 그들은 친구가 되어 사무실과 골프장, 사냥터, 승마장에서도 일하고 놀면서 서로의 의견을 교환했다.[199]

1920년대를 통하여 우드러프와 리는 개인적으로 친한 관계를 유지해왔다. 두 사람의 코카콜라에 대한 생각은 거의 일치했다. 우드러프는 리와의 대화를 통해 다음과 같은 결론에 이르게 되었다.

> 아치와 나는 생각이 비슷했다. 우리는 코카콜라를 다만 하나의 청량음료나, 또는 앞서가는 청량음료로서 판촉하고 싶지 않았다. 우리는 그것을 단지 갈증에 대한 대답보다 더 큰 어떤 것으로 판촉하고 싶어 했다. 우리는 그것을 별개의 것으로 만들어…… 그것을 사회의 모든 계급에 삶의 즐거운 것들 중의 하나로 팔고 싶었다. ……그것을 구별하게 하여 어느 곳에서나 모든 사람들이 받아들일 수 있게 만들고 싶었다.[200]

이렇듯 우드러프와 리는 코카콜라를 목마를 때 마시는 단순한 음료가 아니라, 모든 미국인들의 인생에 즐거움을 주는 것으로 자리매김하고 싶어 했다. 우드러프의 열정적이고 일사불란한 지휘 속에서 코카콜라를 미국인들의 마음속에 확고하게 심어주고자 했던 코카콜라 사의 분투는 많은 언론의 주목을 받았다.

1920년대 코카콜라 광고

코카콜라 광고는 1920년대를 통하여 미국의 주요 신문과 잡지에 주기적으로 실리고 있었다. 기본적으로 코카콜라는 광고를 통하여 소비와 욕망을 학습시키고 있었다. 지금부터 주요 키워드를 통하여 코카콜라 광고가 어떻게 소비와 욕망을 불러일으켰는지를 살펴보고자 한다. 코카콜라 사의 광고가 소비자들에게 어떤 이미지를 제공했는지를 어떻게 알 수 있을까? 당시 사람들이 공적인 공간에서 대답했을 가능성은 거의 없으며, 설혹 그들 가운데 극소수의 사람들이 남긴 일기를 통해 이를 안다 하더라도 얼마만큼 그것이 대표성을 갖는지에 대하여 자신할 수 없다. 이렇듯 역사학에 있어 아래로부터의 접근은 항상 어렵다. 그나마 다행스럽게도 코카콜라 광고를 통해 미국인들이 어떻게 코카콜라를 받아들였는지를 어느 정도나마 알 수 있는 자료가 있다. 그것은 다름 아닌 1927년 5월부터 10월까지 실시한 3만 달러 상금과 관련된 광고 때문이다.

1927년 5월에 코카콜라 사는 여러 신문과 주요 주간지, 전국에 있는 2만 개의 옥외간판과 6만 장의 포스터 등을 통해서 대대적인 광고를 했다. 5월의 광고를 보면 코카콜라 사가 전국적으로 수천 명의 사람들을 인터뷰하여, 그들이 왜 코카콜라를 좋아하는지, 어떤 점에서 좋아하는지를 조사했음을 밝히고 있다. 따라서 이들의 인터뷰 결과는 코카콜라 사의 시각이 아닌 소비자들의 시각이라고 볼 수 있을 것이다. 코카콜라 사는 다양한 소비자들의 답변들을 요약 정리하여 '6개의 열쇠'라고 명명했다. 그들이 보기에 코카콜라의 6개 주요 장점을 소비자들이 직접 추려준 것이었다. 그것은 바로 맛, 갈증-만족, 상쾌함, 순수성, 값(5센트), 그리고 사교성이었다. 바로 소비자들이 선택한 이유이기도 했다.

소비자들이 6개의 열쇠에 관한 정보를 어느 매체에서 보았는지, 그리고 왜 무엇을 가장 좋아하는지를 써서 보내면 그들 중에서 635명을 추첨해 상품을 주었다. 일등은 무려 1만 달러를 받을 수 있었다. '과학적' 광고를 위한 노력의 일환으로 행한 이 콘테스트를 통해 소비자들은 참여의식을 느꼈겠지만, 코카콜라 사 입장에서 이 행사는 대규모 시장조사였다.[201]

코카콜라 하면 떠오르는 인기 있는 6개의 키워드를 통해 우선적으로 코카콜라는 즐겁고 행복하게 살고 싶다는 욕망을 불러 일으켰다. 코카콜라 사는 대담하게 코카콜라 이전에는 누구도 사람들이 즐길 수 있는 음료를 상상하지 못했다고까지 주장했다. 그들은 이제 "코카콜라를 즐기기 위해 멈추"거나 "상쾌함을 즐기고 즐기기 위하여 상쾌하게"라고 추천하고 있었다. 나아가 "건강과 행복을 위해", 혹은 코카콜라를 마시고 상쾌해 할 "행복한 생각"까지 권하고 있었다.[202] 그러나 무엇보다도 20년대 전반 코카콜라 광고가 전달하고자 하는 근본적인 주요 메시지는 계절을 초월한 갈증 해소와 만족이었다. 여기서 갈증은 이중적 의미를 지니는데, 문자 그대로 목이 마른 상황과 어떤 욕망을 느끼고, 그 욕망을 충족하려는 욕망에 대한 갈증의 상황을 둘 다 상정할 수 있다. 따라서 신체가 느끼는 갈증과 마음이 갈구하는 갈증, 이 답답한 상황에서 코카콜라를 마시면 갈증이 해소되어 상쾌함을 느낄 것이라는 메시지를 광고를 통해 끊임없이 소비자에게 주지시키고 있다. 그 상쾌함은 목마름이 사라졌다는 의미와 욕망에 대

한 갈증이 충족되었다는 이중적 의미를 지니고 있었다.[203]

한 광고 작가는 1920년대 미국 사회를 다음과 같이 목격하고 있었다. "탄산음료매장에서의 빠른 점심……, 빠른 요리법……, 빠른 타블로이드판 신문……, 빠른 뉴스 요약……, 빨리 마르는 가구 페인트……, 빨리 피우는 담배……, 빠른 서비스를 제공하는 주유소……"[204] 재즈 시대 미국에서는 모든 것들이 빨라져야만 했다. 문제는 속도였다. 사람들은 일터에서나 식당, 거리, 집에서 할 것 없이 빠른 속도에 적응해야만 했다. 따라서 미국인들은 세계 어느 나라 사람들보다도 휴식이 필요했다. 그것이 비록 아주 짧은 휴식일지라도 좋았다. 그런데 1920년대 후반이 되면 코카콜라가 소비자에게 전달하고자 하는 주요 메시지의 초점도 '갈증' 해소보다는 점차 '잠깐의 휴식'을 강조하는 방향으로 바뀌고 있었다. 이 단어는 1924년 3월의 코카콜라 광고에 비로소 등장하고 있다.[205]

"오후 4시"라는 제목을 지닌, 광고라기보다는 계몽적 성격의 안내문, 또는 설명서에 가까운 기다란 내용을 담고 있는 광고였다. 이 광고는 먼저 전 세계 사람들이 "한가한 순간을 위한 특별한 작은 휴식"을 즐겨왔다고 말하면서, 특히 영국인들의 '티타임'이나 프랑스인들의 카페에서의 커피 마시는 등의 습관을 이야기하고, 오후의 휴식에 관심을 기울이고 있었다. 그런데 미국에서는 여가도 유럽인에 비해 모자라고, 노는 시간도 제한되어 있으며, 심지어 분초까지도 아껴 사용할 정도로 바삐 살고 있다고 했다. 미국에서는 탄산음료매장이 그러한 역할을 하고 있다면서, 코카콜라를 통해서 "공장이건 사무실이건, 집이건 쇼핑할 때건, 혹은 운 좋게 경기하기 위해 밖에 있을 때건, 짧은 휴식과 함께 당신을 상쾌하게 하라"고 권장하고 있다. 이때부터 '잠깐의 휴식'은 '상쾌함'과 어우러져 "잠시 쉬면서 당신을 상쾌하게 하라"라는 광고로 1927년에 재등장하면서 이후 자주 등장하고 있다.[206]

"편안한 순간을 위한 짧은 휴식", "상쾌함을 위한 오후의 잠깐의 휴식", "잠시 쉬면서 코카콜라를 즐기자" 따위의 광고 카피를 통해 소비자들은 코카콜라를 통해 휴식을 얻을 수 있으며, 그 휴식은 상쾌함을 동반할 것이라는 점을 강조했다. 나아가 "일 분의 짧은 휴식이 큰 휴식만큼이나 길다"고 주장하면서, "놀거나, 일하거나, 걷거나, 말하거나" 잠시의 휴식을 반기라고 권하기도 했다. "급하고 격렬한 때"에도 잠시 쉬면서 상쾌함을 느껴야한다고 주장했다.[207]

사실상 코카콜라 광고가 주장하는 잠깐의 휴식은 겨우 1분 정도의 시간을 의미했다.[208] 그럼에도 그 정도의 시간을 가지고도 상쾌함을 즐기기에 충분하다고 주장했다. 그리하여 미국 사람이면 누구나 "상쾌한 짧은 휴식"을 생각하게 되었다고 주장하고 있다. "휴식하면서 당신 자신을 상쾌하게 하라"는 다소 긴 광고 문구는 "모든 사람들은 비슷하게 상쾌한 짧은 휴식을 생각한다"에서 암시된 것처럼 "상쾌한 짧은 휴식the pause that refreshes"으로 바뀌게 되었다.[209] 1929년 7월 광고부터 "상쾌한 짧은 휴식"은 1930년대 나아가 그 이후 수십 년 동안 지속될 유명한 광고 문안으로 남게 되었다.

코카콜라로부터 결코 벗어날 수 없다

코카콜라 사는 코카콜라를 단지 목마를 때 마시는 음료일 뿐만 아니라, 보통의 미국인들이 쇼핑의 즐거움이거나 여가의 시간에 휴식을 취할 때나 심지어 일할 때, 잠깐의 휴식이 필요할 때, 언제든지 필요한 일상의 일부로 만들고자 했다. 여기에 병으로 판매되는 코카콜라는 사람들이 구태여 탄산음료매장에 가지 않고도 마시고 싶은 장소에서 사람들이 원한다면 언제나 마실 수 있음을 의미했다. 이제 바야흐로 미국인들은 직장에서 일을 하거나, 집에서 청소를 하거나, 장을 보거나, 친구를 만나거나 친지들과 담소를 나누거나, 혹은 스포츠를 즐길 때에도 코카콜라의 유혹을 벗어나기 어렵게 되었다.

일찍이 새뮤얼 돕스는 그가 사장으로 재직하던 1920년 많은 사람들로부터 병에 든 코카콜라가 탄산음료매장에서 마시는 코카콜라보다 "훨씬 더 낫다"는 얘기를 들었다. 그러나 또 다른 사람들은 매장에서 파는 코카콜라가 병에 든 코카콜라보다 "더 강하고" "더 나은 향"을 갖고 있다고 주장했다. 돕스는 결국 맛이라는 것이 마음의 태도라는 것을 알게 된 것이다. 똑같은 원료로 만든 똑같은 제품에 대해서 사람들이 다른 태도를 갖는 것은 마음의 상태에 따라 맛이 다르게 느껴진다는 것을 뜻하는 것이라고 그는 말했다.[210]

돕스의 냉철한 평가에도 불구하고 우드러프가 사장으로 취임한 1923년부터 1928년 사이에 코카콜라의 탄산음료매장 판매량은 20퍼센트가 성장했지만, 병 판매액은 그보다 더 빠른 65퍼센트나 성장했다. 그리고 마침내 1928년에는 병 판매량이 탄산음료매장 판매량을 추월했다.[211] 이것은 일정한 공간에서 코카콜라를 마시는 소비자보다 원하는 공간에서 코카콜라를 마시는 사람들이 더 많아졌다는 것을 보여주고 있다. 1923년 기록에 의하면, 코카콜라는 '5센트와 10센트 가게five-and-dime store' 같은 일반 소매상뿐 아니라 이발소, 담배판매소, 춤 교습소, 정비업소, 미용실, 대학, 제과점, 전화국, 병원, 호텔, 소방서, 경찰서, 당구장 등 거의 모든 일상의 공간에서 구입이 가능했다.[212]

1925년 5월에 코카콜라 사는 최초로 옥외광고를 시작했는데, 여기에는 893명의 보틀러들도 참여했다. 이 광고가 무엇보다도 병의 판매를 촉진하기 위해 고안된 것이었기 때문이다. 이른바 '리츠 보이Ritz Boy'였다. 당시 고급호텔 중의 하나였던 리츠 호텔에서 근무하는 사람을 연상시키는 유니폼을 입은 젊은 남자가 코카콜라 한 병과 잔 하나를 올려놓은 쟁반을 가슴 높이에 수평으로 들고 서 있는 그림이었다. "하루에 6백만 잔"이라는 단순한 광고 문구는 왼쪽 하단 구석에 자리잡고 있었다. 코카콜라 사는 자신 있게 자신들의 제품을 미국인들이 하루에 무려 6백만 병을 소비하고 있다고 선언했던 것이다. 그리고 이 옥외광고판은 5개월 동안 미국 전체 5,270개 도시와 마을에 세워졌다.[213] 광고에 등장한 젊은이의 눈빛과 쟁반을 든 꼿꼿한 자세는 지나가는 많은 미국인들에게 큰 인상을 남겼을 것이다. 우드러프는 이미 코카콜라의 미래가 고정 공간에서 잔으로 마시는 매장보다 이리저리 자유롭게 움직이면서 마실 수 있는 병에 있다고 판단하고 있었다. 바야흐로 미국이야말로 끊임없이 '이동하는 사회'가 되었음을 그는 직관으로 파악하고 있었다.

1929년 코카콜라 사는 미국 전역 13개 공장에서 원액을 생산했으며, 생산된 원액은 38개의 창고로 옮겨서 보관했다. 그런 다음 2천2백 명의 도매상에 의해 원액을 105,000개의 탄산음료매장으로 보내거나, 1,250명의 보틀러에 의해 60만 명 이상의 소매상에게 보냈다.

이 과정에서 코카콜라 사의 '서비스맨'은 소매상들을 방문하기 위해 약 350만 킬로미터의 거리를 여행했다. 아마도 코카콜라는 1920년대를 통해 전 세계에서 "가장 편리하게 이용 가능한 상품"이었을 것이다. 1923년에는 이미 코카콜라 하루 소비량이 606만 병/잔으로 일인당 연간 소비량이 19병/잔에 도달했으며, 1928년에 이르면 하루 소비량이 849만 병/잔으로 1인당 연간 소비량은 25병/잔이나 되었다. 이것은 모든 미국인들이 평균 한 달에 두 번 정도는 코카콜라를 마신다는 의미였다.[214]

1923년 3월, 보틀러들과 만난 회의석상에서 해리슨 존슨은 코카콜라 사와 보틀러들이 손잡고 "소비자가 코카콜라로부터 결코 벗어날 수 없게 합시다"라는 하나의 원대한 목표를 제시했다.[215] 또한 그는 어느 시점에선가 이러한 목표에 도달하기 위해서 언제든지 코카콜라가 소비자들의 "욕망의 팔 안에" 있어야 한다고 주장했다.[216] 그런데 그의 이상과 꿈은 이미 1920년대가 끝나는 시점에서 실현되고 있는 것 같았다. 이제 코카콜라는 소비자가 원하기만 한다면 어느 곳에서든지 갈증과 휴식이라는 욕망을 상쾌함으로 충족시켜줄 수 있다고 주장하고 있었다. 당신이 "어디에 있던지 골목만 돌아가면" 그것도 "시원하고 기분 좋은 장소"에서 만날 수 있고, "모든 사람들이 상쾌한 휴식을 욕망하기 때문"에, 그들은 자신 있게 코카콜라만큼 "보편적으로 원하는 음료"는 없다고 선언했다.[217]

코카콜라 사의 이러한 선언은 과장은 아니었다. 코카콜라 사의 새로운 '서비스맨'은 "대중을 쫓아다니고" 있었다. 그것도 그냥 쫓아다니는 것이 아니라 과학적 연구에 의한 데이터로 무장한 채로. 코카콜라 사는 1927년도부터 무려 4만2천 명의 개별적 구매 습관과 1만5천 개의 소매 직판점에 관한 자료를 모으고 분석할 수 있었다. 그리하여 그들이 어디를 가장 많이 여행하는지, 언제 어디서 무엇을 사는지, 코카콜라를 구입하기 전 또는 구입한 후에는 무엇을 사는지 알 수 있었으며, 어느 지역에 자리 잡은 소매점에 몇 명의 사람들이 드나드는지, 코카콜라 광고판을 어떤 방식으로 취급하는 것까지도 알아낼 수 있었다. 그렇기 때문에 1930년 4월에 〈광고 시대*The Advertising Age*〉라는 잡지는 "코카콜라는 소비자와 같이 잠을 깨고 잠자리에 든다"고 표제를 뽑았다.[218] 바야흐로 미국에서는 코카콜라를 향한 욕망의 일상화가 진행되고 있었다.

1920년대를 통하여 코카콜라 사는 탄산음료 분야에서 총 판매액뿐 아니라 브랜드 가치에서도, 리글리 추잉검, 질레트 면도기, 굿이어 타이어, 캠벨 수프, 아이보리 비누가 그러했듯이, 당당히 1위를 유지할 수 있었다.[219] 그리고 1920년대 대다수 미국인들은 '욕망의 나라'에서 살게 되었다. 이제 그들은 그저 원하기만 하면 됐다. 원하는 것은 다 이루어질 수 있는 물질적 풍요를 누리게 된 것이다. 코카콜라를 사 마실 수 있는 5센트만 있으면, 그들은 언제든지 어디서나 갈증을 만족시키고, 상쾌함과 즐거움, 행복, 그리고 비록 짧지만 휴식을, 그것도 상쾌함으로 가득 한 휴식을 얻을 수 있다고 생각했다. 결국 코카콜라는 1920년대 미국 사회에서 소비주의가 일상의 일부로 자리 잡는 데 지대한 공헌을 했다. 어느 의미에서 코카콜라는 소비사회에 꼭 필요한 이념인 소비주의를 전파하는 데 강력하고 유능한 전도사 역할을 톡톡히 하고 있었던 것이다.

6장

대공황도 뛰어넘은 코카콜라

무엇 때문에 대공황이 일어났는가

역사적 관점은 항상 되돌아볼 수는 있는데, 미리 앞을 내다볼 수는 없다는 것이 그 특징이자 한계다. 이는 물론 너무나 당연하거나 상식적인 이야기겠지만, 필자가 이 책에서 주장하는 것도 바로 그렇다. 역사가는 언제나 과거를 정당화하고 변명할 준비가 되어있다는 것이다. 모든 사건이 필연적인 이유가 있어서 발생한 것은 아닐지 모르지만, 역사가로서는 비가역적인 사건을 풀이하는 방식은 거의 한결같다. 역사는 '그것이 왜 일어날 수밖에 없었는가'에 대한 탐구, 즉 필연에의 강박이다. 1930년대를 괴롭힌 '대공황'에 대해서도 마찬가지다. 항상 그 이유를 찾을 수 있었다. 왜 그때 갑자기 뉴욕 시의 월스트리트의 증권시장에서 갑자기 주가가 곤두박질치고, 사람들이 자신이 가진 주식을 내던졌던가? 그리하여 우선은 미국 전체가, 그 다음에는 세계 전체가 왜 수렁에 빠졌던가? 역사가들은 마치 그런 일들이 일어난 것이 당연하기라도 했던 것처럼 역사적 인과관계를 구성하고, 그에 따라 그 일을 천연덕스럽게 설명한다. 그러나 사실은 어떠한가? 대공황의 원인은 역사가의 관점에 따라 다르다. 그가 진보주의자인지 보수주의자인자, 자본주의자인지 사회주의자인지에 따라 분석도 다르고 처방도 달라진다. 마치 멀쩡한 사람이 갑자기 몸에 이상이 생겨 자리에 눕게 되자 그 원인을 둘러싸고 의사들마다 소견이 다른 것처럼 말이다. 대공황 당시에도 경제학자, 정치가, 노조 관계자, 자본가, 금융가 등등 많은 권위 있는 사람들이 우왕좌왕하면서 각자 목소리를 높이면서 자신의 얘기를 들으라고 소리쳤다. 하지만 결과적으로는 셰익스피어의 『맥베스』에 나오는 독백의 한 구절처럼, 어리석은 자의 "아무런 의미 없는 음향과 분노로 가득 찬" 소리로 들렸을 뿐이다.

지금도 마찬가지다. 노벨 경제학상을 받은 미국의 대표적 시장주의자이자 시카고학파의 태두이며 레이건 이후 공화당 정부들의 신자유주의 경제정책의 밑그림을 그려 준 밀턴 프리드먼Milton Freedman의 시각은 우리가 일반적으로 이해하는 대공황 시대의 그림과는 사뭇 다르다. 그가 볼 때 미국의 대공황은 "기업들의 실수가 아닌 정부의 실책" 때문에 발생했다. 즉 "사기업 제도의 실패 때문이 아니고 정부의 고유 기능을 잘못 수행했기 때문에" 발생했다는 것이다. 따라서 우리가 오늘날 받아들이고 있는 해석은 "신화"일 뿐이라는 것이다. 그러면 이러한 신화가 어떻게 생겨났는가? 그의 견해로는 "사기업은 어떤 압력을 행사하는 기관이 아니지만, 정부는 그러하다. 모든 정부기관은 좋지 않은 상황이 발생하면, 그것이 무엇이든지 그것은 정부의 통제 밖에 있는 영향력의 결과라고 일축해버릴 것이다." 따라서 1930년대 대공황은 "결코 사기업 제도의 결함에서 비롯된 것이 아니고 경제를 운용하는 정부 제도의 결함에서 비롯된 것"이라고 강력히 주장하고 있다.[220] 비록 다수의 경제학자나 역사학자에게는 이 주장이 억지로 보일지라도 말이다.

상황이 이런데 대공황의 원인에 대해서 길게 갑론을박할 생각은 없다. 다만 대공황 이후의 미국인들의 삶을 설명하기 전에 1920년대의 경제적 상황에 대한 기본적인 이해가 필요하다.

1920년대 되돌아보기

1920년대는 회고해보면 아주 특이한 10년이었다. 1차 세계대전이 끝난 후 시작된 경기 호황과 1929년 10월 주식시장의 붕괴를 시작으로 맞이한 갑작스러운 파국은 극적인 요소까지 담고 있었다. 1920년대 생활수준이 향상되자 지불 능력과는 관계없이 많은 중간계급, 심지어 노동계급의 사람들조차 할부판매제도를 즐기며, 부채를 자신의 신용을 평가하는 긍정적인 표지로만 읽었다. 덕분에 가계부채가 비약적으로 증가했다. 심지어 1930년대 대공황을 경험하면서도 경기회복기에는 이와 비슷한 현상이 나타났다. 저축을 우선시하고 금욕을 중시하던 청교도 윤리는 이미 잊어버린 것처럼 보였다.[221]

1920년대를 보내면서 수많은 미국인들은 부자가 되고 싶다는 일념을 가지게 되었다. 심지어 "신께서 미국의 중간계급을 부자로 만들 의도를 가지셨다"는 이야기조차도 순순히 받아들였다. 이러한 분위기는 1929년 제네럴 모터스와 듀폰의 재무이사였던 존 래스콥John J. Raskob이 〈레이디스 홈 저널〉과의 인터뷰에서 모든 미국인은 부자가 되어야한다고 주장한데서 절정을 이루었다. 불과 두 달 뒤인 1929년 10월에 끔찍하고도 기나긴 대공황의 터널이 시작되었다.[222] 무엇이 잘못되었을까? 우선적으로 지적해야할 것은 경제의 독점 현상이었다.

1928년 대통령 선거야말로 미국의 경제적 성장과 능력이 최고조에 달했다는 자신감이 드러난 선거였다. 당시 공화당 후보로 나선 허버트 후버는 그해 8월 후보 지명을 받아들이면서, 미국이 조만간 빈곤계층이 사라지는 지구상 최초의 국가가 될 것이라 했다. 동시에 이러한 경제적 번영은 미국의 선진 기술을 통해 가능했다고 자신 있게 연설을 마칠 수 있었다. 그는 지난 8년간 상무장관으로서 훌륭하게 자신의 업무를 수행해왔으며, 기업과 국가와의 긴밀한 관계를 유지하는 데 누구보다도 앞장섰다. 그렇지만 1928년 6월 공화당 전당대회에서 그 자신도 "이 국가에서 번영이 좀 더 철저하게 분배될 것인가" 하고 물었듯이, 미국 사회에서 경제적 성장에 따른 부의 분배가 제대로 되고 있는지에 대한 고찰과 분석은 공화당 정부에서 철저하게 진행되지 못했다.[223]

경제의 독점이 문제였다

하딩, 쿨리지, 후버로 이어지는 공화당 출신 대통령들은 재임기간인 1920년에서 1932년 동안 기업의 이익을 최우선적으로 배치하는 데 주저하지 않았으며, 자유방임정책을 유지하고자 했다. 미국이라는 국가의 본연의 임무는 쿨리지가 선언했듯이 기업을 적극적으로 돕고 기업 활동을 최대한 보장하는 것이었다.

미국 경제의 대기업 독점 현상은 시간이 지날수록 심화되었다. 부의 양극화가 가속된 것이다. 1926년 2백 개의 기업이 전체 기업 부의 45퍼센트를, 전체 국부의 20퍼센트 미만을 차지하고 있었지만, 1929년이 되면 이들 기업의 자산이 810억 달러에 이르면서 전체 기업 부의 49퍼센트를, 전체 국부의 22퍼센트를 차지했다. 그리고 대공황이 진행되면서도 이러한 흐름은 바뀌지 않았다. 또 다른 통계를 보자. 1929년 미국에는 약 456,000개의 주식회사가 존재했다. 그런데 이들 회사가 낸 전체 순이익 87억4천만 달러 가운데 80퍼센트 가량인 약 70억 달러가 약 1천 개의 주식회사 몫이었다. 이것은 전체 주식회사 중에서 불과 0.3퍼센트의 기업들이 전체 순익의 5분의 4를 차지했다는 것을 의미했다. 가족이라는 미시적 차원에서의 통계를 보아도 마찬가지였다. 1929년 최상위 0.1퍼센트의 가족 소득 총액이 하위 42퍼센트의 가족 소득 총액과 같았다. 1920년에서 1929년 사이에 일인당 평균 가처분 소득이 9퍼센트 증가한데 반하여, 상위 1퍼센트 소득자의 그것은 75퍼센트가 증가했다. 그리하여 후자는 전체 미국인의 가처분 소득 중 1920년에는 12퍼센트를, 그리고 1929년에는 19퍼센트를 가져갔다. 또한 80퍼센트 가까이 되는 미국의 가정이 은행에 저금이 한푼도 없는데 반하여, 상위 0.1퍼센트는 저축의 34퍼센트를 차지하고 있었다. 시장경제를 굳건히 신뢰하던 브루킹스경제연구소조차 경고의 메시지를 보내고 있었다. 대공황이 시작된 1929년 미국에서 연소득 1만 달러 이상의 미국 가정은 불과 2.3퍼센트, 5천 달러 이상의 가정은 겨우 8퍼센트에 지나지 않은 반면, 2천 달러 미만의 가정은 무려 60퍼센트나 된다고 평가했다. 이 연구소의 계산에 의하면 당시의 2천 달러는 "기본적인 생필품만을" 구입할 수준으로 그 이하는 사실상 빈곤 상태나 마찬가지였다. 20년대를 통해 불평등이 심화되어 미국인의 소득 분배에 적신호가 켜졌다고 이 연구소는 지적하고 있었다.[224] 누가 봐도 경제의 독점 현상을 확인할 수 있을 것이다. 그런데도 이런 통계들은 당시에는 잘 알려져 있지 않았거나 월스트리트 주식시장 붕괴 이전에는 큰 관심조차 받지 못했다.

그럼에도 미국 소비자들의 행태는 어떠했던가. 그들은 신용이라는 이름으로 겁도 없이 빚을 졌다. 예를 들자면 1925년에서 1929년 사이에 할부제도로 구입한 금액이 13억8천만 달러에서 30억 달러로 증가했다. 무려 62퍼센트 이상이 증가했던 것이다. 그리하여 1929년 미국인들은 자동차 5대 중 3대를, 라디오 5대 중 4대를 할부로 구입했다.[225] 어떤 면에서 보면 자신이 벌 수 있는 소득 안에서 신상품을 구입한 것이 아니라 자신의 구매력을 과시하기 위해 구입했던 것이다. 대량생산되고 있는 상품 앞에서 소비자 신용제도와 할부제도의 도움을 받아 거의 대부분이 자신이 벌 수 있고 쓸 수 있는 한계를 의식하지 않았던 것이다. 물론 역사가 리자베스 코헨Lizabeth Cohen이 이야기했듯이 "모든 미국인이 대량소비시장에 동등하게 참여한 것은 아니었"지만, 노동계급조차도 1920년대에는 대량소비사회에 "발판"을 마련했다고 볼 수 있으며, 1930년대에 이르면 점점 더 많은 사람들이 자신들을 대량소비자로 인식했던 것이다.[226]

프랭클린 루즈벨트조차도 1932년도 대통령 선거전에서 "우리의 대중적 경제 사상에 있어 우리는 근본적인 변화의 입구에 있다고 믿는다. 그리고 미래에는 우리가 생산자로서보다는 소비자로서 생각할 것이라고 믿는다"고 연설했다.[227] 그 또한 경제가 아무리 어려워도 소비사회 이전으로 돌아가는 것이 불가능하다는 것을 알고 있었던 것이다. 비록 그의 인식이 다소 뒤늦은 것이기는 했지만, 그렇기 때문에 오히려 더욱 많은 지출과 소비를 미국인들에게 호소하고자 했다.

대공황의 즉각적인 결과

가장 먼저 끝을 모르고 오르던 주식이 1929년 10월 어느 날부터 갑자기 주가가 폭락하기 시작했다. 그 결과 제너럴 모터스의 보통주는 최고가가 72.75포인트에서 월스트리트 소동 때는 36포인트로, 1932년에는 무려 7.625포인트로 떨어졌다. 주가가 거의 10분의 1로 떨어진 것이다. US스틸의 경우는 261.75포인트에서 150으로, 그런 다음 1932년에는 21.75포인트로 추락했다. 대공황 이전 주가의 8.3퍼센트만 남게 된 것이다. 또한 1932년 미국 기업이 종업원에게 지불한 임금 총액은 1929년 기준으로 40퍼센트에 불과했다. 즉 미국 경제가 절반 이하로 축소된 것이다.[228] 기업이 화이트칼라든 블루칼라든 자신의 고용인에게 임금을 절반 이하로 지급했다는 것은 사실상 많은 직원들을 해고했기 때문이었다. 그렇지만 실업을 면할 수 있던 미국인들은 얼마 전까지 자신의 동료이기도 했던 실업자들에게 "많은 사람들은 그들을 동정하고, 일부는 그들을 경멸하고, 대부분은 그들을 무시하고자 했다. 소수의 사람들만이 그들을 이해하고자 했다."[229] 그들은 여전히 개인주의적 가치관의 안경을 쓰고 미국 경제가 안고 있는 구조적인 문제는 고려조차 하지 않고 실업자가 된 동료들을 성공의 가도에서 벗어난, 경쟁에서 도태된 능력 없는 사람으로 보고자 했을 뿐이다.

미국이 30년대에 겪은 대공황은 전 세계적인 현상이었다. 미국에서 시작된 경제 불황은 연쇄적으로 유럽을, 그리고는 아시아를, 마침내 전 지구적인 자본주의의 위기 상태를 초래했다. 그러나 여타 국가들과 달리 미국 사회는 혁명 또는 그와 유사한 상황은 발생하지 않았다. 비록 일부 중간계급 사람들이 자신의 불행을 자신 탓이 아닌 사회문제로 돌렸다 하더라도, 미국식 자본주의 시스템에 대한 신뢰를 버리지는 않았다. 다수는 여전히 실업을 자신의 게으름과 무능력 탓으로 돌렸다. 지극히 미국적인 문제 분석과 해결방식이었다.

코카콜라 생태계 만들기

코카콜라 사는 과연 어떻게 대공황을 이겨낼 수 있었을까? 우선적으로 5센트라는 소매가격은 경제상황이 악화된다 하더라도 코카콜라 사에 큰 영향을 미치지 못했다. 또한 그러한 가격 때문에 소매점에서는 "급속한 회전율"이 가능했다. 나아가 코카콜라와 연관된 사람들은 높은 판매수익 때문에 코카콜라가 소비자에게까지 연결되는 유통의 고리에 적극적으로 참여하고 있었다. 예를 들어 보틀러의 경우 코카콜라 사로부터 원액을 갤런당 1.25달러에 구입해서는 5상자의 코카콜라 병을 만들어 상자당 80센트에 팔았다. 이로서 갤런당 2.75달러의 이익을 올릴 수 있었다. 이 경우에 수익률은 무려 220퍼센트나 되었다. 소매상은 이렇게 받은 코카콜라 병을 소비자에게 상자당 1.20달러에 팔아 40센트의 이익을 거두었다. 즉 소매상의 수익률이 50퍼센트나 되었다. 이는 당시 유명 담배를 팔아 남기는 마진보다 더 컸다. 코카콜라 사는 1933년 현재 원액 가격을 10년째 유지하고 있었으며, 다만 광고에 필요한 예산을 점차 보틀러들에게도 부담하여 나머지를 상쇄하고 있었다. 놀라운 수익률이었다. 따라서 코카콜라와 관련된 모든 사람들은 만족할 수밖에 없었다.[230]

이렇게 빠른 속도의 회전율 때문에 코카콜라 사도 끊임없이 성장하고 있었다. 우드러프는 사장 취임 이듬해인 1924년 언론인과의 인터뷰를 통해 코카콜라의 가격은 불과 5센트이지만 회전율과 거대한 판매량 때문에 엄청난 수익을 얻을 수 있었다고 했다. 그는 "코카콜라 판매에 있어 근본적인 생각은 회전율이다. 회전율을 통해서 5센트 가격이 이 거대한 비즈니스를 세웠다"고 사업의 핵심에 대해 허심탄회하게 말했다. 즉 소매상과 도매상, 보틀러에 의한 코카콜라 회전율이 코카콜라와 관련된 모든 집단에게 이익을 가져다주었으며 코카콜라 사를 그렇게 거대한 사업체로 만들었다는 것이다.[231]

그의 발언은 코카콜라를 취급하는 소매상들의 증언에서도 확인할 수 있다. 예컨대 뉴저지 주의 뉴왁에 위치한 '라이스의 과자가게'에서는 일주일에 코카콜라 25상자(1상자 = 24병)을 취급했다. 그런데 자신들은 단지 원래의 투자금 20달러에 보증금을 더한 금액으로 시작했는데도 주당 10달러의 순익이 생겨, 일 년에 520달러의 이익을 만들 수 있었다고 말했다. 켄터키 주의 파두카에 있는 '스타인하우어 앤 화이트'는 매일의 평균 투자금액은 20달러였으며, 1년에 6,500상자의 코카콜라를 취급했는데, 3백 번 이상의 회전율로 연간 순익이 2,600달러에 달했다고 기뻐했다. 그리하여 소매상들 또한 빠른 회전율이 소매사업에서 가장 중요하다는 것을 알게 되었다고 고백하고 있다. 결과적으로 1927년 전국의 소매상이 거둔 총수익이 7천2백만 달러가 되었다.[232] 우드러프는 바로 이 "회전율 원리"를 통해 5센트에 불과한 코카콜라를 통해서 엄청난 수익을 거둘 수 있음을 알고 있었던 것이다.[233] 대량생산과 대량소비의 시대 때문에 가능한 판매 전략이었다.

사실상 박리다매의 원리와 회전율을 이미 실천하고 있던 업체는 '5센트와 10센트 가게'를 미국 전체에 연결한 체인스토어인 '울워스Woolworth's'였다. 1879년 '울워스의 거대한 5센트 가게'라는 이름으로 프랭크 울워스는 펜실베이니아 주 랭카스터에서 최초의 할인점을 시작했으며, 싼 가격으로 회전율을 최대한 높여 엄청난 수익을 올리고 있었다. 이 사업은 점차 번성하여 1912년에는 596개의 가게가 합병하여 'F. W. 울워스 사'를 만들 수 있었다. 그 결과 울워스는 1913년 뉴욕 시에 55층짜리 본사를 지을 수 있었다.[234] 5센트나 10센트짜리 물건을 팔아서 남긴 이익으로 엠파이어스테이트 빌딩이 준공되기 전까지 세계 최고 높이의 건물을 지을 수 있었던 것이다. 프랜차이즈에 기초하여 그물망처럼 전국을 촘촘하게 연결한 체인스토어는 대량생산된 값싼 물품들을 대량 유통망을 통해 대량소비를 가능하게 한 것이다.

이러한 사업 원리가 코카콜라에도 그대로 적용될 수 있었다. 한 잔이나 병에 5센트인 코카콜라를 가능한 자주 찾게 만드는 것. 그것이 코카콜라 사가 끊임없이 성장할 수 있는 주요한 관건이었다. "낮은 가격에 크게 소비할 수 있는 제품들" 중의 하나가 다름 아닌 코카콜라였던 것이다.[235] 대공황 초기인 1929년부터 1931년의 코카콜라 원액 매출액과 순익을 확인하여 5센트짜리 장사가 얼마만큼 이익을 가져다주었는지 확인해보자.[236] 아래의 통계는 매출에서부터 원액의 원가와 여러 비용들, 그리고 예상 세금과 순익까지 정확한 금액이 산출되어 있다.(참고로 코카콜라 원액 판매량과 잔/병으로 환산된 코카콜라의 양을 추가로 표시해 보았다.)

	1929	1930	1931
매출(달러)	39,260,813	41,284,510	40,255,512
판매원가	14,894,083	15,453,208	14,122,628
총 운용이익	24,366,729	25,831,302	26,132,884
비용	7,670,248	8,874,087	8,995,960
순 운용이익	16,696,481	16,957,214	17,136,924
기타 감소비용	2,203,204	1,665,679	1,074,208
세금 적립금	1,735,000	1,776,000	2,039,093
순 이익	12,758,276	13,515,535	14,023,622
(매출에 대한 비율)	32.4%	32.8%	34.8%
판매량(갤런)	26,981,874	27,798,730	26,679,998
총 잔/병	3,453,679,874	3,558,237,440	3,415,039,744
하루 잔/병	9,462,137	9,748,596	9,356,273

이 통계를 통해서 우리는 코카콜라 사의 순이익률이 32~34퍼센트로 얼마나 높았는지, 또한 하찮은 가격일지라도 무척이나 빠른 회전율이 가져온 엄청난 매출액을 한눈에 알 수 있을 것이다.

그렇다면 무엇이 코카콜라에 있어서 그렇게 높은 회전율을 가져왔는가? 낮은 가격도 주요 원인이지만, 우드러프도 솔직히 인정하였듯이 "광고를 통한 소비자 수요의 창조" 때문에 가능했다.[237] 바로 광고였다. 코카콜라 사의 미국인들에 대한 집요하고도 끊임없는 광고가 그렇게 높은 회전율을 가져오고, 그것이 코카콜라와 관련된 모든 사람들에게 이익을 가져다주고, 그 결과 그들은 다른 누구도 아닌 자기 자신의 이익을 위해 더 열심히 코카콜라를 팔기 위해 애쓰는 선순환 구조가 이룩된 것이다.

코카콜라 사의 광고를 담당하고 있는 윌리엄 다아시의 견해도 마찬가지였다. 그에게 코카콜라는 "하나의 아이디어"이며, 게다가 "갈증에 대한 대답으로서 의도적으로 고안된 음료"일 뿐이다. 그리고 코카콜라의 근본은 단순하기 짝이 없었다. 그것의 성공은 "광고의 힘으로 하나의 아이디어를 증식"시키는 것이었다. 다아시 또한 반복적인 광고와 "회전율의 힘"이 코카콜라를 "목마른 소비자"에게 인상 깊게 만든 것을 알고 있었다.[238]

코카콜라 광고는 어디에라도 있다

대공황 시절에도, 아니 그런 시절이었기에 더욱 더 사람들은 위안이 필요했다. 그들은 근심을 벗어나기 위해 약간의 돈을 쓰고 코카콜라를 사서 마셨다. 아무리 힘들어도 5센트를 쓸 여력은 있었다는 뜻이기도 했다. 그들에게는 코카콜라 사가 널리 선전하듯이 "상쾌한 잠깐의 휴식"이 필요했다. 그리고 광고를 통해 1927년 12월에서 1931년 6월까지 코카콜라가 "세상에서 최상으로 제공되는 음료"라는 메시지를 끊임없이 보고 들었다.

이제 코카콜라가 이 세계에서 최상의 음료인지는 모르겠으나, 미국에서 가장 널리 팔리는 제품이라는 주장에는 동의할 수 있을 것이다. 다음의 사진을 보자. 대공황이 한창 진행 중이던 미국 중서부로 추정

[그림 7] 농업안정국에서 사진가들이 찍은 농부들의 모습. 코카콜라 병을 젖병으로 쓰고 있다.

되는 장소의 어느 트럭 안에, 아버지는 어디 갔는지 안 보이고 나머지 가족들이 피곤한 표정으로 카메라를 응시하고 있다.[그림 7] 엄마는 안경 너머로 삶의 고단함을 드러내 보이고 있으며, 어린 막내는 엄마 품에서 호기심 어린 표정으로 카메라를 쳐다보고 있다. 그런데 그 아이가 젖병이라고 끌어안고 있는 것은 다름 아닌 코카콜라 병이었다. 놀랍게도 코카콜라 병에 젖꼭지를 씌워 젖병으로 사용하고 있었던 것이었다. 아마도 젖병을 사줄 경제적 능력이 이 엄마에게는 없었으리라. 또 다른 사진을 보자. 카메라는 어느 허름한 집의 방 한 칸을 보여주고 있다.[그림 8] 조그만 경대 서랍 위 여러 물건들이 어질러져 있고, 벽

[그림 8]
농업안정국의 사진가들이 찍은 농부의 집안 벽에 붙어 있는 달력이 코카콜라 판촉물이다.

에는 지저분하게 뜯겨진 신문지들로 어지러운 가운데 거울 옆에 위치한 낡은 달력은 바로 코카콜라 사가 만든 것이었다. 이 두 사진들은 프랭클린 루즈벨트 대통령이 만든 농업안정국에 고용된 전문 사진가들이 찍은 것들이다. 이들은 미국을 돌아다니면서, 주로 남부의 소작농이나 중서부 지역 땅에서 쫓겨난 농부들의 힘든 삶을 있는 그대로 찍고 다녔다. 그러니 코카콜라를 일부러 찍으려했던 의도는 전혀 없었다. 그저 우연히 찍혔을 뿐이다. 그런데도 이들의 삶 가운데 코카콜라가 버티고 있었다. 단단한 일상의 땅에 깊숙이도 뿌리를 내리고 있었던 것이다.

코카콜라의 광고는 바로 이러한 미국 일상에의 편재성에 관한 것이다. 그 메시지가 가랑비에 옷 젖듯이 그렇게 스며들어 어느덧 단단한 일상의 땅을 뚫고 미국인들의 마음속에 하나의 이미지로 자리 잡는 전략이 코카콜라 사의 의도였을 것이다. 코카콜라 사가 대공황 시기 할 수 있는 전략은 기존의 시장을 계속 두드리고, 이전에는 별로 주목

받지 못하던 시장을 개척하는 것이었다. 후자의 경우 새로운 소비자 계층을 발굴하고 그들에게 지속적으로 광고를 퍼부었다.

언론인 화이트와 승화된 본질

윌리엄 앨런 화이트William Allen White(1868~1944)는 캔자스 주의 엠포리아라는 소도시에 거주하면서 언론인 활동을 해왔다. 그는 동부에서 활동하지 않으면서도 이미 20세기 초에 미국의 농촌과 소규모 지역의 생각을 대변하는 언론인으로 자리 잡고 있었다. 1938년 〈라이프*Life*〉 잡지가 이런 화이트의 70세를 기념한 기사를 작성했다. 잡지사 측에서 그의 일상생활에 관한 사진을 찍고자 했을 때, 화이트는 자신이 평상시에 자주 찾는 드럭스토어에 위치한 탄산음료매장에서 코카콜라를 마시는 장면을 찍어야한다고 주장했다.[239] 게다가 그는 〈라이프〉 잡지 기사가 나간 후 코카콜라 사의 선임 변호사인 랠프 헤이즈Ralph Hayes가 감사의 편지를 보내자, 자신이 볼 때 코카콜라야말로 "미국이 의미하는 모든 것의 승화된 본질"이라고 답신을 하여 코카콜라 사를 감격하게 했다. 덕분에 코카콜라 사는 화이트의 이 구절을 두고두고 필요할 때마다 써먹을 수 있었다.[240]

화이트는 왜 그렇게 코카콜라와 함께 사진 찍히기를 원했을까? 아마도 그의 개인적인 좋은 추억 때문일 것이다. 그의 어린 시절은 탄산음료매장과의 즐거운 회상으로 연결되어 있었다. 그는 자서전을 통해 밝히기를 어렸을 때인 1870년대 그의 아버지는 캔자스의 앨도라도라는 곳에 드럭스토어를 갖고 있었다. 그의 아버지가 그곳에다 탄산음료매장을 설치하여 운영하면서 많은 이익을 얻게 되어, 몇 년 후에는 좋은 농장을 살 수 있었다고 기록했다.[241] 그래서인지 그는 매일 탄산 음료매장에 들러 코카콜라를 마시곤 했던 것이다. 따라서 일흔 살이 된 화이트에게 코카콜라는 일상생활의 일부였다. 그가 매일 부딪치는 소중한 사물들 중의 하나가 되었다는 의미기도 하다.

대체 무엇이, 어떤 것들이 미국적인 것일까? "미국이 의미하는 모든 것"을 '미국적 방식American Way'으로 치환해도 괜찮지 않을까? 그리고 그러한 추상성을 좀 더 구체적으로 혹은 물질적으로 표현하여 '미국적 생활방식American Way of Life'이라고 불러도 괜찮지 않을까? 그렇다면 다른 어떠한 인공물보다도 코카콜라야말로 '미국적 생활방식'의 구체적 표현이라고 생각한다. 1939년에 이르러서는 〈워싱턴 포스트*Wahington Post*〉를 비롯한 여러 언론이 "코카콜라만큼 미국적인" 이라는 문구를 사용하더니 널리 퍼지기 시작했다.[242] 어느 면에서, 코카콜라는 대공황 속에서 '미국적 생활방식'의 일부가 되었던 것이다. 그런데 왜, 어떻게 '미국적 생활방식'이라는 용어가 1930년대 그 어렵고 힘든 시절에 미국인들의 마음을 사로잡게 되었을까?

미국적 생활방식의 출현

1930년대 경제적 어려움이 악화되면서 '미국적 생활방식'이라는 용어가 자주 사용되기 시작했다. 윌슨 행정부 하에서 전쟁부장관을 역임한 뉴튼 베이커Newton D. Baker를 비롯한 적어도 4명의 저자들이 자신의 책 제목으로 이 용어를 사용하고 있었다. 누가 먼저 시작했는지는 논란의 여지가 있지만, '미국적 방식'이라는 용어 자체는 일찍이 1885년에 사용되었다.[243]

그렇지만 기원은 여기서 중요하지 않다. '미국적 생활방식'이라는 용어는 대공황을 거치면서 2차 세계대전 중에는 미국을 이해하는 중요한 이념 중의 하나가 되었다. 이것을 깊이 인식할 필요가 있다. 즉 전대미문의 경제적 위기 속에서 지식인을 포함한 많은 미국의 엘리트들이 '미국적 방식'이란 무엇일까에 대한 자의식이 증가했던 것은 분명한 것 같다.

그런데 1920년대에도 1930년대 용법과 유사하게 '미국적 생활방식'을 탐구한 사람이 있었다. 그가 바로 유명한 광고인 브루스 바튼Bruce Barton이었다. 그는 1927년 다음과 같이 "광고인의 신조"라는 제목 아래 다음과 같이 인상 깊은 연설을 한 적이 있었다.

> 나는 광고업에 종사한다. 왜냐하면 나는 기업을 신뢰하고 광고가 기업의 목소리이기 때문이다. 나는 기업의 낭비와 비효율을 인정한다. 나는 경쟁의 잔인함과 너무 많은 사업 활동에 여전히 만연해 있는 부정직함을 인정한다. 그럼에도 나의 가장 큰 희망은 기업의 좀 더 큰 발전과 그 이상의 점진적인 변화에 있음을 믿는다.
> 나는 광고업에 종사한다. 왜냐하면 광고가 기업을 널리 알리는 힘이자, 기업이 평등과 서비스라는 공공의 이상을 수립하게 하고, 그러한 이상을 측정하게하기 때문이다. 광고는 창조적 힘이며, 그것은 일자리와 새로운 사상을 낳고, 세상에서 가장 높은 생활수준을 제공하는 데 도움을 주기도 한다. 광고는 대량생산이라는 실린더에 위치한 점화플러그이며, 민주적 과정의 존속에 본질적이다. 광고는 우리를 자유세계free world의 지도자로 만드는 시스템을 지탱한다. 즉 미국적 생활방식 말이다.[244]

마치 1950년대의 시대 분위기를 연상시키는 신념에 가득 찬 연설이었다. 1930년대 후반의 미국의 대기업을 운영하던 사업가들이 관심을 기울였을 만한 내용이었다. 2차 세계대전 후인 냉전 시대의 초기 미국이 즐겨 쓰던 '자유세계'란 다름 아닌 자본주의 세계였다. 국가의 간섭 없이 모든 재화의 수요와 공급이 시장이라는 '보이지 않는 손'에 의해 자동 조정된다는 신념을 지닌 자유방임주의자들이 즐겨 쓰던 표현이기도 했다. 바튼의 주장대로라면 미국을 자본주의 세계에서 최고의 자리를 유지하게 만드는 시스템이 바로 '미국적 생활방식'이라는 것이다. 자신의 논리대로 그는 냉전 시기 공산주의와 경쟁하는 방법 또한 무력이 아닌 미국에서 대량생산된 상품을 선택했다. 즉 "모든 러시아 사람들에게 가장 최근에 나온 시어즈-로벅Sears-Roebuck 카탈로그와 가장 가까운 시어즈-로벅 직판점 주소를 주라"고 권했던 것이다.[245] 대량소비사회의 힘으로 공산주의를 이길 수 있다는 그의 신념이 묻어나는 표현이라고 볼 수 있다.

하여간 1920년대 '미국적 생활방식' 이란 주제를 가지고 쓴 글을 찾기 힘든 상황에서, 미국 경제가 거의 정점을 찍을 무렵에 이렇게 자신 있게 주장한 글은 차라리 예외적인 것 같다. 그렇기 때문에 그의 글은 대공황의 깊은 실의에 빠진 미국인들을 하나로 묶고자 핵심 가치를 찾고 나선 기업인들에게는 마치 복음과도 같았을 것이다. 도대체 이 '미국적 생활방식'이란 무엇인가? 모든 사람이 각자 자신의 입장에서 공감할 수 있는 이런 개념이란, 귀에 걸면 귀걸이고 코에 걸면 코걸이인 모호한 것이어야 했다. 마치 '독일적 방식' 혹은 '영국적 방식'이라는 것이 모든 의미를 담고 있듯이, '미국적 생활방식' 또한 모든 의미를 담을 수 있는 그릇이 요구되었다. 바튼은 미국인으로서의 자부심을 담아 미국을 세상에서 제일 잘 나가게 만드는 경제 시스템에서 '미국적 생활방식'을 찾아냈던 것이다.

사실상 이 용어는 '아메리칸 드림'과 '미국적 예외주의'와 관련되어 있다. '아메리칸 드림'이란 용어 자체도 그것이 대중들에게 널리 알려진 시기가 1931년 이후라는 것을 잊지 말아야 할 것이다.[246] 또한 이 용어는 나름대로의 선민의식에 기초하여 수많은 중간계급 사람들이 실업 상태에 빠진 비참한 현실을 극복하기 위한 심리학적 방어기제와 연관되어 있었다. 그럼에도 30년대 여러 방식으로 드러난 '미국적 생활방식'에 대한 담론은 공통적으로 미국적 애국주의에 호소하고 있었다. 또한 그 담론은 어두운 밤바다에서 방향을 잃고 흔들리던 미국이라는 거대한 배에 마치 북극성인 양 방향을 제시할 수 있는, 모든 미국인을 하나의 미국인으로 단합시킬 수 있는 그러한 이념을 만들고자 하는 시대적 분위기에서 나왔다고 생각한다. 따라서 어느 면에서 보자면, 결국 '미국적 생활방식'은 미국의 독특성을 강조하는, '미국적 예외주의'를 드러내는 국가주의적 기획의 일환이라고 생각된다. 여기서 '기획'이란 특정인이나 특정 집단이 어떤 의도를 갖고서 고안했다는 의미가 아니라, 넓은 의미의 미국의 지성사적 전통에서 볼 때 '미국적 생활방식'에 대해서 말하고 있는 사람들이 의식했든 아니든, 마치 예정된 계획에 따라 주장하고 행동한 것처럼 보이기 때문이다. 그렇지 않다면 왜 미국의 많은 중간계급 사람들이 "좌파로 이동한 것이 임시적이거나 들쑥날쑥 했는지를", 1930년대 후반이 되면 일부 사람들에게 혁명이라도 일어날 것 같던 미국 사회가 결국에는 왜 보수적으로 바뀌는지를, 그리하여 이 사람들이 왜 "미국적 생활방식을 찾고 영광스럽게 만드는 데 집중했는지를" 이해하기 어렵기 때문이다.[247]

도대체 무엇이 '미국적 생활방식'인지를 다시 생각해보자. 윌리엄 허버그William Herberg라는 종교사회학자의 주장을 들어보자. 마치 '자유세계'를 대표하듯이 1950년대의 글에서 그는 "미국적 생활방식은 개인주의적이며, 역동적이며, 실용주의적이다. 그것은 개인의 최상의 가치와 존엄을 확신한다. ……'미국적 생활방식'은 인도주의적이며, '전향적이며', 낙천적이다"라고 주장한다.[248] 그는 기본적으로 '미국적 생활방식'을 이념적으로 접근하고 있다. 아마도 이러한 주장이 냉전적 구도에서 쓰였기 때문일 것이다. 여하튼 그의 시각은 '미국적 생활방식'에 대한 지성사적 해석인 듯하다. 무엇보다도 그의 글이 호소력을 지녔다는 시기가 1950년대임을 기억해야 한다. 그러나 '미국적 생활방식'에 대한 이론적 정립 및 대중적 호소는 이미 1930년대 대공황 시기였다는 사실을 다시 한 번 생각해야 할 것이다. 그리고 그 당시 '미국적 생활방식'은 기업인들에게는 무엇보다도 물질주의적으로 해석되었고 미국적 '라이프스타일'과 동의어였다.

미국적 생활방식과 미국의 대기업

중소기업부터 대기업을 망라한 기업체로 구성된 미국의 전국제조업자협회National Association of Manufacturers는 자유방임적 미국 경제에 자꾸만 간섭하려는 루즈벨트 행정부의 정책에 동의할 수 없었다. 이 단체는 1895년 창립 이후 꾸준히 반노조 정책을 유지해왔으며, 따라서 그들이 보기에 친노조적인 루즈벨트 행정부를 비판적인 시각에서 견지하고 있었다. 그런데 1920년대와는 달리 정치가 미국 기업인이 생각하는 '자유경제'를 도와주기는커녕 방해하는 방향으로 나아가자,

사사건건 루즈벨트 행정부와 대립하게 되었다. 이제 그들은 국민들에게 광고의 힘을 빌려 직접 호소하는 캠페인을 벌리기로 작정했다.

1935년 12월 총회에서 제너럴 모터스의 전설적인 경영자인 앨프렛 슬론Alfred P. Sloan, Jr.은 "정치적 경영"이냐 "사적 기업"이냐 중에서 선택해야 하는 시점에 이르렀으며, 전국제조업자협회는 "미국 시스템의 참된 토대"를 수호해야한다고 선언했다. 전국제조업자협회는 바로 이듬해인 1936년 예산을 3배로 늘려 루즈벨트 행정부의 철학에 대항하고자 했다. 주요 사업 중의 하나에는 국민들에게 '미국적 생활방식'을 널리 알리는 캠페인이 포함되어 있었다.[249]

다시 한 번 강조하지만, 대공황이 심화되면서 미국의 자본주의가 위기에 빠지고 기업에 대한 믿음이 흔들리면서, 이 단체는 자본주의와 기업에 대한 신뢰를 되찾기 위해 전국적인 광고를 시작하였다. 그 광고는 주로 인쇄매체와 라디오를 통해 '미국적 생활방식'이라는 제목의 슬로건으로서 "기업의 진보, 개인의 자유, 그리고 대량소비의 3자 관계를 둘러싼 아메리칸 드림"을 새롭게 정립하려는 시도였다. 그것은 결국 침체에 빠진 경제를 살리려는 필사적인 노력의 일환이었다. 특히나 대기업들은 '자유기업'만이 대공황에 대한 올바른 해결책이며, 그것만이 미국 사회에 만연한 불평등을 없앨 수 있는 "유일한 메커니즘인 미국적 방식"이라고 주장했다. 나아가 그들은 '미국적 방식'이 미국인에게 다시 한 번 대량소비가 가능함을 보여준다고 설득했다.[250]

이렇듯 미국의 기업가 집단은 배후에서 '미국적 방식'을 추동하는 원동력을 제공했다. 그들은 '미국적 방식'을 통해서 '아메리칸 드림'을 실현시킬 수 있다고 주장하고 있었는데, 그들이 이해하는 '미국적 방식'은 무엇보다도 보통의 미국인들이 지출과 소비를 통해 미국의 기업이 대량생산한 물건들을 사들이는 것, 즉 구매력을 의미했다.[251] 그러나 1930년대 미국의 현실은 어떠했던가? 그들이 그렇게 선전하던 "세계 최고의 생활수준"이라는 슬로건 아래, 강아지를 포함한 아이 둘과 부인을 태우고 운전중인 백인 가족의 그림 옆에 "어디에도 미국적 방식 같은 방식은 없다"라는 구호 아닌 구호를 써넣은 입간판을 보자. 이 입간판은 전국 곳곳에 설치되었다. 그런데 그 입간판이 놓인 현실을 보면 1937년의 홍수 때문이라 할지라도 캔터키 주의 루이빌 Louisville에 위치한 이 광고판 앞에 길게 늘어선 구호행렬은 또 다른 이야기를 하고 있다.[그림 9] 일자리가 없어 사람들이 떠난 앨라배마 주의 버밍햄Birmingham의 어느 마을 앞에 황량하게 서있는 입간판은 또

[그림 9] 1937년 미국적 방식을 당조하는 광고판 아래의 구호행렬.

[그림 10] 1937년 황량한 버밍햄에 서있는 미국적 방식을 선전하는 광고판.

어떠한가.[그림 10] 이 두 사진은 '미국적 방식'이 세계 최고라는 이념과 현실과의 괴리를 극명하게 보여주고 있지 않는가.

그러나 이러한 악몽 같은 현실을 직시하고 싶은 미국인들은 많지 않았다. 그냥 그들은 광고판을 쳐다보면서, 그 그림이 지향하는 구매력이 보장된 삶, 미국의 기업들이 쏟아내는 신상품들을 소비할 수 있는 현실을 꿈꿀 뿐이었다. 따라서 1930년대 대다수 미국인들에게 '미국적 생활방식'은 현실이 아니라 실현되어야 할 미래였다.

조 루이스 권투 경기와 코카콜라

1938년 6월 22일에 미국의 흑인 조 루이스Joe Louis와 독일의 백인 막스 슈멜링Max Schmeling이 맞붙은 세계 권투 헤비급 챔피언 쟁탈전은 수많은 미국인들에게 잊지 못할 추억을 남겨주었다. 이 세기적 시합은 마치 아리안 독일 민족주의, 즉 '독일적 방식' 대 풍전등화의 위기에 빠진 민주주의를 표상한다는 '미국적 방식'의 대결 같은 양상을 띠었다. 이 전설적인 시합에서 보듯이 권투라는 스포츠는 더 이상 단순히 경기가 아니었다. 1930년대 스포츠는 정치적 이데올로기적 대결 양상까지 보여주고 있었다. 이미 1936년 베를린 올림픽이 열리기 전 여러 나라에서는 민주주의가 사라진 독일에서 열리는 올림픽에 참가해야할 것인지를 놓고서 치열한 논쟁이 벌어졌다.[252]

불과 2년 전 슈멜링은 뉴욕 시의 양키 스타디움에서 열린 시합에서 루이스를 12회전에서 넉아웃시켰다. 귀국 후 슈멜링이 아리아 인종의 우수성을 증명한 독일의 영웅이 되었기 때문에 사람들은 더욱 관심을 가질 수밖에 없었다. 미국인들은 이 시합을 나치즘과 민주주의의 대결의 상징으로 이해했으며, 이 시합 덕분에 잠시나마 흑백을 초월해 단결할 수 있었다. 히틀러와 프랭클린 루즈벨트 대통령조차도 각각 이 둘을 격려했다. 라디오로 실황 중계한 이 재대결 권투 시합에 많은 미국인들은 긴장하고 흥분하고 열광했다. 어떤 표본 조사에 따르면 무려 라디오를 보유한 가정의 약 57.6퍼센트가 이 권투 경기를 청취했다고 한다.[253]

이런 놀라운 체험은 남부 아칸소 주의 스탬프스Stamps에 살고 있던 흑인 노동자와 소작인들의 경우는 더욱 더 그러했다. 당시 루이스는 모든 흑인의 영웅이었다. 그들은 훗날 미국의 대표적 문인이 될 마야 엔젤루Maya Angelou의 할머니가 운영하는 잡화점에 삼삼오오 모여앉아 라디오 아나운서의 목소리에 귀를 기울이고 있었다. 루이스가 어려운 상황에 빠지면 그들은 거의 숨조차 쉴 수 없었다. 마침내 루이스가 이기자 "사람들은 코카콜라를 생명수인 것처럼 마셨으며, 크리스마스 날인 것처럼 막대사탕을 먹었다." 그리고 승리의 환호는 한 시간 이상이나 지속되었다.[254] 아마도 그들은 루이스를 위하여 건배를 제의하면서 코카콜라를 마셨을지도 모른다. 이 기쁜 환희의 시간과 공간에 코카콜라가 있었다. 그리고 그 자리에 있던 흑인들은 그 순간을 평생 잊지 못했을 것이다.

이처럼 라디오는 세기의 권투 경기를 현장에 있지 않은, 있을 수 없었던 사람들에게 마치 현장에 있는 것 같은 생생한 느낌을 전해줄 수 있었다. 또한 코카콜라는 그들에게 이런 흥분 뒤의 짜릿함과 즐거움을 선사해주었다. 흑인들에게도 코카콜라는 일상생활의 일부였기 때문이다. 이제 누가 보아도 코카콜라는 '미국적 생활방식'을 보여주거나, 미국적 삶에 녹아들어 있었다.

일상생활과 코카콜라

소비사회의 연구에 있어 일상생활은 그야말로 연구의 핵심이다. 왜냐하면 그 시공간이야말로 "사람들이 어떻게 실제적으로 사물들과 서비스를 이용하는지"를 알 수 있기 때문이다. 그렇기 때문에 20세기 초에도 혁명가가이든, 개혁가가이든 그들에게 일상생활은 "근대화의 매개물"로서 관심을 끌었던 것이다.[255] 또한 그 시공간이야말로 쉬지 않고 반복이 쌓여 습관이 되는, 그리하여 어느 순간 특이할 것도 없이 눈에 띠지도 않게 의식이 만들어지기도 한다.

1938년 5월 어느 날, 코카콜라 사에서 광고를 담당하던 펠릭스 길버트Felix Gilbert는 우드러프에게 존 아놀드John T. Arnold라는 사람이 코카콜라 광고를 분석했는데 유념할 내용이 있어 이것을 코카콜라 관련 광고회사에 인용해서 보냈으면 한다는 메모를 보냈다. 이 메모에 따르자면 존 아놀드가 분석한 코카콜라 광고의 핵심은 바로 "일관성과 지속성"이었다. 코카콜라 사는 여느 광고주와 달리 자극적이지도 않고 억지로 판매를 끌어내는 광고를 만들지 않는다는 것이다. 코카콜라 사는 광고 매체를 철저히 분산하여, 이를테면 실외 전시, 신문, 잡지, 라디오, 포스터 등으로 나누어 이용함으로써, 모든 대중 매체에 코카콜라가 노출되게 한다는 것이다. 그것도 동일한 매체에 꾸준히 광고를 게재한다는 것이다. 잡지의 경우 15년 이상 동일한 잡지사를, 포스터 판지의 경우 13년 동안 동일한 업체를 이용해왔다. 심지어 탄산음료매장의 광고 부착물도 항상 같은 위치에 일 년에 서너 번 계절에 따라 바뀔 뿐이다. 아놀드는 이러한 일관성에 주목했다. 또한 이러한 일관성의 결과로 나타난 "광고의 축적된 가치"가 가장 중요함에도, 현재 가장 덜 이해되고 있다고 보았다. 왜냐하면 그것이 마치 우주에 편재한 중력의 법칙처럼, 혹은 저축예금에서 계산되는 복리의 법칙처럼 "매년 추진력을 얻기" 때문이다. 그리고 광고에서의 그러한 일관성과 지속성이 판매에서도 "일관적이고 꾸준한 성장"으로 연결된다고 보았다.[256]

그렇다. 코카콜라 광고의 힘은 언제 어디서나 일관되고도 지속적으로 미국인들이 원하는 메시지를 미국인들에게 보내는 데 있었다. 그것이 미국인들의 일상이 될 때까지, 코카콜라를 마시는 일이 그들의 일상생활이 될 때까지. 코카콜라 광고의 "일관성과 지속성"으로 얻어지는 관성의 힘은 대단했다. 1936년은 코카콜라가 미국 사회에 첫 선을 보인지 50년이 되는 해이기도 했다. 반세기 동안 아니 그 이상을 코카콜라는 쉬지 않고, 꾸준히 미국인들을 설득하고 있었다. 코카콜라야말로 미국인들이 목마를 때, 언제 어디서나 불과 5센트면 마실 수 있는 미국인의 '국민 음료'라고. 코카콜라가 광고를 통해 보여준 일상의 세계는 1930년대 미국의 암울한 현실 속에서 도시든 농촌이든, 노인이건 젊은이건, 주부든 샐러리맨이든 그들이 머릿속에 그린 이상적 형태로서의 '미국적 생활방식'을 구현했을 것이다. 비록 대공황 시기 코카콜라 광고에 '미국적 방식'이니 '미국적 생활방식'이니 하는 구절이 포함되어 있지 않았더라도 말이다.

그렇지만 코카콜라 사 또한 2차 세계대전 중에는 코카콜라가 "미국적 생활방식의 보편적 상징"(1943년)이라고 주장하거나, "코카콜라는 미국적 방식의 친선을 세계에 보여주는 데 도움을 준다"(1945년)라는 광고 문구를 만들어 코카콜라와 미국적 생활방식을 명시적으로 연결하고 있었다.[257] 그래서인지 일본과의 태평양전쟁이 한참이던 1943년 어떤 공군 장교는 플로리다의 지역 신문 기자에게 일본군을 무찌르고 '미국적 생활방식'을 유지하기 위해서라도 조종사들에게 코카콜라를 마시게 해야 한다고 역설하기도 했다. 그는 전쟁 중에 미국 시민으로서 '미국적 생활방식'을 구체적으로 실현하는 방식으로 다름 아닌 코카콜라 마시기를 꼽았던 것이다.[258] 결국 코카콜라 사는 2차 세계대전이 끝날 즈음에는 미국인뿐 아니라 유럽인들과 제3세계 사람들에게도 코카콜라를 마시는 것이 '미국적 생활방식'의 한 표현이라는 것을 자연스럽게 받아들이게 만드는 데 성공할 수 있었다.

2부

'욕망의 나라'에서 '욕망의 제국'으로

'미국인들', 즉 미국식 생활방식을 추구하는 사람들은 현재 여기저기서 속속 모습을 드러내고 있다. 도하에서 다롄까지, 캘커타에서 카사블랑카와 카이로까지, 그들은 미국식으로 집을 꾸며놓고, 미국식 자동차를 사고, 미국식 패스트푸드를 먹으며, 미국인과 똑같은 수준의 쓰레기를 만들어낸다. 지구상에 미국인들이 이렇게 많이 존재했던 적은 없었다.
전 세계의 도시들은 미국식 부자 병에 걸렸다. 이것은 분명히 인류에게 알려진 질병들 가운데 가장 전염성이 높은 편에 속할 것이다.

토머스 프리드먼, 『Code Green: 뜨겁고 평평하고 붐비는 세계』에서

7장

코카콜라, '욕망의 제국'을 일으키다

5센트의 욕망, 5센트의 행복

코카콜라는 어떻게 그 거대한 '욕망의 제국'을 건설할 수 있었을까? 무엇보다도 누구나 손쉽고 값싸게 코카콜라를 소비할 수 있기에 다른 어떤 기업의 제품보다도 소비주의를 실천하고 있는 것이다. 예컨대 제너럴 모터스이든, 토요타이든 그에 대한 욕망의 실현은 많은 시간과 돈이 필요하다. 또한 욕망의 현실화를 앞당기려면 할부제도를 이용해 미래에 써야할 돈을 당겨 써서 빚을 져야만 한다. 그런데 코카콜라의 경우 그럴 필요가 없다. 욕망과 그 실현 사이가 너무 가까웠다. 바로 5센트면 충분했으니까. 대중 소비자들은 5센트의 행복을 누릴 수 있었다. 그리고 코카콜라 사는 그 약속을 70년 넘도록 지켜왔었다.

많은 사람들이 코카콜라의 전 세계적 편재성과 보편성에 대해 놀라고 감탄을 하면서도, 그 원인을 코카콜라 원액을 구성하는 어떤 밝혀지지 않은 '비밀 제조법'에서에서 찾고자 한다. 필자의 생각으로는 구태여 코카콜라의 지구적 성공에 대해서 그 비법을 찾는다면 무엇보다도 코카콜라가 70년 이상 유지해온 5센트 정책이라고 말하고 싶다. 하찮다면 하찮은 가격이었다. 그 힘들다던 대공황 시절에도 웬만한 노동자 집안에서도 5센트를 아끼지는 않았다. 쉽게 말해서 그 보잘것 없는 5센트에서 1센트 정도만 코카콜라 사의 이익으로 확보할 수 있다면, 1년에 1억 병만 팔아도 백만 달러를 벌 수 있었다. 이윤을 최소화하거나, 가격이 하찮더라도 생산량과 판매가 엄청날 경우에는 거대기업으로 성장할 수 있음을 코카콜라를 통해 확인할 수 있을 것이다. 인간의 역사에서 숫자의 의미가 얼마나 중요한지는 대중사회를 통해서 통렬하게 깨달을 수 있었다.

그러나 1950년대 초 미국의 물가는 코카콜라 가격을 도저히 5센트로 묶어둘 수 있는 상황이 아니었다. 보틀러들과 소매상들은 이윤이 너무 박하다고 불평을 털어놓기 일쑤였다. 코카콜라 사도 더 이상 버티기 힘든 상황이 되자 문제 해결에 뛰어들었다. 미국 동전은 1센트, 5센트(니클), 10센트(다임), 25센트(쿼터)로 구성되어 있다. 코카콜라는 애초에 한 잔에 5센트로 출발했기 때문에 가격 인상요인이 발생해도 6센트나 7센트로 올리는 일이 간단치 않았다. 니클 동전에 센트 동전을 추가하는 것만으로도 소비자들은 심리적으로 불편함을 느꼈을 것이다. 소비자 입장에서는 단일 동전으로 코카콜라를 구입할 수 있다는 점이 결정적임을 코카콜라사도 알고 있었다. 그렇다고 상위 동전 단위인 10센트를 받을 경우 대다수의 고객들은 가격이 한 번에 2배나 인상된 사실에 분노했을 것이다. 따라서 무슨 일이 있어도 5센트를 고수할 수밖에 없었다고 보는 편이 맞을 것이다. 코카콜라사의 실질적 보스인 우드러프는 1951년에 이미 3센트짜리 동전을 고려하고 있었다. 이럴 경우 코카콜라의 가격을 6센트로 올리는 것이 가능했을 것이다. 다만 이 경우 소비자 입장에서는 귀찮게도 2개의 3센트짜리 동전을 지불해야만 했을 것이다. 우드러프는 또한 1953년에 새로 대통령에 당선된 아이젠하워에게 7.5센트짜리 동전을 주조해줄 것을 건의하기도 했다. 한꺼번에 가격을 2배로 올릴 경우 맞이할 수 있는 소비자들의 거부 반응을 최소화하기 위한 고육책이었다. 물론 재무부의 실무자들이 7.5센트 동전 주조에 대한 제안을 탐탁지 않게 여겼기에 실현되지는 못했다.[259] 결국 코카콜라의 탄생 이후 70년 넘게 유지해 왔던 '하나의 가격, 하나의 크기' 정책을 포기하고 펩시콜라처럼 코카콜라 병의 용량을 키워 문제를 해결할 수밖에 없었다.

동시에 코카콜라 사는 열려있는 세계시장을 향해 질주했다. 냉전 체제에서 소비자본주의 세계에 편입될 수 있는 국가들은 모두 코카콜라의 소비자가 될 자격이 있었다. 아니 가능만하다면 공산주의 사회라도 상관없었다. 맛의 세계에서는 이념이 존재하지 않으며, 그럴 필요조차 없었으므로 자본주의가 아닌 국가들 또한 코카콜라의 세례를 받을 자격이 충분히 있다고 보았던 것이다.

코카콜라 50주년

미국의 맛을 가장 먼저 세계에 알린 기업이 코카콜라 사였음을 부정하기는 어려울 것이다. 미국의 어느 기업보다도 먼저 '미국적 생활방식' 하면 떠오르는 기업으로 각인되고, 미국을 대표하는 다국적 기업으로서 전 세계에 거대한 맛의 제국을 건설한 코카콜라 사는 미국 자본주의와 동의어였다. 그렇다면 코카콜라 제국을 누가, 언제, 왜 건설했을까? 당연히 여러 사람이 있겠지만 으뜸가는 공로는 로버트 우드러프에게 돌려야할 것이다.

1936년은 코카콜라 탄생 50주년이 되는 해였다. 그해 3월 전국에서 모인 보틀러 총회에서 로버트 우드러프는 코카콜라에 대한 평소의 그의 철학을 드러냈다. 이 모임은 그가 자신의 생각을 공적인 자리에서 표현한 매우 드문 기회였다. 그는 개인에게 있어 50년은 대부분의 세월이 지나왔다는 것을 의미하지만, 코카콜라에 있어서 지난 50년은 전혀 의미가 없으며, 코카콜라 가족들에게는 여전히 시작에 불과하다고 보면서, "우리는 여전히 개척자"라고 주장했다. 또한 개척자 정신이란 "편안하고 안락하고자 하는 욕망에 의해 나약해짐 없이 끝까지 앞으로 나아가는 정신"이라고 말함으로써 지금까지의 성공에 안주하려는 많은 사람들에게 경고의 메시지를 보내고 있었다. 그는 지난 50년이 성공적이었다고 스스로 생각할 자격이 없으며, 이 반세기는 "우리가 도달한 종착지가 아니라, 그곳으로부터 출발해야 할 장소"라고 강조했다. 그러면서 진정한 문제는 어떻게 "파이팅 정신을 키울 수 있느냐"라고 말했다. 그러면서 "우리의 제품은 절대 없어서는 안 될 것이 아니다. 사람들은 그것 없이도 살 수 있다. 그러나 우리는 그럴 수 없다. 우리는 우리의 제품을 절대 없어서는 안 될 것으로 만들어야만 한다"라고 했다. 그는 이렇듯 명백하게 코카콜라의 한계를 직시하고 있었다. 그렇기 때문에 그는 코카콜라 전 가족들에게 현 위치에 "만족한 사람"이 되어서는 안 된다고 일침을 놓았던 것이다.[260] 그렇게 그가 코카콜라 사를 지배하고 있는 동안 코카콜라는 멈출 줄

모르고 양적으로나 공간적으로 끊임없이 성장했다.

코카콜라의 포화점은 없다

우드러프가 즐겨 한 말 중의 하나는 "세상은 만족하지 못하는 사람의 것이다"라고 한다. 그는 자신이 그렇게 항상 만족하지 못했다. 그러한 그의 신념 덕분에 코카콜라에 의한 '욕망의 제국'이 가능해지지 않았겠는가. 그는 그렇게 죽는 날까지 항상 현재에 만족하지 못하고 전 세계 사람들이 코카콜라를 마시는 더 나은 미래를 꿈꾸었다. 어떤 작가는 우드러프가 "미래는 만족하지 못하는 사람의 것이다"[261]라는 신념을 가졌다고 표현하고 있는데, 코카콜라와의 관계를 고려해본다면 후자의 인용문이 더 타당성이 있어 보인다.

그는 코카콜라 사 사장으로 취임한지 얼마 되지도 않아서 코카콜라의 미국 내 판매가 조만간 포화상태, 즉 '포화점'에 도달하게 될 것이라고 예상했다. 왜냐하면 이미 미국 내에 웬만한 도시, 마을, 동네의 소매상이란 소매상은 거의 다 코카콜라를 취급하고 있었기 때문에 판매망을 더 늘린다는 것은 쉽지 않은 일이었으며, 또 늘린다 하더라도 그 숫자는 그리 크지 않을 것이라고 생각했다. 즉 코카콜라 제품이 미국 전체에 깔린 소매점의 거의 100퍼센트에 가깝게 공급되고 있었다. 앞에서도 이야기했듯이 1928년이면 코카콜라가 전국 방방곡곡에 있는 105,000개가 넘는 탄산음료매장에다 60만 개 이상의 소매점에서 팔리고 있었다. 이미 하루에 850만 잔/병의 코카콜라가 소비되고 있었다. 그가 볼 때, 어떤 회사가 자신의 생산품이 "전국적인 유통" 상태에 이르게 되면 어떤 주어진 공동체의 인구가 늘거나, 또는 공동체의 공간이 확대되는 것 말고는 뾰족한 대안이 없다. 그래서 어떤 회사가 성장을 멈춘다는 것은 직원의 실업 상태와 투자자의 감소로 이어지고, 나아가 회사의 해체를 가져온다고 보았다.[262]

이러한 상황에서 외형상 취급하는 업소만을 늘리는 것은 무의미했다. 그래서 그는 생각했다. 첫째, 어떻게 국내시장을 확대하여 조만간 다가올 '포화점'을 계속적으로 끌어올릴 수 있겠는가에 주목했다. 이러한 소매상들이 거의 전부 코카콜라를 구매하고 있는 상황에서 계속해서 세일즈맨을 보내는 것은 그들을 괴롭히고 불쾌하게 만들 수 있으며, 궁극적으로는 구매 거부까지 이어질 수 있다고 보았다. 그는 우선적으로 여러 지역과 가게들을 비교, 특히 각각의 코카콜라 소비량을 비교해보았다. 조사 결과 지역별로 소비량의 차이가 굉장히 큰 것을 알 수 있었다. 예컨대 뉴잉글랜드에서의 1인당 코카콜라 소비량과 애틀랜타에서의 그것을 비교해보았더니 3배 이상의 차이가 났다. 코카콜라 사는 사실상 남부를 대표하는 기업이었다. 남북전쟁 이후 거대기업들이 탄생할 때 거의 대다수 기업들은 북부 출신 기업인에 의해서 이루어지거나, 본부는 북부에 두고 사업을 확장했기 때문이다. 그래서인지 코카콜라에 대한 남부인의 애착은 나머지 지역보다도 훨씬 더했다. 이런 상황에다 뉴잉글랜드 지역은 북부이기 때문에 남부의 애틀랜타처럼 더운 지역도 아니었다. 그렇지만 만약 뉴잉글랜드에서 1인당 코카콜라 소비량을 애틀랜타만큼 끌어올릴 수 있다면 포화상태는 당연히 해소될 수 있을 것이라 생각했다. 따라서 노력만 한다면 미국 시장만으로도 엄청나게 큰 시장이 형성될 수 있다고 생각했다. 그가 볼 때 '포화점'은 생산자와 유통업자의 마음에 있는 것이며, 생각만 달리하면 '포화점'을 계속해서 끌어올릴 수 있다고 생각했다. 그래서 우드러프는 앞서 이야기한 것처럼 우선 판매부서를 폐지하고 이튿날 이를 서비스부로 이름을 바꾸고 판매부서의 '세일즈맨'을 '서비스맨'으로 재고용했다. 극적인 반전이었다. 하루 만에 지옥과 천당을 경험했을 이들에게는 새로운 사명과 역할이 주어졌다.[263]

그리고 그가 생각한 두 번째 가능성은 코카콜라를 전 세계에 맛보게 하는 것이다. 전 세계 모든 사람들이 코카콜라 맛을 보는 정도가 아니라, 아예 매일 찾게 만들어 중독 상태로 만들어야겠다는 것이다. 1920년대 당시 해외시장이라고는 사실상 주변국인 캐나다와 멕시코, 그리고 쿠바 정도였다. 전 세계를 생각하면 그야말로 엄청난 공간이 펼쳐져 있었다. 그렇지만 우드러프가 코카콜라의 해외시장 가능성을 처음으로 생각한 사람은 아니었다. 그 가능성을 처음 타진했던 사람은 코카콜라를 만든 펨버튼으로부터 사업권을 획득했던 에이서 캔들러였다. 따라서 코카콜라 제국을 얘기하려면 캔들러 시대에서부터 다시 시작해야만 한다.

코카콜라 초창기의 해외시장

1896년 캔들러는 중역회의에서 코카콜라는 탄산음료매장과 사람들만 있다면, 그곳이 어디인지 상관없이 쉽사리 인기를 끌 수 있을 것이라고 자신했다. 1897년 연례보고서에서 그는 코카콜라가 캐나다의 몇몇 도시와 하와이의 호놀룰루에서 팔리고 있으며, 멕시코와의 선적 계약은 진행 중이라고 보고했다.[264] 1895년 12월 주주총회에서 코카콜라가 미국의 모든 주에서 판매되고 있다고 보고한지 불과 2년 만의 일이었다.

초창기 코카콜라의 해외 판매량과 판매액, 그리고 누구에게 얼마나 팔았는지에 대한 세부 기록은 거의 남아있지 않다. 다만 코카콜라 사에 오랫동안 근무했던 조시아 윌라드Josiah J. Willard는 1899년 필라델피아의 세관에서 쿠바의 아바나로 가는 코카콜라 원액의 첫 선적을 도왔다고 증언했다. 그는 당시 탄산음료매장용 원액에 관한 모든 주문의 처리를 책임지고 있었다. 그런데 1959년 당시 코카콜라 수출회사의 부사장인 로이 존스Roy Johnes에 설명에 따르면, 캐나다, 쿠바, 자메이카는 1900년에, 독일에는 1901년에, 하와이는 1902년에, 버뮤다, 멕시코, 푸에르토리코는 1903년에, 필리핀은 1904년에 원액 형태로 코카콜라를 수출했다고 한다.[265] 로이 존스는 1900년에나 쿠바에 코카콜라 수출이 시작되었다고 주장하지만, 당시 책임자인 윌라드의 기억에 의하면 1899년이다. 이처럼 초창기 해외시장 상황은 정확하지 않다.

1906년 캐나다의 토론토에 미국 이외의 국가에서 최초의 보틀링 공장이 들어섰다. 이어서 같은 해 쿠바와 파나마에도 보틀링 공장을 만들었다. 1907년에는 하와이의 호놀룰루에 북아메리카 대륙 바깥에서 처음으로 보틀링 공장을 세웠다.[266]

캔들러의 제국주의적 시각

위에서 보았듯이 분명한 것은 캔들러 자신이 코카콜라를 미국 이외의 지역에 판매하는 것에 관심이 있었다는 점이다. 그래서 장남인 하워드 캔들러가 에머리대학을 졸업한 직후인 1900년 유럽 여행을 떠날 때, 캔들러는 유럽에 코카콜라의 판매 가능성, 즉 "비즈니스 조건"을 확인해보라는 임무를 주었다. 그리하여 하워드 캔들러는 1갤런짜리 코카콜라 원액이 담긴 병을 가지고 유럽으로 떠났다. 유럽 여러 나라를 돌면서 레스토랑이나 제과점에 들러 샘플을 전달하곤 했다. 하워드가 런던을 방문했을 때 거기서 두세 곳의 탄산음료매장밖에 발견할 수 없었다. 그 가운데 한 곳은 백화점 지하에 있었는데, 여기는 존 랠프스John T. Ralphs라는 미국인이 운영하고 있었다. 하워드는 코카콜라 원액을 랠프스에게 소개하면서 코카콜라 만드는 법을 보여주었다. 랠프스는 흡족해하며 그에게 5갤런의 코카콜라 원액을 주문했다. 그는 필라델피아 사무소에 연락을 취하여 이 주문을 보냈다. 이것이 아마도 유럽에서의 최초의 주문으로 볼 수 있을 것이다.[267]

캔들러는 그의 아들이 유럽을 여행하는 동안 편지를 보내 유럽에서의 사업 가능성에 대한 점검을 다시 부탁하면서, 태평양 연안 쪽에서 일하고 있던 그의 또 다른 아들에게도 이 "동양의 영토"을 조사하라고 했다는 얘기까지 이야기했다. 그리하여 "우리 함께 거대한 정복을 위한 계획을 세울 수 있다"고 캔들러는 아들들을 독려했다. 하워드는 당시 아버지가 코카콜라 사업에 뛰어든 지 8년 밖에 안 되는데도 코카콜라를 미국을 넘어선 국제적인 음료로서의 가능성을 생각했다는 것이 그저 놀라울 뿐이라고 회고했다. 그 뒤에 1913년 어느 언론과의 인터뷰에서 캔들러는 해외시장에 대한 자신의 구상을 언급했다. 유럽은 10년 전만 해도 아직까지 탄산음료 시장 조성이 시원치 않았는데, 이제는 상황이 바뀌어 전도유망하며 따라서 코카콜라 사는 해외시장에 대한 "강력한 캠페인"을 고려하고 있다고 대답했다. 인터뷰를 마친 다음 이 신문은 "코카콜라의 유럽 침공"이라고 기사 제목을 뽑았다. 그리고 그해 캔들러는 생애 처음으로 유럽을 방문했다.[268]

위의 캔들러 편지와 신문기사에서도 보듯이, 그가 쓰는 말들을 조금만 들여다봐도 19세기말 20세기 초 코카콜라 사의 해외 진출에 대한 시각이 제국주의적임을 알 수 있을 것이다. 당시 미국 의회는 1898년에 하와이 합병을 승인하고, 1899년에 사모아를 단독 영토로 만들고, 1898년에 쿠바를 놓고서 미서전쟁을 벌였다. 이 전쟁의 결과 쿠바에서의 이권을 차지하고, 게다가 스페인의 식민지였던 필리핀, 괌, 푸에르토리코까지도 자신들의 식민지로 만들었던 시대였다. 미국은 이미 1880년대쯤이면 아메리카 원주민들을 부족별로 '인디언 보호구역'을 만들어 그곳에 가두고, 그들의 땅을 백인들의 땅으로 귀속시켰다. 태평양 해안에는 일찍이 도달하여, 더 이상 정복할 미개척지가 없기 때문에 새로운 프론티어가 필요하며, 그곳은 바로 태평양과 그 너머에 있다는 합의가 묵시적으로 이루어지던 시대가 바로 1890년대였다. 따라서 이러한 시대적 분위기와 세계관 때문에라도 캔들러는 자신의 기업의 팽창 가능성을 생각하고 있었다. 그러니 그가 태평양 너머 아시아에 위치한 국가들을 '영토'로 이해하고, 따라서 이들 국가들이 조만간 '정복'되어야할 대상인 것은 너무도 자명했다. 유럽 또한 예외가 아니어서, 그에게는 미국 백인들의 조상이 살고 있는 유럽조차도 남의 영토를 빼앗듯이 '침공'의 대상일 뿐이다. 문제는 캔들러에게는 이러한 생각이 제국주의적이라 여겨지지 않았다는 점이다. 그는 단지 코카콜라를 팔 수 있는 곳이 미국 너머에 있다면 '명백한 운명'인 것처럼 그곳으로 진출하여 정복하는 것이 자연스러운 신의 섭리라고 생각했을 것이다.

그렇지만 캔들러 시대에 코카콜라의 유럽 진출은 독일, 스코틀랜드를 제외한 잉글랜드, 프랑스에 국한되었다. 그나마 유럽과의 연결은 프랭크 로빈슨이 광고용 석판화 재료를 뉴욕과 필라델피아에 위치한 '울프 앤 컴파니Wolf and Company'에서 구입하고 있었는데, 이 회사가 독일과 연결되어 있었다. 즉 이 회사의 독일 파트너 덕분에 코카콜라의 독일 진출이 가능했다. 그러니까 유럽의 구매자들과의 접촉은 뉴욕과 필라델피아의 중개인들을 통해서만 이루어지고 있었고, 그나마 이들과의 협력 관계가 좋지는 못했다.[269] 결과적으로 캔들러 시대 유럽 진출은 희망 사항일 뿐이었다. 그때까지도 어떤 방식으로 유럽에 진출해야할지 분명한 해결 방안을 가지지 않았던 것이다.

프랭크 로빈슨은 1909년 캐나다에 코카콜라 원액 15,376갤런을, 쿠바에 8,592갤런을 판매했다고 보고했다. 당시 코카콜라 사가 수출하던 여러 국가들 중에서 두 국가의 해외 판매량이 가장 두드러졌기 때문에 코카콜라 사는 토론토와 아바나에 별도의 사무실을 운영하고 있었다.[270] 그해 총 판매량은 해외까지 포함해서 3,486,626갤런이었다. 따라서 해외 판매량은 위의 두 국가에서 판매한 23,968갤런만 계산한다면 전체 판매량의 0.687퍼센트에 지나지 않았다. 따라서 20세기의 첫 10년까지도 해외에서의 코카콜라 소비는 무시할 만했다고 할 수 있다.

우드러프의 원대한 비전

1차 세계대전이 끝난 후 유럽은, 특히 유럽의 지식인들은 '미국주의'

니 '미국화'니 하는 개념을 붙잡고 논쟁을 벌이고 있었다. 독일의 경우에는 미국을 독일의 미래로 생각하는 경향이 있었으나, '미국주의'를 한편으로는 전도유망한 것으로 보면서 다른 한편으로는 위험한 것으로 파악했다. 이중적인 시각으로 미국을 바라본 것이다. 프랑스의 경우도 독일과 유사했지만, 미국 대중문화의 천박함과 물질주의에 비관적인 시각이 있었다. 그렇지만 1920년대와 1930년대 유럽 사람들은 미국의 기업과 기업의 문화가 유럽에 침투하여 유럽 경제에 영향을 미칠까 염려했으며, 보수적인 사람들은 유럽의 문화적 정체성을 잃을까 전전긍긍했다. 분명한 것은 1920년대 미국의 기업이 본격적으로 유럽에 진출하면서 유럽인들 사이에서 '미국화'가 화두로 떠올랐는데, 당시 그들에게 '미국화'란 미국의 이념이나 사상을 의미하는 것이 아니라 기술, 상품, 조직 등으로 무장한 미국 기업의 힘과 기업 문화를 의미했다.[271] 이러한 상황에서 코카콜라 사는 유럽시장에 문을 두드렸던 것이다.

1925년 우드러프는 유럽시장의 가능성, 즉 유럽에 보틀링 공장 설립이 가능한지를 확인하기 위해 두 달 동안 유럽을 방문했다. 코카콜라 사의 책임을 맡고 나서 2년 후의 일이었다. 그리고는 1926년에 더욱 중요한 결정을 내렸는데, 그것은 코카콜라 사 안에 '해외부'를 신설한 것이다. 이로써 그는 본격적인 해외시장 개척의 의지를 보였다. 그렇지만 이사회는 해외시장을 위한 예산 증액을 거부했다. 오늘날의 시각에서는 이사회의 생각이 짧았다고도 볼 수 있지만, 나름대로 충분히 현실주의적인 시각을 지니고 있었다. 그들은 코카콜라가 이미 미국 안에서 충분히 자리 잡고 있으며, 시장이 계속 확대되면서 그에 따라 수익도 늘고 있는데 왜 해외시장까지 개척하려는지 이해하기 어려웠을 것이다. 그들은 일단 국내에서 얻은 수익으로 해외에 보틀링 공장 건설에 투자할 경우에 공장의 감독이 사실상 거의 불가능할 수 있으며, 나아가 후진국일 경우에는 정치적 부패 때문에 코카콜라 사업 자체가 부실해질 것으로 보았다. 그러니까 이렇게 번잡스러운 일을 왜 우드러프가 사장이 되고 나서 얼마 지나지 않았는데도 벌이는지 이해하기 힘들었을 것이다.[272]

이사회의 이러한 반대를 무릅쓰고 우드러프는 이 새로운 부서를 애틀랜타가 아닌 미국 경제의 수도인 뉴욕 시에 만들었으며, 책임자로 부사장이던 호지H. R. Horsey를 지명했다. 그리고는 가용한 비용을 가지고서 해외시장 공략에 들어가기 시작했다. 그런데 당시 수출용 코카콜라는 포장도 국내용과 많이 달랐다. 일단 공인된 보틀러가 없는 국가와 도시에는 별도의 포장을 한 코카콜라를 수출했다. 여타의 수출용 음료처럼 화려한 장식으로 포장한 코카콜라는 단단한 나무 상자에 60병 단위로 넣어서 상자당 6달러로, 개당 10센트에 팔았다. 여기에다 운송비와 세금이 붙고 수입업자와 판매업자의 이윤까지 합치면 해외에서의 코카콜라는 사치품이 되어버렸다. 그렇지만 해외에 나가있는 미국인들이 향수를 불러일으키는 탄산음료로, 또는 대서양을 횡단하는 정기여객선에서도 코카콜라를 제법 찾았다.[273] 그러나 이러한 수출 형태에는 구조적인 한계가 있었다.

코카콜라 사는 1926년까지 코카콜라를 원액 형태와 병에 담긴 형태로 해외에 수출했다. 농축액의 경우에는 물이 덜 포함되고 설탕을 포함하지 않았기 때문에 부피와 무게가 줄어들 수 있었다. 따라서 장

기적인 시각에서 볼 때, 거리와 무게 때문에 코카콜라를 완성된 형태로 해외로 수출하는 것은 수지타산이 맞을 수가 없었다. 우드러프는 우선적으로 운송비를 줄이기 위하여 코카콜라를 농축액으로 만드는 일에 착수했다. 품질 관리 기술자들은 농축액이 원액 상태의 코카콜라와 동일한 맛과 품질을 유지해야 한다는 것을 전제로 개발에 들어갔다. 또한 회사의 화학자들에게 사탕수수 설탕에만 의존치 않게 사탕무를 가공하여 '첨채당甛菜糖beet sugar'을 만들 수 있게 하여 코카콜라 시럽 생산에 사용할 수 있도록 했다. 이 과정에서 코카콜라 사의 컨설팅 화학자 찰스 캐스퍼리Charles E. Caspari 박사는 유럽에 가서 당시 독일에서 첨채당 생산을 주도하던 독일 화학자의 도움을 받았다. 그리하여 사탕수수 설탕만 가지고는 불가능했던 농축액 개발에 성공했다. 이후 코카콜라 사는 전 세계 어느 곳에서나 농축액 공장을 만들 수 있게 되었다. 이것이 1926년의 일이었다.[274] 그리고 마침내 농축액 형태로 원액을 해외로 수출하게 되었는데, 첫 수출 장소는 버뮤다의 해밀턴으로 그때가 1927년 1월이었다.[275]

농축액은 메릴랜드 주 볼티모어 소재 원액공장에서 5갤런 단위로 만들어 해외로 내보냈다. 결과적으로 코카콜라 농축액을 특정 지역에 보냄으로써, 그 지역의 보틀러는 지역에서 설탕과 코카콜라를 만드는 데 필요한 나머지 물품과 서비스를 자체적으로 해결할 수밖에 없었다. 이로써 코카콜라 사는 자신들의 수출품은 코카콜라 원액이나 원액 농축액뿐이며, 나머지는 특정 지역 혹은 국가에서 모든 문제를 해결해 지역 경제의 성장에 도움을 주는 '지역 비즈니스'라고 주장하게 되었다.[276]

이렇게 해외부를 설치한지 불과 2년 만인 1928년에는 판매 국가가 30개국에서 76개국으로 2.5배 이상으로 증가했다. 우드러프의 해외 시장 개척의 초기 단계는 질적으로는 아니었지만 양적으로는 성공적이었다. 농축액 형태로 수출함으로써 더 많은 지역과 국가에 판매가 가능해진 것이 많은 도움을 주었을 것이다.

쉽지 않은 해외시장

유럽은 여전히 접근이 쉽지 않았다. 1차 세계대전 중 유럽시장을 본격적으로 개척할 기회가 한 번 있었다. 그러나 그 기회는 너무 빨리 달아났다. 전쟁이 일찍 끝난 탓도 있지만 코카콜라 사의 준비 또한 미흡했다. 미국의 1차 세계대전 참전이 결정된 1917년 4월 이후 프랑스에 상륙한 미군 중 상당수가 코카콜라를 찾았다. 예컨대 보르도 부근에 자리 잡은 미군들은 진짜 코카콜라를 맛볼 수 있게 되자 너무나 기뻐했다. 여기에 프랑스인 델크르와G. Delcroix가 등장하는데, 그는 유감스럽게도 전쟁이 예상보다 일찍 종결되는 바람에 제대로 장사도 하지 못하고 실망만 맛보게 되었다. 결국 그는 파리로 진출하여 카페의 주인들을 설득해야만 했는데, 워낙 저항이 심해 코카콜라를 제대로 팔 수 없었다. 게다가 자금까지 떨어진 그는 1921년 5월에 당시 사장이던 하워드 캔들러에게 편지를 써서 모자라는 자금을 위해 1천 달러를 보내달라고 했으며, 캔들러는 그에게 돈을 보내주었다. 그해 8월에 캔들러에게 보낸 편지에 따르자면 판매량은 그저 조금씩 늘고 있을 뿐이며, 무엇보다도 2년 전에 받은 코카콜라의 맛이 여전한지 아닌지에 자신이 없다고 고백하고 있다. 게다가 자신에게 코카콜라 성분에 관한 확인서를 보내주지 않으면 관세를 매우 높게 물려, 원래 가치의 대여섯 배나 될 것이라고 호소하고 있다. 여기서 2년 전에 보낸 코카콜라조차도 다 팔지 못했다는 것은 문제의 심각성을 여실히 드러내고 있었다.[277] 파리의 카페들은 코카콜라에 대해서 요지부동이었던 것이다. 따뜻한 음료를 즐기는 프랑스인에게 차가운 음료를, 그것도 탄산음료를 마시라고 권하는 것은 미국과 프랑스 사이에 커다란 장벽이 존재한다는 것이었다.

이런 상황에서 코카콜라 사는 새롭게 해외시장에 도전장을 내밀었다. 우드러프의 주도로 이루어지는 작업은 주도면밀하게 진행되었다. 미국에서 하던 광고와 판촉 방식을 가능한 그대로 해외에서도 적용하려고 했다. 또한 표준화에 입각한 맛의 품질 또한 유지하기 위해 노력했다. 해외의 상황은 미국과 비교해보면 열악하지 짝이 없었지만, 그들은 집요하게 새로운 시장의 문을 두드렸다. 아래의 몇몇 지역의 실례들은 해외 여러 지역에서의 광고 및 판촉 활동에 관한 것이다.

스페인의 바르셀로나 지역에서의 코카콜라 광고는 주목할 만했다. 투우 경기장, 레스토랑과 지하철 통로 등에 코카콜라 표지판과 포스터가 부착되었다. 또한 전차나 버스의 광고를 이용하기도 했으며, 특히 1928년 5월 미국에서도 소개된 '풀밭 위의 소년' 같은 옥외광고판은 많은 사람들의 주목을 받기도 했다. 그러나 이탈리아의 로마에서는 보틀러들이 광고와 관련된 세금 때문에 골치 아파했다. 즉 모든 실내외 광고 표지판에 대해서 세금을 부과하는데다가, 광고판은 로마시 당국으로부터 설치 전에 승인을 얻어야 했다.[278]

지역마다 광고의 특색이 드러나기도 했다. 멕시코에는 멕시코시티나 탐피코를 비롯한 여러 도시에 10명의 보틀러가 존재했다. 이곳의 광고는 미국인들의 입장에서 볼 때 특이했다. 즉 코카콜라 광고를 위한 노래를 먼저 만들고, 열 명의 미녀가 "맛있고 상쾌한"이라는 슬로건을 표현하고, 밴드는 이 곡을 연주했다. 그러니까 대중들은 코카콜라 광고를 보기 전에 먼저 광고 노래를 듣고, 미녀와 음악과 춤으로 마주하게 된다. 그런가하면 버마(오늘날의 미얀마)에서는 코카콜라 광고가 불교 사원의 탑인 파고다에까지 파고들었다. 그 공간이야말로 불교가 국교인 사회에서 가장 중심적인 장소였기 때문에, 가로 3미터, 세로 1.2미터의 커다란 코카콜라 금속 광고판이 수도 양곤의 거대한 파고다 숲 중앙 오른쪽에 자리 잡고 있었다.[279]

필리핀의 경우에는 이미 캔들러 시절인 1912년에 마닐라에 있는 산 미구엘 맥주회사San Miguel Brewery와의 계약으로 코카콜라를 생산할 수 있는 보틀링 설비가 가동되었다. 아시아 최초였다. 그리고 우드러프 시절인 1927년 같은 회사와 7,090개의 섬으로 구성된 필리핀 전체에 코카콜라를 공급할 수 있는 보틀러 계약을 체결했다. 그해 코카콜라 사는 중국에도 진출했다. 일단 톈진과 상하이에, 1928년에는 산동 반도에 위치한 옌타이와 당시 영국 식민지였던 홍콩에, 그리고 1930년에는 칭다오에 진출했다. 중국 시장에서는 1941년 태평양 전쟁이 나기 전까지 꾸준하게 코카콜라 매출이 증가하고 있었다.[280]

유럽의 코카콜라 진출은 쉽지 않았지만 중남미 지역은 초창기부터 판로 개척이 쉬운 편이었다. 따라서 초창기 해외시장에 있어 중요한 지위를 차지했다. 1906년 파나마 지역에 첫 보틀링 공장이 준공된 이후, 1920년대와 1930년대 전반 약 30개의 보틀링 공장이 운영되고 있었다. 그 결과 1938년에는 코카콜라 수출회사에 '범 아메리카 구역Pan American Division'이 만들어졌다. 빌 베커Bill Bekker가 라틴아메리카 사업에 선구자로서 역할을 톡톡히 했다. 그는 1930년대 전반에는 네덜란드에서 서유럽 지역을 담당하고, 30년대 후반에는 바르셀로나에서 보틀링 공장을 운영했다. 그렇지만 그는 1940년부터 '범 아메리카 구역'으로 발령을 받고 부에노스아이레스로 부임하여 중남미에서 코카콜라 마시는 습관의 정착에 큰 역할을 했다.[281]

그렇지만 1927년에서 1933년까지도 코카콜라 사의 해외 영업활동을 보면 사실상 적자였다. 게다가 1927년도 해외로 수출된 탄산음료 매장용 코카콜라 원액 중 절반 이상이 하와이에서 소비한 것이었다.[282] 이 사실은 우드러프의 입장에서는 오히려 해외시장에서의 코카콜라의 잠재력이 무궁무진한 것으로 보였을 것이다. 전 세계는 그에게 신천지나 마찬가지였던 것이다.

코카콜라 사는 아무에게나 코카콜라 보틀러 자격을 주지는 않았다. 그들은 전 세계를 돌면서 직접 신청자들을 만나보고, 그들의 재정적 능력, 보틀링 공장 소유 여부, 공장의 위상 상태와 조건이 코카콜라 사의 기준에 맞는가를 확인했다. 또한 해외에서의 광고 문제는 종종 어려움을 직면했다. 게다가 정부의 규제나 언어, 또는 여러 종류의 직판점 등이 문제를 야기하기도 했다. 이러한 어려움에도 코카콜라 사가 요구하는 품질의 기준은 반드시 준수해야만 했다. 해외 보틀링 공장의 경우에 미국에서 생산된 원액을 수입하여 미국의 보틀링 공장에 부과한 것과 동일한 표준 규정에 따라, 그리고 코카콜라 사의 감독 아래서 보틀링을 해야만 했다. 또한 미국에서 특허 받은 동일한 형태의 코카콜라 병에 담아야만 했다. 그리고 운송도구인 트럭이나 마차 또한 코카콜라 색에 맞춘 도색을 할 것을 요구했다.[283]

이러한 노력에 힘입어 많은 국가들에서 중요한 사업가들이 코카콜라 보틀링 권리에 대해서 관심을 기울인 결과, 해외부가 업무를 시작할 당시 코카콜라의 해외 보틀러들은 8명에 지나지 않았지만, 그해 3명이 추가되고, 1927년에는 11명이 추가되었다. 여기에는 남아공의 요하네스버그와 버마의 양곤이 포함되어 있었다. 그리하여 1929년에는 27개국 64명의 공인된 해외 보틀러들이 코카콜라 공장을 운영하고 있었다. 게다가 판매 지역은 78개국으로 증가하여, 6대주 어느 지역도 코카콜라를 판매하지 않는 대륙이 없었다. 그래서 코카콜라는 포드 자동차나 싱어 재봉틀 회사처럼 미국을 대표하는 최초의 다국적 기업 중의 하나가 될 수 있었다.[284]

어느 정도 사업이 궤도에 오르자 우드러프는 이 해외부를 해외 국가들만 취급할 독립회사로 만들었다. 1930년 3월 13일에 별도의 법인으로서 '코카콜라 수출회사The Coca-Cola Export Corporation'가 출범하게 되었는데, 우드러프가 사장을 맡아 코카콜라 사 사장과 겸직하게 되었다. 미국과 캐나다, 쿠바를 제외한 세계 모든 국가들에서의 코카콜라 판매 및 판매와 관련된 모든 것을 담당할 예정이었다. 캐나다와 쿠바의 경우는 별도의 법인이 만들어져 있었다. 이 사실만으로도 그가 얼마만큼 해외시장 개척에 관심을 갖고 있었는지를 쉽사리 짐작할 수 있을 것이다.[285]

우드러프가 해외 진출을 본격적으로 시작하면서 시도한 첫 번째 과제는 코카콜라의 맛이 어디서나 같아야 한다는 것이었다. 이 목표를 달성하기 위해서는 무엇보다도 철저한 품질 관리가 가능해야 했다. 그리고 이것이 가능하려면 무엇보다도 수질이 중요했다. 보틀링 공장이 들어서는 곳은 그곳이 어디일지라도 깨끗한 물의 확보가 가장 중요한 문제였다. 그래서 화학부서의 책임자인 윌리엄 히드William P. Heath를 비롯한 많은 화학자들이 위생적인 물을 만들기 위한 더 싸고 더 빠른 방법을 찾아내야만 했으며, 1930년에는 활성탄소 공정이라 부르는 공법을 도입하여 이 문제를 해결할 수 있었다. 나아가 그는 두 명의 화학자로 구성된 이동 실험실을 만들어 지속적으로 지역을 순회하면서 보틀링 공장의 물 상태를 검사했다. 그의 품질 관리 정책은 해외시장에도 적용될 것이었다.[286] 미국 내에서 일단 제정된 규정과 정책은 전 세계 어디에서도 동일하게 통용될 예정이었다. 일종의 표준화 정책이었다. 그리고 이러한 표준화 정책만이 대량생산, 대량유통, 대량소비를 효율적으로 가능케 할 수 있었다. 이러한 기준은 곧 '미국 기준American standard'이 되었으며 조만간 '글로벌 기준'이 될 예정이었다.

독일에서 발판을 구축하다

그런데 코카콜라가 유럽시장 진입에 고전하고 있을 때, 결과적으로 커다란 도움을 준 은인이 나타났으니 그가 바로 독일인 막스 카이트Max Keith였다. 그는 1933년 코카콜라 수출회사와 인연을 맺게 되었는데, 향후 독일뿐 아니라 유럽 여러 지역에 보틀링 공장을 건설하고 운영하는 데 커다란 도움을 주었다. 그는 독일인임에도 불구하고 미국인들만큼이나, 아니 그들보다 더 강력하게 코카콜라에 대한 애착심을 갖고 코카콜라의 독일 정착뿐만 아니라, 나아가 유럽 대륙에 뿌리내리는 데 전념하고 헌신했다. 처음 코카콜라의 독일 진출에 앞장선 사람은 우드러프의 친구였던 레이 파워즈Ray Rivington Powers였다. 그는 남부 출신으로서 1929년 독일로 건너가 정면 돌파로 독일인들을 상대했다. 그러나 맥주를 즐기는 독일인들에게는 진한 색깔을 띤 코카콜라가 그렇게 크게 관심의 대상이 될 수 없었다. 게다가 맥줏집을 찾아가서 코카콜라를 팔려니 주인과 대화를 나누기 위해서 우선 맥주부터 마셔야만 했다. 이런 식으로 이곳저곳 맥줏집을 돌아다니고는 그 자신부터 완전히 취해버리곤 했다. 하여간 그는 에센Essen 지역에 3만 마르크를 투자하면서 독일인 파트너를 찾았지만, 결국 일 년 후에는 5천 달러의 투자금만 날리고 파산해버렸다. 그래서 코카콜라 수출회사가 파워즈의 회사를 인수하고 난 다음인 1933년 운 좋게도 막스 카이트를 만나게 된 것이다.[287]

맥주를 식사와 같이 하는 독일인에게 비 알코올성 음료를 소개하고 입맛을 길들게 하는 것은 어려운 일이었다. 그런데 그 어려운 일을 카이트가 해낸 것이다. 그는 일일이 잠재적인 고객이나 소비자를 만나 설득해야만 했다. 그는 "다른 방법이 없었다"고 고백했다. 게다가 코카콜라 사업에 뛰어든 사람들은 돈이 없었고, 돈이 있는 사람들은 생소한 탄산음료 사업을 신뢰하지 않아 뛰어들기를 주저했다. 그나마 금전적 여유가 있는 사람들은 전부 소매업보다는 도매업을 원했지만, 보틀링 공장을 운영할 만큼의 재력은 안 됐다. 카이트의 설명에 따르면 사정이 그렇기 때문에, 독일에서의 성공은 대공황 시절 직업을 잃었거나 파산했던 많은 사람들이 밤낮으로 휴일까지 바쳐가면서 죽을 힘을 다해 일을 했기 때문에, 독일인들의 마음을 돌릴 수 있었던 것이다. 카이트는 캔들러 시기 미국에서 코카콜라를 판촉하듯이 세일즈맨들에게 샘플을 들고 다니면서, 이 술집 저 술집을 방문하게 했다. 그곳만큼 냉장 시설이 잘 된 장소가 없는 것도 한 이유였다. 그의 헌신적인 노력은 결실을 맺어, 그가 책임을 맡기 바로 전 해에는 62,695상자의 코카콜라를 독일인들에게 팔았으나, 1933년에는 두 배 가까운 111,336상자를 팔 수 있었다. 그리고 1934년에는 두 번째 보틀링 공장을 프랑크푸르트에 세울 수 있었다. 코카콜라의 매출은 30년대 내내 독일에서 성장세를 이어갔으며, 2차 세계대전이 발발한 1939년에는 5백만 상자를 목표로 했지만 전쟁 때문에 450만 상자(1억 8백만 병)에 머물렀다고 아쉬워 하기는 했지만, 그는 독일에서의 코카콜라 사업이 수지가 남는 장사였다고 말했다. 이 수치만 봐도 카이트는 1932년에 비해 80배의 성장을 이룩해낸 것이다.[288]

올림픽 후원

막스 카이트 밑에서 일한 다음에 훗날 코카콜라 사의 부사장과 코카콜라 수출회사의 사장을 역임한 클라우스 할레Claus Halle의 증언에 따르면, 1950년 에센의 코카콜라 공장에 일하러 갔을 때 그가 만났던 많은 독일인 동료들이 자신들이 코카콜라를 처음 알게 된 것이 1938년 베를린 올림픽 때였다고 이야기했다고 한다. 비록 당시 코카콜라가 나치 당국에 의해 카페인 성분에 대한 경고를 붙여야 했지만, 1938년 올림픽은 독일에서의 코카콜라 판매에 주요한 돌파구였다. 당시 베를린 공장에서는 올림픽에 구경 온 외국인 관중들을 위해 최신의 40개 반자동 주입기가 코카콜라 병을 채우고 있었다. 이렇듯 베를린 올림픽은 코카콜라 사에 유럽시장에 대한 또 다른 도약의 기회를 만들어주었다. 그렇지만 코카콜라 사의 올림픽 후원사로의 참여는 베를린이 처음은 아니었다. 오늘날까지도 이어지고 있는 올림픽에 대한 첫 후원은 1928년 암스테르담 올림픽에서였다.[289] 코카콜라 사는 그 당시에 올림픽이 단순히 스포츠의 향연일 뿐만 아니라 정치, 경제, 문화 모든 면에서 전 세계의 주요 인사들이 모여 서로 친교를 쌓고 인적 네트워크를 만드는 자리라는 것을, 나아가 올림픽이 열리는 특정 도시와 국가와 그 국가가 속한 대륙에서 수십만 명에서 수백 만 명에 이르는 관중이 경기를 관람하고, 이를 라디오로 청취하고, 훗날에는 텔레비전을 통해 수 억 명이 시청하리라는 것을 알고 있었을까? 올림픽이 이만큼의 엄청난 광고의 가능성을 지니고 있었다는 사실은 미처 예상치 못했을 것이다.

바바라 키즈Barbara Keys가 말한 것처럼, 현대의 스포츠야말로 전 세계적으로 여가시간 활용에서 가장 중요한 형태 중의 하나이자, 스포츠는 지역과 국가와 세계 수준에서 "실생활"과 분리되지 않는 심대한 문제들과 얽혀 있었다. 특히 서양의 현대 스포츠는 1차 세계대전 이후 전 세계를 향하여 빠른 속도로 퍼져나갔다. 여기에 중요한 역할을 한 것이 바로 4년마다 열리는 근대 올림픽이었다. 1896년 첫 올림픽이 그리스의 아테네에서 성공적으로 열린 이후, 서서히 올림픽의 열기와 크기는 커져갔으며, 당시 올림픽에서 표방한 아마추어 정신과 올림픽의 상업화 반대, 곧 대기업의 찬조나 후원을 배제하려는 움직임은 지속되고 있었다.[290]

그럼에도 올림픽에 대한 기업의 후원은 이미 첫 올림픽서부터 있었다. 1896년 올림픽에 관한 공식 결과 책자에 이스트먼 코닥이 광고를 실고 있었다. 이 회사는 1924년 파리에서 열린 올림픽에도 화보를 담당한 전문 사진가들에게 코닥 필름을 공급했다.[291] 코카콜라 사는 유럽 진출의 계기를 만들기 위하여 과감하게 1928년 암스테르담에서 열릴 올림픽을 후원하기로 결정했다. 여태껏 올림픽이 유럽에서만 열렸기 때문에, 또한 4년 뒤의 올림픽이 유럽이 아닌 미국의 로스앤젤레스에서 처음 열리기로 예정되어 있었기 때문에, 올림픽을 통해 수많은 유럽의 대중들에게 코카콜라를 알릴 좋은 기회라고 생각했을 것이다. 게다가 1928년 올림픽은 총 관람객이 무려 50만을 넘었으며, 수천 명의 방문객들이 암스테르담의 호텔에 넘쳐났기에 올림픽을 통한 스포츠 관광이 가능함을 보여주어 코카콜라 사가 만족스럽게 생각했을 것이다.

암스테르담의 보틀러는 코카콜라 모자와 코트를 착용하고 선수들에게 코카콜라를 무료로 제공했다. 코카콜라 사는 특히 미국의 선수들에게는 1천 상자의 코카콜라를 보냈다. 후원의 대가로 코카콜라 사는 올림픽 주경기장의 8개 주요 입구 위에 코카콜라 광고판을 부착할 수 있었다. 따라서 코카콜라를 처음 접했을 네덜란드 사람들과 유럽 여러 나라에서 구경 온 사람들에게 코카콜라를 자연스럽게 알릴 수 있었다. 이 광고판은 파리의 한 예술학교에 다니고 있던 진 세이지Jean Sage라는 미국인 학생이 디자인했다. 올림픽 덕분에 그곳의 보틀러는 코카콜라 옥외광고판도 세우고, 도시의 주요 운하와 도로를 따라 광고판을 벽에 부착했다.[292]

1932년 로스앤젤레스 올림픽(7월 30일~8월 15일)에서는 올림픽과 더불어 기업의 비즈니스가 본격적으로 시도되었다. 올림픽은 이미 단순한 스포츠에서의 구경거리가 아니었다. 많은 외국 기업가들은 올림픽을 구경하러 와서 사업 가능성을 타진해보고 있었다. 예컨대 미국의 장점인 항공, 냉장, 타이어와 자동차, 라디오, 유정기계 등이 주목 대상이었으며, 로스앤젤레스의 사업가들도 유럽이나 기타 각지에서 온 사업가들과 새로운 인적 네트워크를 만들어나갔다. 그리고 당연하게도 이곳 상공인회의소에서는 이러한 연결이 용이하도록 돕고 있었으며, 여름철이면 시원한 곳에 위치한 별장들로 갔어야할 이곳 상류사회 사람들은 올림픽이 열리는 동안에 해외에서 온 기업가들과 다양한 형태의 친교의 시간을 가졌다. 어떤 일본 기업가들은 하루에도 서너 차례나 파티에 참석했다고 한다.[293]

코카콜라 사 또한 예외가 아니었다. 이미 1928년부터 올림픽위원회와 계약을 맺어 공식 후원을 지속해오고 있었다. 이번 올림픽에서는 2백 명 이상의 십대들이 흰 장갑과 재킷을 입고는 올림픽 콜로세움으로 들어오는 관람객들에게 코카콜라를 나눠주었다. 옥외광고판들은 코카콜라를 마시고 올림픽 입장권을 구입하라고 선전하고 있었다. 나아가 코카콜라 사는 무려 1백만 개의 휴대용 기록판을 만들어 모든 관람객들에게 나눠주었다. 그것은 두 개의 원반으로 구성되어 있었는데, 윗쪽 원반에는 "마시자 코카콜라. 당신은 상쾌한 짧은 휴식을 이겨낼 수 없습니다"라는 코카콜라 광고가 표시되어 있었으며, 위아래 원반을 조합하여 돌려 맞추면 미국 선수들이 뛰어난 기량을 보이는 육상과 수영 결승전을 비롯한 주요 스포츠 종목이 열리는 날짜와 장소가 표시되어 있었다.[294]

코카콜라 사는 일찍부터 올림픽 후원자가 됨으로써 당장의 조그만 경제적 손실이 사실상 미래에 커다란 이익을 가져다 줄 광고 효과가 있을 것이라 믿었다. 결과적으로 그들은 올림픽이 점차 세계적 규모의 스포츠 행사가 될 뿐만 아니라 국가 간의 외교 및 문화 교류의 중차대한 가교가 될 것이라는 잠재성 가능성을 어떤 기업보다도 일찍 깨달은 선두주자 중의 하나가 되었다.

새로운 전쟁의 전조

코카콜라 사가 비록 별도의 코카콜라 수출회사를 만드는 등 선전을 하긴 했지만, 여전히 유럽시장에 뿌리내리기는 어려웠다. 1930년 당시 코카콜라 사는 여러 개의 자회사를 세워 사업을 하려 했지만, 유럽에서의 코카콜라 판매는 사실상 두 개의 지주회사가 총괄하고 있었다. 하나는 룩셈부르크에 있는 회사였고, 또 하나는 네덜란드에 있는 회사였다. 게다가 1937년 이전 유럽의 사업은 캐나다의 코카콜라 사가 감독하고 있었다. 그러니까 비로소 1937년에야 코카콜라 수출회사가 실질적으로 유럽 사업을 책임지게 되었다는 뜻이다. 그해 런던에 유럽 본부를 두고 책임자로 버크 니콜슨H. Burke Nicholson이 선발되었다. 전운이 감돌던 1939년 초 니콜슨은 미국으로 귀국했는데, 그 직전에 막스 카이트를 만나 유럽의 코카콜라 사업 전반에 대한 책임을 맡겼다. 그리고는 얼마 후 2차 세계대전이 터진 것이다. 전쟁 중에는 카이트가 벨기에와 룩셈부르크, 프랑스와 이탈리아 등을 돌면서 유럽에서의 보틀러 사업이 연속될 수 있도록 그곳 지역의 보틀러들을 독려했다.[295]

잘 알고 있는 것처럼, 미국은 2차 세계대전 초기 유럽의 전쟁에 거리를 두려고 노력하고 있었다. 그러나 1941년 12월 7일 일본이 진주만을 선제 공습함으로써 미국 또한 2차 세계대전에 참전하게 되었다. 그리고 우드러프는 대일 선전포고 직후 즉각적으로 "모든 군인이 그가 어디에 있든, 비용이 얼마가 들건 코카콜라 1병을 5센트에 마시게" 할 것이라고 선언했다.[296] 이것은 '코카콜라 제국Cokempire'[297]의 가시화를 예견하는 행동이었다. 1943년 6월이면 미국의 이름으로 미군과 더불어 코카콜라가 2차 세계대전의 전쟁터에 출현할 것이다. 이로써 코카콜라를 통한 '욕망의 제국', 즉 '코카콜라 제국' 건설의 가속화가 진행되기 시작할 것이다.

8장

제2차 세계대전과 코카콜라의 지구화

코카콜라를 위해 싸운다

1940년대 이후 선풍적인 인기를 끌었던 만화책 『슈퍼맨』에서 항상 슈퍼맨은 "진리, 정의, 그리고 미국적 방식"을 위해 싸운다. 이 구절은 원래 라디오 연속극인 「슈퍼맨의 모험」에서 유래한 것이다. 그리고 그 연속극의 타이틀은 "진리와 정의를 위한 끝없는 전투"라고 되어있었는데, 2차 세계대전을 겪으면서 "미국적 방식"이 추가된 것 같다.[298] 그렇다면 도대체 '미국적 방식'이 무엇이기에 2차 세계대전 중에 슬며시 덧붙여졌던 것일까? '미국적 방식'이나 '미국적 생활방식'은 2차 세계대전이 진행되면서 미국인들에 마음속에 더욱 더 깊게 각인되었다. 정부와 기업의 홍보에 힘입어 애국주의가 더해지면서 말이다.

『신은 나의 공동 조종사*God Is My Co-Pilot*』의 저자인 로버트 스캇Robert Scott 대령은 미국의 공군 조종사들이 일본군과 싸웠던 이유를 다음과 같이 설명하고 있다. "우리가 중국에서 이야기했을 때, 우리는 미국 소녀를 위해 싸우고 있다는 데 모두가 동의하곤 했다. 그녀는 우리에게 미국, 민주주의, 코카콜라 — 미국적 생활방식이었다."[299] 이렇듯 코카콜라는 2차 세계대전을 통하여 '미국적 생활방식'과 동의어가 되어가고 있었다. 지금부터 필자는 코카콜라가 2차 세계대전을 거치는 동안 과연 어떻게 해서 대내적으로는 국민을 단합시키는 음료가 되었으며, 대외적으로는 명실상부한 세계적인 음료가 될 수 있었는가 하는 것이다. 더 나아가 그 전쟁에 참여한 미군들은 왜 열광적으로 코카콜라를 좋아하게 되었는지, 또 그것이 어떤 의미를 갖게 되었는가를 설명하고 싶다. 전쟁에 참전한 어느 병사는 무엇 때문에 그 전쟁에 참여했느냐는 질문을 받자, "코카콜라를 다시 살 수 있는 권리"를 위해서라고 대답할 것이라고 말했다.[300] 언뜻 어처구니없어 보이는 이런 대답이 어떻게 나올 수 있었을까?

전시 경제

2차 세계대전의 서막을 알리는 독일의 폴란드 침공 시기인 1939년 9월, 워싱턴의 연방통상위원회Federal Trade Commission는 코카콜라 사에 코카콜라의 내용 성분에 대한 정보를 제공할 것을 요청했다. 만약 코카콜라 사가 이 요청을 받아들이게 되면, 코카콜라의 탄생 이후 단 한 번도 밝혀지지 않았던 물품번호 '7X'의 성분을 공개해야 했다. 물론 최종적으로는 코카콜라 사를 잠시 당황하게 한 하나의 에피소드로 끝나게 되었지만, 이 사건으로 인하여 다가올 전쟁과 코카콜라 사의 미래에 대해서 사려 깊게 생각한 사람은 벤 월럿Ben Oehlert이란 사람이었다.

그는 변호사 출신으로 국무부에서 법률문제를 취급하다, 1938년 코카콜라 사의 법무부서에 합류한 신참내기였다. 그의 추론은 다음과 같았다. 만약 미국이 유럽에서의 전쟁에 또 다시 참전할 수밖에 없게 된다면, 1차 세계대전의 경우와 같이 코카콜라 사는 치명적인 타격을 입을 수밖에 없을 것이다. 왜냐하면 1919년 이후 코카콜라 사는 세계 최대 규모로 설탕을 소비해왔으며, 사실상 코카콜라 생산에 가장 주요한 원료가 설탕이었기 때문이다.[301] 따라서 전쟁이 일단 발발하면 군대가 최우선이기 때문에 코카콜라의 주요 원료인 설탕은 일정량 할당받게 될 것이며, 회사의 경영은 커다란 어려움에 직면하게 될 것이다. 그런데 만일 코카콜라가 전쟁 수행에 반드시 필요한 물자라는 점을 연방정부가 인정할 수 있게 된다면 코카콜라 사가 우려하는 문제는 해결될 수 있을 것이다. 따라서 코카콜라가 전시에 꼭 필요한 필수품이라는 것을 여러 가지 방법을 동원하여 보여주어야 한다고 생각했다.[302]

그는 자신의 견해를 부사장인 해리슨 존스Harrison Jones에게 전하고 협조를 요청했으나 거절당했다. 그러자 그는 자신의 직속상관이자 코카콜라 사의 법률고문인 랠프 헤이즈Ralph Hayes에게 코카콜라가 "국가의 정상적인 경제뿐 아니라, 비상 및 전시 경제"와 "민간 인구와 군병력 모두의 사기"에 커다란 공헌을 하고 있다고 주장하면서, 연방정부가 코카콜라를 필수품으로 지정할 수 있도록 압력을 가해야 한다고 제안했다. 헤이즈 또한 그의 제안을 받아들이지는 않았지만, 그 또한 군 지도부가 사병용 맥주와 같은 술의 대용품으로 코카콜라를 호의적으로 생각하고 있음을 인식하고 있었다.[303]

그런데 우드러프가 그의 견해를 재고해볼 수 있는 사건이 발생했다. 1941년 4월에 런던 주재 AP통신사의 일원이었던 미국인 길모어Eddie Gilmore는 코카콜라 사 뉴욕사무소로 전보를 보냈다. 그 내용은 코카콜라를 더 이상 구입하는 것이 불가능하여 "영국에서 전투를 담당하는 미국인들에게는 끔찍한 상황"이 벌어졌으니, 코카콜라를 보내달라는 요청이었다. 이 전보가 사실임을 확인한 후, 우드러프는 코카콜라가 "사기증진 식품"이 될 수 있다는 윌럿의 생각에 동의하게 되었다.[304]

일부 군 장교들도 이러한 견해를 갖고 있었다. 예를 들어 1942년 1월 지역의 보틀러에게 보낸 편지에서 한 물품판매 장교는 코카콜라가 군인들 사이에서 "사기 유지 및 진작"에 커다란 역할을 하고 있다면서, 그렇기 때문에 "우리는 진실로 당신네 회사가 이 비상 시기 동안 계속 공급할 수 있기를 희망합니다. 우리 견해로는, 코카콜라가 군복무 중인 젊은이들을 위한 본질적인 사기 함양 물품 중의 하나로 분류될 수 있습니다"라고 주장했다.[305]

만약 코카콜라가 단순히 설탕을 함유한 탄산음료가 아니라 전쟁을 수행하는 군인들의 사기를 북돋우고 증진시킬 수 있는 군의 필수품으로 인정받을 수 있다면, 코카콜라 사는 설탕의 배급이라는 사태를 막을 수 있을 뿐만 아니라, 오히려 전쟁터에 있는 미국의 젊은이들을 코카콜라의 평생 고객으로 만들 수 있는 계기로 만들 수도 있었다. 어디 그뿐이겠는가. 미국이 그 전쟁에서 이기기만 한다면, 대서양과 아프리카, 그리고 태평양의 전쟁 지역에 있는 그 많은 국가들의 국민들에게 코카콜라를 분명하게 인식시킬 수 있는 계기를 만들 수도 있었다.

1939년 이후 대서양 건너편 유럽 국가들 사이의 전쟁에서 비록 미국이 중립을 선언하고 있었지만, 군비 및 군사 설비를 빠른 속도로 증강시키고 있었으며, 방위산업체도 확장일로에 있었다. 미국은 한편으로 실질적으로 영국을 돕고 있었으며, 동시에 태평양 함대의 모항을 캘리포니아에서 하와이로 이동시켜 태평양에서의 있음직한 일본의 공격을 저지하고자 했다.[306] 비록 미국 내에서는 아직 고립주의적 시각이 우세했지만, 1941년 12월 7일 일본의 진주만 공습으로 미국의 2차 세계대전의 참전은 불가피했다. 이튿날 즉각적으로 루즈벨트 대통령은 의회에서 일본에 대한 선전포고를 했다. 더 이상 미국도 전쟁을 피할 수 없게 된 것이다.

앞에서 이미 이야기했듯이 우드러프는 미국이 2차 세계대전에 참전하자마자 거의 즉각적으로, 미군들이 어디에 있건 한 병의 코카콜라를 5센트에 마실 수 있도록 하겠다며, 코카콜라 사에 특별 명령을 내렸다. 비록 그의 제안이 애국심에서 우러나왔다는 것을 의심할 필요는 없겠지만, 동시에 그러한 제안이 코카콜라를 미국의 젊은 세대[307]를 소비자로 만들면서도 설탕의 확실한 공급을 보장받기 위한 사업가적인 전략에서 나왔을 것이라는 것 또한 의심하기 어렵다.[308]

그러나 이러한 우드러프의 공언은 사실상 지켜지기 힘든 것이었다. 전쟁이 선포되자 모든 자원의 배분에 있어 군대에서 병기를 만드는데 필요한 원자재와 군인들의 의식주가 최우선이 되었다. 그러니 민간 기업과 가정과 개인은 필수적 자원을 배급받을 수밖에 없었다. 물가관리청에서는 민간 소비용 재화의 90퍼센트에 대해서 가격 통제를 했으며, 모든 사람들에게 배급 표시를 확인할 수 있는 전시 배급 책자를 나눠주었다. 그리하여 커피, 통조림, 신발, 타이어, 가솔린, 육류 등 많은 일상의 물품들이 평소의 절반으로 줄어드는 배급 상태에 들어갔다. 그 가운데서 설탕이 가장 먼저 품귀 상태에 속한 품목이 되었으며 전쟁이 끝난 1946년까지 할당되었다.[309]

전쟁 중인 영국의 경우도 예외는 아니었다. 영국의 식품성은 1940년 1월 마침내 기본 물자에 해당하는 설탕에 대한 배급을 선언했다. 그리고 영국의 코카콜라 사는 겨우 바로 전해의 25퍼센트를 할당받았다. 이러한 상황에서 회사는 더 많은 배급량을 확보하기 위해 노력할 수밖에 없었으며, 당국에서조차 설탕 이외의 감미료 사용을 권장하기도 했다. 그러나 코카콜라 수출회사의 사장인 버크 니콜슨은 설탕 확보가 용이하지 않다면, 영국 시장에서 철수하는 편이 낫겠다고 주장했다.[310] 니콜슨의 예측대로 영국에서의 상황은 더욱 악화되었다. 마침내 1942년 '추밀원Privy Council'의 견해에 공감한 영국의 식품성은 전시 상황의 비용 절감 차원에서 코카콜라와 펩시콜라를 합쳐 그냥 '아메리칸 콜라'로 명명된 콜라를 자국의 소비자들을 위하여 생산할 것을 두 회사에 명령했다.[311] 이러한 상황이 코카콜라 사를 격분시켰으며, 그 결과 코카콜라 사는 즉각적으로 영국에서의 판매를 중단했다. 그리고 전쟁이 끝난 1948년에 가서야 판매를 재개했다.[312]

루즈벨트 행정부의 청량음료에 대한 판매세 법안 제안은 의회에서 통과되지 않았지만, 설탕에 대한 배급이 축소되는 상황만은 피할 수 없었다.[313] 그리고 설탕은 전시 통제품목으로 분류되어 있었다. 전시 당국에 의해 설탕의 공급이 처음에는 전년도를 기준으로 80퍼센트까지 줄어들었으며, 최악의 경우 배급량이 절반으로 줄어들 것이었다. 이러한 대내외적 상황에서 군대만이 유일하게 코카콜라 사의 곤경을 해결해줄 것처럼 보였다. 1940년 말에 코카콜라 수출회사의 새로운 사장으로 취임한 제임스 팔리James Farley와 워싱턴의 세법 변호사 막스 가드너Max Gardner 등의 적극적이고도 다각적인 로비 덕택에, 1942년 초부터 군대에 납품하는 코카콜라에 쓰는 설탕에는 예외조치가 내려졌다. 그리고 1942년 6월에 병참감인 브리언 소머벨Brehon Somervell은 설탕국 책임자에게 특별히 코카콜라를 언급하면서 예외의 연장을 요구했다.[314]

이러한 설탕 배급에 대한 예외조치는 리글리 추잉검에도 해당되었다. 추잉검은 원료의 50퍼센트 정도가 설탕이었는데, 리글리 사 또한 1941년의 70~80퍼센트의 설탕을 할당받았다. 왜냐하면 이 회사의 사장인 필립 리글리Phillip Wrigley도 추잉검이 "병사들의 갈증을 해소하고, 그들의 입을 계속 촉촉하게 만들고, 금연할 때 긴장완화제로서 담배를 대용하는" 것이 가능하다는 점을 군 수뇌부에 보여줌으로써, 추잉검을 '본질적 전시 상품' 혹은 '전쟁 물자'로 만드는 데 성공했기 때문이었다.[315] 추잉검의 경우 부피가 크지 않기 때문에 전선의 군인들에게 보내는 데 큰 문제가 없었다. 그러나 코카콜라의 경우는 달랐다. 전쟁물자로 분류된다 하더라도 어떻게 그들에게 완제품을 공수할 것인지가 커다란 문제였다.

전시 필수품이라는 이름으로

군의 최고위층인 드와이트 아이젠하워Dwight Einsenhower나 조지 마셜

George Marshall 장군이 코카콜라를 정식으로 요청하기 이전에도, 일선 군부대에서 전시에 코카콜라의 필요성을 강조했던 것은 분명하다. 예를 들어 코네티컷 주에 위치한 한 공군기지의 물품판매 장교는 코카콜라가 군인들의 사기 진작에 "커다란 역할"을 하고 있다면서, 코카콜라를 군의 사기진작 물품으로 분류될 수 있다고 자신들의 의견을 털어놓았다.[316] 해군 소속 비행기지의 한 복지 담당 소령도 코카콜라가 자신의 기지에서 사기 및 복지 문제에서 큰 역할을 담당한다고 보았다. 그런데 진주만 공습으로 인한 2차 세계대전 참여로 설탕이 배급될 상황을 우려하면서, 이러한 상황이 닥친다 해도 군 기지의 경우에는 가능한 마지막에 해당되어야 한다고 생각했다.[317]

그러나 해외의 전쟁터에서 싸우는 미군들에게까지 코카콜라를 공급한다는 것은 결코 쉬운 일이 아니었다. 우선 전시 체제에서 전쟁 전보다 설탕 사용량을 절반으로 삭감한 상황 속에서는 더더욱 힘들어졌기 때문에 무엇보다도 설탕을 전쟁 수행에 꼭 필요한 총이나 대포와 같은 필수, 또는 '전시 우선 품목'으로 만드는 것이 당면과제였다.[318] 일부 학자들은 연방정부가 코카콜라를 '전시 우선 품목'으로 승격시킨 것이 "공공연하게 갑작스럽고 (코카콜라에) 유리한 결정"이었다면서, 이러한 결정을 진주만 공습 이후가 아니라 1941년 여름에 내린 것이라 주장하지만, 그 증거를 제시하고 있는 것은 아니다.[319]

문제는 미국 안의 군인들이 있는 곳이 아니라, 바로 전쟁터에서 싸우고 있는 해외의 미군들에게는 어떻게 코카콜라를 공급하는가였다. 미국에 있는 보틀링 공장에서 태평양이나 대서양을 건너 전쟁터까지 코카콜라를 공수한다는 것은 비용도 문제였지만, 전투에 꼭 필요한 군수품과 식량을 수송할 공간을 나누어 차지해야 했기에 거의 불가능해보였다. 병을 상자로 대서양 건너 전쟁터까지 보내기에는 너무 부피가 컸다. 게다가 어떻게 빈 병을 회수할 것이며, 언제 그 회수된 병에다 콜라를 담아 전선으로 되돌려 보낸단 말인가. 따라서 힘들더라도 전선의 현장에 직접 보틀링 공장을 조립하여, 그곳에서 코카콜라를 공급하는 것이 훨씬 더 합리적인 생각이었다. 그렇기 때문에 코카콜라를 2차 세계대전에 참전중인 수백만 명의 미군들에게 공급한다는 것은 전선의 지휘관들이 적과 싸우고 있는 현장에다 코카콜라 보틀링 공장을 세워달라고 먼저 요청하기 전에는 해결하기 어려운 문제였다. 가장 큰 문제는 군의 협조였다.[320]

어떤 의미에서 보자면 해외에 보틀링 공장을 세우겠다는 생각은 미국이 2차 세계대전에 참전하기 이전부터 존재했다. 즉 1941년 10월 전쟁부는 코카콜라 사에 코카콜라를 보내줄 것을 요청했다. 우드러프는 군인들에게도 코카콜라를 마실 수 있게 만드는 것을 당면한 과제로 생각하고 있었기 때문에, 당연히 그러한 요청을 받아들였다. 그러나 당시 미군이 머물고 있던 아이슬란드에 1만7천 상자의 코카콜라를 비행기로 공수한다는 것이 얼마나 어려운 일인지를 새삼 깨닫게 되었다. 그리고 그는 태평양 위에 있는 미군기지에서도 코카콜라를 마실 수 있도록 해달라는 전쟁부의 요구도 받아들였다.[321] 그러나 이와 같은 요청은 일시적 특수 상황에서 발생한 예외의 일이다. 그런데 이를 기존의 방식으로 수행하려면 코카콜라 사에는 재정적인 부담을 가져올 뿐이었다.

마침내 아이젠하워 장군의 결정은 코카콜라 사가 이러한 딜레마를 벗어날 수 있는 결정적 계기를 제공해주었다. 1943년 6월 29일에 당시 북아프리카에 있던 유럽 전역 사령부의 총책임자인 아이젠하워 장군은 다음과 같은 일급비밀 전문을 보냈다.

> 초기 호송 선적으로 한 달에 두 번 3백만 개의 병과 코카콜라 원액과 보틀링, 세척, 뚜껑 씌우기를 위한 동일한 양의 완전한 장비를 주문함. (CITE SSQMC-559) 장비에 관해서는 여러 지역에 설치하기 위해 10개의 별도의 공장들과 각각의 공장들이 매일 2만 병을 담을 수 있기를 선호함. 또한 6백만 번을 다시 채울 수 있을 만큼의 시럽과 병뚜껑도 선호함. 시럽, 뚜껑과 6만 개의 병은 매달 자동으로 공급되어야 함. 매달 선적되는 병은 추정 가능한 파손 및 분실 분량을 포함할 것.[322]

이 전문에서 그는 매달 6백만 병의 코카콜라를 생산할 수 있는 10개의 보틀링 공장과 이를 운영할 수 있는 인원을 요구했던 것이다.

아이젠하워 장군의 이러한 결정에 대해 당연히 펩시콜라 사는 병참감을 찾아가 미군이 특정 청량음료 브랜드를 지정하는 것은 독점에 해당한다고 이의를 제기하였다. 그러나 참모총장인 마셜 장군은 아이젠하워를 지지하면서 "필수품과 편의품은 해외 주둔군에게 적절한 양이 이용 가능하게 될 것이다" 하는 명령을 내렸다. 나아가 그는 군의 사기 문제라는 측면에서 병사들의 특정 브랜드 선호를 전선의 지휘관이 반영하는 것은 당연한 일이라고 받아들였다. 더 나아가 일부 학자는 코카콜라 사의 로비 이후, 그가 1944년 초 전쟁부의 한 회람(Circular No. 51)을 통해 보틀링 공장 및 공장을 설치하여 운영할 수 있는 인원에 대한 협조 요청의 권리를 군 지휘관에게 부여했다고

주장한다.[323]

펜더그래스트는 훗날 8년 동안 재임했던 대통령 자리를 물러나면서 '군산복합체military-industrial complex'의 위험에 대해서 경고하게 될 아이젠하워가 역설적이게도 코카콜라 사와 미군 사이의 "협조적 합의"의 토대를 쌓았다고 주장했다.[324] 인류학자 시드니 민츠Sydney W. Mintz도 2차 세계대전 중 미군이 코카콜라를 마시게 된 이유를 군부의 '조심스러운 합의' 때문에 가능했다고 본다.[325] 여하튼 중요한 점은 아이젠하워이든 조지 마셜이든, 그들이 전선에 보틀링 공장을 세우는 데 적극적이었다는 것이다. 그들이 먼저 코카콜라 사에 제의를 했는지, 또는 코카콜라 사가 먼저 그들에게 제안했는지는 필자로서는 아무런 증거가 없다. 필자는 어떤 경로를 통해 유럽 전역 사령관인 아이젠하워가 왜 군수품도 아닌 코카콜라를 요청하게 되었는지도 알지 못한다. 또한 참모총장인 마셜이 어떻게 아이젠하워를 두둔하고, 왜 그의 결정을 지지하게 되었는지도 현재로서는 알 수 없다. 그러나 당시 루즈벨트 대통령이 마셜 장군에 대해 무제한의 지지와 전폭적인 신뢰를 갖고 있었다는 사실은 알고 있다. 마셜은 공사 구분이 명료하여 한 치의 흐트러짐도 없었다는 점도 알고 있다. 또한 마셜이 아이젠하워를 신뢰하고 있었으며, 아이젠하워에게 마셜은 '이상적인 보스'였다는 점도 알고 있다.[326] 나아가 아이젠하워에게 1942년과 1943년의 북아프리카 전선은 '제2의 스탈린그라드'였다. 처음으로 2차 세계대전의 전투에 참여하게 된 미군은 경험과 준비 부족으로 커다란 희생과 피해를 입고서야 간신히 그 전쟁에 적응하게 되었다. 결국 연합군은 1943년 5월 13일이 되어서 간신히 북아프리카 전선에서 독일의 주축

군을 격퇴할 수 있었다.[327] 이와 같은 정황을 고려해본다면, 마셜이 되었든 아이젠하워가 되었든, 그들이 코카콜라 사를 배려할 특별한 이유가 있다고 생각되지는 않는다.

다만 분명한 것은 펜더그래스트나 민츠의 주장처럼 최전선에 코카콜라 보틀링 공장을 건설하는 결정에는 마셜이나 아이젠하워를 포함한 군 상층부의 적극적인 협조가 있었다는 것이다. 제2차 세계대전 시기에 대한 코카콜라 사의 공식적 기록담당자인 칸James M. Kahn은 자신의 비망록을 통해 "워싱턴의 군 수뇌부와 (코카콜라) 회사 간부들 사이의 활동"에 관해서 말하는 것은 "바람직하지 않다"고 언급했는데, 이는 위의 주장을 긍정적으로 받아들이게 한다.[328] 그리고 이러한 군 고위층의 결정이 결과적으로는 전쟁터의 미군들이 코카콜라를 이전보다 더 큰 애정을 갖고 찾게 만드는 데 큰 계기를 제공했다고 생각한다.

결과적으로 우드러프는 군 고위층이 코카콜라야말로 병사들이 찾는 '본질적인 제품'이라는 사실을 받아들이도록 하는 데 성공했다.[329] 그렇다면 코카콜라 사의 군에 대한 설득이 결정적이었다고 볼 수 있을까? 코카콜라 사에 근무했던 한 사병은 "코카콜라를 야전의 병사들의 수중에 들어가게 한, 코카콜라 사의 군에 대한 협력이야말로 코카콜라 광고 중 여태껏 최고의 것이었다"고 주장했다.[330] 그의 주장처럼 코카콜라 사가 군에 '협력'을 제공했다면, 마찬가지로 군도 코카콜라 사에 '협력'을 제공했을 것이다. 그렇다면 군은 왜 코카콜라 사의 협력을 필요로 했을까? 군 고위당국의 입장에서 병사들이 코카콜라를 원하지도 않는데 보틀링 공장을 지어달라고 주문하기에는 위험 부담이 컸을 것이다. 예를 들자면 아이젠하워 장군이 위와 같은 결정을 내리기 전에, 사병들에게 의견을 물어 대다수가 맥주보다 코카콜라를 선호한다는 사실을 확인했다. 개인적으로도 어린 시절부터 코카콜라 팬이었던 그도 그들의 생각에 동의했다.[331] 따라서 대다수의 병사들이 코카콜라를 요구했던 것은 사실이었다. 이러한 사실이 공장 건설 요청의 필요조건은 될 수 있었을 것이다. 그렇다 하더라도 사병들의 요구로 코카콜라를 전쟁 필수품으로 만들고, 나아가 보틀링 공장을 연방정부의 비용으로 전선에 건설해달라고 요청할 만큼의 충분조건이 되는 것은 아니었다. 이렇듯 보틀링 공장 요청은 군의 선택이지 의무사항은 아니었다. 어쨌거나 결과적으로 군 고위층의 결정은 코카콜라 사의 미래에 무지개를 걸어주었다. 그리고 미국 정부는 이러한 군부의 요청을 받아들임으로써 코카콜라 사는 군대라는 거대한 시장을 확보하게 되었으며, 나아가 2차 세계대전을 통하여 엄청난 규모의 해외시장을 개척할 수 있었다.

코카콜라의 기술고문

원래 '기술고문Technical Observer'은 1차 세계 대전 중에 생긴 것이다. 이는 전쟁 중에 군에 필요한 무기와 차량 등의 제조업체에게 장비를 점검하거나 유지할 목적으로 만든 것이다. 그리고 아이젠하워 장군이 미군들이 전투를 벌이고 있는 전선에 코카콜라 공장을 세워달라고 했을 때에 코카콜라 사는 이런 지위가 임무에 적절하다고 판단했다. 당시 코카콜라 수출회사의 사장은 제임스 팔리James Farley였으며, 수석 부사장은 제임스 커티스James Curtis였고, 그리고 이 '기술고문'을 선별하고 임무를 부여했던 사람은 셔먼 브라운Sherman Brown이었다. 일반적인 경우에 보틀링 공장 하나는 한 사람이 맡아 완성하고 운영을 책임졌다.[332]

이러한 임무를 수행하기 위하여 코카콜라 사는 163명의 코카콜라 사람들을 장교에 준하는 기술고문에 임명했다. 이들은 군복을 입고 군인들과 생사고락을 같이하면서, 이른바 '코카콜라 대령'이라 불리기도 했다. 이들은 미군이 전쟁을 하고 있는 지역에 파견되어, 전선의 이동에 따라 함께 움직이면서 코카콜라를 공급했다.[333] 이들 중 세 사람은 비행기 사고로 사망하여 고국으로 되돌아갈 수 없었다.[334]

코카콜라 사는 우선적으로 본사 소유의 코네티컷 주 하트포드 원액공장에서 일하던 엔지니어인 앨버트 썸퍼드Albert Thomforde를 북아프리카로 파견했다. 당시 그는 어떻게 구체적으로 상황이 전개될지도 모르는 상황 속에서, 북아프리카에 파견되어 향후 코카콜라 사가 보낼 장비와 보급품을 그곳에서 조립하여 보틀링 공장을 건설하는 책임을 맡게 되었다. 그는 1943년 9월 초에 뉴욕을 떠나 메인 주와 뉴펀들랜드를 거쳐 스코틀랜드의 프레스트윅에 도착했다. 그곳에서 군 수송기를 타고 모로코의 마라케쉬를 거쳐 최종적 목적지인 북아프리카 연합군 사령부가 위치한 알제리 수도인 알지에Algiers에 도착했다. 그리고 여러 주 동안 보틀링 공장 건설에 필요한 자재와 장비를 구하기 위해 이곳저곳을 누비고 다닐 수밖에 없었다. 마침내 그는 이탈리아군 전쟁포로들의 도움을 받아 공장을 만드는 데 성공했다.[335]

치열한 전투가 벌어지는 전선에서 보틀링 공장을 건설하는 데는 크게 두 가지의 어려움이 있었다. 첫째, 미국에서 분해되어 보낸 공장의 여러 파트를 조립 완료했을 때, 우주선이 "달에 착륙한 것처럼 완전하고 자기 완결적"이어야만 했다. 둘째, 최종적으로 만들어진 코카콜라의 품질이 미국에서 만든 것과 동일해야만 했다. 그리하여 "단 하나의 너트, 스크루 또는 볼트"를 구입하지 않고도 — 물론 구입할 수도 없었다 — 공장을 가동시켜야만 했다.[336]

코카콜라 기술고문들은 미군을 따라서 이동하며 보틀링 공장을 건설했다. 이들은 유럽 전선의 경우 북아프리카, 사르디니아 섬, 이탈리아 본토인 나폴리, 노르망디 상륙 이후에는 프랑스, 벨기에, 그리고 결국 독일에까지 이동했다. 이들은 독일이 무조건 항복한 1945년 5월 7일로부터 불과 일주일 후 니더멘디히Niedermendig에 독일에서의 첫 보틀링 공장을 완성했다. 그리고는 그해 여름이 가기 전에 12개의 공장을 더 만들었다.[337]

그러나 태평양 전선의 경우에는 특히 지리적인 상황과 전선의 신속한 이동 등의 이유로 아프리카나 유럽 전선처럼 보틀링 공장 건설은 쉽지 않았다. 따라서 우선 코카콜라는 들고 다닐 수 있는 이동용으로 보급되어 군인들은 병이 아닌 컵으로 마셔야만 했다.[338] 즉 태평양 전선에서 '정글 원액제조기'가 사용되기 시작한 것은 1942년 11월인데, 당시 일본군은 태평양의 거의 전 지역에 걸쳐 장악하고 있었으며, 오스트레일리아를 코앞에 두고 있었다. 그런데다 미군의 사기는 상대적으로 저하되어 있었다. 원래 '정글 원액제조기'는 대규모 회의에서 사용할 목적으로 만든 것이었다. 이를 B26 조종사에게 제공하자, 이들은 이것을 '구원자'로서 받아들였다. 그리하여 군 당국은 몇 백 개를 더 주문하게 되고, 최종적으로는 코카콜라 사의 연구개발부서에서

이것을 개량해서 전쟁터에서 사용할 수 있는 '정글 원액제조기'로 만들어냈다.[339]

1944년까지는 태평양 전선에서는 보틀링 공장을 세우는 것이 불가능했다. 그래서 그때까지는 시간당 70에서 75갤런을 생산할 수 있는 소규모로 이동 가능한 생산 공장을 고안해냈다.[340] 결국 일본이 항복하기 전까지 태평양 전선에는 5개의 보틀링 공장만 건설할 수 있었다. 마닐라에 보틀링 공장이 준공되었을 때에는 맥아더 장군이 직접 공장을 방문하여 첫 번째 코카콜라 병에 서명했다. 그리고 미군의 일본 본토 상륙 이후에는 고베와 오키나와, 그리고 요코하마에도 보틀링 공장을 만들었다.[341]

그런데 모든 군인들이 코카콜라를 군수품으로 취급하는 데 찬성한 것은 아니었다. 많은 수의 지휘관들은 전투 지역에서 총알이나 대포알 따위의 전투에 꼭 필요한 물품 대신에 코카콜라를 싣는 것에 동의할 수 없었다. 그렇기 때문에 어떤 병참책임자의 생각에는 반드시 수송해야할 품목에는 "탄약, 총, 탱크, 그리고 식량"을 포함해야만 했다.[342] 1942년에는 NBC 라디오 방송을 통해 마틴 에그론스키Martin Agronsky 또한 총 따위의 병기가 절실히 필요한 오스트레일리아에 코카콜라를 운송하는 것을 비난했다.[343] 심지어 기술고문이었던 썸퍼드조차도 유보 조항을 달긴 했지만, 초기에는 코카콜라를 미군 장병들에게 전해주는 것이 "매우 가치 있는" 일인지 확신할 수 없었다.[344]

그러나 대부분의 경우에 군 상층부는 우호적이었다. 예를 들자면 1943년 가을 코카콜라 수출회사는 폴 베이컨Paul Bacon을 기술고문의 총책임자로서 런던으로 파견했다. 그의 주요 임무는 조만간 있을 유럽 본토 상륙에 대비하여 재빠르게 보틀링 공장을 지을 준비를 하는 것이었다. 그런데 유럽 해방의 디데이가 다가왔는데 그는 런던에 묶여 있었다. 그것은 그 지역의 병참책임자가 보틀링 공장을 만드는 데 필요한 자재 수송을 거부했기 때문이었다. 결국 아이젠하워가 연합군 사령관으로서 간섭한 덕분에 그는 영국 해협을 건널 수 있었다. 그렇게 해서 프랑스 전선에서 싸우고 있는 수많은 미국의 젊은이들에게 코카콜라를 제공할 수 있었다.[345]

기술고문들은 자신들이 전선에서 보틀링 공장을 건설할 때, 이 일에 사병서부터 고위 장군에 이르기까지 코카콜라에 많은 관심을 기울였으며, 나아가 그들의 협력이 공장을 세우는 데 절대적이었음을 증언하고 있다.[346] 이러한 상황에서 기술고문들은 자신들이 제공하는 코카콜라가 젊은 미국인들에게 사기를 진작시키는 음료라고 믿었다. 또한 병사들도 그것을 하나의 '기적'으로 받아들였다.[347]

젊은 군인들

"아내, 연인, 그리고 집으로부터 온 편지 다음으로 우리 군인들이 가장 많이 이야기하는 것은 코카콜라다"라고 코카콜라 사는 일련의 1943년 광고를 통해 자신 있게 주장했다.[348] 어느 코카콜라 사 부사장은 2차 세계대전 중 코카콜라 사가 한 일은 미군들이 코카콜라에 열광하게 만드는 것이었다고 말했다.[349] 그의 주장처럼 장교든 사병이든, 밀림에 있건 바다에 있건, 수많은 미군들이 코카콜라에 열광하며 애지중지했으며, 자신이 지켜야 할 소중한 어떤 것으로 생각했다.

군 지휘부 또한 군인들의 사기를 높여주는 것이 적과의 전투에 있어 필수적임을 인식하고 있었으며, 특히 전선에 있는 장병들이 가장 즐겨 찾는 것이 바로 "고향으로부터의 편지, 담배, 추잉검, 그리고 코카콜라"라는 것을 잘 알고 있었다고 제임스 칸은 주장했다.[350] 결과로 보면 그저 평범한 음료수가 전선에서 생사의 기로에 서 있는 병사들에게는 조국과 자신의 집, 부모님, 애인, 친구들을 떠올리게 했던 것이다.

그렇기 때문인지 2차 세계대전 중 독일의 대 언론 책임자인 오토 디트리히Otto Dietrich는 "미국은 유럽 문명을 위협하는 추잉검과 코카콜라를 제외하고는 세계 문명에 이바지한 바가 전혀 없다"고 비난했다. 그의 주장은 〈애틀랜타 저널〉 1942년 10월 12일자 기사로 등장하여 미국인들의 공분을 샀다. 코카콜라의 이미지만 더더욱 미국 문명과 결부되는 결과를 낳게 된 것이다.[351]

그렇다면 몇몇 극적인 실례들을 통해 이러한 상황을 좀 더 이해해 보도록 하자. 종군기자인 하워드 패스트Howard Fast의 코카콜라에 관한 증언이 그 단적인 사례가 될 수 있을 것이다. 사우디아라비아의 어느 육군 기지에 수송기인 C46이 착륙하여 수천 병의 코카콜라 빈 병을 공수하고자 하였다. 그런데 적재중량이 초과되어 비행기가 고도를 잃고 비틀거리자 기자가 코카콜라 병을 버릴 것을 건의했으나, 조종사는 다음과 같이 말했다고 한다. "절대 안 됩니다. 총이나, 지프, 탄약 또는 곡사포까지도 (버릴 수 있지만)…… 코카콜라 병이라니? 말도 안 됩니다. 목적을 완수하고 싶지 않거나 일등병이 다시 되기를 원하지 않는 이상 말입니다."[352] 한 병사는 자신의 즐거웠던 순간을 이렇게 적었다. "어제는 특별한 날이었습니다. 당신(어머니)으로부터 온 두 통의 편지, 그리고 거기에다 6병의 코카콜라."[353] 또 어느 기술고문의 보고에 따르면, 전투 중 한 팔과 한 다리를 잃은 부상병이 삶의 의지를 잃고 있었는데 어느 날 간호사가 그에게 코카콜라를 마시고 싶으냐고 묻자 그는 농담하지 말라고 대답했다. 그런데 간호사가 실제로 코카콜라를 가져다주자 그는 어린애처럼 펑펑 울었다고 한다. 코카콜라가 그 부상병에게 자신의 고향을 뭉클 생각나게 만들었기 때문이었다.[354]

한 퇴역 군인은 자신이 독일에서 전쟁포로로 일 년 이상 있었던 기억을 되살리면서, 당시는 단지 코카콜라를 떠올리는 것만으로도 살아야겠다는 의지를 다질 수가 있었다고 회고했다. 그는 포로 시절 굶주림 상태에서 강제로 6주 동안 걸어야만 했는데, 거의 삶의 의지를 상실하고 있었다. 그런데 행군 도중 어느 독일의 마을을 지날 때 거의 벗겨진 광고 포스터가 그의 눈에 들어왔다. 그것은 다름 아닌 코카콜라 광고였다.

> 우리가 (그곳을) 지날 때, 나는 2, 3분 정도 코카콜라 사인을 보았으며, 집과 (나중에 아내가 된) 여자 친구와 내가 앉아서 우리의 삶에 대해 같이 계획을 짜곤 했던 드럭스토어에 관한 기억들이 나에게서 되살아나기 시작했다…… …. 나는 코카콜라의 사인과 그것이 의미하는 것을, 집을, 나를 기다리는 사랑하는 아내와 아이를 생각했으며, 내 앞에 있었던 좋았던 시절과 놀라왔던 것들을 줄곧 생각했다. 내가 만일 이 궁지에서 살아서 벗어날 수 있다면. 바로 그때 그곳에서 나는 나 자신에게 '나는 살아서 빠져 나올 것이다'고 말했으며, 그런 다음에 새로운 희망과 활기의 느낌이 나에게 드는 것 같았다. 여기 나의 사랑하는 아내와 아이와 같이 앉아서, 종종 독일에서의 조그마한 코카콜라 사인을 생각해보고는 내가 집에 돌아오게 도와준 데 대해서 매우 감사한다고 말한다.[355]

도대체 왜 이런 일이 벌어졌을까? 어떻게 군인들이 특정 상표의 하찮다면 하찮은 음료수를 위해 목숨을 바치겠다는 생각을 하고, 삶의 의지를 불태울 수 있었을까? 어니 파일Ernie Pyle은 당시 미군들이 가장 좋아하던 종군기자였다. 그는 "모든 미국인을 사로잡고 있는 진정으로 심오한 목표"가 집이나 고향이라고 보았다.[356] 아마도 모든 전쟁터에서 싸우는 군인들은 자신들의 집을 가장 그리워할 것이다. 그런데 미군들에게 있어 가정이란 "특히나 미국적인 의미"를 지니고 있었다. 파일은 미군들이 그들이 싸우고 있던 곳에서 낯선 것, 낯선 사람, 낯선 문화에 대해 이질감을 느꼈으며, 자신들이 고국에만 집착하여 타국에 대한 이해가 부족함을 느꼈다. 그들은 심지어 미국으로 돌아간다면 결코 타국을 방문하고 싶지 않다고까지 했다. 미군들에게 있어 영국산 차든, 프랑스산 포도주든 이런 것들이 단지 "미국이 고향이라는 것과 고향이 유럽보다 낫다는 것을 확인시켜"줄 뿐이었다. 이렇듯 미국의 젊은이들은 1940년대까지도 자신의 국가와 문화에만 사로잡혀 타국의 문화에 대한 이해가 여전히 부족했다.[357]

또 다른 종군기자인 존 허시John Hersey는 전쟁터에 있는 미군들이 집에 대한 그리움을 지니고 있으면서도, 왜 그들이 남의 나라에서 목숨을 걸고 싸우는 지에 대해서 자각하고 있지 않다는 사실에 주목했다. 그는 병사들에게 왜 싸우느냐고 끊임없이 물었다. 한 병사는 블루베리 파이를 위해 싸운다고 답변했다. 물론 여기서 그 파이는 하나의 은유일 뿐이다. 허시는 파이가 병사들의 집이나 고향을 상징한다고 생각했다. 나아가 그것이 다른 병사들에게는 음악이거나, 금발의 미녀이거나, 영화일 수도 있었다. 그러나 이러한 것들은 단지 집을 떠올리는 상징물이었다. 그들이 이런 것들을 위해 싸운다는 것은 집과 고향을 위해 싸운다는 것을 의미했다. 그래서 허시가 보기에 그들에게 고향이란 그저 "관대함, 좋은 급료, 안락함, 민주주의, 파이" 따위의 좋은 것들을 의미했다. 〈새터데이 이브닝 포스트*Saturday Evening Post*〉에 연재했던 시리즈 '나는 무엇을 위해 싸우나'에 실린 어느 병사 또한 이렇게 말했다. "나는 빛나는 녹색 지붕과 커다란 앞마당에 잔디가 있는, 그 커다란 집을 위해 싸웁니다."[358] 그렇다면 전선의 미군들에게 코카콜라는 마치 그것이 자신들이 싸워야할 집이나 고향, 조국의 일부라도 되는 것처럼, 어쩌면 루즈벨트 대통령의 연설보다도 더 "자유와 고매한 이상"에 대해서 생각나게 했을지도 모른다.[359]

전쟁터에 있던 미국의 젊은이들이 유럽 문화에 대해서도 이질감을 느꼈다면 비서구권 문화에 대한 반응은 더 부정적이었을 것이다. 그렇기 때문에 미국, 고향, 그리고 집을 떠올릴 수 있는 것들은 미군들에게 환영받고 애정의 대상이 될 수밖에 없었다. 따라서 이들에게 코카콜라는 목마를 때 마시는 청량음료가 아니라, 전쟁의 긴장과 죽음의 고통 속에서도 자신들이 떠나온, 그러나 언젠가는 돌아가야 할 고향과 집을 추억하게 하는 소중한 표상이었다. 이처럼 병사들에게 있어 코카콜라는 언제나 고향에서의 즐거웠고 좋았던 기억을 떠올리는 매개물이 되고 있었다. 그들에게 고향을 떠올릴 수 있는 것이라면, 그것이 코카콜라건 허시 초콜릿이든, 혹은 리글리 추잉검이든 상관없었다. 따라서 만약에 펩시콜라가 그들의 손에 쥐어졌다 하더라도 그들은 마찬가지로 아내와 자식이나 연인들과의 추억을 떠올리며 즐거워했을 것이다. 왜냐하면 그들에게 낯선 유럽이나 아시아에서 돌아가고 싶은 고향과 가족의 이미지를 마주할 수 있는 물질적 대상들은 극히 제한되어 있었기 때문이다. 그리고 코카콜라는 그것들 가운데 하나였다.

그렇다면 많은 미군들은 다만 살아서 집으로 돌아가기 위해 적과 싸웠던 것이지 그 어떤 고상한 대의명분을 위해서 대서양이나 태평양을 건넜던 것은 아니다. 그들은 승리만을 생각했고, 살아남는 것만을 생각했다. 따라서 그들에게 추상적인 도덕적 가치들이란 거의 의미가 없었으며, 그들이 생각하는 미국적 민주주의란 그저 그들이 자신의 고향에서 먹고, 입고, 즐기고, 살아오던 방식을 지키는 것에 지나지 않았을지도 모른다. 이런 식으로 미군들의 집단 심성을 이해해본다면 그들이 코카콜라를 위해 죽을 수도 있다는 것은, 그들이 원래 살던 방식을 보존하고 있는 고향과 미국에 대한 또 다른 상징이었을 것이다. 중요한 것은 코카콜라가 이러한 지위를 2차 세계대전을 통해 확실하게 획득했다는 점이다.

전쟁의 유산

2차 세계대전의 영웅인 아이젠하워는 1952년 선거에서 대통령에 당선되자 국방장관으로 당시 제너럴 모터스의 회장이었던 찰스 윌슨 Charles Erwin Wilson을 지명했다. 그는 1953년 초 의회 청문회장에서 특정 기업의 우두머리로서 한 국가의 국방을 책임지는 자리에 갈 수 있겠냐는 질문에 "미국에 좋은 것은 GM에 좋은 것이며, GM에 좋은 것은 미국에 좋은 것이다"고 거침없이 답변했다. 누군가 2차 세계대전 중 코카콜라 사가 미 행정부의 적극적인 도움으로 전쟁터에 보틀링 공장을 짓고, 미군들이 가는 곳이면 어디든지 코카콜라를 공급하는 것을 어떻게 정당화할 수 있겠냐고 묻는다면, 아마도 우드러프는 "미국에 좋은 것은 코카콜라 사에 좋은 것이고, 코카콜라 사에 좋은 것은 미국에 좋은 것이다"고 대답했을지도 모르겠다.

2차 세계대전이 진행되는 동안 1,500만 명 이상의 미국인이 군대에 소집되어 조국을 위해 싸워야만 했다. 이들은 자신들의 의지와 관계없이, "일주일에 스물한 번" 고기를 먹어야 했으며, 어마어마한 양의 커피와 온갖 종류의 단것들, 그리고 하루에 두 번은 식사가 끝난 뒤에 디저트를 먹어야 했다. 유감스럽게도 이들에게는 음식의 선택권이 없었다. 이러한 식단은 이들이 짤 수 있는 것이 아니라, 군대 위에 또는 밖에 있는 권력자들에 의해 결정된 것이었다. 전쟁은 권력이 어떻게 개인의 음식 선택에 영향을 미칠 수 있는지를 적나라하게 보여주는 대표적인 예이다. 덕분에 수많은 사람들의 식습관이 바뀌었다. 코카콜라의 경우도 마찬가지였다. 코카콜라는 이들에게 그냥 나눠준 것이 결코 아니었다. 코카콜라 또한 2차 세계대전 중에 이들이 볼 수 없는 권력자들에 의해, 민츠의 표현을 빌리자면, "꼼꼼한 준비"를 거쳐 이들에게 제공되었던 것이다.[360]

2차 세계대전 중 전선에 설립된 보틀링 공장을 통한 코카콜라 공급은 당시 코카콜라 사에는 커다란 금전적 이익은 가져오지 못했겠지만, 장기적 시각에서 보면 엄청난 크기의 해외시장을 확보할 수 있게 되었다.[361] 그 결과 전쟁 중 총 34개월 동안 30억 병 이상이 군인들에게 공급되었으며, 64개의 보틀링 설비가 미국에서 전 세계로 선적되어 미군이 싸우는 전쟁터에 설치되었다. 그리하여 1946년 말에는 전 세계에 155개 이상의 보틀링 공장이 돌아가고 있었다.[362] 기술고문들은 남태평양에 위치한 뉴기니 섬으로부터 북아프리카 지역, 유럽의 북쪽 끝 아이슬란드에 이르기까지 코카콜라 보틀링 공장을 건설하고 운영했다. 그리고 무엇보다도 이 해외의 공장들은 미국 정부의 예산으로 설립된 것이었다. 64개의 보틀링 공장 중에서 59개가 미국 정부의 비용으로 건립되었다.[363] 즉 특정기업의 특정물품이 미국 시민의 세금으로 세워졌다는 뜻이기도 하다. 그리하여 코카콜라 사는 이론상 돈을 거의 들이지 않고 공장을 소유하게 되었으며, 자신의 상품 시장을 확대할 수 있었다. 전쟁이 끝나고 민간 경제로 복귀하면서 이 공장들은 미군이 아닌 전 세계 소비자들을 상대로 그들의 목마름을 해소시켜줄 준비가 되어있었던 것이다.

프레드릭 앨런이 이야기했듯이 2차 세계대전은 코카콜라 사에게 기존 시장의 위축을 가져오기는커녕 결과적으로는 시장이 전 지구적으로 확대되는 기적 같은 일이 가능하게 했다. 코카콜라 사는 1920년대 말과 1930년대를 거치면서 해외시장 확대에 그렇게 노력했지만, 소기의 목표를 달성했다고 보기는 어렵다.[364] 그러나 2차 세계대전의 발발은 코카콜라 사에게 천재일우의 기회를 가져다주었으며, 그 결과로 코카콜라는 유럽 및 태평양 전선에서 전투를 수행하던 미군들이 언제나 갈망하는 전쟁 수행에 꼭 필요한 군수품이 되었다. 전쟁 도중 그들에게 코카콜라는 "거의 종교적 의미"를 지니고 있었다.[365] 그러니 전쟁이 끝났을 때 수많은 미군들이 확실한 코카콜라의 평생 소비자가 되어 일반 사회로 돌아간 것도 무리는 아니다. 그들은 전후 민간인으로 복귀해서도 죽음의 공포를 느끼며 사선을 넘나들던 그 전쟁을 잊을 수는 없었으며, 그때 마시던 코카콜라를 자연스럽게 마셨을 것이다.

1949년 파커 펜 회사Parker Pen Company가 임의로 선발된 4백 명을 모집단으로 하여 이른바 '제품 인식 연구'를 시도한 적이 있었다. 당시 그 회사는 사람들에게 자신들의 파커 만년필, 포드 자동차, 론슨Ronson 라이터, 그리고 코카콜라 병의 사진들을 제시하면서 그 제품의 이름을 맞출 것을 요구했다. 결과는 이러했다. 파커 만년필의 제품 인지도는 64.5퍼센트, 포드 자동차는 75퍼센트, 론슨 라이터는 81.75퍼센트, 그리고 코카콜라 병은 무려 99퍼센트였다.[366] 이 사실이 무엇을 의미하는 지는 독자들도 충분히 이해할 것이다.

역설적이게도 20세기 인류의 비극인 2차 세계대전이 미국인들에게 코카콜라가 자신들의 '국민 음료'임을 확인시켜주는 기회를 제공했다. 나아가 전쟁을 수행했던 미국의 젊은 세대는 전쟁이라는 특수한 상황에서 코카콜라를 '국가적 상징'으로 생각하여 자신들이 지켜야할 소중한 미국적 가치의 일부로 받아들이는 계기가 되었다. 심지어 냉전 초기 프랑스와의 민족적 감정 대결로까지 전개되었던 사건을 통해서 드러났듯이, 코카콜라는 미국인들에게 누구도 함부로 건드릴 수 없는 '토템 음료'가 되었다.[367] 동시에 그 전쟁은 코카콜라를 명실상부한 '글로벌' 음료로 자리 잡는 데 다시없는 천재일우의 기회를 제공한 것이다.

9장

코카콜라, '욕망의 제국'

맛의 제국을 향해

제2차 세계대전 이후 수많은 전 세계 사람들에게 코카콜라는 "휘발유처럼 '미국적 생활방식'의 필요불가결하면서 상징적인 액체"였다. 영국의 한 만화가가 하늘을 날고 있는 미군 비행기에 한 쌍의 급유탱크가 연료를 주입하고 있는 그림을 그렸는데, 한 쪽은 휘발유를 비행기에, 다른 쪽은 승무원들에게 코카콜라를 공급하고 있었다.[368] 휘발유 없는 자동차를 생각할 수 없듯이, 자동차 없는 현대 미국 사회도 생각할 수 없다. 위에서 소개한 만화는 휘발유만큼이나 코카콜라 없는 현대 미국 사회를 상상하기 힘들다는 뜻을 담고 있다. 이후 냉전체제가 굳어지면서 이른바 '자유세계'를 대표하는 미국은 전 세계 사람들의 동경의 대상이었다. 그것은 물질적 풍요를 의미하는 '미국적 생활방식'에 대한 사람들의 부러움과 질시로 보아도 무방할 것이다. 그런데 코카콜라가 바로 이 '미국적 생활방식'의 상징이었다. 따라서 코카콜라가 빠진 '미국적 생활방식'은 생각조차 하기 어려웠다. 2차 세계대전을 통하여 코카콜라는 미국인들과 전 세계 사람들에게 '미국적 생활방식'의 으뜸가는 상징으로 부상했고, 이 영국 만화가는 바로 그 점을 날카롭게 포착한 것이다.

이러한 사실은 코카콜라 판매량의 급증을 통해서도 확인해볼 수 있다. 코카콜라 사 회장인 버크 니콜슨이 코카콜라 수출회사 사장인 커티스에게 보낸 편지에 따르면, 코카콜라 원액이 시판된 이래 총 누적 합계가 10억 갤런의 판매량에 도달한 시점이 1944년 8월 19일이었다. 코카콜라가 처음 판매된 1886년부터 계산하면 58년 만에 달성된 것이다. 그런데 이러한 기록을 불과 9년도 못 되어 갱신했다. 20억 갤런의 판매량에 도달한 시점은 바로 1953년 4월 9일이었으니, 두 번째 10억 갤런의 코카콜라 원액은 첫 번째의 경우보다 무려 6배 이상 빠른 속도로 판매되었던 것이다. 이러한 기록은 국내시장의 꾸준한 성장에 힘 입은 것도 있었겠지만, 해외시장의 급속한 매출 증가가 없었다면 생각하기 어려운 일이었다. 그렇기 때문에 니콜슨은 코카콜라 판매량의 "이러한 가속된 성장"에 도움을 준 코카콜라 수출회사의 공로에 감사의 뜻을 표했던 것이다.[369]

여기서는 2차 세계대전 이후 전 세계가 미국과 소련 양 진영으로 명확하게 갈라지고, 냉전이 본격적으로 전개되는 상황 속에서, 코카콜라가 과연 어떻게 '맛의 제국'을 확고하게 만들었는지를 알아볼 것이다. 코카콜라 수출회사에서 만든 격월간지인 〈코카콜라 오버시즈 *Coca-Cola Overseas*〉가 우리의 궁금증을 푸는 데 결정적인 도움을 제공할 것이다.

〈코카콜라 오버시즈〉란

전쟁이 끝나고 얼마 지나지 않아 미국과 소련의 갈등이 확대되면서 냉전체제가 자리 잡게 되었다. 이러한 새로운 상황이 전개되면서 코카콜라 사는 자사의 음료를 수출하는 데 주력하게 되었으며, 세계 수십 개국의 현지 기업인들과 프랜차이즈 계약을 맺어 코카콜라의 세계화를 실현하게 된다. 특히 별개의 법인체인 코카콜라 수출회사는 〈코카콜라 오버시즈〉라는 격월간 사보를 창간하여, 미국 내 코카콜라 사의 근황과 전 세계 현지에서 근무하는 사람들이 서로 대화를 나눌 수 있는 공간을 만들었다.

비록 〈코카콜라 오버시즈〉가 격월간으로 시작한 것이 1948년 6월이었지만, 그 기원은 2차 세계대전 중인 1944년 6월 기술고문의 활동상을 기록한 〈티 오 다이제스트*T. O. Digest*〉에서 찾을 수 있다.[370] 이 잡지는 루드윅 듀크Ludwig Duke를 편집인으로 해서 전 세계 24개국에 주재하던 직원들을 부편집인으로 활용하여 그들이 보내온 현지의 활동상을 중심으로 구성되었다.

기본적으로 이 〈코카콜라 오버시즈〉의 목적은 전 세계에 흩어져있는 현지 직원들에게 단결심과 더욱 친밀한 관계를 맺게 하고, 나아가 전 세계의 고객들과 선린관계를 형성하고자 하는 것이었다. 해리슨 존슨 같은 고위 간부들은 "사고와 비전에 있어 세계의 시민"이 되어줄 것을 주문하기도 했다.[371] 또한 코카콜라 사의 법률고문인 랠프 헤이즈는 이 잡지가 전 세계에 걸쳐 많은 사람들에게 이 잡지가 아니면 얻을 수 없는 정보와 자극을 주기를 희망했다.[372] 일본에서 활동하던 지역 매니저는 〈코카콜라 오버시즈〉의 편집장에게 정부 관리들을 만날 때에도 이 잡지를 보여주어 코카콜라 사업의 지구적인 보편성을 이해하게 하는 데 큰 도움이 되었다고 보고했다.[373] 이 잡지는 1971년까지 존속했는데, 필자의 생각으로는 냉전 초기 미국 소비문화의 전 지구화가 어떻게 진행되는가 하는 과정을 추적할 수 있는 귀중한 자료라고 여긴다. 즉 이 잡지는 '코카콜라 식민화Coca-Colonization'라는 문화제국주의의 실체를 확인할 수 있는 기회를 제공해줄 것이며, 더불어 유럽이나 제3세계의 미국화 여부를 검토해 볼 수 있는 훌륭한 보물창고가 될 수 있을 것이다. 따라서 이 장에서는 〈코카콜라 오버시즈〉를 중심으로 코카콜라가 어떻게 전 세계에 깊숙이 뿌리내리게 되었으며, 경쟁사인 펩시콜라와는 달리 코카콜라가 어떤 방식으로 '타자'인 유럽과 제3세계에서 미국 문화를 대표하는 모습으로 투영되었는지를 알 수 있는 실마리를 제공할 것이다.

그렇지만 이 장에서는 코카콜라 사의 입장, 곧 생산자의 시각만을 반영하고 있던 〈코카콜라 오버시즈〉의 자료를 주요 분석 대상으로 했기 때문에 특정 지역과 국가에서 살고 있는 소비자들의 시각을 제대로 반영할 수 없는 한계를 안고 있다. 그렇기 때문에 10장에서는 소비자의 시각, 즉 수용 국가와 국민의 시각에서 코카콜라 사의 지역화의 문제점을 지적할 것이다.

미국적 생활방식과 자유무역

그렇다면 무엇이 2차 세계대전 이후 코카콜라의 전 세계적 판매를 가능하게 했을까? 또한 무엇이 코카콜라를 전 지구적 '미국화'의 상징으로 자리 잡게 했을까? 사실상 '자유무역free trade'은 일찍이 1918년 1월

8일 우드로 윌슨 대통령이 의회 연설을 통해 밝힌 전후 구상인 14개 조항에 등장했다. 3번째 조항에서 그는 "모든 경제적 장벽의 제거"와 "통상 조건의 평등"을 통한 자유무역을 역설하고 있었다. 이것은 바로 미국 상품의 무제한적 수출을 보장하기 위한 한 방편이기도 했다. 윌슨 대통령은 "무역을 모든 민주주의의 근본"이라고 생각했기 때문에 당연히 해외에서의 교역의 자유, 즉 모든 국가 간의 자유무역을 그의 외교에서 핵심 과제로 생각하고 있었던 것이다.[374]

윌슨 대통령은 이러한 그의 생각을 이미 1916년 7월 10일 '세계 세일즈맨 총회'에서 피력했었다. 그는 "이 세계에서 커다란 장벽은 원칙의 장벽이 아니라 미각의 장벽"이라고 주장하면서, "물질적 안락함"이야말로 미국인들이 집착하는 생명권, 자유권, 행복 추구권과 분리될 수 없는 당연한 논리적 귀결이라고 이해했다. 그렇기 때문에 윌슨은 이 세일즈맨들에게 "나가서 상품들을 팔아 세상을 더욱 안락하고, 더욱 행복하게 만들고, 그것들을 미국의 원칙으로 바꿀" 것을 주문했다. 세계 무역의 확대의 궁극적 목표는 바로 미국 기업들에 의한 "세계의 평화적 정복"이었다.[375]

2차 세계대전 기간 중에도 루즈벨트 행정부에서는 전후 경제를 미리 염려하고 있었다. 이미 1차 세계대전 직후의 불경기와 1930년대의 대공황을 경험했기 때문에, 전쟁이 종결된 후 다시 높은 실업율과 높은 물가가 미국 경제를 또 다른 대규모 불경기로 몰아넣을까봐 그 방지책을 진지하게 고려하지 않을 수 없었다. 이를테면 '국가자원계획위원회National Resources Planning Board'는 행정부가 전후 "모든 고용 가능한 사람들을 위한 완전 고용에 필요한 비용을 부담"할 뿐만 아니라

"적절한 수단에 의한 높은 수준의 전국적 생산과 소비를 증진하고 유지할" 정책을 구체화해야 한다고 제안했다.[376] 그러나 전쟁이 막바지에 이르면서, 루즈벨트 자유주의는 점차 세력이 약화되고, 의회에서는 '완전 고용 법안'을 사실상 무용지물로 만들었다. 사태에 이렇게 되자 행정부의 핵심 관리들은 방향을 바꾸어 해외 경제정책으로 관심을 돌릴 수밖에 없었다. 즉 전쟁이 끝나게 되면 과잉 생산될 국내 생산물들을 해외로 수출하는 길만이 있음직한 불황을 타개할 수 있으리라고 생각한 것이다.

특히 세계 최대 규모의 면화수출회사의 창립자이자 당시 국무차관보였던 윌리엄 클레이튼William L. Clayton은 이러한 전략의 최고 책임자였다. 그는 국제무역을 확대하는 길만이 미국과 세계 전반 모두에게 좋은 일이며, 이 과정에는 사회주의적 계획이나 국민들의 세금이 한 푼도 필요하지 않을 것이라고 주장했다. 물론 그는 자유무역이 미국 소비자를 돕는 길이며, 미국의 생산자에게도 "심대하게" 영향을 미치리라는 것은 공개적으로 이야기하지 않았다.[377] 즉 자유무역이 진행될 경우에 최대의 경쟁력을 갖춘 미국이 전 세계를 대상으로 더 많은 물건을 수출할 것이고, 그보다는 못하겠지만 또한 값싸고 질 좋은 물건을 제3세계나 유럽으로부터 수입하게 되리라는 것은 자명했다. 모든 국가가 개방된 상태에서 공정하게 물건을 주고받자는 생각은 이론상 바람직했지만, 현실에서는 종종 어린아이와 어른이 시합을 하는 양상이 되어 한 쪽에서는 농산물이나 수출하고, 미국의 공산품을 수입할 수밖에 없는 상황이 되었던 것이다. 여하튼 미국은 전후 냉전체제에서 자유무역을 주창할 것이며, 이러한 '개방 무역 시스템'을 방해하는 세력은 단호히 응징할 준비가 되어있었다. 그리고 이러한 방해 세력은 미국의 입장에서 소련을 중심으로 한 공산주의 국가들이었다. 이들은 시장경제를 부정하고 계획경제를 집행할 태세가 되어 있었다.

앞에서도 이야기한 것처럼 1930년대 힘든 대공황 시절 미국의 자본주의가 의심의 눈초리를 따갑게 받고 있을 때, 멋지게 고안된 '미국적 생활방식'은 많은 미국인들에게 자국의 경제 체제에 대한 무한한 긍정심과 자부심을 안겨주었다. 그리고 전후 미소의 갈등과 더불어 냉전의 성격이 드러나면서 미국이 주창하는 '자유무역'은 '미국적 생활방식' 또는 '미국적 방식'의 일환으로 유럽과 제3세계에 널리 각인되었다.

코카콜라와 자유무역

코카콜라 사는 〈코카콜라 오버시즈〉를 통해서 자신들의 사업의 성격을 분명히 드러냈다. 그들은 자유무역을 지지하며, 민주주의 체제에서만 자유 시장경제가 가능하다고 보고 있었다. 따라서 이러한 원칙에 방해가 되는 공산주의를 배격하고 있었다. 이러한 점을 날카롭게 간파하고 있던 외부 사람으로는 루즈벨트 행정부에서 법무차관보를 역임했으며, 특히 반독점법을 강력히 시행했던 서먼 아놀드Thurman Arnold를 들 수 있다. 그는 바람직한 "미래의 자유시장경제"의 대표적 기업모델로서 코카콜라 사를 서슴지 않고 꼽았다. 그는 서만 반독점법을 위반하지 않으면서도, 나아가 이 법안이 추구하는 "경쟁적 경제의 이상"으로써 그 정신을 실현하고 있는 대기업으로 코카콜라를 주목했던 것이다. 그는 다국적기업인 코카콜라가 교역 대상 국가들과 자유무역을 시행한 결과, 현지에서 어떻게 환영받았는가에 대해 다음과 같이 설명했다.

> 그것(코카콜라)은 끊임없이 새로운 시장으로 몰려 들어가며, 국제무역의 경계를 넘어선다. 그것을 유럽에서 손에 넣는 데는 마셜플랜도 필요 없다. 그것은 해외에 자본을 만듦과 동시에 자국에서는 이익을 만들어낸다. 그것은 전 세계적으로 미국을 위한 사업 관계망, 이윤이 남는 상업적 관계, 친교를 건설한다. 사람들은 오랫동안 생필품 구입을 중단한 이후에도 '코크'를 위해 5센트를 지불할 것이다.[378]

심지어 당시 주미 중국(지금의 타이완) 대사조차도 〈코카콜라 오버시즈〉에 기고한 글을 통하여, "자유무역이 모든 민주국가들의 목표"이며, 가능한 한 경제적 제재를 제거하여 국가들 간에 보편적 무역이 가능하게 하여야 하며, 그래야만이 상품의 교역을 통한 평화가 가능하다고 주장했다.[379] 그렇기 때문에 1950년대 초 코카콜라 사의 회장인 버크 니콜슨은 코카콜라 사는 해외에 새로운 시장을 개척함과 동시에, 그 지역에 코카콜라를 공급함으로써 지역민들에게 시장경제를 교육시켰다고 주장했다. 즉 "코카콜라의 서비스, 조직, 노하우를 수출하는 것이야말로 해외 국가들에 효과적인 자본 수출이며, 그것이 달러의 수출보다도 더욱 중요하다"고 강조했다.[380]

이는 코카콜라 수출회사의 회장이었던 제임스 팔리의 생각을 통해서도 분명히 알 수 있다. 그는 문명의 진보가 도덕의 진보와 손을 나란히 잡고 진행하는데, 공산주의는 철저하게 비도덕적이며 권력 탈취만을 목표로 하고 있다고 비난했다. 또한 공산주의의 가장 큰 적이 평화와 번영이기 때문에, 이를 근간으로 공산주의로부터 인류 사회를 보존해야 한다고 주장했다. 그는 공산주의가 민주주의와 자유시장경제를 허용치 않기 때문에 자유 사회의 가장 큰 적이라고 주장했다.[381]

1953년 7월 16일 콜게이트대학에서 열린 미국의 해외정책에 관한 5차 연례회의에서 팔리가 발표한 연설문은 1954년 2월 22일 '자유재단상Freedom Foundation Award'을 수상했다. 그는 이 연설을 통해 다시 한 번 자신의 정치철학과 경제철학을 분명히 했다. 기본적인 내용은 전후 새로운 세계에서 미국이 지향해야 할 사명과 정책에 관한 것이었다. 그는 연설문을 통해 무엇보다도 민주주의와 '자유로운 정부'가 작동할 수 있도록 하는 것이 미국의 임무라고 말하면서, 나아가 이러한 임무는 미국뿐만 아니라 전 세계를 위해서도 수행되어야 한다고 했다. 또한 이러한 임무는 미국만이 아니라 다른 나라의 협력이 있어야 가능하다고 생각했다. 그런데 이러한 협력이 자연스럽게 이룩될 수 있는 상황을 솔직하고 날카롭게 이야기하고 있다. 즉 유럽의 경우가 그러하듯이, 미국의 물건을 사들이고 제조 방식을 알게 된 국가는 결국에는 "미국적 생활의 지배적 원리들"을 알게 될 것이라고 주장했다. 이렇듯 미국 상품을 수출함으로써 자연스럽게 자유무역이나 시장경제 같은 미국적 경제 신조가 다른 국가에도 수용될 것이라 보았으며, 해외에 나가 있는 미국의 정치가, 군인, 학생, 기업인 등은 의식하든 아니든, 이러한 결과를 이룩하는 데 어떤 역할을 하고 있다고 주장했다.[382]

이처럼 코카콜라 사는 국제무역에서 어떠한 장벽이라도 있으면, 코카콜라 수출에 지장을 가져오리라는 것을 잘 알고 있기에 자유무역을 지지하지 않을 수 없었다. 국제무역에 규제가 없애야만 전 세계의 소비자를 상대로 코카콜라 맛의 즐거움을 팔 수 있다고 생각했던 것이다. 그렇기 때문에 코카콜라 사는 지난 반세기 이상 "소비 대중을 즐겁게 해왔다"고 자부하면서, 세계 각국에서 활동하는 코카콜라 보틀러들을 개인사업과 기업 정신의 구현자라고 치하했다. 동시에 이들 이야말로 "통상과 국제무역 증진"에 이바지하고 있다고 강조했다.[383]

전후 코카콜라 수출회사의 상황

코카콜라 사는 2차 세계대전 발발과 더불어 유럽과 아시아 시장을 잃었다. 그러던 가운데 전쟁을 치루면서 6개의 전장에서 64개의 임시 보틀링 공장을 건설하고 운영했다. 전쟁터에 248명의 기술고문을 파견하여 일본이 패망을 선언할 때까지 코카콜라 공급을 용이하게 했다. 전쟁이 끝난 후에도 독일과 일본은 군정으로 이어졌기 때문에 여전히 29개의 보틀링 공장이 미군들을 위해 가동되고 있었다.[384]

그리하여 1948년 당시 코카콜라 수출회사에는 6천 명 이상의 종업원이 미국 이외의 지역에서 근무하고 있었다. 뉴욕의 본사에는 4명의 지역 부사장이, 이들 밑으로 20명의 구획 매니저가 있었으며, 다시 그 밑으로 46개국에 각각의 국가 매니저가 있었다. 사업 체계는 철저하게 분권화되어 있어, 구획 매니저들은 자율 경영 체제를 유지했으며, 국가 매니저의 경우도 마찬가지였고, 이들 밑으로 구역 매니저가 존재했다.[385]

당시 미국에는 1,056명의 보틀러가 존재한 반면, 해외에는 354명의 보틀러가 있었다. 그런데 코카콜라 사는 5년 이내에 해외 지역에

1,100명의 보틀러를 확보할 의지를 갖고 있었다. 즉 미국에서보다 더 많은 보틀러를 해외에 확보하여 코카콜라를 미국보다 전 세계에 더 많이 팔겠다는 의지가 분명했던 것이다.[386]

2차 세계대전 이후 유럽을 비롯한 아시아, 중동, 아프리카 등의 여기저기에 코카콜라 보틀링 공장이 건설되면서, 이들 국가의 국민들도 코카콜라를 맛볼 수 있게 되었다. 코카콜라 보틀링 사업은 통상적으로 지역의 명망 있는 유력인사, 즉 정치력을 지니고 있으면서 보틀링 사업을 운영하기에 충분한 자금을 지닌 재력가가 선택되는 경향이 있었다. 일단 공장이 준공되면, 이곳에서 근무하는 사람들은 선진 미국을 상징할 수 있을 만큼 멋진 유니폼을 입고서 근무하거나, 서비스맨들은 깔끔한 복장과 친절과 미소로 무장하여 코카콜라를 통해 '미국적 생활방식'을 경험하게 만들었다. 특히 제3세계가 그러했다. 예를 들어 바하마 제도의 수도인 낫소Nassau에서는 가정에서의 소비를 진작시키기 위한 무료 시음 행사를 열었다. 이때 코카콜라 보틀링 회사의 여직원들은 간호사와 거의 비슷한 의상을 차려입고, 마치 백의의 천사가 선물을 주듯이, 미국이 잉여농산물을 제3세계 국민들에게 무료로 제공하듯이, 줄을 서서 기다리는 시민들에게 코카콜라를 나누어주었다.[387]

코카콜라와 지역 사업

코카콜라 사는 비록 전 세계를 상대로 코카콜라를 판매하지만, 그 핵심은 '지역 사업local business'이라는 것을 기회가 될 때마다 누누이 강조했다. 코카콜라 사는 어디까지나 원액만 공급할 뿐이며, 코카콜라를 병에 담아 생산하고 유통하고 판매하는 것은 특정 국가나 지역 사업가의 몫이고, 따라서 어떤 특정 국가나 지역에서 코카콜라가 많이 팔리면 팔릴수록 그 국가나 지역의 경제에 도움이 되는 것이며, 지역민들에게도 이익을 가져다주는 것이라고 주장했다. 또한 코카콜라의 수익 구조는 가장 큰 몫이 도소매업자이고, 그 다음으로는 보틀러, 마지막으로 코카콜라 사라면서, 코카콜라의 매출이 엄청나게 증가해왔던 이유 중의 하나가 바로 '독립적인 사업가'가 지역에서 자신의 자본을 가지고 사업을 하는 '지역 사업'이기 때문이라고 역설했다.[388]

팔리 회장은 오하이오 주의 데이턴에 위치한 보틀링 회사의 50주년을 기념하여 연설할 기회를 가졌다. 그는 이 회사가 시작된 1904년 당시 미국의 전역에서 하루에 2,400갤런의 코카콜라 원액이 소비되었을 뿐이었으나, 50년이 지난 현재 전 세계적으로 5천만 병 이상이 날마다 소비되고 있다고 말했다. 또한 상당 부분이 미국 이외의 지역에서 팔리고 있는데, 예를 들어 필리핀의 마닐라에서의 코카콜라 소비량은 시카고보다 크며, 부에노스아이레스에서의 소비량은 미주리 주의 세인트루이스 만큼 된다고 했다. 게다가 이미 전 세계 86개국에서 팔리고 있어, 지역의 자본과 노동에 의존하는 코카콜라는 당연히 특정 지역의 경제에도 중요한 역할을 하고 있다고 주장했다.[389]

아래의 〈코카콜라 오버시즈〉의 사설은 코카콜라의 성격을 분명하게 보여주고 있다. 즉 코카콜라는 국제적인 사업이면서 동시에 지역의 사업이라는 점을 강조하고 있다.

> 당신이 어디를 가든 그곳에는 '코카콜라'가 있다. 이것은 어느 곳에서나 여행자들의 공통된 이야기다……. 그러나 많은 여행자들이 놓치고 있는 '코카콜라'에 관한 또 다른 면모가 있다. '코카콜라'가 국제적으로 어디에서나 손에 넣을 수 있으며, 어느 곳에서나 받아들이고 있지만, 그것이 병으로 만들고 있는 공동체로 보자면 지역적이다. 지역의 기업가들이 자신의 도시에서 돈을 마련하여 코카콜라 보틀링 공장 운영을 시작할 때, 그들은 다른 나라에서 수백 명의 사업가들이 하는 일을 하고 있는 것이다……. 사실상 그들은 코카콜라를 위한 '지역 시민권 증서'를 갖고 있는 것이다……. 그들은 어떠한 공식적인 결합이나 공식적인 조직이 없다. 그들은 코카콜라에 대한 공통의 신뢰로 연결되어 있다……. 그들은 누구에게 종속되어 있거나 신세를 지고 있지 않다……. 그들은 자신의 사업을 소유하고 운영하고 있다.[390]

또한 코카콜라 수출회사는 해외에서 일하는 직원들에게 미국이 어떻게 자유를 위해 투쟁해왔는지를 현지 사람들에게 전달해주고, 동시에 그들의 역사나 관습을 이해해야 한다고 강조했다. 동시에 미국이 워싱턴이나 링컨 같은 위인을 존경하듯이, 모든 나라는 자신들의 위인들이 있을 것이므로 그들을 공부하고 이해하는 것도 중요하다고 강조했다. 나아가 상호간 이해를 통해서만이 "영구적 평화"가 가능하다고 주장했다.[391]

사실상 코카콜라 사의 주장이 억지만은 아니었다. 그들은 자신 있게 "자신의 문화만을 이해하는 사람은 자신의 문화를 알 수 없으며, 관용은 불관용을 제외한 모든 것을 요구한다면서, 사업가들이 최초의 세계 시민이 되었다"고 선언했다.[392] 코카콜라 사는 자신들이 "좋은 기업가이면서도 또한 좋은 시민이 되어야"하며 그래야만이 "계속적인 성공과 성장"을 보장할 수 있다고 보았다.[393] 따라서 코카콜라 보틀링 회사는 지역공동체의 일원이 되어야 한다는 점을 강조했다. 그렇기 때문에 코카콜라 사는 자신들이 어디에 있든지 지역의 관습과 문화를 존중하며, 지역의 전통문화를 이해하기 위해 노력해왔다고 강조한다. 따라서 코카콜라 사는 이러한 이해에 입각한 '우정의 상징' 역할을 해왔다고 자부했다.[394] 그래서인지 〈코카콜라 오버시즈〉는 초창기부터 1956년 10월호까지 둥근 지구를 배경으로 손에 쥔 코카콜라 그림 아래 '우정의 상징' 이라는 표어를 넣어 뒷표지를 장식했었다.

그들은 자신들의 철학을 '심파티코simpático'라는 단어로 표현하고 있다. 이 스페인어는 '이해'를 의미하는데, 단순히 상대방에 대한 이해가 아니라 "그의 문화와 전통, 그의 자랑스러운 역사와 운명"에 대한 완전한 이해를 의미했다. 그들은 성경에 등장하는 "당신이 대접받고 싶은 대로 상대방을 대접하라"는 황금률을 이야기하면서, 모든 인종과 국적을 불문하고 모든 사람들에게 이 황금률을 실천하고 있다고 주장했다.[395] 이러한 방식으로 코카콜라 사는 전 세계를 상대로 지역의 경제와 문화에 침투할 수 있었다. 그렇기 때문에 그들은 코카콜라 사의 본부가 비록 미국에 있다 하더라도, 자신들의 '집'은 전 세계에 걸쳐 있다고 주장하면서 사업의 규모가 국제적일지라도 코카콜라의 생산과 보틀링은 '지역적'인 것이라고 새삼 강조하고 있다.[396]

예를 들자면 스위스의 코카콜라 보틀링 회사는 경품 퀴즈를 통해 스위스 국민들이 코카콜라를 사는 데 쓴 금액 중 얼마 정도가 스위스에 남겠는지를 스위스 국민들에게 물었다. 정답은 94.2퍼센트였다.[397]

남아프리카공화국의 케이프타운에 새로 보틀링 공장이 준공되었을 때, 그 지역의 행정관인 케리너스J. G. Carinus 코카콜라 원액 한 가지만 빼고는 나머지 모든 것이 남아프리카공화국에서 만들었음을 강조했다.[398] 이집트의 경우에도 '지역화 프로그램'에 따라 코카콜라 사업을 시작하면서 자본에서부터 경영에 이르기까지 자체적으로 해결했으며, 모든 자재의 구매를 이집트의 지역에서 했다.[399] 모로코의 경우도 유사했다. 마라케Marrakech이라는 대도시에 보틀링 공장이 건설되었을 때, 이 코카콜라는 모로코 사람들에 의해 만들어진 '지역 산물'이었다.[400] 1950년 10월 16일에 인도 뉴델리에 최초의 코카콜라 보틀링 공장이 문을 열었다. 이 자리에서 공장의 재정 책임자인 사다르 싱Sardar Mohan Singh은 코카콜라를 인도에서 생산하게 되어 유리, 상자, 병뚜껑, 냉장고 등의 관련 사업 또한 성장하게 되었으며, 그 결과 2천여 명의 새로운 일자리를 만들 수 있게 되었다고 말했다.[401]

위의 여러 국가들의 경우에서 보듯이 코카콜라의 생산과 유통, 소비에 이르는 과정에 있어서 코카콜라 원액을 제외하고는 거의 대부분의 원료와 원자재가 이들 국가나 지역에서 해결했다.

아울러 보틀링 사업의 성격상 몇몇 중심부에서 원액을 생산하여 공급한다는 것은 불가능하기 때문에 몇몇 예외를 제외하고는 해외에 있는 거의 모든 코카콜라 보틀링 공장은 특정 국가와 지역의 것이며, "지역 신문만큼이나 그 공동체의 일부"라고 코카콜라 사는 주장할 수 있었다. 게다가 보틀링 사업은 이익 분배에 있어 피라미드 구조를 갖추고 있었다. 즉 코카콜라 사가 상층에서 조그만 수익을 갖는다면, 보틀링 사업가와 그 공급자는 중간층에서 큰 수익을 올리며, 소매업자와 딜러는 하층에서 가장 큰 수익을 얻게 되는 구조였다. 이러한 수익 피라미드 구조를 지닌 "사업 공화국"에서 코카콜라는 어느 곳에

가던지 열렬히 환영받을 수밖에 없다고 코카콜라 사는 주장했다.[402]

〈뉴욕 헤럴드 트리뷴*New York Herald Tribune*〉이 개최한 창설 21주년 기념 포럼에는 당시 미국의 정계와 재계의 지도자들 다수를 초청했다. 여기에 당시 공화당 대통령 후보였던 드와이트 아이젠하워와 민주당 대통령 후보였던 아들라이 스티븐슨Adlai E. Stevenson, 파이어스톤 타이어의 회장인 하비 파이어스톤 2세Harvey S. Firestone, Jr., IBM의 회장인 유진 블랙Eugene R. Black 등이 연사로 등장했다. 이 포럼에 코카콜라 사의 회장인 버크 니콜슨도 초대를 받아 1952년 10월 20일 왈도프-아스토리아 호텔에서 연설을 했다. 이 연설을 통해서 니콜슨은 코카콜라 사업이 본질적으로 지역 사업임을 다시 한 번 강조했다. 연설 제목은 "우정에 이르는 경제적 통로"로서 다음은 그의 연설의 일부이다.

> 모든 언어로 우리는 단지 코카콜라가 "달콤하고 상쾌한 청량음료"라고 말합니다. 그리고 갈증은 보편적이기 때문에 우리는 모든 인종, 신념, 색깔, 경제적 지위의 사람들이 긴장을 풀고 얼음처럼 찬 코카콜라와 더불어 상쾌한 휴식을 즐기기를 권합니다. ……프랑스에서, 코카콜라는 프랑스 사업입니다. 독일에서는 독일의 사업입니다. 이탈리아에서는 이탈리아 사업입니다. 그 결과 코카콜라의 지역 보틀러들은 프랑스의 트럭, 독일의 트럭, 이탈리아의 트럭을 구매합니다. 트럭이나 기계류, 케이스, 상자, 냉각기, 그리고 그 국가 안에서 구매 가능한 모든 것들을 구매합니다. 코카콜라가 판매될 때 그곳이 어디이든, 그 사업은 그 곳에 있는 사람들의 경제적 복지에 공평하고 공정하게 기여합니다.[403]

니콜슨은 코카콜라 사가 원액을 제외한 나머지 재료와 수단들을 철저하게 그 나라 안에서 구입하며, 그 국가의 경제성장에 도움을 주고 있음을 말하고자 한 것이다. 코카콜라 사는 세계 최대의 설탕 구매업체였지만, 코카콜라 사는 사탕수수 농장이나 설탕 정제공장을 소유하지는 않았다. 또한 코카콜라 사는 세계 최대의 병과 자판기 구매업체였지만, 이러한 사업에 어떠한 투자도 하고 있지 않았다. 따라서 코카콜라 사는 원료와 관련된 파생산업들을 성장시켰지만 그 자신은 직접적으로 이들 산업에 뛰어들지 않았다.[404] 이렇듯 코카콜라 사는 충분한 이익을 특정 국가와 지역에 보장할 수 있었기 때문에, 전 세계를 상대로 새로운 시장을 개척할 수 있었으며, 비록 유럽에서는 많은 비판에 직면했었지만, 전 세계 대부분 지역에서는 환영받을 수 있었다.

위에서 보았듯이 코카콜라 사는 일찍부터 자신과 해외 보틀러들, 자신과 파생산업이 모두 이익을 낼 수 있는 윈-윈win-win 전략을 유지하고 있었다. 이것이 무엇보다도 코카콜라 사의 가장 큰 장점 중의 하나였다. 그렇기 때문에 코카콜라 사는 세계 수십 개 국가에 코카콜라 맛을 수출하면서도 특정 국가, 특정 지역에서의 '지역 사업'임을 천명하고 있었다.

코카콜라는 어디서나 똑같다

코카콜라 사가 비록 지역화를 목표로 했지만 코카콜라 품질과 이미지의 보편성은 유지하고자 했다. 갈증이라는 인류 보편적 욕구에 대해 코카콜라가 제공하는 '상쾌한 짧은 휴식'은 언제 어느 곳에서나 똑같다는 메시지는 분명했다. 비록 코카콜라는 '지역 사업'이지만 그 최고의 품질은 전 세계 어디에서나 동일하다는 강력한 주장을 광고의 '보편적 이미지'를 통해 지구 모든 곳에 살고 있는 소비자들에게 각인시키고자 했다.

사실상 코카콜라가 전 세계적으로 확대될 수 있었던 커다란 이유 중의 하나는 코카콜라를 병으로 생산할 수 있게 됨으로써 자유로운 이동성이 확보되었기 때문이다. 소비자들이 코카콜라를 마시려고 하면 어디서든지 원하는 곳에서 마실 수 있게 된 것이다. 집에서도 보관이 가능해졌으며 여행 중이거나 운동 경기 중에도 코카콜라를 마실 수 있게 되었다. 그렇기 때문에 코카콜라 사는 "당신이 누구이건, 당신이 무엇을 하건, 당신이 어디에 있든, 상쾌함을 생각할 때 당신은 코카콜라를 떠올리는데, 왜냐하면 코카콜라가 상쾌한 휴식을 만들 수 있으며, 얼음같이 찬 코카콜라는 어느 곳에서든지 있기 때문이다"고 주장할 수 있었다.[405]

코카콜라 사는 병 생산과 판매에 있어서는 지역의 보틀링 회사에 일임했지만, 광고의 경우는 본사에서 직접 제작한 캠페인 책자를 전 세계의 보틀링 회사에 보내 동일한 메시지가 전달될 수 있도록 했다. 즉 광고를 통하여 코카콜라의 품질과 이미지의 보편성을 확보하려 한 것이다.

1957년에 신문과 잡지용 '패턴 광고 캠페인'이 만들어지는 과정을 살펴보자. 광고 매니저들은 각기 다른 시장에 대해서 기존 광고 캠페인의 적용 가능성을 살펴보고, 여러 제안들을 하게 된다. 그러면 국내부에서 이러한 제안들을 고려하여 새로운 캠페인을 만든다. 본사의 광고 책임자는 "지역적 상황들, 재현과 번역의 문제들, 다양한 공간 크기들" 등 모든 문제를 염두에 두면서 이러한 문제들이 "캠페인의 철학과 기본적 전체 구성 안에서 해결될 수 있다"고 확신했다. 또한 그는 일상생활에서 코카콜라가 얼마나 유익한지를 대중들에게 더 많이 보여줄수록, 코카콜라가 더욱 더 성공적인 제품이 될 수 있다고 생각하고 있었으며, "이러한 과정을 앞당기는 것"이야말로 자신들이 만드는 광고의 본질적인 목표라고 주장했다. 그래서 기본적으로 여러 다양한 상황들에 맞는 50개 이상의 광고들을 만들었다.[406]

1956년의 신문과 잡지를 위한 광고 캠페인의 경우에도 기본적으로는 코카콜라라는 브랜드 이미지가 전 세계 어느 지역이건 동일하게 고급스럽게 보여야함을 강조했다. 지역마다 인종은 다를지라도 전달하고자 하는 메시지는 같았다. 친구로 보이는 두 여성이 하이킹을 마치고 코카콜라 쿨러 앞에 자전거를 살짝 기대어놓고 '상쾌한 짧은 휴식'을 즐기는 장면을 보여주고 있었다.[407] 이 장면은 아시아 지역에서는 아시아인으로 바꾸었지만 전달하고자 하는 메시지는 '상쾌한 짧은 휴식'으로 똑같은 것이었다. 이 경우에 사실은 본사에서 백인이 모델인 원본 사진을 특정 지역에 보내면, 지역의 사진작가가 지역 모델로 대체해서 지역 특성에 맞추어 원래의 사진 분위기와 거의 비슷하게 찍은 형태의 것이었다.[408] 이런 과정을 거쳐 코카콜라 사는 미국의 본사에서 만든 광고가 전 세계 어디서나 동일하게 적용되기를 원한 것이다.

해외 국가들을 위한 1958년 광고 캠페인의 경우도 비슷했다. 지역적 상황들도 고려되었지만, 기본적으로는 "코카콜라를 위한 보편적 이미지 창조"에 초점을 맞추었다.[409] 1958년도 광고 캠페인 또한 "코카콜라 광고에 의해 만들어지는 브랜드 이미지"가 전 세계 어디서나 동일하게 취급받는 것이 중요하다고 강조하고 있다. 더불어 매년 캠페인의 지역적 적용이 점차 증가하고 있는 추세라고 말하고 있다.[410]

코카콜라의 지구적 일상성

이렇듯 코카콜라의 보편적 이미지 확보는 다음과 같은 결과를 만들어냈다고 할 수 있다. 이는 적어도 〈코카콜라 오버시즈〉 해외 근무자들의 시각에서 보면 그렇다는 뜻이다. 아래의 몇몇 구체적인 사례들을 통해 코카콜라가 전 세계에서 어떻게 인식되고 있었는지 알아보자.

베네치아는 이탈리아의 대표적 관광도시인데, 이곳에서는 전 세계로부터 온 관광객들이 구경거리를 즐기며, 코카콜라를 맛볼 수 있어 만족했다. 왜냐하면 그들은 코카콜라를 통해 짧은 휴식을 맛보며, 비록 고향에서 멀리 떠나 있지만, 조금이라도 고향을 느낄 수 있었기 때문이었다.[411] 관광객으로 온 사람들은 자신들이 사는 곳에서 코카콜라를 일상적으로 볼 수 있는데, 낯선 객지에서도 이 음료를 마실 수 있으니 잠시나마 고향 같은 편안함을 느끼게 해줄 수 있다는 뜻이기도 했다.

1952년 4월 5일자 〈악투엘*Aktuell*〉이라는 노르웨이 잡지 기사에 따르면 노르웨이의 전형적인 가정에서는 1년에 2톤이 넘는 음식을 섭취하고 있었다. 3명의 자녀를 둔 가정에서 1950년 10월 1일에서 1951년 10월 1일까지 구입한 음식을 가족들과 함께 진열한 사진을 보면, 코카콜라가 당당히 사진 중앙 전면에 우유와 함께 자리 잡고 있어 노르웨이 사람들이 즐겨 마시고 있음을 확인할 수 있다. 코카콜라는

1938년 처음으로 수도 오슬로에 소개되었으나, 2차 세계대전 발발 이후 코카콜라의 주원료를 공급받을 수 없게 되자, 노르웨이의 보틀링 공장은 어쩔 수 없이 문을 닫았다. 그후 1947년 가을에서야 코카콜라 공급이 재개되었으며, 설탕 공급에 있어 할당제가 실시되었지만 1948년에서 1951년까지 무려 4배 이상 매출이 증가했다. 결국 코카콜라가 전후 불과 몇 년 만에 노르웨이 사람들이 즐겨 마시는 음료로 자리매김하고 있다는 사실을 확인할 수 있다.[412]

그러나 무엇보다도 독일이 유럽에서의 코카콜라 소비의 견인차 노릇을 톡톡히 하고 있었다. 1949년 10월 에센에 전후 첫 보틀링 공장을 세웠다. 이곳은 1929년에 독일에서 최초로 코카콜라 보틀링 공장이 들어섰던 곳이기도 했다. 코카콜라가 다시 독일인들에게 공급된 첫해에 서독에서 팔린 양은 2차 세계대전 이전인 1939년 독일 전역에서 팔린 것보다 더 많았다. 심지어 서독의 주요 도시에서의 판매량은 전쟁 전 가장 좋았던 시절보다도 238퍼센트에서 1,269퍼센트까지 증가했다. 따라서 코카콜라는 또 다시 독일인들의 일상생활의 일부가 되었다.[413]

중동의 경우는 코카콜라의 수용 속도가 상대적으로 빨랐다. 무엇보다도 모든 종류의 술을 금지하고 있는 이슬람의 율법 때문에 알코올이 없는 음료인 코카콜라가 큰 저항 없이 중동 국가들에 수용되었던 것이다. 모로코의 마라켁은 북아프리카와 유럽의 휴양지로 각광받고 있었다. 따라서 언제나 많은 관광객들이 북적거렸다. 이곳에서는 여행자들과 모로코 사람들이 야외 시장이나 카페, 호텔, 바 등에서 코카콜라를 즐겨 마시고 있어, 이미 그곳 일상생활의 일부가 되었음을 알 수 있다.[414] 또한 1949년에는 코카콜라가 알제리의 수도 알지에 Algiers에 상륙했다. 이곳은 서양과 동양이 만나는 곳이기도 한데, 3년도 되지 않아 알제리 사람들이 즐겨 찾는 음료가 되었다.[415]

남미의 경우는 한층 더 심화된 모습을 보여주었다. 〈그레이스 로그 *The Grace Log*〉이라는 잡지의 1951년 9–10월호에 실린 레베카 프랭클린 Rebecca Franklin의 "라파스La Paz로의 비행"이라는 기사에 따르면, 라파스가 "철저하게 '코카콜라 식민화된'" 상태라는 것이다. 예를 들어 거리의 경찰관들이 코카콜라 상표가 새겨진 둥근 스탠드 위에서 교통정리를 하고 있을 정도로 코카콜라가 일상생활에 깊숙이 파고 들고 있었다.[416]

공산주의 국가의 사람들도 비공식적으로는 코카콜라를 즐겨 마셨다. 그리고 이들 국가에서는 코카콜라를 마실 기회가 생기면 자본주의 국가들보다 코카콜라를 훨씬 더 많이 즐겼다. 1956년 오스트레일리아의 멜버른 올림픽 기간 중 '올림픽 빌리지'의 식당에서 총 82,000병의 코카콜라가 소모되었다. 그런데 전체 참가 73개국 중 최대 소비국은 다름 아닌 소련과 체코슬로바키아였다. 이들 2개국의 선수들은 놀랍게도 전체 소비량의 13.14퍼센트에 해당하는 10,776병의 코카콜라를 마셨다.[417]

유럽의 공산당의 경우도 비슷했다. 1950년 12월 30일자 〈파리-프레스*Paris-Presse*〉에 따르면 프랑스 공산당 13주년 기념식이 끝난 후 두 명의 공산당원이 바에 들어가게 되었다. 그중 한 사람이 코카콜라를 주문하자 다른 한 사람이 놀란 나머지 "너 미쳤냐?"고 하자 그는 "야, 정치는 꺼져버리라고 해. 바에 들어와서는 내가 좋아하는 것을 마시

고 싶다"고 대답했다고 한다.[418]

다음의 일화는 더욱 놀랍다. 1956년도 12월호 〈코카콜라 오버시즈〉의 표지는 페루의 아기엄마였는데, 그 표지사진을 찍은 사람은 어윈 맥코이Irwin McKoy로서 코카콜라 수출회사의 광고부 아트디렉터였다. 그가 페루를 방문했을 때 코카콜라를 마시는 인디오 소녀를 찍고 싶었지만 찾기가 쉽지 않았다. 수도인 리마에서 200킬로미터 정도 떨어진 곳에서, 간신히 순수한 인디오를 찾을 수 있었다. 그녀는 아기를 업고 가던 젊은 엄마였는데, 그가 그녀에게 코카콜라를 마시는 사진을 찍어도 괜찮겠냐고 통역을 겸한 운전사를 통해 물었을 때, 그녀는 함박 웃으면서 코카콜라라면 좋다면서 자신의 가방에서 코카콜라를 직접 꺼내 마셨다는 것이다.[419] 사진의 모델이 광고 사진을 찍는 사람이 준비한 것이 아닌 자신이 지니고 있던 코카콜라를 기꺼이 꺼내 마셨다는 것은 코카콜라가 페루의 원주민들에게조차 일상생활의 일부가 되었다는 것을 뜻하는 것이었다.

코카콜라가 특정 국가에서 얼마만큼 철저하게 '지역 기업'이 되었는지를 확인할 수 있는 일화가 있다. 이집트가 바로 이 경우인데, 코카콜라가 이집트 국민들에게 자랑스러운 자국의 상품으로 인식되었던 상황과 함께, 코카콜라가 얼마만큼 철저하게 지역 기업화되었는지를 알 수 있는 에피소드이다. 워싱턴 주재 이집트 대사관의 언론 담당 보좌관인 사미르 수키Samir Souki의 부인은 가족들을 위해 요리사를 카이로에서 새로이 데려왔다. 어느 날 저녁 수키가 코카콜라 한 상자를 사가지고 집으로 돌아왔다. 이것을 본 요리사가 너무나 놀란 나머지 낯선 땅인 미국에도 코카콜라가 있냐고 반문했다.[420]

위의 일화는 코카콜라가 얼마나 이집트의 일상생활에 뿌리내렸음을, 또한 이집트인들에게 얼마나 친숙한 음료인지를 짐작하게 한다. 우리의 관점에서 중요한 사실은 이집트의 코카콜라 보틀링 회사가 영어와 아랍어로 쓰인 광고를 통하여, 코카콜라를 이집트 사람들의 마음에 자국의 생산물로 자리 잡게 하는 데 성공했다는 사실이다. 그리하여 적어도 이집트의 경우에 많은 사람들이 코카콜라를 미국의 것이 아닌 이집트 제품으로 이해하고 있다는 것이다.

단순한 탄산음료일 뿐인가

서먼 아놀드의 수사학적 표현을 빌리자면 누군가가 "코카콜라 광고판을 볼 수 없게 될 때", 그는 세계 어디서건 "문명의 경계를 넘어선 것"을 의미했다.[421] 즉 코카콜라는 이미 1950년대에 지구상 어디서나 존재하는 청량음료가 되었다. 누가 뭐래도 냉전 초기 코카콜라는 미국의 힘이 미치는 자본주의 세계에서 확고한 '맛의 제국'을 경영하고 있었다.

코카콜라가 비록 2차 세계대전 이후 전 세계를 대상으로 공격적 경영을 구사했지만, 그것이 바로 해당 지역에서의 성공을 뜻할 수는 없었다. 코카콜라 사가 그 지역의 관습이나 문화를 존중하지 않았다면, 그들이 미국의 문화를 강요하거나 미국적 가치관만을 고집했다면, 현지에서 그렇게 광범위하게 뿌리내리기는 어려웠을지도 모른다. 따라서 코카콜라 사의 외연적 세계화는 동시에 내용상 지역화를 지향하고 있었다. 오늘날 우리가 "생각은 전 지구적으로, 행동은 지역적으로" 하자는 '글로칼리즘glocalism'을 코카콜라 사는 일찍부터 목표로 삼고 있었던 셈이다.

그러나 기본적으로 〈코카콜라 오버시즈〉는 코카콜라 수출회사의 사보로써 자신들에게 불리한 내용은 담고 있지 않았으며, 또한 세계의 각 지역 사람들이 어떤 방식으로 코카콜라를 받아들였는가 하는 것도 거의 취급하지 않고 있다. 인류학자 장-피에르 바르니에Jean-Pierre Warnier가 질문을 던졌듯이 "모든 사람들이 청바지를 입고 코카콜라를 마시지만, 그들의 삶은 다른 곳에 있는"지도 모르며, 단지 "피상적인 관찰자는 그들의 겉모습만 볼 뿐"인 지도 모른다.[422] 게다가 텍사스대학의 역사학자인 리차드 펠스Richard Pells가 말했듯이 유럽 사람들이 코카콜라를 받아들였다고, 그들이 좀더 '미국화'되었다고 단정적으로 얘기하기는 곤란할 수도 있다. 그들이 코카콜라를 마신다고 맥주나 포도주를 마시는 습관을 포기한 것도 아니었다. 이들 국가들에서 맥주와 포도주 제조업자들이 사라져버린 것도 아니었다. 그렇다면 펠스의 주장처럼 코카콜라는 미국적 이념이 아니라 단순히 탄산음료에 지나지 않는 걸까?[423] 그리하여 그곳에서는 맥주나 포도주가 코카콜라와 사이좋게 공존할 수 있게 된 것일까?

아니, 그럴 수는 없을 것이다. 코카콜라가 단순한 탄산음료일 뿐이라면 그런 문제들이 생겨나지 않았을 것이다. 펩시콜라는 왜 유럽 어디에서도 정치적 문제나 사회적 문제를 야기한 적이 없었던 것일까? 왜 똑같은 탄산음료인 펩시콜라는 문제가 되지 않는데, 유독 코카콜라만 문제가 되는 이유는 무엇일까? 코카콜라가 그저 마시는 탄산음료로만 유럽이나 제3세계 사람들에게 인식되었다면, 2차 세계대전 전후 코카콜라를 둘러싸고 벌어진 많은 사건들이며 사회문제들은 설명할 길이 없다. 코카콜라는 물질적 소비를 넘어서 있었다. 많은 사람들에게 그것은 곧 문화적 소비를 뜻했다. 이에 관해서는 좀 더 자세한 설명이 필요하다. 다음 장에서 2차 세계대전 직후 프랑스에서 벌어진 코카콜라 소동을 치밀하게 검토하려는 것은 바로 그 때문이다. 코카콜라는 목마를 때 마시는 단순한 음료가 아니었다. 바로 그 점을 설명하려고 한다.

10장
‘욕망의 제국’의 한계

미국의 대중문화

할리우드 영화나 팝송도 그랬지만, 코카콜라 역시 유럽인들을 놀라게 하였으며 그들의 호기심을 자극했다. 그런데 유럽 대륙을 사로잡은 미국 문화는 어느 의미에서는 문화 그 자체라기보다는 대량생산을 기초로 한 문화산업의 산물이기도 했다. 한편 이 ‘문화산업culture industry’이라는 용어는 프랑크푸르트학파의 주도적 학자인 테오도어 아도르노Theodor W. Adorno와 막스 호르크하이머Max Horkheimer가 창안한 것이다. 그들은 『계몽의 변증법*Dialekik der Aufklärung*』(1947)의 한 부분을 “문화산업: 대중 기만으로서의 계몽”이라고 명명하였던 것이다.[424] 그런데 아도르노의 회상에 따르자면 이 책의 초고에서는 ‘대중문화mass culture’라는 표현을 사용했다가 곧 마음을 바꾸었다고 한다. “애초부터 대중문화 옹호론자들의 입맛에 맞는 해석을 배제하기 위하여” 의도적으로 ‘문화산업’이라는 용어를 새로 만들었다는 것이다.

이른바 대중문화의 산물은 대중의 소비를 위해 재단되거나, 소비자들을 위로부터 통합하려는 것이어서 새로운 용어가 필요했다.[425] 아도르노와 호르크하이머는 일회성을 갖는 고급 예술과는 달리, 대량생산 또는 대량복제되는 '문화상품'들에 대해 경종을 울리기를 원했기 때문에 이들을 '문화산업'이라 불렀다. 그들은 근대 산업화가 가져온 대량생산과 대량소비 시대의 부정적 측면을 강조하고자 한 것이다.[426]

그러니까 문화산업론은 20세기 대중문화에 대한 비판으로부터 출발한 셈이다. 1930년대에 활동한 발터 벤야민Walter Benjamin, 게오르크 루카치Georg Lukács, 베를톨트 브레히트Bertolt Brecht 등이 대중문화 비판의 선구자였다. 이들의 이론은 아도르노와 호르크하이머의 문화산업론에 많은 영향을 미쳤다. 요컨대 문화산업론은 "20세기에 들어오면서 표출된 문화 현상이 자율성을 상실하고 자본주의적 방식에 입각한 문화 생산이 기계화와 산업화로 전락해버렸다"는 시각에 토대를 두고 있었다.[427]

문화산업이 되었든 대중문화가 되었든, 유럽인의 시각에서 볼 때 미국 문화는 저급했다. 이렇듯 저급한 문화가 2차 세계대전의 종전과 함께 유럽에 진주한 수십만의 미군과 함께 유럽으로 밀려들어왔다. 미국 문화는 엄청나게 거센 파도처럼 미국의 달러의 힘과 함께 유럽 전 지역을 강타한 것이다.

냉전과 코카콜라 식민지

파시즘을 상대로 벌인 2차 세계대전이 연합국의 승리로 끝난 직후, 미국을 중심으로 하는 자본주의 진영과 소련을 중심으로 하는 공산주의 진영의 분열이 냉전이라는 새로운 전쟁을 탄생시켰다. 냉전은 비록 전통적인 의미에서의 전쟁은 아니었지만 미국은 강력한 봉쇄정책으로 공산진영이 서방으로 진출하려는 것을 억제하려 힘썼으며, 소련은 제3세계에 자신의 영향력을 확대하려 애쓰고 있었다. 특히 자본주의 진영의 시장경제와 공산주의 진영의 계획경제는 그 우열을 놓고 경쟁관계에 있었다.

냉전체제에서는 정치적이거나 군사적 동원보다는 "문화, 라이프스타일, 그리고 제도의 투쟁"이 거셌다. 서구적 시각에서 볼 때 스탈린은 민중선동가였지만, 소련과 유럽 공산주의자들의 입장에서 보면 유럽이 점차 미국의 지배를 받는 상황이 불편했으며, 미국을 모델로 해서 서구 사회가 재편되는 것도 두려운 일이었다. 그렇지만 아마도 공산주의자들은 코카콜라 병 속에 "자본주의의 본질"이 머물고 있다는 코카콜라 사의 보스인 우드러프의 주장에 동의했을 것이다.[428] 왜냐하면 당시 시장경제를 주도하던 미국의 대표적인 다국적기업 중의 하나인 코카콜라 사를 공산 진영은 미국을 상징하는 '자본주의의 첨병'으로 여겼으며, 미국의 다른 어떤 대기업보다도 미국을 대표하는 상징적 아이콘으로 여기고 있었기 때문이다.

예를 들자면 〈애리조나 하이웨이*Arizona Highway*〉라는 잡지의 편집인인 레이먼드 칼슨Raymond Carlson은 코카콜라를 가장 훌륭한 미국의 외교사절이라고 칭찬했다.[429] 또한 미국 대표적 시사 잡지인 〈타임*Time*〉이 1950년 5월 15일자를 전 세계적으로 인기 있던 코카콜라를 특집기사로 다룬 것은 시의적절했다고 할 수 있을 것이다. 그 〈타임〉의 표지는 전 세계가 즐거운 표정으로 코카콜라를 마시는 장면을 묘

[그림 11]
1950년 5월 15일 자 타임 표지에 실린 코카콜라 광고.

사한 그림이 장식했다. 사실상 이 그림은 어머니가 어린아이에게 우유를 먹이듯이, 코카콜라 사가 얼굴 모양으로 생긴 지구를 한 손으로 떠받들고, 코카콜라를 먹이는 장면을 연출하고 있었다.[430] 〈타임〉은 코카콜라가 유럽, 중동, 아프리카, 아시아 등 각지에서 얼마나 대중적인지, 더 나아가 코카콜라를 통해 '미국적 생활방식'이 이들 국가에서 얼마만큼 일상에 뿌리내리고 있는지를 생생하게 보여주었다. 그리하여 전후 시대의 특징을 보여주는 것들 가운데 하나가 코카콜라의 평화스러운 방식을 통한 세계 정복이라고 〈타임〉은 선언했다. 바야흐로 코카콜라는 전후 미국을 상징하는 소비문화의 구심점이 되었다.

그러나 코카콜라는 바로 그런 이유 때문에 유럽에서 많은 논쟁을 불러일으키거나 저항에 직면했다. 일군의 지식인, 우파 민족주의자, 공산주의자 등은 유럽의 고급문화가, 유럽의 입맛이 미국의 저급한 대중문화에 손상을 입고 훼손되었다고 주장했다. 게다가 지역 산업을 대표하는 포도주와 맥주 제조업자들은 자신들의 생계 문제와 관련되어 있었기 때문에 더더욱 격렬하게 코카콜라를 비난했다.[431] 따라서 당시 유럽에 진주하고 있던 수십만의 미국의 젊은 군인들이 일상적으로 마시던 음료인 이 코카콜라가 유럽인들에게조차도 '유럽의 미국화'의 상징으로 간주되었으며, 특히 미국의 대중문화에 의한 유럽 고급문화의 침탈이 좌파 사람들에게 '코카콜라 식민화Coca-Colonization'라는 단어로 표현되기도 했다.[432]

코카콜라가 '자유무역'과 자본주의 경제를 대표하게 되면서, 2차 세계대전 이후 자본주의를 강력하게 비난하던 공산주의자들은 흥미롭게도 자유무역과 시장경제에 기초한 미국식 자본주의를 코카콜라를 통해 상징화하고 있었다. 예컨대 벨기에의 공산당 기관지는 마셜 플랜을 "유럽에 더 많은 추잉검과 코카콜라를 가져오는 수단"일 뿐이라고 폄하하고 있었으며, 벨기에의 공산주의자들은 코카콜라를 마시는 것이 파시즘에 이르는 통로라고 주장했다.[433] 동유럽의 공산당 기관지들도 대놓고 코카콜라를 "제국주의적 코카콜라 테러"니 "코카콜라 제국주의"라면서 원색적으로 비난했다.[434] 또한 뉴욕 시의 브루클린에서 발행되고 있던 〈더 쥬이쉬 이그재미너*The Jewish Examiner*〉는 공산주의자들이 항상 코카콜라에 시비를 걸고 있다면서, 그들은 코카콜라의 성공을 "미국적 방식의 승리"로 받아들이고 있다고 기사를 쓰고 있다. 따라서 코카콜라가 하나의 '미국적 상징'이라면, 코카콜라를 보드카와 섞게 될 경우 '러시아 자유'가 될 것이라고 패러디했다.[435] 이 경우에 보드카로 상징되는 소련의 압제에다 코카콜라를 혼합함으로써 자유로 승화시킬 수 있음을 암시하고자 한 것이다.

이처럼 공산주의자들은 코카콜라를 자유무역이 아닌 제국주의를 수출하는 도구로 간주했다. 따라서 코카콜라 사는 다른 어느 대기업보다도 더 일찍이 시장경제와 자유무역이라는 미국의 경제적 신념을 대규모로 전 세계에 수출하고 있었던 셈이다.

분명한 것은 전후 거의 모든 유럽에서 코카콜라는 반대와 저항에 직면해야 했다. 게다가 코카콜라 사는 바야흐로 미국과 소련을 중심으로 양극화되는 유럽에서 탈정치는커녕 냉전체제의 정치를 이용함으로써, 이러한 문제를 더 복잡하게 만들었던 것이다.[436] 그리고 이러한 전략의 중심에 코카콜라 수출회사의 회장인 제임스 팔리가 있었다.

제임스 팔리는 대단한 반공주의자였다. 그래서인지 그는 명목상 공산주의에 반대만 해도 그쪽 손을 들어주었다. 예컨대 그는 1949년 뉴욕 주 글랜스 팔스Glens Falls에서의 담화를 통해 미국은 독재자 프랑코가 지배하고 있는 스페인을 지지해야한다고 주장했다. 사실상 당시 스페인은 프랑코가 철권통치를 하는 파시스트 국가에 가까웠다. 그럼에도 불구하고 팔리는 프랑코 총독이 반공주의자라는 이유로 그를 지원하자고 제안했던 것이다.[437]

팔리는 반공투사로서 냉전시대를 잘 이용했다. 그는 1946년 세계 각국을 순회 방문하였다. 정치가가 아닌 대기업의 사장으로 그는 세계 각국의 지도자들을 만났으며, 그들이 미국의 차관이나 도움을 얻고자 한다는 사실을 십분 이해했다. 그러면서 그는 이를 코카콜라 판매망 확장과 관련지으려 했다. 따라서 코카콜라 사 역시 회사 차원에서 반공주의 노선을 노골적으로 표방하지는 않았지만, 반공주의의 굴레로부터 자유로울 수는 없었다. 그렇기 때문에 유럽의 좌파 정당과 지식인들로부터 많은 비난을 감수해야만 했다. 결과적으로 많은 곳에서 코카콜라는 문제를 일으키고 있었다.

포도주와 코카콜라

프랑스의 대표적 철학자인 롤랑 바르트Roland Barthe는 그의 저서 『신화*Mythologies*』에서 "프랑스 국민들에게 있어 포도주는 360종의 치즈와 함께 프랑스 문화와 동일한 자격으로 그들 나라에 고유한 재산인 것처럼 느끼고 있다. 그것은 네덜란드의 우유, 또는 영국 왕가가 격식을 차려 마시는 차에 상응하는 '토템 음료boisson-totem'이다"라고 강조했다.[438] '토템 음료'란 간단히 말해서 어떤 민족이나 국가와 동일시될 수 있는 음료로, 예컨대 프랑스에서 포도주를 비난하면 프랑스 사람들은 그 비난을 자신들에 대한 비난으로 받아들이게 되며, 그래서 용납할 수 없는 충돌의 상황을 초래하게 할 수 있는, 건드릴 수 없는 국가나 민족의 자존심을 상징하는 음료를 말한다. 롤랑 바르트가 주장한 방식으로 표현하자면, 프랑스에 포도주라는 '토템 음료'가 있다면 미국에는 코카콜라라는 '토템 음료'가 존재하고 있는 것이다.[439]

2차 세계대전이 끝나고 얼마 지나지 않아 코카콜라가 미국인의 '토템 음료'인 것을 확인할 수 있는 사건이 프랑스에서 일어나게 되었다. 프랑스의 좌파, 특히 공산당과 포도주를 비롯한 음료 관계자들 모두 한 목소리로 코카콜라를 비난하기 시작했다. 한국전쟁, 로젠버그 부부 재판 등에서 사사건건 프랑스 좌파는 미국과 대립했으며, 반미주의를 소리 높여 외쳤다. 냉전기 반미주의를 상징적으로 보여주는 유일한 사건은 바로 프랑스에서 일어난 코카콜라 불매운동이었다. 이런 분위기와 무관하지 않게 코카콜라에 대한 법적인 제재가 가능한 법안까지 프랑스 의회를 통과했다. 이로서 프랑스는 미국인이 금기로 여기는 음료를 건드린 셈이 되었다. 미국은 자신의 '토템 음료'가 프랑스로부터 모욕을 당하자 똑같이 프랑스의 '토템 음료'인 포도주를 모욕할 준비 태세를 갖추었다.

전후 프랑스의 정치적 상황

파리의 정치적, 이념적 지형[440]이 반드시 언제나 반미적인 것은 아니었다. 게다가 제4 공화국(1946~1958)의 연립내각 사람들은 많은 경우에 그들의 정치적 생명을 대서양 너머의 미국에 의지하고 있었다. 그들은 미국의 정치적 경제적 협력 없이는 프랑스의 안보를 자신할 수 없었다. 그렇기 때문에 가능한 이념적 색채를 배제하고 '아메리카니즘'을 찬양하고자 애쓰고 있었다. 혹은 최소한 미국적 정체성에 대한 단순한 일반화는 멀리하고자 했다.[441]

프랑스 공산당의 경우에 비록 1947년 연립내각에서 쫓겨나기는 했지만, 프랑스 의회에서는 유권자의 25퍼센트에 가까운 가장 큰 지분을 지닌 정당이었다. 그런데 이들이 선두에 서서 미국을 사사건건 비난하고 시비를 걸고 있었다. 이들은 '코카콜라 식민화'라는 용어까지 만들어가며 미국이 프랑스를 정치, 경제, 문화적으로 지배하려고 애쓴다는 것을 암시하고자 했다. 왜냐하면 이들이 볼 때 제4 공화국은 프랑스의 경제적 독립을 지킬 의지가 없는 것처럼 보였기 때문이다. 게다가 전후 프랑스의 많은 지식인들 또한 분열되어 있었다. 레이몽 아롱Raymond Aron이나 프랑스와 모리악Françcois Mauriac은 대서양 너머의 미국과의 동맹을 의미하는 북대서양 조약기구NATO를 옹호했으며, 앙드레 모르와André Maurois는 '미국적 방식'을 환영했다. 루이 아라공Louis Aragon, 폴 엘뤼아르Paul Eluard, 파블로 피카소Pablo Picasso 등은 그들의 반대편에 서서 프랑스 공산당과 밀접한 관계를 맺고 있었다. 그 밖의 다니엘 게랭Daniel Guérin, 프레데릭 졸리오-퀴리Frédéric Joliot Curie, 클로드 로이Claude Roy 등이 공산주의 동조자로 분류되었다.[442]

프랑스의 미국 문명과의 싸움

다른 누구보다도 시인 아라공은 파리의 한 광장에 있던 빅토르 위고Victor-Marie Hugo의 조각상이 사라지고, 그 대신 포드의 자동차가 어엿이 그 자리를 차지한 사실에 분개했다. 프랑스를 대표하는 대문호인 위고의 자리에 미국의 물질문명을 대표하는, 포디즘의 화신인 자동차가 파리 시의 광장에 존재한다는 자체가 그를 화나게 만들었다. 그래서 그는 "빅토르 위고"라는 글에서 극작가 몰리에르를 자랑스럽게 생각하는 나라에서 달러에 굴복하는 상징적 사건이 발생했는데, 그것이 바로 포드 자동차의 전시라고 지적했다. 그는 미국이 "시인을 기계로, 시를 코카콜라로, 『세기의 전설*La Légende des siècles*』을 미국의 광고로, 천재를 대량생산된 차로, 빅토르 위고를 포드 자동차로 대체했다"고 선언한 것이다. 감히 위대한 시인을 자동차로, 그 시인이 쓴 시를 코카콜라 따위로, 위고의 대표적 시집인 『세기의 전설』을 감히 광고의 말장난으로 바꾸는 일이 프랑스에서 벌어진 것이다. 여기서 아라공은 위고를 통한 프랑스의 정신문명이 포드 자동차를 통한 미국의 물질문명으로 대체되었다고 통탄하고 있다. 그가 볼 때 미국은 단지 "욕조와 프리지데어의 문명"일 뿐이었다. '프리지데어Frigidaire'는 제너럴 일렉트릭에서 만든 냉장고로 미국 사람들에게는 가장 널리 알려진 냉장고였다. 그러니 목욕탕의 욕조와 부엌의 냉장고가 전부인, 그냥 천박한 물질문명인 미국 문명은 오랫동안 유럽 문명의 영혼을 풍부하게 만든 프랑스 문화의 심오성과 비교할 수 없다는 자부심과 경멸감을 동시에 내포하고 있는 표현이었다.[443] 이것은 또한 전후 프랑스 좌파가 미국 문화를 바라보는 전형적인 시각을 드러내고 있었다. 여기서도 코카콜라는 미국 문명의 한 단면을 상징하고 있었다.

문제는 이러한 반미적 시각이 일부 지식인이나 공산당에만 국한된 것이 아니라는 점이다. 일부 좌파 기독교인들도 자신을 중립주의자로 자리매김하면서, 미국이 주도하는 유럽의 군사적 동맹에 대해서 회의적인 시선을 보내고 있었다. 그들은 미국도 소련도 아닌 제3의 길을 찾고 있었다. 전 세계가 미소 양국에 의해 양분화하면서 냉전 상태에 이르게 되었다고 보고, 어떻게 유럽의 평화를 유지할 수 있겠는가 하는 것도 그들의 큰 관심사 가운데 하나였다. 또한 우파 중에서도 심지어 나토NATO를 지지하던 지식인들조차도 미국에 대해서 회의적인 시각을 지니고 있었다. 나아가 '미국적 방식'이라는 것 자체를 탐탁지 않게 생각했다. 레이몽 아롱이 그랬으며, 드골주의자들 또한 그랬고, 심지어 보수주의자의 대표주자인 앙드레 말로André Malraux도 그랬다. 말로는 1948년 미국 문화가 유럽에서 건너간 것이기 때문에 미국 고유의 것은 없으며, 기껏해야 라디오나 영화 따위로 이루어진 대중문화 정도가 있을 뿐이라고 주장했다.[444]

프랑스에 보틀링 공장을 짓지 마라

코카콜라 사에서는 해외 보틀러들에게 코카콜라 원액의 농축액만을 수출하고 나머지 필요한 모든 재료들은 지역의 보틀러들이 해결하는 프랜차이즈 시스템이 전자에게는 최소한의 참여를, 후자에게는 최대한의 이익을 보장하는, 둘 모두에게 이익이 되는 시스템이라고 주장했다. 이러한 코카콜라 사와 보틀러 사이의 프랜차이즈 시스템이 미국과 마찬가지로 해외에서도 코카콜라의 판매의 급속한 팽창을 가져왔다. 2차 세계대전이 끝나자 1947년 베네룩스 3국을 시작으로, 1948년에는 스위스와 이탈리아에, 1949년에는 프랑스에 코카콜라 보틀링 공장이 준공되었다.

프랑스의 경우에는 프랜차이즈 대상자들이 설비가 부족하거나 코카콜라 원액의 농축액을 구입할 자금이 모자라곤 했다. 그래서 '미국 스타일 마케팅 계획'을 세워 전반적인 사업을 조율했다. 프랑스의 보틀러들은 미국식 광고, 판매와 유통 방식을 수용하기로 했다. 일단 프랑스를 몇 개의 지역으로 나누고, 일단 파리 지역과 중부 지역을 목표로 사업을 시작하고자 했다. 몇 년 안에 프랑스 사람 일인당 6병을 마시게 하자는 목표가 추진되었다. 그런데 파리 지역의 대표자인 알렉산더 마킨스키Alexander Makinsky는 지나칠 정도로 반공주의자였다. 그는 공산주의를 피해 망명해온 백러시아 출신의 미국인이었던 것이다. 그는 미국의 록펠러 재단에서 17년 동안 일한 후 전쟁 때 '코카콜라 대사'가 되었다.

그런데 프랑스의 경우에는 처음부터 난관이 가로막고 있었다. 해외투자는 프랑스 재무부의 공인이 필요했으며, 코카콜라 수출회사는

50만 달러를 투자하여 그 이익금을 돌려받기를 원하고 있었다. 그 대신 코카콜라 수출회사는 마르세유에 건설할 코카콜라 보틀링 공장이 미국에서 몇몇 원료를 구입해줄 것을 요구했다. 그런데 재무부가 이러한 사업계획의 승인을 거부했다. 그리하여 코카콜라 수출회사는 당분간 원료를 무상 공급하기로 했으며, 이익에 대한 환수도 5년 동안 유예하겠다는 수정된 제안을 제출했으나, 이 또한 다시 거절당했다. 한 마디로 코카콜라는 프랑스에서 '심각한 정치적 문제'를 야기했으며, "미국화에 대한 우려"를 증폭시켰다.[445]

코카콜라 사의 투자계획이 알려지자 프랑스 공산당은 기관지 〈뤼마니테*L'humanité*〉를 통해 문제를 제기했다. "우리는 코카콜라 식민화될 것인가"라며 프랑스인들의 자존심을 건드렸다. 미국의 대기업이 4백만 달러를 홍보에 사용하여 프랑스인들에게 연간 40병을 마시게 할 계획이라고 터트렸다. 나아가 "코카콜라의 침공"이 프랑스의 자부심이자 '토템 음료'인 포도주의 매출을 줄이고 무역적자를 더 악화시킬 것이라고 예견했다. 게다가 이 신문은 코카콜라의 유통망이 미국의 첩보망의 두 배나 된다고 지적했다. 코카콜라에 대한 공산당의 이러한 비난은 많은 프랑스인 사이에서 불안을 증폭시켰다. 그들은 조만간 미국에 의한 경제적, 문화적 지배가 당장 가시화되는 것처럼 느꼈다. 프랑스의 대표적인 신문인 〈르몽드〉 또한 그런 우려에 동조했다. 즉 인터내셔날 하비스터 회사나 코카콜라 사 같은 미국의 대기업이 달러를 프랑스에 대규모로 투입하여 팽창일로에 있음을 프랑스 사람들이 알게 되었다. 그것은 마치 군사작전에서 말하는 '교두보' 확보인 양 프랑스에게는 하나의 위험이나 위기로 인식되었다. 게다가 여러 이해당사자들, 즉 포도주와 맥주, 사이다나 과일주스, 광천수 등의 음료업자들이 프랑스 정부를 상대로 로비를 펼치고 있었다. 이들은 한 목소리로 코카콜라가 프랑스 국민의 건강에 위협이 되며, 나아가 프랑스 음료 산업에 치명상을 입힐 것이라고 비난했다.[446]

그래서 한 업체 연합은 코카콜라가 독극물을 포함할 수도 있다고 문제를 제기했다. 즉 그것이 마약이나 담배처럼 중독 상태에 빠질 수 있는 음료라면서, 그렇기 때문에 무료 시음을 권장한다고 주장했다. 따라서 프랑스 정부가 모든 음료 제품에 요구하듯이, 코카콜라에도 건강에 대한 법 규정 준수를 요구해야한다고 포도주 도매업자들이 탄원했다. 또한 정부 안에서도 일부 부처가 반대하고 나섰다. 앞서 언급했던 재무부에서는 코카콜라 사의 사업 재개에 대해 부정적 의견을 개진했다. 이익의 절대적인 몫을 통제하는 힘이 코카콜라 사이기 때문에 프랑스 보틀러들과 코카콜라 사와의 계약은 불공정 계약에 가깝다고 보았다. 그래서 재무부는 마르세유 공장에 대한 코카콜라 수출회사의 통제를 철회하게 하려 했다. 그렇지만 코카콜라 수출회사가 이를 거부했다. 상무부에서도 코카콜라가 불과 몇 잔으로 사람들을 '충성스러운 소비자'로 만드는 이유가 아마도 카페인 또는 비밀스러운 성분 때문일 것이라고 추정했다.[447]

특히 유럽이 그랬다. 벨기에와 스위스에서는 지역의 음료업자들이 코카콜라가 위험 수준의 카페인을 함유하고 있다고 소송을 제기했으며, 덴마크에서는 맥주 제조업자들이 비록 임시적이지만 코카콜라를 금지시킬 수 있었다. 많은 경우에 각국의 공산당이 깊숙이 개입하여 코카콜라를 반대하고, 이를 중독성이 있는 약이나 독으로 묘사하곤 했다. 오스트리아의 공산당원들은 코카콜라 공장이 원자폭탄을 제조할 수 있는 공장으로의 변신이 가능하다고까지 주장하기도 하고, 이탈리아의 공산주의자들은 아이들이 코카콜라를 마실 경우 하루가 지나면 머리가 하얗게 변할 것이라는 주장까지도 하고 있었다.[448] 그렇지만 프랑스에서의 코카콜라 불매운동만큼 행동까지 수반한 것은 아니었다.

당시 프랑스 정부(앙리 케이유 내각: 1948년 9월~1949년 10월, 조르주 비도 내각: 1949년 10월~1950년 7월)는 중도파가 중심이 되어 보수파와 급진파를 아우르는 형세였다. 이들 정부는 미국과의 동맹에 우선순위를 두었지만, "사실상 미국적 방식을 상징하는" 코카콜라 사의 진입을 막으려는 정부의 일부 부서, 공산당, 음료 단체들의 로비에 직면하고 있었다. 코카콜라 문제는 그저 사소한 문제에 지나지 않으니 미국의 원조가 중단될 수 있는 위협적인 행동은 하지 말자고 설득하면 될 것을, 유감스럽게도 행정부가 반대자들의 로비 압력에 굴복했다. 1949년 초 두 번째로 코카콜라 사가 마르세유 보틀링 공장에 필요한 1만5천 달러 규모의 원료를 보내려 하자, 재무부가 또 다시 수입을 막았다. 1949년 여름 코카콜라 수출회사의 사장인 제임스 커티스가 정치적 병목현상을 타계하기 위해 프랑스 재무부 장관인 모리스 페쉐 Maurice Petsche를 만났다. 이 자리에서 페쉐는 코카콜라 사가 향후 투자계획을 분명하게 밝힌다면 각료회의에서 문제를 다시 제기하겠다고 약속했다. 그래서 비도 정부는 1949년 12월 보틀링 공장 건설을 승인했다. 그러나 재무부는 여전히 코카콜라 사의 계획에 제동을 걸었다. 이렇게 되자 코카콜라 사는 마르세유 공장 건설을 일시중지하

고 카사블랑카의 제조업자로부터 파리의 보틀러에게로 코카콜라 원액 농축액을 보내기로 결정했다.[449]

반미의 희생양 코카콜라

1949년 후반이 되면 프랑스에서 코카콜라와 관련한 두 개의 소송이 진행되고 있었다. 하나는 코카콜라 성분에 관한 것이었고, 나머지는 농업부에서 시작된 코카콜라 라벨에 관한 것이었다. 첫 번째 문제는 코카콜라 성분 중 인산과 카페인의 양, 그리고 비밀에 싸인 물품번호 '7X'였다. 인산의 경우에는 1905년의 건강 관련 법령이 금지하고 있었으며, 무엇보다도 알려지지 않은 '7X'가 독성물질이거나 중독성 성분을 지닐 수 있다는 의문이 제기되었던 것이다. 코카콜라의 등록상표 또한 문제가 되었다. 왜냐하면 코카 잎 성분이 사실상 존재하지 않기 때문에 '코카콜라'라는 이름은 잘못 붙여졌다는 것이다. 마킨스키가 볼 때 가장 골치 아픈 문제가 인산과 카페인이었다. 그도 인정했듯이 기존의 규정대로라면 코카콜라는 "상당히 비난받기 쉬운" 상태였다. 거기에 농업부는 특별자문위원회를 임명했는데, 여기에는 코카콜라에 적대적으로 알려진 전문가들이 포함되어 있었다. 상황이 이런 식으로 계속 악화되자, 팔리 회장은 화가 나서 문제의 배후에 프랑스 정부가 있다는 식으로 비난했다. 하여간 1949년 겨울은 코카콜라사 입장에서 곤란한 상황이 지속되었다. 프랑스의 주요 신문들이 코카콜라 공격에 동참했으며, 의회조차도 그랬다.

결국 프랑스 공산당과 음료 회사 당사자들은 의회로 하여금 코카콜라를 문제화하게 만들었다. 의회 내의 코카콜라 반대자들은 공중

위생을 이유로, 또한 자국산 음료를 코카콜라와의 불공정한 경쟁으로부터 보호한다는 경제적 이유로 코카콜라의 수입 금지를 추진했다. 그러나 이 제안은 공산당 이외의 세력으로부터는 큰 지지를 얻지 못했다. 포도재배업자들은 간접적인 방식으로 코카콜라 수입 금지를 시도했다. 이들의 이해를 대변하는 법안은 몽펠리에의 시장 대리인 폴 불레Paul Boulet가 제출했다. 즉 모든 식물로부터 추출한 원료를 포함하는 모든 비알코올성 음료에 대한 수입을 금지하는 법안으로써, 코카콜라에 대해서 직접 언급을 하지는 않았다. 직접적으로 품목을 정하면 특정 상품에 대한 차별을 하게 되어, 미국과의 무역 협정을 위반하는 법안이 될 것이기 때문이었다. 또한 어떤 음료가 해로운지 아닌지를 결정하는 책임은 공중보건부 장관한테 있으며, 전문가들의 자문을 받아 판단하게 했다. 이러한 불레의 계획은 더 많은 사람에게 지지를 받았다.

당시 행정부의 대변인인 공중보건부 장관은 친미적 성향을 지녔으며, 정부 또한 코카콜라 금지 같은 극단적 조치에 동의하지 않았다. 불레의 제안에 대해서는 기존의 규정을 가지고도 국민의 건강을 보호할 수 있으므로 불필요하다고 주장했다. 그렇지만 정부는 의회에 반대하지 않는 방향을 선택했으며, 최악의 경우 법안이 통과되어도 정부에게 감독권이 주어질 것이라고 예상했다. 여하튼 행정부는 논쟁을 1950년 2월까지 연기했으며, 의회는 공산주의자가 발의한 안을 기각하고 불레의 안을 채택했다. 즉 전문가들이 어떤 술이 아닌 음료가 건강에 유해하다고 판단하면, 공중보건부 장관은 그 음료를 금지할 권리를 갖게 될 것이었다. 현실적으로 그러한 조치가 취해질 가능성은 적었으며, 이해당사자들에게는 코카콜라 사에 경고를 보냈다고 생각할 수 있는 제안이었다. 의회에서의 논의는 기본적으로 미국의 경제적 지배를 언급하지 않고, 국민 건강을 보호하는 것에만 치중하는 것처럼 보였다. 최종적으로 의회는 비알코올성 음료를 통제한다는 명분으로 미국 쪽에 경고를 보내는 몸짓을 취했다.

그런데 1950년 2월 그때까지는 아직 프랑스의 식민지였던 모로코 관세당국이 코카콜라 원액 농축액을 프랑스 보틀러에게로의 수출을 허용하지 않았다. 즉 사실상의 통상금지 조치를 취한 것이다. 이러한 모든 상황들에 대하여 마킨스키는 프랑스 내에 "우리를 잡으려고 애쓰는" 사람들이 너무 많다고 보고했다. 앞에서 말했던 프랑스 공산주의자, 음료업체, 행정부, 의회뿐 아닌 여론조차도 그랬던 것이다. 그래서 그는 프랑스 사람들이 "전반적으로 반미적"이라고 결론내릴 수밖에 없었다. 그리고 그들이 반미적인 것은 프랑스 정부가 미국에 고분고분하고 나아가 종속적인 태도에 분개하고 있기 때문이라고 보았다.[450]

전후 미국 주도의 유럽 질서 재편이 프랑스 사람들의 자존심을 상하게 했던 것은 분명했다. 문화적으로나 정치적으로도 미국을 최소한 한 수 아래라고 생각해왔던 대다수 프랑스 사람들은, 2차 세계대전 이후 냉전이 본격적으로 진행되면서 미국이 경제적으로나 정치적으로 서유럽을 지배하는 형태가 되자, 불편한 마음으로 이를 지켜볼 수밖에 없었다. 그들의 불편한 마음이 증폭되어 자존심이 뭉개졌다고 느끼던 그 시점에 바로 코카콜라 사건이 터진 것이다. 마치 희생양을 찾듯이 그들은 미국의 상징이 되어 버린, '미국적 생활방식'을 구현하고 있다고 간주하던 코카콜라에 자신들이 가지고 있던 모든 불편한 감정을 쏟아낼 참이었다.

코카콜라의 반격

그러나 코카콜라 사는 이를 "되받아줄 의지와, 자원과 영향력"을 갖고 있었다. 일단 코카콜라 수출회사의 회장인 팔리는 1950년 3월 워싱턴의 프랑스 대사를 만나 정치적 이유로 자신들을 그만 괴롭힐 것과 프랑스 외무부를 통해 재무부로 하여금 수출 금지를 풀도록 요청했다. 마킨스키는 미 국무부 담당자를 만나 프랑스 당국의 "차별, 적의, 정당화할 수 없는 지연 전술"을 비난하면서 프랑스에서 사업을 접을 수도 있음을 피력했다. 미 국무부 또한 이에 즉각적으로 반응했다. 주 프랑스 미국 대사인 데이비드 브루스David Bruce는 비도 수상을 만나, 미국은 자국 상품에 대한 어떠한 임의적 차별과 모로코로부터의 코카콜라 원액 농축액 수입에 대한 간섭을 좌시할 수 없다는 미국 행정부의 의사를 분명하게 전달했다.[451]

코카콜라 사는 미국인들을 향해 프랑스에서 진행되고 있는 일을 공개적으로 터트렸다. 팔리 회장은 언론을 통해 코카콜라가 2차 세계대전 중 미군들에게 공급되었지만 여태껏 아무런 건강에 문제를 일으킨 적도 없었으며, 오늘날 공산주의 국가들을 제외한 전 세계 모든 곳에 공급되고 있음을 상기시켰다. 그리고 독일의 파시즘으로부터 프랑스를 해방시켜준 미군들 또한 코카콜라를 마셨다고 강조했다. 나아가 그는 프랑스인들이 마셜 플랜에 대해 별로 감사하는 것 같지도 않다면서, 미국은 이러한 무례를 용서해서는 안 된다고 말했다. 따라서 필요하다면 미 의회가 경제적 원조 중단을 결의해야 한다고 주장했다. 그는 코카콜라가 프랑스에서 모욕을 당하는 것이 미국이 모욕을 받는 일과 동일하다는 메시지를 전하고 있었다. 그의 주장은 언론에 "불을 질렀다." 그의 주장이 언론을 통해 널리 전달되자, 일부 언론은 흥분하여 미국도 보복 차원에서 프랑스 포도주의 수입을 금지해야한다고 주장했다. 심지어 어떤 신문은 "코카콜라를 마시는 사람들 사이에서는 마르크스의 교리를 퍼트릴 수 없다"고까지 말하여, 코카콜라를 자본주의의 상징으로 이해하고 있음을 나타내었다. 또 혹자는 작금의 사태를 "코카콜라 잔의 태풍"이라고 빗대어 말함으로써 코카콜라 때문에 미국과 프랑스가 외교적으로 대립하는 폭풍과 같은 상황에 이르렀음을 암시했다. 코카콜라는 이 상황에서 미국인들에게 '토템 음료'가 되어 있었던 것이다. 프랑스의 외무부도 코카콜라 사가 미국의 여론을 움직일 수 있음을 직시했다. 1950년 4월에 프랑스 정부는 조용히 코카콜라에 대한 통상금지를 풀면서, "합리적인 수요"에 맞추어 수출량을 제한해줄 것을 코카콜라 수출회사에 요청했다.[452]

외형적으로는 1950년 이전에 이미 언론이나 관료 및 정치인 집단에서 코카콜라 소동은 빠른 속도로 잠잠해졌다. 1950년 6월에는 프랑스의 상원은 만장일치로 하원의 비알코올성 음료에 대한 규제 발의를 기각했으며, 불레의 제안을 "불필요한" 것으로 판단했다. 결국 규제 법안은 다시 하원으로 보내, 1950년 8월에 법제화되었다. 그리고 이른바 '반 코카콜라 법'은 행정부에다 식물 추출액으로부터 만든 음료에 대한 새로운 규제를 위임했다. 그러나 전문가들이 표준을 정하는 과정에서 이 법안은 지연되었으며, 후속 정권 또한 불레 법안에 대한 새로운 규제를 연기시켰다. 1951년 농업부는 코카콜라가 프랑스 법 규정을 따르고 있다는 해석을 내렸다. 그러나 공중보건부가 훼방을 놓았다. 그러자 팔리 회장은 보건부 내의 공산주의자들이 끊임없이 방해하고 있다고 비난했으며, 이에 보건부도 물러서지 않았다. 결국 코카콜라 성분에 대한 일련의 과학적 시험을 하여, 이것이 유해하지도 기존의 건강 관련 규정에 어긋나지도 않다는 사실이 밝혀낸 뒤인 1952년 9월에 판사는 고소 취하를 명령했다. 그러자 포도주와 과일주스 이해관계자들이 다시 항소하고, 또 다른 시험을 다시 하여 동일한 결론에 도달한 후에야, 마침내 1953년 12월에 항소법원에서 고소 취하를 재차 확인하고야 비로소 지루한 소송이 끝났다. 이로써 기나긴 코카콜라 소동은 막을 내렸다. 코카콜라 사는 승리를 만끽했지만 상대방에 대한 자극을 피하기 위해 공개적으로 드러내지는 않았다.[453]

프랑스에서 누가 승리했는가

이 길고도 지루했던 전투에서 누가 승리한 것일까? 외형적으로만 본다면 코카콜라 사가 완승했다고 볼 수 있다. 그들은 언론 플레이를 통해 미국 언론과 미국인들을 자신의 우호적인 세력으로 만들었으며, 로비를 통해 자국의 국무부나 프랑스의 외무부에 압력을 가했다. 프랑스의 제4 공화국 정권들은 미국과 자국 내의 코카콜라 반대자들 사이에서 균형을 잡으려고 애썼지만, 결국 미국에 굴복할 수밖에 없었다. 시끄럽게 떠들어댔지만 공산주의자와 음료업자들 말고는 코카콜라 수입 금지에 동의하는 사람들은 많지 않았다. 게다가 코카콜라 사는 법정에서 벌어진 전투에서도 승리했다. 코카콜라 사는 신속하게 프랑스에 보틀링 공장을 건설했으며, 그래서 반대하던 사람들에게 이를 되돌릴 수 없는 기정사실로 만들어버렸다.

그렇지만 내용을 들여다보면 코카콜라 사의 일방적인 승리라 볼 수 없다. 1953년의 한 여론조사 결과를 보면 프랑스에서 코카콜라를 좋아한다고 볼 수 있는 사람들이 17퍼센트인 반면, 전혀 좋아하지 않는다는 사람들이 무려 61퍼센트 달했다. 그래서인지 프랑스의 일인당 코카콜라 소비량은 다른 유럽 국가들의 소비량에 비해 상대적으로 적었으며, 오늘날까지도 이런 사실에는 변함이 없다. 프랑스인들에게는 여전히 코카콜라가 '미국화의 상징'으로 남아있기 때문일 것이다. 게다가 많은 프랑스 사람들은 심정적으로 코카콜라가 맛이 좋지 않거나 몸에 해롭다고 생각했다. 더 근본적으로는 프랑스인들은 일단 전후 미국의 정치적, 경제적 지배가 점점 커지자 공포와 걱정을 갖게 되었다. 그들은 '코카콜라도 보드카도' 원치 않았으며 자신들의 포도주를 원했다. 즉 그들은 미국도 소련도 탐탁치 않아했으며 제3의 길인 프랑스의 독자노선을 꿈꾸었다. 이런 상황에서 코카콜라 사는 프랑스 사람들이 마음의 준비가 되어 있지 않음에도 신속하게 소비사회의 도래를 알렸다. 결국 코카콜라 사는 미국이라는 경제 제국의 선두주자로 각인되어 프랑스인들에게 향후 반미 감정과 나아가 '반미주의'를 형성하는 데 도움을 준 것이다.[454]

어느 중립적 시각의 가톨릭계 신문 또한 미국인들이 프랑스인을 '미국적 생활방식'에 무지하다며 "아무것도 모르는 어린이" 취급을 하고 있다는 기사를 실었다. 또한 〈르몽드〉 신문의 기사는 문제의 핵심을 지적하고 있었다. 이 기사는 이미 프랑스의 도시에는 크라이슬러나 뷰익 같은 미국 차들이 도로에서 질주하고, 농촌에서는 미국의 트랙터들이 밭을 갈고 있고, 프리지데어 같은 미제 냉장고는 프랑스 음식을 차갑게 보존하고 있고, 듀퐁에서 나온 미제 나일론 스타킹은 유행에 민감한 프랑스 처녀들의 다리를 감싸고 있는 상황에서, 즉 미국의 물품들이 프랑스에 수입되어 넘쳐나는 현실에서 새삼스럽게 왜 굳이 코카콜라가 주목의 대상이 되었을까 하는 의문을 제기하고 있다. 〈르몽드〉는 코카콜라가 프랑스인들의 건강을 해칠까 두려워서가 아니라, 그것이 상징하고 있는 문명이나 구현하고 있는 생활방식을 프랑스 사람들이 불편해하고 비난하는 데서 찾아야 한다고 답변하고 있다. 그러면서 〈르몽드〉는 다른 기사를 통해 결국 코카콜라 사태를 통해 프랑스인들이 두려워하고 걱정스럽게 생각하는 상황은 프랑스의 미국화라고 지적했다. 왜냐하면 코카콜라를 "유럽 문화의 단치히 Danzig"라고 생각하기 때문이다. 단치히는 독일 제국이 1차 세계대전에서 패전한 후에 전승국들이 오늘날의 독일과 동 프러시아 영토를 갈라놓은 회랑의 공간이었다. 즉 프랑스인들에게는 코카콜라가 유럽 문화와 미국 문화를 가르는 경계선 역할을 하고 있다는 의미로 받아들여졌다는 것이다.[455]

〈르몽드〉는 좀 더 나아가 문제의 핵심을 짚어내고 있었다. 즉 이 사건이 안고 있는 상징적 의미에 대해서 이야기하면서 프랑스의 토템 음료인 포도주에 대해서 다음과 같이 정리했다.

다른 민족들을 동화시키려는 정복자들은 일반적으로 그들의 언어, 그들의 학교, 그들의 종교를 공격해왔다. 그들은 실수한 것이다. 가장 공격받기 쉬운 것은 국민 음료이다. 포도주는 프랑스의 가장 오래된 특징이다. 그것은 종교와 언어보다 앞선다. 그것은 모든 종류의 체제에서도 살아 남았다. 그것이 민족을 단합해왔다.[456]

흥미롭게도 이 글의 저자인 로베르 에스카르피Robert Escarpit는 '프랑스다움'을 포도주에서 찾고 있었다. 어떤 국가의 정체성을 확인하는 일차적 특징을 언어나 종교보다도 오히려 마실 것, 좀 더 일반적인 의미에서는 음식에서 찾고 있는 것이다. 그것은 정신문화보다 의식주와 관련된 물질문화가 프랑스인의 정체성을 구성한다는 의미이며, 또한 프랑스인의 육신을 만들어왔다는 뜻이기도 했다. 그런데 당시 포도주가 프랑스의 민족적 정체성을 드러내는 것이었다면, 코카콜라 또한 '미국다움'을 드러내는 것임을 서로는 크게 인식하고 있지 못한 것 같다. 두 나라의 국민들은 서로가 서로를 이해해주지 않으면서 자신의 입장만을 생각하고 있었다. 프랑스 또한 자신의 문화에 대한 자부심으로 인하여 다른 국가의 문화에 대해서 경멸적 시선을 보내왔던 것 또한 부정하기 어렵다. 포도주가 프랑스인의 '토템 음료'였다면, 코카콜라 또한 미국인의 '토템 음료'라는 사실을 프랑스인 또한 크게 인식하지 못했던 것이다. 문제는 서로가 상대방 국가의 '토템 음료'를 공격할 때 서로에게 상처를 입힐 수밖에 없다는 점이다.

우리가 제3자의 시각에서 보자면 먼저 코카콜라 사의 오만함이나 무감각을 지적할 수도 있다. 어느 잡지의 편집자도 지적한 것처럼 프랑스가 해방되자마자 파리의 한복판인 노트르담 사원 맞은편에 "상쾌한 잠깐의 휴식"이라는 커다란 광고가 붙어있고, 레스토랑의 탁자

위에 누구라도 쉽사리 알아볼 수 있는 빨간 코카콜라 병들이 놓여 있는 셈이다. 이러한 상황에 직면해서 어느 프랑스 사람인들 이를 마음 편하게 볼 수 있었겠는가? 일제가 경복궁 앞에 조선총독부를 세운 것과 비슷하다면 과장된 표현이겠지만, 코카콜라 사는 자신의 문화와 전통에 대해서 지나치리만큼 자랑스럽게 여겨온 프랑스인의 자존심을 조금도 배려하지 않았다고 볼 수 있다. 이것이 과연 코카콜라 사의 오만함의 결과로 빚어진 무감각인지, 또는 문화적 차이로 인한 무지인지는 모르겠지만, 그 어느 것일지라도 '프랑스 사람들의 감수성'을 무시했다는 비판을 면하기는 어려웠다.[457]

문화 제국주의와 자본주의

'유럽의 미국화' 현상은 냉전 초기 서유럽 거의 모든 곳에서 볼 수 있었다. '미국화'는 사실상 미국에 의한 문화 제국주의와 동의어라고 볼 수 있다. 그러나 문화 제국주의 또는 문화 헤게모니라는 표현은 우리가 이해하려는 현상을 너무 단순하게 설명하는 경향이 있다. 게다가 문화 제국주의라는 개념은 많은 경우에 잘못 쓰였다. 문화 제국주의란 전 세계에서 지역의 전통적 문화가 미국에서 대량생산된 상품들과 대중매체에 의해 파괴되거나 부식되는 것과 관련되어 있다. 문화 제국주의에 관해서는 여러 이론이 존재해왔는데, 이들을 관통하는 두 가지 공통 사항이 있다. 첫째는 자본주의가 여러 지역의 문화를 균질화한다는 것이며, 둘째는 자본주의의 전파가 소비주의 문화를 낳는다는 것이다. 결과적으로 자본주의가 성숙하면서 모든 것들이 상품화하는 경향을 갖는다는 것이다.[458] 그런데 이러한 소비자본주의를 미국이 선도하고 있으며, 나머지 유럽 국가들과 제3세계 국가가 이를 수용하려 애써왔다. 그리고 미국은 자신의 생활방식과 우월성을 자연스럽게 받아들이며, 나머지 국가들이 반드시 따라야할 전범으로 이해한다는 것이다.

그런데 사실상 유럽에서 전후세대 특히나 청년세대가 미국의 대중소비문화를 단지 수동적으로만 받아들였다고 보기는 어렵다. 차라리 그들은 미국의 대중소비문화가 유럽에서 성공할 수 있도록 적극적으로 참여했다. 즉 수용자의 입장에서 미국의 대중소비문화의 세례를 받을 수밖에 없었지만, 그들은 수동적으로 받아들인 것이 아니라 자신들의 의지로 적극적으로, 열렬히 환영했던 것이다. 게다가 자신들의 시각에서 새로운 의미부여를 하기도 했다. 왜냐하면 그들은 2차 세계대전을 일으켜 유럽 전체를 참화에 빠뜨린 그들 아버지 세대의 무능함을, 특히 패전 국가들의 경우 전체 사회에 드리워진 패배감에 대한 저항의 방법으로써 미국의 대중문화를 두 손 벌려 환영했던 것이다.

이러한 사실은 미국에서 수출된 대중문화의 표제들이 갖는 정체성이 타국의 문화와 만나는 순간 변화될 수 있다는 것을 암시한다. 예를 들어 전후 미국인들에게 편안함을 대표하던 청바지가 자본주의 진영의 유럽인들에게는 편안함뿐만 아니라 기성세대에 대한 반항과 기존의 전통문화로부터의 자유를 의미하기도 했다.[459]

기성세대와 청년세대, 그리고 코카콜라

코카콜라는 2차 세계대전 이후 최초의 전 지구적 음료로 자리 잡게 되었으며, 전 세계적으로도 미국 하면 떠올리는 미국적인 것의 대표적인 이미지가 되었다. 그리고 냉전이 본격화되면서부터 코카콜라는 소련을 비롯한 공산권 국가들에게는 자본주의의 첨병으로, 유럽의 좌파들에게는 미국에 의한 식민화, 곧 '코카콜라 식민화'를 상징하게 되었다.

이렇듯 코카콜라는 청량음료이면서 그 이상이기도 했다. 그런데 코카콜라에는 특정 지역의 문화적, 정치적 상황에 따라 의미가 다양하게 부여되었다. 많은 경우 유럽에서 코카콜라는 대량으로 생산되는 천박한 대중문화를 상징했으며, 나아가 미국화의 정수를 의미하기도 했다. 앞에서 길게 다루었던 전후 프랑스에서의 코카콜라 소동의 핵심은 미국과 유럽이 이제는 서로 다른 생활양식을 지니고 있다는 점이다. 〈르몽드〉 신문이 이야기하고 있듯이, 당시 프랑스 사람들이 비난하고 있었던 것은 코카콜라 그 자체라기보다는 코카콜라가 '상징'하고 있는 '문명'이나 미국인들이 즐겨 표현하던 '라이프스타일'이었던 것이다.[460]

이렇듯 많은 유럽 사람들이 코카콜라로 대표되는 미국의 대중문화나 미국 문명에 대한 불편함과 거부감을 표현하고 있음에도, 미국인들은 자신들의 대중문화가 단지 현대 문화라고만 생각하는 경향이 있다. 미국의 역사학자인 리처드 펠스의 시각에서 미국화는 현대화와 다른 것이 아니다. 표준화와 대량생산에 의한 미국의 소비품들을 미국에 고유한 것이라고 볼 수 없다는 것이다. 결국 유럽 사람들이 불편해하고 불만을 표시했던 것은 미국의 대중문화가 아닌 '일상생활의 현대화'에 원인을 돌려야한다고 주장하고 있다.[461] 그렇다면 과연 펠스가 주장하듯이 미국화는 단지 현대화의 다른 이름에 지나지 않는 것일까? 특히 한국 같은 제3세계의 시각에서 볼 때 현대화가 단지 미국화일 뿐일까? 오히려 우리 입장에서는 현대화가 서구화의 또 다른 이름이 아닐까?

전후 브라질에서는 기성세대가 젊은 세대를 '코카콜라 세대'라 부르고 있었다. 문제는 당시 세대 간 갈등이 첨예하게 표면화되고 있었다는 점이다. 아우리첼리오 펜테아도Auricélio Penteado라는 라디오 뉴스 진행자는 기성세대와 청년세대의 서로 다른 가치관에 기초한 문화적 충돌에 관해 이야기하면서 청년세대를 '코카콜라 세대'로 명명하고 있다. 그는 전후 브라질의 청년문화를 미국적 가치에 기초한 것으로 이해하고 있었기 때문이었다. 그는 1942년 상파울로에 여론조사 기관을 창설했는데, 미국 유학 시절 조지 갤럽George Gallup의 영향을 받아 만든 것이다.

그는 여론조사를 토대로 1950년대 전반의 브라질 젊은이들이 자신의 청년 시절인 1925년과 비교해보면, 매우 상이한 가치관으로 무장하여 기성세대와 문화적 갈등을 빚고 있다고 보았다. 그리고 그 청년세대를 '코카콜라 세대'라 불렀던 것이다. 그는 자신의 친구의 아들과의 대화를 통해 세대간 갈등을 분명하게 볼 수 있었다고 증언했다. 기성세대가 오랜 식민지 양식의 사고와 갈등하고 저항했다면, 젊은 세대는 굳건한 토대가 없어서인지 예의범절을 무시하고, 부모들을 공경할 줄도 모른다고 했다. 그러면서 그는 코카콜라와 신세대의 습관 사이에 어떤 인과관계를 만들고 싶지 않지만, 최소한 어떤 관련성이 있음을 부정하기는 어렵다고 했다. 왜냐하면 브라질에서 코카콜라는 "새로운 상업적 방식의, 미국 문명의, 이념의 새로운 질서의, 어둡고

케케묵은 과거에 대한 우울한 개념의 완전한 전복의 상징"이기 때문이었다. 또한 코카콜라는 "빛, 건강, 공기, 솔직함, 단순함, 브라질의 더 나은 미래를 위한 힘과 희망"을 상징하고 있었기 때문이다. 결론적으로, 그는 코카콜라가 "진보"이자 브라질 전역에 "안락함"을 전파한다고 보았다.[462] 이처럼 브라질에서는 코카콜라가 자신들의 단점을 극복할 긍정적이고, 미래지향적이며, 낙천적인 태도를 상징하고 있었다.

오스트리아의 예를 들어보자. 2차 세계대전 직후 미국은 독일과 병합되었던 패전국 오스트리아를 다시 독립국으로 만들면서, 소련과 분할 점령하여 군정을 시작했다. 당시 미군들은 코카콜라를 즐겨 마시고 있었으며, 미군정 치하에서 오스트리아 사람들은 코카콜라를 구매할 수 없었으므로 미군과 직간접적으로 관계를 가진 사람들만이 코카콜라를 맛볼 기회를 가질 수 있었다. 그런 기회가 적어서인지 코카콜라에 대한 반응은 열광적이었다. 그러자 1950년 1월 오스트리아 공산당 기관지는 자국에서의 코카콜라 시음을 격렬히 비난했다. 그 신문은 수도인 빈Wien의 카페에서 파는 코카콜라를 썩은 슈크림에 비교하면서 노골적인 비난을 퍼부었다.[463]

이러한 비난에도 1955년 이후 린츠Linz와 람바흐Lambach 지역에 군용이 아닌 민간용 코카콜라 보틀링 공장이 생기고, 연이어 잘츠부르크Salzburg 및 인스부르크Insburg, 그문덴Gmunden, 바트 할Bad Hall 지역 등에도 보틀링 공장이 세워져 많은 오스트리아 사람들도 코카콜라를 마실 수 있었다.[464] 결국 군정이 끝난 1956년 늦가을 이후에는 오스트리아인들도 "목마름은 계절을 모른다. 얼음 같이 찬 코카콜라를 마시자"라는 광고도 알게 되었다. 오스트리아에서의 코카콜라 소비는 급속히 증가했다. 특히 청년세대들이 이에 열광적이었다. 예를 들자면 1959년 한 댄스클럽에서 약 2백 명가량의 손님들이 춤을 추면서 목이 마를 때마다 술이나 음료수를 마셨는데, 나중에 보니 맥주가 25병, 포도주가 2리터, 브랜디가 0.5리터 소비된 반면에, 코카콜라는 거의 200병을 마셨다.[465] 이는 짧은 시간 안에 코카콜라가 오스트리아 젊은이들의 일상생활과 음식 문화에 자리 잡게 된 단적인 사례를 보여주고 있다.

이러한 상황은 자신들의 대중문화를 저급하다고 생각하고 유럽에 온 미국의 지식인들을 실망시켰다. 잘츠부르크 세미나에서 유럽의 학생을 가르치던 미국인 메티슨F. O. Mattiessen은 왜 그들이 맥주 대신 코카콜라를 더 좋아하는지 이해할 수가 없었다. 이에 실망한 그는 "미각의 문명화된 취향이 퇴화하고 있는 어처구니없는 순간을 목격하고 있다"고 생각했다.[466] 왜 이 미국의 지식인에게는 맥주 대신 코카콜라를 마시는 것이 문명의 쇠퇴를 의미하게 되었을까? 무엇보다도 미국의 지식인인 그에게는 유럽의 문화가 더 심오하면서 물질주의를 덜 지향하고 있다고 생각해왔기 때문일 것이다. 그는 전후 유럽의 젊은이들이 미국의 소비문화에 빠져드는 것이 실망스러웠을 것이다.

그런데 전후 독일은 또 어떠했던가? 전후 독일의 청년세대는 전쟁의 패배로 인한 기성세대의 책임을 인식하면서 기성세대에 대한 저항의 몸짓의 일환으로 미국에서 수입된 대중문화에 깊이 빠져들었다. 전후 동독 정부나 언론은 서부 영화나 갱 영화, 재즈 및 로큰롤 음악 등을 통한 미국의 대중문화가 "독일의 문화적 유산을 파괴하고" 동독의 젊은이들을 타락시키고 있다고 비난했다. 동독 당국만 이렇게 생각하고 있던 것은 아니었다. 서독 당국 또한 1950년대 전반까지도 서독의 젊은이들이 말론 브란도 같은 미국의 영화배우의 '섹스 어필'이나 재즈나 로큰롤의 '뜨거운 리듬' 에 대해 우려를 표명하고 있었다. 그러나 1950년대 후반이 되면 서독 당국의 미국 대중문화에 대한 시각이 부정적인 면에서 긍정적으로 바뀌었다. 서독 전역에 걸쳐 재즈 클럽이 생겼으며, 심지어 국방부 장관인 프란츠-요셉 스트라우스 Franz-Josef Strauss는 재즈 음악이 자국의 군인에게도 적당하다고까지 공언했다. 서독이나 동독 모두 자국 "시민들의 문화적 소비"야말로 전후 "정치적 재건"에 있어 중심적이라고 보았다.[467]

전후 서독은 "나일론 스타킹에서 대중음악"에 이르기까지 "전례 없이" 미국의 수입품이 넘쳐났다. 특히 베를린에서는 1961년 8월 장벽이 세워질 때까지 수많은 동독 사람들과 특히 동베를린 사람들이 서베를린으로 건너와 쇼핑을 즐기곤 했다. 또한 많은 동베를린의 젊은이들은 서베를린의 음악 홀에서 춤과 음악을 즐기고, 심지어 '부기-우기 신발'이나 청바지, 가죽 재킷, 혹은 레코드 등을 구입하기도 했다. 또한 집에 가서는 서유럽의 방송국에 주파수를 맞추었는데, 특히 미국에서 유행하는 최신 히트곡을 알기 위해 미군 방송을 듣거나, 아니면 상업방송인 '라디오 룩상부르Radio Luxemburg'를 즐겨 찾았다.[468]

동독의 문화 정책은 '미국적 생활방식'에 반하는 지향점을 지녔지만, 서독의 경우는 '미국 스타일의 소비문화'를 격리시키려 애쓰고 있었다. 그러나 냉전이 심화되면서 상황이 바뀌기 시작했다. 미국과 서독은 동독에 대한 무기로 미국의 대중문화를 내세우기 시작했다. 이를테면 재즈 음악을 연주하고 감상하는 것이 자유주의를 드러내는 하나의 방편이 되었다. 그리하여 1950년대 후반이 되면 동독은 여전히 미국적인 것에 저항하고 반대했지만, 서독은 미국의 영향력에 대해 더 이상 위험하지 않다고 간주하였다.[469] 냉전이 심화되면서 서독은 '미국적 생활방식'을 수용하는 방향으로 바뀌었지만, 동독은 여전히 이를 거부하고 있었다. 냉전체제가 굳어짐에 따라 미국에 대한 동서독의 상반된 태도는 코카콜라에 대해서도 역시 서로 다른 태도를 보일 수밖에 없었다.

사실상 미군정 아래서 서독이 미국에 대해 어떤 독자적인 입장을 지닌다는 것은 사실상 불가능에 가까웠다. 서독의 미래의 방향은 대서양 건너편의 워싱턴에서 결정하고 있었으며, 서독인의 생사여탈권은 자국 땅에 진주하고 있는 미군이 쥐고 있었기 때문이었다. 이러한 상황에서 2차 세계대전 후 서독에 사는 사람들이 코카콜라를 마시는 "상쾌함의 복음 속에서 거듭 태어났다"고 주장하는 것도 그렇게 큰 과장은 아닐 것이다.[470]

그렇지만 서독 사람들의 경우는 오히려 예외에 해당할 것이다. 2차 세계대전을 일으키고 수백만의 유대인을 학살한 비도덕적 만행의 책임에서 벗어날 수 없었으며, 미국의 결정에 의해 자신들의 미래가 결정되는 상황에서 드러내놓고 미국 문화를 비난하는 무모한 행동은 할 수 없는 것이다. 오스트리아의 경우도 이와 유사했다. 그러나 많은 경우 유럽의 우파는 자국의 전통문화가 미국의 현대문화보다 우월하다고 생각했기 때문에 천박해보이는 미국 대중문화나 소비문화를 비판하려고 했으며, 유럽의 좌파는 미국식 소비자본주의에 의해 일방적으로 유럽이 정복되고 식민화된다고 비난했다. 이렇듯 대체적으로 유럽인들은 좌우를 망라하고 코카콜라를 통한 욕망의 식민화에 적극적으로 반대 의사를 표현했던 것이다.

위에서 살펴보았듯이 브라질 같은 제3세계에서 코카콜라를 현대성의 기호로 이해한 반면, 많은 유럽 국가들에서는 오히려 자국의 문화를 침식하는 위해요소로 이해했다. 나아가 이를 미국화의 상징으로 받아들였다. 그렇지만 이들 국가들조차 코카콜라를 통한 미국의 대중문화 수용은 세대마다 달랐다. 기성세대가 비판적 시각을 견지했다면, 청년세대는 미국적인 것을 통해 기성세대에 반항하고, 도전하고 심지어 경멸감을 표현하고자 했던 것이다. 코카콜라로 기호화된 미국의 대중문화에 대하여 청년세대는 이렇듯 지역과 국가를 넘어서 기성세대와 다른 생각과 느낌을 가졌던 것이다.

코카콜라 사는 해외시장을 개척할 때 지역화와 현지화를 강조했다. 프랑스에서의 경우에는 코카콜라 사가 자신들의 사업이 방해받았다는 입장만 강변하지만, 어떤 면에서는 그러한 상황을 자초한 면도 있다고 본다. 이것은 또한 코카콜라 사가 강조해온 현지화나 지역화가 지역에 따라서, 또는 국가에 따라서, 또는 미국과 미국 문화를 어떻게 인식하는가에 따라서 성공을 거두기도 하고 좌절을 맛보기도 했다는 것을 뜻한다.

11장

코카콜라와 미국식 소비사회의 세계적 확산

펩시 챌린지와 자존심

1960년대 이후 코카콜라 사는 경쟁사인 펩시콜라 사를 의식하지 않을 수 없었다. 코카콜라 측은 내부적으로 그들을 '모방자the imitator'라 불렀지만 전 세계 탄산음료 시장에서 펩시콜라의 도전은 만만치 않았다. 게다가 코카콜라 사는 1970년대 후반부터 성장 동력을 잃은 것처럼 침체 상태로 빠져들었다. 아니 침체라기보다는 후퇴에 가까운 상황이었다. 가령 1976년에서 1979년 사이에 코카콜라의 성장률이 13퍼센트에서 2퍼센트로 줄어들었으며, 순이익 또한 1980년에 겨우 0.5퍼센트가 증가했을 뿐이다. 시장점유율 역시 문제가 있었다. 1975년 코카콜라 사의 점유율은 24.2퍼센트였는데 1979년에는 23.9퍼센트로 줄어든 반면, 같은 기간 펩시콜라의 그것은 17.4퍼센트에서 17.9퍼센트로 0.5퍼센트나 늘어났다. 당시 미국의 탄산음료 시장은 규모가 엄청났다. 1퍼센트는 소매 판매가로 2억5천만 달러였다. 게다가

1977년이 되면 미국 내 슈퍼마켓에서는 펩시콜라가 코카콜라보다 더 많이 팔리고 있었다. 또한 1979년 펩시콜라 사는 기업 전체의 매출액에서 코카콜라 사를 앞서기까지 했다. 그들은 연간 51억 달러의 매출을 기록함으로써 코카콜라 사보다 1억4천만 달러를 더 많은 금액을 기록했다. 그런데 이렇듯 펩시콜라의 돌풍을 선도한 것은 바로 '펩시 챌린지Pepsi Challenge'라는 광고였다.[471]

수세에 있던 펩시콜라 사는 공격적 광고를 지향했다. 1975년 펩시콜라는 아주 새로운 개념의 광고를 내보내기 시작했다. 그해 텍사스주의 댈러스 텔레비전 방송국에서 '펩시 챌린지'라는 광고를 내보내기 시작한 것이다. 이는 길거리에서 지나가는 시민들에게 상표를 가린 두 가지 콜라를 마시게 한 뒤에 어느 콜라가 맛있는지는 묻는 일종의 블라인드 테스트였다. 그 결과 놀랍게도 스스로 코카콜라 골수팬이라 자처했던 많은 사람들이 펩시콜라가 더 맛있다고 했다. 비교 광고의 대상이 주관적일 수밖에 없는 맛이라는 데 문제가 있었지만, 또한 노골적으로 경쟁 상대와 비교하는 내용이었기에 공정성을 잃은 것이라 생각할 수 있었지만, 이 광고는 시청자들에게 놀라운 충격을 주었다. 결과에 고무된 더 많은 펩시콜라 보틀러들이 이 광고에 참여하기 시작했다. 1970년대 말쯤이면 이 광고가 미국 시장의 25퍼센트나 되는 지역에서 방송되고 있었다. 더 놀라운 사실은 코카콜라 사가 기존의 반응과는 다르게 즉각적으로 반박하는 광고를 내보낸 것이다. "한 번 마신 걸로는 충분치 않습니다"라는 다소 유치한 광고로 '펩시 챌린지'에 대해서 격앙된 감정적인 응전을 한 것이다. 사실상 코카콜라 사도 당황하여 자사의 기술 관계자들을 동원하여 비밀리에 소비자들을 상대로 동일한 실험을 해보았다. 놀랍게도 58대 42로 실험에 참가한 사람들은 펩시콜라를 더 맛있다고 하는 결과가 나온 것이다.[472]

1980년이 되자 펩시콜라 사의 젊은 최고경영자인 존 스컬리John Sculley는 '펩시 챌린지'를 전국적으로 광고하기로 결정했다. 그러자 코카콜라 사는 거의 비이성적인 반응을 보였다. 예를 들자면 어떤 지역에서 '펩시 챌린지'를 시작하면 코카콜라 트럭들이 펩시콜라 공장을 에워싸고 마치 위협하는 것 같은 자세를 취하기도 했다. 1983년이 되면 '펩시 챌린지'는 미국의 90퍼센트 지역에서 방송을 탔다. 물론 코카콜라의 본부가 위치한 애틀랜타 지역은 제외였다. 제3자는 이러한 진흙탕 싸움이 콜라 시장의 확대를 가져오기는커녕 광고의 신뢰도를 훼손하는 것으로 인식했다. 비교 광고는 측정 가능한 정량적인 것을 비교할 때 사용해야 한다고 생각한 것이다.[473]

숫자로만 보자면 '펩시 챌린지'라는 광고를 통하여 펩시콜라가 전체 탄산음료 시장에서 차지하는 비율이 현저하게 증가했거나 코카콜라의 매출이 크게 줄어든 것도 아니었다. 하지만 펩시콜라가 얻은 것은 심리적인 효과였다. 광고 때문에 펩시콜라의 매출액이 조금 늘었지만, 코카콜라의 매출이 희생된 것은 아니었다. 그렇지만 펩시콜라는 시장점유율이라는 숫자로 측정할 수 없는 승리를 얻었다. 뉴욕 보틀링 회사의 회장인 찰스 밀라드Charles Millard가 이야기했듯이 코카콜라 사는 '자부심'에 큰 상처를 입은 것이다. 그리고 이러한 자부심의 손상은 금전적으로는 측정할 수 없는 것이었다. 자존심에 상처를 입은 코카콜라 사의 최고경영진은 일등이라는 코카콜라의 이미지에 집착하게 되었으며, 결과적으로 "과잉반응을 하게" 되었다. 코카콜라 사의 미국 지역 마케팅 책임자였던 서지오 자이먼Sergio Zyman도 "우리는 매상이 아닌 '펩시 챌린지'와 '닐슨의 시장점유율'에 집착하고 있었다"고 회고했다.[474]

뉴 코크 대소동

1970년대 후반 '펩시 챌린지'를 통해 펩시콜라 사는 최고경영진은 노쇠해지고 내부적으로는 갈등이 첨예화되던 코카콜라 사를 궁지에 몰아넣었다.[475] '펩시 챌린지'로 수세에 몰린 코카콜라는 펩시콜라에 제대로 된 새로운 한 방을 찾고 있었다. 코카콜라 사는 '펩시 챌린지'에 대하여 대범하게 대응하면 될 것을 과잉반응을 해서 문제를 더욱 복잡하게 만들고, 상황을 오히려 악화시켰다. 결국 '펩시 챌린지'가 코카콜라 사의 최고경영진에게 코카콜라의 신성불가침적인 영역에까지 손대게 만든 것이다. 즉 '비법'이라 불리며 건드릴 수 없었었던 코카콜라 제조법을 바꾸는 무리수까지 두었다. 그래서 '뉴 코크'이라고 명명된 새로운 코카콜라가 회사를 역사상 최대의 위기로 볼 수 있는 상황까지 몰아넣었다.

카스트로의 집권 이후 쿠바에서 모든 것을 잃고 미국으로 망명한 부유한 집안의 아들이었던 로베르트 고이수에타Roberto Goizueta는 1980년 코카콜라 사의 사장 자리에 올랐다. 예일대학에서 화학을 전공한 엔지니어 출신으로, 1964년 코카콜라 사에 입사한 뒤 줄곧 코카콜라 제조부서에서 근무했다. 그리고는 최고경영자인 폴 오스틴의 눈에 띤 후 승승장구하면서 고속승진을 하여, 마침내 오스틴 후임으로 그 자리를 이어받았다. 그런 그가 코카콜라의 맛을 획기적으로 바꿀 생각을 하게 된 것이다.

1984년 크리스마스 휴가를 맞이하여 당시 코카콜라 사의 최고경영진인 고이수에타, 도널드 키어Donold Keough, 브라이언 다이슨Brian Dyson, 아이크 허버트Ike Herbert가 모두 코카콜라의 맛을 바꿔야겠다는 데 찬성했다. 마지막 절차로 60년 이상 코카콜라를 실질적으로 지배한 비공식적 최고책임자의 동의가 필요했다. '전설의 보스'인 로버트 우드러프는 95세를 맞이하고 있었다. 1985년 새해 첫날에 고이수에타는 우드러프가 머물고 있는 이차우웨이Ichauway 농장을 방문했다. 그리고는 그들의 의견을 전달했다. 마침내 '보스'의 승낙이 떨어졌다. "시대에 뒤떨어진 맛을 고수하는 것보다 코카콜라를 세계 최고의 청량음료로 있게 하는 것이 더욱 중요하다"고 그가 동의한 것이다. 비록 그 자리에 그와 고이수에타 두 사람만 있었으며, 그가 내용은 제대로 이해했었는지, 청력에 문제는 없었는지 따위의 문제들은 접어두더라도 말이다.[476]

1985년 4월 19일, 뉴욕 시의 링컨센터에 수많은 언론사 기자들을 모아놓고 고이수에타와 키어가 단상에 올라섰다. 그리고 고이수에타가 선언했다. "최고의 청량음료인 코카콜라는 이제 더 나아지려고 합니다." 키어는 '뉴 코크'가 19만 번의 상표를 가린 실험에서는 55–45로, 상표를 드러낸 실험에서 61 대 39로 펩시의 맛을 능가했다고 자신있게 설명했다.[477] 코카콜라의 맛을 바꾸다니, 이는 정말 혁명적 발상이었다. 게다가 스스로 코카콜라의 맛이 "최고"라면서 "더 나아지"겠다는 것은 도대체 무슨 뜻이었을까? 스스로 자가당착적인 표현을 써가며 코카콜라의 맛을 변경하려했던 이유는 미국인들의 입맛이 변해

가고 있었기 때문이었다. '펩시 챌린지'에서 드러났듯이 미국인들이 좀 더 단맛을 좋아하는 쪽으로 입맛이 변하고 있는 것은 사실이었다. 그래서 코카콜라 사 수뇌부도 코카콜라의 맛을 원래의 맛보다 더 달게 바꾸고자 했던 것이다. 그렇다고 어제까지도 먹던 코카콜라의 맛을 하루아침에 바꾸어 놓고 이전의 코카콜라는 더 이상 마실 수 없다는 것은 무슨 소리인가? 미국인들은 당황하고, 좌절하고, 화가 났다. 셀 수 없는 미국인들이 자신이 원래 먹던 코카콜라의 맛을 돌려달라고 외쳤다. 회사로, 언론 인터뷰로, 길거리에서 그들은 자신이 먹던 맛을 기억하면서 원래 맛을 지닌 코카콜라를 마시고 싶다고 강력하게 항의를 했다.

일주일도 안 되서 하루에 천 통이 넘는 전화를 걸어 코카콜라 사에 항의했으며, 6월 달이 되자 하루에 8천 통이 넘는 전화가 빗발쳤다. 4만 통이 넘는 항의 편지도 본사로 도착했다. 이 미국인들의 소리는 한마디로 코카콜라 사가 자신들을 배신했다는 것이다. 그들은 외쳤다. 코카콜라의 맛을 바꾸는 것은 "미국인의 꿈을 깨는 것"이며, 코카콜라가 이미 혈관 속에 흐르기 때문에 코카콜라를 원래의 맛으로 돌려놓지 않으면 다른 콜라를 마시겠다고. 이른바 '뉴 코크 소동'으로 몸무게가 5킬로그램이나 줄어든 마케팅 총책인 서지오 자이먼은 이렇게 중얼거렸다. "그들은 마치 코카콜라가 신을 죽인 것처럼 말한다."[478]

자라면서 코카콜라와 더불어 추억을 나눈 이 사람들에게 코카콜라 사는 어떤 생각을 하고 있었을까? 사람들이 코카콜라를 좋아하는 첫 번째 이유가 맛일 것이라고 착각한 코카콜라 사가 놓친 것은 맛은 지극히 주관적인 영역이라는 사실이다. 사람들이 코카콜라가 여태껏 주창한 브랜드 이미지 때문에 코카콜라를 좋아할 것이라는 생각, 그것이 맛보다 더 우선일 것이라는 생각은 하지 못했던 것이다. 문제가 맛이 아니었는데 맛이라고 착각을 했으니, 그래서 금과옥조와도 같은 '비법'을 바꾸겠다는 생각을 하게 된 것이다. 코카콜라 사는 소비자들에게 직접 수천 번의 비공개적인 실험을 통해 새로운 코카콜라 맛이 펩시보다 더 좋다는 확신을 했다. 그런데 막상 더 나은 맛의 코카콜라를 공개하자 시장에서 철저히 외면을 받았던 것이다. 사람들은 코카콜라를 '최고'로 맛있기 때문에 사먹었던 것이 아니었다. 완벽한 맛이라고 자부했던 코카콜라의 원래 제조법을 바꾸어 '더 나은' 코카콜라가 나왔다고 선전을 해댔으니, 이 얼마나 말도 안 되는 행동이었던가. 그들은 제대로 된 판단을 하지 못했다. '펩시 챌린지'로 자존심에 손상을 입은 코카콜라 사는 어떻게 하면 가능한 빨리 자신의 경쟁자인 펩시콜라를 시장에서 따돌릴 수 있을까만을 생각한 나머지 냉정한 눈으로 소비자와 시장을 바라볼 수 없었다.

왜 더 나은 맛을 표방한 새로운 허시 초콜릿이나 새로운 공법의 버드와이저 맥주는 문제가 안 되는데, 코카콜라 맛의 변화는 왜 안 되는 일이었을까?[479] 무엇보다도 코카콜라는 미국의 아이콘이었다. 미국인이 되었든 중국인이 되었든, 미국하면 떠오르던 이미지 그 자체가 코카콜라였다.

코카콜라 사는 결국 미국의 소비자들에게 굴복했다. 그들은 원래의 코카콜라를 되살리려고 했으나 법무팀이 반대했다. 차마 '뉴 코크'를 바로 폐기시킬 수는 없었던 것이다. 결국 코카콜라를 '코카콜라 클래식'이라고 새로운 이름을 붙여 퇴출 상태에서 다시 불러들였다. 30

년 가까운 세월에 '코카콜라 클래식'은 다시 '코카콜라'로 되돌아왔으며, '뉴 코크'는 조용히 사라졌다. 그들은 자신들의 엄청난 실수를, 그 엄청난 잘못을 아무런 일도 일어나지 않은 것처럼 조용히 해결하고자 했다.[480]

세계화인가, 미국화인가

그런데 이렇듯 1980년대 중반 위기에 빠진 코카콜라를 구해준 것은 다름 아닌 세계화였다. 이 세계화는 소련의 갑작스러운 개방 정책과 뒤이은 동유럽 공산주의의 몰락으로 촉발되었다. 세계화는 냉전체제 속에서 자본주의와 경쟁관계에 있었던 거대한 동유럽 지역이 자본주의 시장경제에 편입되면서 가능해진 것이다. 시장경제의 선두주자는 자타가 인정하는 미국이었고, 구체적으로는 그곳의 다국적기업이었다. 그리하여 많은 경우 세계화는 미국화를 의미하거나 미국화처럼 보였다. 경제적으로 그랬고 문화적으로도 그랬다.

코카콜라 사도 예외는 아니었다. 1989년 로스앤젤레스의 타운 홀에서 고이수에타는 세계화에 대한 코카콜라 사의 시각을 제시했다. 그는 코카콜라 사의 최고경영자로서 단일한 글로벌 시장을 생각해야 한다면서 전 세계 소비자들이 '코카콜라 식민화' 상태에 있기는커녕, 오히려 증대하고 있는 경제적, 정치적 자유를 이용하여 그들에게는 마음에 드는 상품을 선택할 자유가 주어졌다고 강조했다. 고이수에타의 입장에서는 세계화가 진행 중인 것이지, 미국의 문화적 헤게모니가 지배하는 미국화가 진행 중인 것이 아니었다. 즉 경제적 민주주의가 전파되어 전 세계의 소비자가 전 지구적으로 연결되어, 세계적인 브랜드의 상품을 구입하는 것이 가능해졌다는 것이다. 그렇기 때문에 그는 전 세계 청량음료 시장에서 거의 절반이 자사 제품이며, 160개 이상의 국가 사람들이 자사 제품을 마시고 있다고 주장하고 있었다.[481] 1980년대 후반에 계획경제에 머물러 있던 소련을 비롯한 동유럽이 변화하고 있었다. 이들 국가들은 조만간 자본주의 시장경제에 편입될 예정이었다. 그는 세계화의 바람을 타고 '욕망의 제국'을 확대할 준비를 하고 있었다.

질레트 사의 회장인 앨프레드 자이언Alfred M. Zeine은 외국을 외국으로 생각하지 않는다고 말했다. 스포츠용품 회사인 리복은 "행성 리복에는 국경이 없다"라는 광고 캠페인을 들고 나왔다.[482] 이러한 담론은 우리가 세계화 시대에 살고 있다는 간접적인 징표이기도 하다.

그런데 바로 이 문화 영역에서의 세계화 문제는 미국의 '문화산업'을 통한 시장의 세계화가 다른 무엇보다도 주목할 만하다. 즉 세계화가 문화 영역에서는 '코카콜라 식민화'나 '맥도날드화' 같은 전 지구적 차원에서의 문화적 표준화 또는 단일 문화로의 이행인가에 학자들은 관심을 갖고 있다.[483] 특히 1990년대 이후 미소의 양극체제가 붕괴된 다음, 금융자본에 의한 세계화가 진행되면서 모든 방면에서 미국의 일방적 독주가 지속되고, 미국적 이데올로기의 전파 및 열광적 수용은 세계화가 결국 미국화가 아닌가 하는 질문을 하게 만들었다. 디즈니 만화영화가 전 세계를 누비고, 맥도날드가 신속하게 러시아와 중국에서 열광적으로 환영받으며, 코카콜라 또한 몇몇 국가를 제외한 전 세계에 일상생활의 일부로 자리 잡고 있으며, 영어배우기 광풍이 한국을 비롯한 아시아 전역에서 몰아치고 있는 상황을 목격하면서,

많은 비판자들은 세계화를 미국화와 동일시하는 경향을 보이는 것 같다.

우리에게 『렉서스와 올리브 나무*The Lexus and the Olive Tree*』(1999) 및 『평평한 세계*The World Is Flat*』(2005)로 널리 알려진 토마스 프리드먼Thomas Friedman은 세계화가 무엇보다도 여러 가지 방식으로 미국화이기도 하다는 점을 인정한다. 즉 세계화가 "미국의 얼굴"을 지니고 있다는 것이다. 그 이유 때문에 미국이 비난받지만, 프리드먼은 미국의 잘못이 아니라고 변명한다. 그는 세계화와 미국화의 차이에 주목해야 한다면서, "우리(미국)는 호랑이가 아니다. 세계화가 호랑이이다. 그러나 우리는 호랑이를 가장 잘 타며, 현재는 사람들에게 올라타거나 길을 비키라고 얘기하는 중이다. 우리가 이 호랑이를 그렇게 잘 타는 이유는 우리가 새끼 시절부터 키웠기 때문이다"라고 주장한다. 프리드먼은 결과적으로 오늘날 세계화와 미국화가 강력하게 결합되어 있다고 본다. 그 결과로 전 세계 여러 국가들에게 미국은 미국적 가치나 문화, 생활 방식과 기술 등을 그 어느 때보다도 압도적인 힘으로 전파하고 있는 것이다.[484]

사실 세계가 미국화하고 있다는 주장은 어제 오늘의 이야기가 아니다. 그 기원은 영국의 제국주의적 팽창이 절정에 이르렀던 1901년 영국의 작가 윌리엄 스테드William T. Stead가 쓴 『세계의 미국화*The Americanization of the World*』로까지 거슬러 올라갈 수 있다. 그의 견해는 1차 세계대전 이후 많은 유럽의 지식인들을 통해 확대재생산되었다. 세상이 미국에 의해 경제적으로, 문화적으로 점점 더 동질화되고 지역적 특성이 사라진다는 이러한 주장은 오늘날 세계화 비난에 사용되고 있다.[485] 그러나 사회학자 벤자민 바버Benjamin Barber의 주장에 따르면, '맥 월드'가 자리 잡기 전인 1950년대와 60년대까지도 "스웨덴 사람은 스웨덴 차를 몰고, 스웨덴 음식을 먹고, 스웨덴 물건을 소비했다." 영국이나 프랑스도 마찬가지였다. 즉 2차 세계대전 후에도 미국이 경제적으로 세계를 압도했을지는 몰라도, 문화적으로는 "훨씬 더 다양했다"고 생각한다.[486] 그리하여 일부 사람들은 스테드의 불길한 예측이 마침내 실현된 것으로 생각한다. 즉 현재 대다수 국가들의 경우에는 자국의 문화들이 무장 해제되어 점점 더 미국화된 것처럼 느낀다.[487]

문화 영역의 세계화는 나타나는 현상으로만 본다면 대부분 그 출처가 미국이라는 데 이견이 없을 것이다. 쉽게 생각하자면 "세계적으로 하루 2천만 명에게 공급되는 맥도날드 햄버거, 1년에 5억 명이 시청하는 MTV, 하루 10억 명이 마시는 코카콜라, 세계적으로 가장 많이 보는 영화의 85퍼센트를 제작하는 할리우드" 등 미국의 대중문화가 전 세계 사람들의 입과 눈과 귀를 즐겁게 해주고 있다.[488] 그 결과로 MTV의 소유자인 섬너 레드스턴Sumner Redstone의 주장처럼 도쿄의 아이들은 자신들의 부모보다도 유라시아 대륙 너머 런던의 아이들과 더 많은 공통점을 갖게 되었다.[489] 이렇듯 미국적 대중문화에 의한 지구적인 단일화 현상 때문에 일부 비판자들은 미국 문화가 세계를 식민화하고 있다고 비난하고 있다. 특히 대중매체를 통하여 종종 서구 지상주의는 전 세계 나머지 국가들에게 생활방식, 식생활 습관 등에서 본받아야 할 규범으로 제시된다. 그래서 그들은 전 세계가 점점 단일 문화로 되어가고 있다고 주장한다.

그러나 많은 경우 "대중문화는 수용자에게 결코 일방적인 의미를 강요하는 것이 아니라 그것이 특정한 지역, 지방, 국가의 콘텍스트 내에서 유포될 때, 경쟁을 하게 되고, 재문맥화되며recontextualized, 재해석된다." 그렇기 때문에 2차 세계대전 이후 전 세계에 미치는 미국 경제와 문화산업의 힘이 막강하다고 해도, 유럽이나 제3세계에서 미국 문화가 유통 및 수용되는 과정을 단순하게 미국화라고 볼 수는 없다.[490] 따라서 세계화는 단순히 미국화 자체를 의미하는 것은 아니다. 차라리 제임스 헌터James Hunter와 조슈아 예이츠Joshua Yates가 주장하듯이, "세계적 브랜드를 소비한다는 것은 종종 문화적 적응뿐 아니라 문화적 정교화의 기회이고, 균일화의 기회일 뿐만 아니라 융합의 기회이며, 열광의 계기일 뿐만 아니라 저항의 계기가 되기도 한다."[491] 이렇게 '문화의 매트릭스'라는 관점에서 본다면, 세계화는 미국화를 의미하기도 하지만, 때로는 반미국화 또는 특정 지역의 문화와 교류를 통한 지역화의 강화가 될 수도 있을 것이다. 예컨대 미국의 역사가 리차드 펠스의 시각에서는, 유럽에 끼친 미국 문화는 사실 그들의 주어진 상황에 따라 적응하고 변용되는 '유럽화'의 과정을 거쳤다.[492] 결국 문화의 세계화는 많은 경우 미국 주도의 미국화로 시작하지만, 수용 국가의 주어진 여건에 따라 동질화를 거쳐 수용 국민들의 가치관에 내재화되거나, 또는 지역화를 거쳐 토착화되기도 한다.

세계화의 첨병, 코카콜라

1970년대 후반 한 독일인 평론가는 텔레비전이 미국인들의 영혼이듯이 코카콜라는 미국인들의 연료라고 주장하여, 미국인들에게 코카콜라가 차지하고 있는 위상을 단적으로 보여주었다. 코카콜라는 미국을 넘어 지구상에 살고 있는 모든 사람들이 알고 있다. 1990년에도 시사 잡지인 〈이코노미스트*Economist*〉는 진정한 의미의 글로벌 브랜드는 몇 개 없지만, 코카콜라야말로 "논쟁의 여지없는 유일한" 글로벌 브랜드라고 썼다. 게다가 새천년이 시작된 21세기 들어서도 코카콜라의 브랜드 가치는 오랫동안 전 세계에서 1위였다. 비록 2006년의 경우 전년보다 그 가치가 1퍼센트 감소했지만 670억 달러로 2위인 마이크로소프트의 569억 달러보다 100억 달러 이상 많다.[493] 이렇듯 놀라운 코카콜라의 브랜드 가치는 과연 어디에서 오는 것일까?

다국적 홍보기업인 포터 노벨리Porter Novelli 사의 한 고위 간부의 증언에 따르면, 1994년 르완다에서 대량 인종 학살이 발생한 직후, 그의 친구가 한 비정부기구NGO를 수행하는 군사 대표로서 르완다를 방문할 기회가 있었다고 한다. 그런데 도착해보니 기반시설이 턱없이 부족하여 현장 접근이 거의 불가능해보였다. 유엔의 주둔군의 상황도 비슷했다. 그런데 어렵사리 목적지에 도착해보니 놀랍게도 코카콜라 사가 이미 2주 전부터 구호품을 전달하고 있었다는 것이다.[494] 유엔군보다 코카콜라 사가 먼저 학살의 현장에 와 있었다는 사실은 무엇을 의미하는가? 대학살 이전에 이미 그 지역이나 근방에 코카콜라를 공급하는 보틀러가 존재했다는 것은 물론, 이는 코카콜라가 온 지구에 편재하고 있다는 사실을 단적으로 보여주는 것이라고 할 수 있다. 그리고 아프리카의 위험 지역에서도 코카콜라 사는 비즈니스를 한다는 것은 사실이었다.

1989년 에티오피아에서 내전이 끝나자마자, 코카콜라 사는 그곳의 수도인 아디스아바바Addis Ababa로 날아가 보틀링 사업을 할 수 있다는 후보를 만났다. 아프리카 지역 담당 책임자들은 소총으로 무장한 경호원들의 호위를 받으며 위험을 무릅쓰고 사업을 진행하고 있었다. 에티오피아인인 미국 명예영사는 미국이 대사를 파견할지를 결정하기도 전에 코카콜라 사가 그곳에 코카콜라를 공급하려 한다는 사실에 놀라워했다. 이 지역은 여전히 매우 위험한 곳이었기 때문이었다. 여하튼 코카콜라 사는 합의 이후 불과 8주 후에 아스마라Asmara 지역에서 코카콜라를 생산해냈다. 분명한 것은 코카콜라 사는 세계 어느 국가나 지역에서 코카콜라를 공급하는 한, 정치적 격변으로 인하여 철수할 경우에도 다른 어느 기업보다도 가장 늦게 떠나고, 귀환할 경우에는 가장 먼저 돌아오는 것을 원칙으로 했다는 점이다.[495]

많은 사람들은 코카콜라가 사람의 손길이 거의 닿지 않는 세계의 오지에까지도 어떻게 전달되는지 의아해한다. 그렇지만 코카콜라가 언제 어디서나 전 세계 어떤 지역에도 존재할 수 있는 이유는 바로 "이윤을 만드는데, 처음부터 끝까지 모든 사람이 참여하기" 때문에 가능했다고 볼 수 있다. 그러한 이윤이 비록 자그마한 것일지라도 이윤의 창출 과정에서 지역 밑바닥의 주민들조차 참여할 수 있기 때문에, 코카콜라는 오지에까지 그 모습을 드러낼 수 있었다. 그리고 바로 그러한 끊임없는 연결고리를 만드는 분배 방식이 코카콜라의 전 지구적 편재성을 낳을 수 있었다.[496]

세계화, 지역화, 코카콜라

〈뉴욕타임스〉의 칼럼니스트이기도 한 토마스 프리드먼는 1996년 12월 11일자 논설에서 맥도날드를 통한 세계화의 한 특징을 보여주고자 했다. 어린 일본 소녀가 로스앤젤레스에 도착한 후 거리에서 맥도날드 매장을 발견하게 되었는데, 그녀는 매우 놀란 듯이 어머니에게 "저것 봐요, 엄마, 여기도 맥도날드가 있네요"라고 말했다는 것이다. 이 예를 통해 프리드먼이 하고 싶은 얘기는 맥도날드가 전 세계를 대상으로 지역의 소유권을 인정하고 지역 문화에 맞추어 자신들의 상품을 재조정하는 '다지역주의multi-localism'에 성공했다는 것이며, 이것이야말로 세계화를 민주적으로 만드는 길이라고 주장했다.[497]

맥도날드 사의 기업 커뮤니케이션 담당 부사장 역시 '다지역적'이라는 용어를 통해 세계화를 이해하고 있다. 그에 따르면 맥도날드 사의 세계 경영 전략은 다음과 같다.

> 우리 회사는 프랜차이즈나 합작회사 파트너들이 80퍼센트 이상을 소유하고 운영한다. 현지 매장 직원과 관리자들은 그곳 출신이다. 이들은 우리 회사의 현지 마케팅, 현지 광고에 관여하고, 우리 회사의 주력 제품을 그 지역 입맛과 문화에 맞게 변화시키는 데 참여한다. 우리는 미국이나 런던 또는 홍콩 같은 곳의 대형 광고회사에서 만든 천편일률적인 내용의 광고를 현지 국가로 보내 방영하지 않는다. 우리 브랜드를 몰도바에서는 몰도바 현지 기업으로, 영국에서는 영국 기업으로, 일본에서는 일본 기업으로 표현해야 한다는 것이 우리의 절대적인 믿음이다.[498]

코카콜라 사 또한 맥도날드처럼 "우리는 다국적이 아니라, 다지역적이다"라고 주장하고 있었다.[499] 맥도날드가 일본에서는 일본의 기업으로, 영국에서는 영국의 기업으로 받아들여지듯이, 코카콜라야말로 맥도날드보다 훨씬 앞선 1950년대 전반에 현지에 뿌리를 내리는 토착화를 통해 '문화의 세계화'를 달성하고 있었다. 9장에서도 이야기했던 것처럼 1950년대 초 워싱턴의 이집트 대사관에 근무하는 보좌관의 집에 새로이 본국에서 온 요리사가 미국에 있는 코카콜라에 놀라움을 표시했다. 이 요리사는 코카콜라를 이집트의 탄산음료로 알고 있었기 때문이었다. 일본의 어린 소녀의 경우처럼 이집트의 요리사가 코카콜라를 자국의 음료로 생각했을 만큼 코카콜라 사는 이미 냉전 초기에 전 세계적으로 지역화를 통한 세계화에 성공했다고 볼 수 있다. 물론 많은 한계를 가지고 있기는 했다. 그래서 다른 어떤 미국의 다국적기업보다도 먼저 '글로컬리제이션'를 지향하고 있었다.

코카콜라 사의 전략마케팅 연구 동향 담당 부사장의 삶을 통해서도 코카콜라의 세계화를 확인해볼 수 있다. 그는 다음과 같이 증언하고 있다.

> 나는 한 달에 7일, 24시간 중 7시간을 현장에서 보낸다. ……나는 전 세계를 돌아다닌다. 1년 중 5주는 중동과 극동 지역에서 보낸다. 올해는 약 15주를 유럽에서 보낼 것이다. 올 여름에 벨기에에서 신제품을 출시하는 문제가 워낙 중요하기 때문이다. 1달에 2일은 라틴아메리카에서 보낸다. 그리고 1년에 한두 번은 아프리카로 간다. 모두 합쳐 70개 나라를 방문했고 40개 나라에서 업무를 봤다.[500]

이런 활동 때문에 그는 "우리 사업은 기본적으로 지역적이지만, 경영자들은 세계적이다"라고 주장한다. 이러한 시각은 냉전이 끝난 이후 더더욱 세계적 조직들이 채택하는 전략이기도 하다. 그는 자신의 주장을 건축에 비유하면서, "집을 짓는 데 필요한 청사진을 생각해보자. 우리 회사는 '세계적 브랜드 청사진'을 가지고 전 세계 어디에서나 똑같은 상표를 사용한다. 그러나 우리가 있는 곳이 어디인가에 따라 이곳에서는 지붕을 타일로 하고, 저곳에서는 아스팔트로 할 수 있다." 그는 지역 문화와의 '문화적 연관성'을 강조하면서 코카콜라 같은 전 지구적 사업의 경우에 반드시 지역 문화와 '연결'되어야 한다고 믿고 있다.[501]

코카콜라 사는 자신들의 음료와 미국 문화가 연결되어 있음을 잘 알고 있으며, 나아가 "광범위한 의미에서의 미국 문화-음악, 영화, 패션, 음식-가 세계적인 문화가 되고 있"음을 잘 파악하고 있다. 왜냐하면 코카콜라야말로 벤자민 바버가 이야기하는 '맥 월드'를 만드는 데 일등 공신이었기 때문이다.[502]

코카콜라 사는 세계화를 시장의 관점에서 이해하고 있으며, '소비자'라는 용어를 통해 세계의 변화를 이해하고 있다. 어느 코카콜라 사의 부사장은 "소비자들은 과거의 구속을 받아들이지 않는다. 소비자들은 선택의 자유에 노출되면 될수록 더 많은 것을 원하고, 회사와 기업과 정부에게 더 많은 것을 요구한다. 그 결과 세계는 급속하게 변할 것"이라고 주장한다. 그렇기 때문에 그는 세계화가 불가피하다고 주장한다.[503]

코카콜라에 비 상징을 허하라

코카콜라 사는 빈틈만 보이기만 하면, 아니 경우에 따라서는 빈틈을 만들어서라도 공격적인 경영을 하여 자신의 브랜드를 특정 국가나 지역에 뿌리내릴 수 있었다. 전 세계를 통해서 코카콜라를 경험하지 못했던 지역의 사람들이나 자라나는 세대들에게 쉬지 않고 코카콜라 마시는 법을 가르쳤으며, 이미 경험해온 사람들에게는 다양한 방식으로 더 많은 소비를 유도했다. 예를 들자면 조지아 주의 롬Rome이라는 도시는 인구가 3만6천 명에 지나지 않지만 전 세계에서 1인당 코카콜라 소비량이 최고 수준이었다. 그곳의 1999년 1인당 연평균 소비량은 916병으로서 나머지 미국 지역의 평균보다도 2배, 유럽 평균보다는 거의 10배, 아프리카 평균보다는 30배 이상이 되었다. 고이수에타의 뒤를 이어 코카콜라 사의 최고경영자가 된 더글라스 아이베스터Douglas Ivester는 이런 상황이 중국이나 인도, 또는 러시아나 프랑스에서도 현실화될 수 있다고 생각했다.[504] 물론 서유럽의 경우는 미국과 일본을 제외한 어느 국가보다도 코카콜라 소비량이 많았지만 말이다. 그렇다면 어떤 방식으로 끊임없이 전 세계 사람들에게 코카콜라를 마시게 하고 나아가 더욱 자주 마시게 할 것인가?

1990년대 이후 미국의 다국적 담배 회사들은 자국 안의 금연 규칙이 강화되어 매출이 줄어들게 되자, 감소한 수입을 상쇄하기 위해 비서구 국가들에서 담배를 더 많이 피우도록 부추기고, 대대적인 광고를 통해 그 목적을 달성했다. 이들 국가에서 '말보로'를 피우는 것은 서구적인 꿈을 공유하는 일이었다. 코카콜라 사의 경우에는 '즐거움이라는 이데올로기'를 통해서였다. 사람들을 일부러 목마른 상태로 만들 수는 없지만, 그들에게 기호는 만들어낼 수 있다. 그리고 그 기호의 소비를 통해 새로운 신분 의식을 갖게 할 수도 있다. 당신이 어떤 음료수를 마시는 일은 이것이 당신이 젊다거나, 성적 매력이 있다거나, 중요하다는 등의 느낌이나, 나아가 '즐거움을 사랑하는' 메시지를 당신에게 주기 때문이기도 하다. 게다가 이상적인 음료란 마시고 갈증이 해소되었다고 느끼는 동안, 사실은 마시기 전보다 더 목마른 상태로 만드는 것이다.[505] 코카콜라 사는 코카콜라를 기호식품으로 만드는데 다른 어떤 다국적 음료회사보다도 세계 어느 곳에서든지 더 대단한 성공을 거두어왔다.

위의 경우 미국의 다국적기업에서 만드는 제품의 소비는 미국의 대중문화와 자연스럽게 연결된다. 즉 문화적인 소비의 문제가 드러난다. 문화적 소비는 '상징적 소비'와 '비 상징적 소비'의 문제를 제기한다. 예를 들어서 인류학자 제임스 왓슨James Watson 연구팀은 동아시아 국가들에서 맥도날드 햄버거가 시간이 지나면서 '상징적 소비'에서 '비 상징적 소비'로 바뀌는 과정을 보여주었다. 즉 맥도날드가 수입된 지 오래된 일본이나 대만의 경우에는 맥도날드 매장에서 햄버거를 먹는 것은 그냥 패스트푸드로서의 햄버거를 소비하는 행위일 뿐이었다. 이들 국가에서 맥도날드는 '비 상징적 소비'의 대상이었다.[506] 따라서 냉전이 끝나갈 무렵 동유럽과 서유럽은 소비문화를 상징하는 인공물에 대해서 서로 다른 시각을 지니고 있었다. 여전히 동유럽에서는 미국과 서유럽의 브랜드가 자유와 풍요를 표상하고 있으며, 제품의 품질은 별로 중요하지 않았다.[507] 코카콜라 사 입장에서는 소련을 포함한 방대한 동유럽 국가들이 신천지처럼 바로 눈앞에 펼쳐져 있었다. 결과적으로 냉전의 종식은 펩시콜라의 추격으로 힘겨워하고, '뉴 코크' 때문에 위기에 빠진 코카콜라 사에게는 커다란 축복이었으며, 다시 한 번 코카콜라가 지닌 브랜드 이미지의 힘을 전 세계에 알리는 계기가 되었다. 아이러니하게도 그동안 자본주의의 상징이었던 코카콜라 사와 대척점에 서 있던 소련과 동유럽이 코카콜라에게 구세주가 된 것이다.

지구 위의 마지막 프런티어

냉전체제의 붕괴는 서구 자본의 동유럽 진출을 의미했다. 1989년 11월 9일에 베를린 장벽이 무너졌다. 바로 그 순간 코카콜라 사도 그곳에 있었다. 당시 코카콜라 사는 서베를린에 있는 두 명의 보틀러를 동원하여 베를린 시민들에게 코카콜라를 나눠주었다. 그 환희의 순간에 동독인과 서독인들 모두가 공짜로 코카콜라를 마실 수 있었다. 정말 놀라운 마케팅 솜씨였다. 평생 한 번 있을까 말까할 그 희귀한 역사적 기회를 코카콜라 사는 놓치지 않고 10만 상자의 240만 병이나 되는 코카콜라를 공짜로 나누어주었던 것이다. 앞으로도 현장에 있던 수많은 독일인들은 재통일의 물꼬를 튼 그 기쁨의 순간을 회상할 때마다, 상쾌하게 마셨을 코카콜라를 자연스럽게 떠올릴 것이다. 특히 동독인들은 열광적으로 코카콜라를 찾았다. 그들은 공산정권 시절에 마시던 가끔씩 악취가 나던 '히트 콜라Hit Cola' 대신, 통독이 되자마자 즉시 KGB의 붉은색이 아닌 코카콜라의 붉은색을 선택했다. 그랬기에 어느 동독의 코카콜라 사 임원은 어떻게 하면 코카콜라를 구입할 수 있냐는 편지를 매일 최소한 50통 넘게 받고 있다고 자랑했다.[508]

베를린 장벽이 무너지고 3주도 채 지나지 않아, 소련의 변화를 보여주는 상징적인 일이 발생했다. 모스크바 시의 한복판에 위치한 푸시킨 광장에 가로 세로 6.1미터와 12.2미터 크기의 코카콜라 네온사인 광고판을 설치하는 행사가 벌어진 것이다. 이것은 소련 땅에 설치

된 최초의 네온사인이었다. 그리고 이는 자본주의 체제에서나 가능한 광고였다. 즉 소련에서 국가의 독점적 사업이 종말을 고하고, 자본주의 방식의 사업이 도입되는 것을 뜻했다. 그리고 얼마 후인 1990년 1월 31일에 푸시킨 광장 건너편에 소련 최초의 맥도날드 매장이 개점했다. 이날 수천 명의 모스크바 시민들이 추운 날씨에도 여러 시간 동안 줄을 서서 기다렸으며, 이날 하루에만도 3천 명의 손님들이 이곳을 방문했다.[509] 코카콜라와 맥도날드가 소련에 소개되었다는 것은 공산주의의 핵심국가에도 자본주의가 도입되었음을 널리 알리는 역사적이고 상징적인 사건이었다.

1993년의 〈마드모아젤*Madmoiselle*〉의 어떤 기사에서 모스크바에 새로 생긴 맥도날드 매장 앞에 소련사람들이 긴 줄을 서 있는 것은 "깨가 뿌려진 빵 속에 들어 있는 자본주의의 맛"을 원했기 때문이라고 주장했다.[510] 아마도 코카콜라에 대해서도 마찬가지였을 것이다. 이들은 '톡 쏘는' 검정색 음료가 내뿜는 또 다른 자본주의의 맛을 즐길 수 있었다. 맥도날드가 모스크바에 지점을 개설한 바로 이튿날, 새로운 최고경영자가 된 네빌 이스델Neville Isdell과 도널드 키어를 포함한 코카콜라 사의 최고위층들이 크렘린에서 해외경제 담당 장관과 만났다.[511]

코카콜라가 소련에 상륙하기 전까지 소련의 청량음료 시장은 펩시 10에 코카콜라가 1의 매출액 비율로 거의 펩시의 독점 상태였다. 닉슨 행정부 시절 닉슨의 적극적인 지원으로 펩시는 소련에 상륙할 수 있었다. 그러나 고르바초프의 소련에서 개방이 진행되면서 중앙정부는 권력이 줄어들고, 국가 소유의 공장들 또한 사유화되고 있었다. 그렇게 해서 펩시의 코카콜라에 대한 압도적 우위 상태도 약화되고 있었다. 코카콜라 사는 재빠르게 탄산음료 병을 만들던 공장뿐 아니라 술병을 생산하던 열 개의 공장도 사들여 코카콜라를 생산해댔다. 동시에 코카콜라 사의 법무팀 또한 소련에서 최초의 사적인 계약서를 작성하는 데 동원되었다. 반면 펩시콜라 사는 소련에서 중앙권력이 얼마나 빨리 쇠락하는지를 제대로 인식하지 못했다. 코카콜라는 마침내 1994년에 이르러 펩시를 따라잡을 수 있었으며, 이후로도 소련에도 그러한 우위를 유지하고 있다.[512]

그렇지만 소련은 다른 동유럽 국가들보다 더 오랫동안 "공산주의와 자본주의 사이의 회색지대"에서 버티기를 하면서 망설이고 있었다. 예를 들자면 자본주의 국가에서는 그곳이 어디든지 음료 자동판매기에서는 동전이나 지폐를 넣으면 종이컵이 나오고 음료가 공급되어 소비자들이 음료수를 마실 수 있었다. 그런데 놀랍게도 공산주의 소련에서는 종이컵조차 모자라 자동판매기에 종이컵 대신 유리컵을 쓰고 있었다. 게다가 유리컵을 사용한 다음에 누가 가져갈까봐 쇠줄에 매달고 여러 사람들이 계속 함께 사용하고 있었다. 이 상황에서 유리컵을 씻을 수가 없으니 위생 상태는 말할 것도 없었다. 미국적 시각, 또는 상식적으로 보아도 이런 말도 안 되는 상황이 있을까 싶을 정도였던 것이다. 게다가 자동판매기에서 동전을 도둑질할까 무서워 감시인이 필요한 지경이었다. 시장경제가 아닌 그곳에서는 생산재는 획일적으로 대량생산해도 소비재는 언제나 충분하지 않았던 것이다. 이는 대량소비사회가 자본주의에서만 가능하다는 것을 단적으로 보여주는 실례이기도 했다. 그렇지만 코카콜라 사는 이러한 사례를 통해

자본주의의 우위와 자본주의의 공산세계로의 확산에 대한 신념을 확고하게 했다.[513]

코카콜라 사는 동유럽 국가들을 상대로 하나씩 투자하기 시작했다. 어떤 경우에는 위험을 안고서, 어떤 경우에는 일이 더 빨리 진행되도록 만들었다. 루마니아의 경우에는 그쪽 국가의 정부에서 해외투자법을 만들기도 전에 미리 투자하기로 결정하기도 했다. 코카콜라 사는 이들 국가들이 조만간 자본주의 체제에 편입될 것이며 이들 국가에게 해외투자가 절실할 것이라고 굳게 믿었던 것이다.[514]

코카콜라 사의 이러한 마케팅 전략은 당시 소련의 공산체제가 붕괴되기 전까지만 해도 펩시콜라가 동유럽의 청량음료 시장을 석권하고 있었기 때문이라고 풀이할 수 있다. 즉 펩시콜라가 일찍이 1970년부터 소련 시장을 개척한데 반하여, 코카콜라는 1989년 베를린 장벽의 붕괴 이후에나 진입할 수 있었다. 그런데 펩시콜라의 경우에는 소련의 국영 보틀링 기업에 의존할 수밖에 없어서 배송과 품질에 항상 문제를 안고 있었다. 따라서 결과적으로 펩시콜라는 소련의 비효율성과 후진성이라는 이미지로부터 벗어날 수 없었던 것이다. 반면에 코카콜라는 자신의 이미지를 미국과 서유럽과 현대적인 것에 일찍부터 일치시켰기 때문에, 소련과 소련 붕괴 이후 러시아의 개인사업자들을 손쉽게 사업 파트너로 삼을 수 있었다. 러시아를 비롯한 동유럽 사람들은 코카콜라를 통한 '상징적 소비'를 원했으며, 코카콜라는 바로 그들이 원하는 조건을 갖추고 있었다. 그 결과 1997년이 되면 러시아에서 코카콜라는 매출액 대비 2대 1로 펩시콜라를 앞서게 되었다.[515] 루마니아와 폴란드의 경우도 마찬가지였다. 코카콜라를 실은 첫 트럭이

폴란드의 수도 바르샤바에 도착하자, 시민들은 2차 세계대전 중 미군 탱크가 나타났을 때처럼 이를 열렬히 환호했다. 루마니아의 경우 코카콜라 사는 무려 8천만 달러나 투자하고자 했다. 덕분에 한 루마니아의 고위 간부는 "코카콜라는 우리의 새로운 삶의 상징이다. 그것은 우리 거리에 직업과 색을 가져다주었다"고 말했다. 그 결과 1993년이 끝날 즈음에는 코카콜라가 동유럽 국가들에서 펩시콜라를 앞서게 되었다. 냉전체제가 붕괴된 1989년 이후 소련을 비롯한 동유럽 사람들은 코카콜라를 통해 '상징적 소비'를 하고 있었다. 그것은 이제 동유럽에서 코카콜라를 마신다는 것이 자유를 상징하게 되었다는 것을 의미했다.[516]

이렇게 빨리 동유럽에 코카콜라가 진출할 수 있고 매출이 급증했던 것은 코카콜라 사가 동유럽이 갑작스럽게 몰락하기 몇 년 전부터 치밀하게 준비했기 때문이기도 했다. 1980년 이후 코카콜라 사에 새로운 전기를 마련했던 고이수에타는 코카콜라 탄생 백주년에 즈음하여 미국에서의 코카콜라 소비 증가폭에 비해 국제무대에서의 그것이 상대적으로 작다는 것을 알게 되었다. 그는 1985년 '뉴 코크' 소동 이후, 코카콜라의 미래가 미국이 아닌 세계시장에 있음을 새삼스럽게 인정하게 되었다. 미국 시장에서 펩시와의 콜라 전쟁에서 큰 상처를 입었기 때문에, 그는 이때부터 해외시장에 재투자할 전략을 새롭게 짜기 시작했다. 그리고 베를린 붕괴를 계기로 동유럽시장이 열리게 마자 즉각적으로 진출했던 것이다. 그는 40년 이상이나 공산주의 이념 아래서 살아온 동유럽 사람들에게도, 또한 중국인에게도, 코카콜라를 통해서 "우리는 단지 약간의 즐거운 순간을 팔 뿐입니다"고 자신했을 것이다. 여전히 살아있는 '보스' 우드러프처럼 고이수에타에게 코카콜라는 그저 갈증 날 때 마시는 탄산음료가 아니었다. 그것은 무엇보다도 행복과 즐거움을 매개해주는 수단이었다. 상품 소비를 통해서 인간의 내면적 욕망을 충족시키겠다는 그는 소비자본주의의 진정한 전도사 역할을 충실히 해내고 있었다.[517]

동유럽과 소련의 붕괴로 세계화가 본격적으로 진행되자, 고이수에타 지휘로 코카콜라 사는 엄청난 자본력과 정치력을 동원하여 전광석화와 같이 동유럽에 진출했다. 그리고 불과 몇 년 안에 동유럽과 소련에서 펩시를 누르고 승리의 깃발을 꽂을 수 있었다. 게다가 세계화로 인해 더 많은 세계의 사람들이 미국적 생활방식에 접하게 되면 될수록, 그들은 이 지구의 자원을 더 많이 소비하게 될 것이다. 인도의 어버이 세대는 순진하게도 자식 세대 또한 자신들처럼 채식주의자가 될 것이라고 예상하지만, 자식 세대는 맥도날드로 대표되는 패스트푸드를 즐기고 싶어 한다.[518] 코카콜라라고 예외일 리가 없다. 젊은 세대들은 자국에서 생산되는 전통 음료보다 코카콜라를 더욱 좋아하고 있는 것이다. 세계화는 제3세계 사람들에게 소비사회의 삶을 알려주고 동경하게 만들었다. 광고를 통해 그들에게 욕망을, 특히나 소비의 욕망을 가르쳐주었다. 그래서 그들의 이상적 삶은 미국인들처럼 사는 것이다.

1980년대 후반부터 세계화의 바람을 잘 이용할 수 있었던 코카콜라 사는 바야흐로 세계 탄산음료 시장을 하나의 세계로 이해하고자 했다. 1996년 새해가 밝아오자 코카콜라 사는 더 이상 코카콜라 사업에서 '국내'냐 '국제'냐 하는 구분은 의미 없어질 것이라고 선언했다.

향후 코카콜라 사는 미국을 전 세계 6개 사업 단위 중의 하나로 취급할 것이라면서 미국 시장을 여태껏 차지했던 비중과 역할에서 격하시켰다. 그해 2월 1일부로 모든 새로운 지역 조직은 주요 사항에 대하여 회사의 사장인 더글라스 아이베스터에게 보고해야만 했다. 한때 최고경영자 자리를 놓고 경쟁관계에 있던 부사장 존 헌터가 2월 말로 은퇴 예정이었기에 아이베스터가 고이수에타의 후계자임이 분명해졌다.[519] 1997년 가을 고이수에타의 갑작스러운 죽음으로 아이베스터는 코카콜라 사의 최고경영자 자리를 이어받았다. 그런데 유감스럽게도 그는 코카콜라 사를 불행한 상황으로 몰아넣었다. 그 자신 또한 최고 자리에 26개월밖에 머물지 못했다.

12장

새천년을 전후한 코카콜라 사의 위기

성공에 이은 위기

코카콜라 사의 세계화 경영은 충분한 응분의 대가를 받았다. 1988년도에는 최초로 세후 순수익이 10억 달러를 넘어섰으며, 그중 76퍼센트가 미국 이외의 지역에서 나온 것이었다. 1980년대 말에는 코카콜라가 전 세계 탄산음료 시장에서 45퍼센트나 차지하고 있었다. 1992년에는 총매출액의 3분의 2 이상이 해외에서 발생하였으나, 반면 펩시콜라는 불과 20퍼센트에 지나지 않았다. 코카콜라 사가 첫 10억 달러의 순익을 낳는데 103년이 걸린 반면, 또 다른 10억 달러가 추가된 20억 달러를 넘어서는 순익을 올리는 데는 놀랍게도 겨우 5년밖에 걸리지 않았다. 바로 1993년이 그해였다.[520]

그리고 1996년은 코카콜라 사로서는 새로운 획을 긋는 한 해가 되었다. 당시 코카콜라는 남미의 베네수엘라, 아시아의 인도, 파키스탄, 그리고 중동의 몇몇 국가들을 제외하면 펩시콜라를 완전히 따돌리고 있었으며 이익의 80퍼센트가 해외 판매에서 발생했다. 이러한 사실은 코카콜라가 글로벌 브랜드임을 다시 한 번 확인해주는 것이었으며, 또한 코카콜라 사가 빠르게 진행되는 세계화에 더욱 발 빠르게 대응하고 있다는 사실을 보여주는 것이기도 했다. 강력한 카리스마를 지닌 최고경영자인 고이수에타는 "우리는 우리의 사업을 단지 글로벌한 것으로 볼 뿐만 아니라, 우리는 그러한 방향으로 경영하고 있다"고 선언했다. 동시에 그는 코카콜라 사가 '다지역' 회사임을 기회가 있을 때마다 천명했다.[521]

그런데 이러한 위업을 쌓아가고 있던 코카콜라 사의 최고경영자인 고이수에타는 1997년 8월 갑자기 자신이 폐암에 걸렸음을 알게 되었다. 그리고 그의 병은 이미 손쓸 수 있는 상태를 넘어선 폐암 말기였다. 17년 동안 코카콜라 사의 책임자로 있으면서 그는 사업 다각화를 추진하여 코카콜라 사의 시장 가치를 40억 달러에서 무려 1,500억 달러로 늘려놓았다. 그런 그가 불과 몇 달 만에 죽음을 향해 달려간 것이다.[522]

보틀링 사업도 직접 하자

코카콜라 사는 20세기말 지역화에 역행하는 방안을 실천했다. 전 세계 곳곳에 산재한 수많은 지역의 군소 보틀러들을 자신들의 뜻대로 손쉽게 통제하기 위해 대규모 보틀링 회사를 만들기로 했다. 코카콜라사가 경영 차원에서 안고 있던 가장 큰 문제 중의 하나가 보틀링 체계였다. 일찍이 1984년 코카콜라 사의 최고경영진은 코카콜라의 해외 판매에 문제가 있다고 인식했다. 그리고 강력한 지역 보틀러의 필요성도 느꼈다. 그리고 코카콜라 본사가 그 보틀러들을 통제할 수 있어야 했다.

코카콜라의 경우에 보틀링 사업은 사실 지역 사업이었다. 코카콜라 사는 원칙적으로 전 세계를 대상으로 코카콜라 원액만을 공급하고, 특정 국가와 지역 보틀러들을 선정하여 그들에게 콜라 공급과 관련된 모든 것을 위임하는 지역화 전략을 유지해오고 있었다. 그런데 코카콜라 사는 이러한 원칙과 전통을 무시하고 거대 보틀링 회사를 만들어, 그곳으로 많은 지역의 중소 보틀링 회사들을 수직적으로 통합하고자 했다. 이른바 '49퍼센트 해결안'이라는 아이디어로 수많은 보틀링 회사들을 사들이기 시작했다. 이러한 제안은 1986년 아이베스터가 주도했는데, 30억 달러를 투자하여 지역 보틀러 지분의 49퍼센트를 소유하는 것을 목표로 코카콜라 사에 우호적인 초대형 보틀링 회사를 새로이 만드는 것으로 구체화했다. 그 결과로 코카콜라 엔터프라이스Coca-Cola Enterprises가 탄생하게 된 것이다.

코카콜라 사는 1990년대 후반쯤이면 전 세계에 걸쳐 자신들에게 우호적인 '거점 보틀러'를 확보해놓고 있었으며, 특히 코카콜라 엔터프라이스는 미국 내 코카콜라 원액 전체 공급량 중 1980년대 후반의 30퍼센트에서, 1997년에는 70퍼센트를 차지하게 되었다. 심지어 13억 달러 이상을 투입하여 프랑스와 벨기에, 그리고 미국 안의 보틀링 공장들을 인수했으며, 37억 달러를 들어 영국과 캐나다에 있는 보틀링 공장들을 구입했다. 그래서 미국 내의 보틀러들조차 1980년에는 353명이 있었으나, 1999년에는 96명만 남아 있었다. 1901년 보틀링 사업이 시작된 이래 최소 숫자만 남게 된 것이다. 가족 소유의 보틀링 회사들은 거의 다 사라졌으며, 나머지는 세계 최대의 보틀링 회사인 코카콜라 엔터프라이스가 지배하게 된 것이다. 이 회사는 기회가 되는 대로 지역 보틀러들의 지분을 사들였기에 급속한 성장세를 보였다. 이것은 코카콜라 사가 그동안 지속해왔던 지역화 정책에 반하는 것이었다. 해외 지역 보틀러들의 경우도 마찬가지였다. 전 세계에서 4번째로 큰 시장인 독일의 경우도 미국과 마찬가지로 기존의 보틀러의 엄청난 저항에 부딪쳤다. 일부 거점 보틀러들조차 수익이 남지 않는다고 코카콜라 판매 포기를 선언하기도 했다. 동남아시아 지역을 총괄하던 프레이저 앤 니브Fraser and Neave나 스칸디나비아 국가들을 총괄하던 칼스버그Carlsberg 사 역시 사업을 포기하겠다고 위협하기도 했다.[523]

이렇듯 지역 보틀러 수를 엄청나게 줄인 결과 코카콜라 사는 세계 경영을 더욱 신속하게 진행할 수 있었지만, 그 반대급부로 특정 지역에서 무엇이 어떻게 진행되는지를 정확하게 파악하지 못하게 되었다. 그래서 재정적으로 엄청난 손실을 가져왔을 뿐더러, 백여 년 이상 쌓아올린 글로벌 이미지 또한 결정적으로 손상시키는 결과를 초래했다. 즉 지역의 보틀러들을 제거시킴으로써 코카콜라 본사는 특정 지역이나 국가의 변화하는 상황을 파악하는 데 시간이 오래 걸리거나, 결정을 내릴 때 타이밍을 제대로 맞추기 어렵게 되었다. 물론 군소 보틀러들을 제거하고 대규모 중앙 집중적인 보틀링 회사를 만든 것이 이 모든 사태의 결정적인 이유라고 보기는 어렵겠지만, 최소한 부분적 원인을 제공했다고는 볼 수 있을 것이다. 물론 더 근본적인 이유는 코카콜라 사가 냉전 이후 전개되는 세계적 상황에 둔감하게 반응했기 때문이다. 상품과 노동력의 세계화가 본격적으로 진행되면서 사람들은 음식과 건강에 더욱 관심을 갖게 되었다. 유럽의 경우 식품의 안전은 무엇보다도 중요한 관심사였다. 즉 자신들이 먹고 마시는 음식과 음료에 어떤 문제가 있다면 즉각적으로 반응할 준비가 되어 있었던 것이다. 또한 지구 온난화 등이 가져온 환경변화도 전 지구적 관심사였다. 물 부족이나 오염 등은 언제든지 주요한 관심사와 뉴스거리가 될 수 있었다. 그럼에도 고이수에타의 사망 이후 코카콜라 사의 최고 경영진은 보틀러 통합에만 신경을 쓴 나머지 이런 변화에 둔감했다. 또한 오랫동안 지배해온 강력한 지도자의 갑작스런 사망으로 인한 최고경영자의 교체가 코카콜라 사라는 거대한 조직의 시스템에 문제를 발생시킬 수 있었다. 우리는 그 예를 최근의 벨기에 사태와 인도 사태에서 확인해볼 수 있다.

1999년 6월, 벨기에 사태

1999년 6월 8일 브뤼셀의 한 중학교에서 시험 기간 도중 몇 명의 학생들이 어지럼증과 복통을 호소하고, 그중 일부는 구토까지 했다. 문제가 된 것은 그들이 자동판매기에서 구입한 코카콜라 캔이었다. 이틀 뒤 또 다른 도시의 학교에서 일부 학생들이 비슷한 증상을 호소했다. 그러나 벨기에 코카콜라 사와 보틀링 회사인 코카콜라 엔터프라이스는 학생들의 두통이나 복통, 구토를 대수롭지 않게 여겼다.[524] 그저 우발적으로 발생한 사건 정도로 생각했다. 그들은 코카콜라가 오염과는 거리가 먼 순수함 그 자체라고 확신했으며, 세상 사람들이 모두 그렇게 생각하리라 여겼다. 그러나 당시 유럽에는 음식에 대한 공포가 확산되고 있었다. 영국에서는 광우병으로 사람들이 죽어 나갔다. 벨기에에서도 암을 유발하는 다이옥신이 동물 사료에서 발견되어 수백만 명의 벨기에 사람들은 두려움에 사로잡혀 있었으며, 정부가 이러한 문제에 너무 소극적으로 대처한다는 불만이 한층 고조되어 있었다. 따라서 무엇보다도 식품 안전에 대해서 극도로 신경이 곤두서 있었던 상황이었다.[525]

그런데도 코카콜라 사는 이 문제에 대해서 빠르게 대처하지 못했다. 본사에서는 무엇이 문제인지 조사할 것이라고 성명을 발표했지만, 현지에서는 거기에 상응하는 조처를 취하지 않았다. 당시 프랑스에 있었던 코카콜라 사의 최고경영자인 아이베스터는 문제가 "심각하지 않다"는 보고를 받았다. 그는 유럽 지역 사장인 케이시William Casey와 본사의 수석 과학자에게 이 문제를 처리하라고 지시했다. 그러나 현지에서는 여전히 이 문제를 안이하게 바라보고 있었다. 그저 있을 수 있는 불량품 정도의 실수로 생각했다.[526]

6월 13일에 벨기에는 선거를 통해 정권을 바꿨다. 바뀐 새 정부는 식품안전에 우선을 두어, 코카콜라 사의 모든 제품의 판매를 금지했다. 상점에서는 제품을 수거하고, 자동판매기 제품에 대해서는 사용금지를 명했다. 이러한 코카콜라 판매금지는 이웃 국가인 룩셈부르크와 네덜란드, 프랑스로까지 전파되었다. 이 리콜 사태는 유럽뿐만 아닌 다른 어떤 지역에서 발생한 것보다 더 큰 코카콜라 역사상 최대 규모의 반품 사태를 초래했다.[527]

1998년까지도 벨기에는 코카콜라 소비량이 유럽에서 가장 많은 국가 중의 하나였다. 당시 프랑스의 경우 1인당 소비량이 96병, 독일은

200병인데 반하여 벨기에는 260병이었다. 그러나 이제 상황은 급속히 반전되고 있었다. 코카콜라를 마시고 어린아이들이 아프다는 소식은 신속하게 전파되었다. 벨기에의 텔레비전 방송국은 상점 주인들이 엄청난 양의 코카콜라를 치워버리는 장면을 찍었으며, 이 이미지는 전 세계로 송출되었다. 또 수백만의 코카콜라 병과 캔을 상점에서 제거하는 장면들이 방송을 통해 전달되었다. 그 결과로 코카콜라에 대한 공포는 신속하게 서유럽 전체로 퍼져나갔다.[528]

사태가 이러한데도 6월 15일 코카콜라 사 대변인이 "몸이 아플 수는 있지만, 몸에 해로운 것은 아닙니다"라고 발표하여 소비자들을 더욱 분노하게 했다.[529] 당시 미국과 유럽은 소고기에서 바나나에 이르기까지 농산물 시장개방 문제로 대립의 각을 날카롭게 세우고 있었다. 따라서 농민을 포함한 유럽 사람들의 반미 감정은 고조되고 있었다. 거기에 코카콜라까지 문제를 일으켰으니 벨기에에서 코카콜라 이미지는 설상가상으로 바닥으로 추락할 수밖에 없었다.[530]

코카콜라 본사의 일부 임원들은 죽은 고이수에타를 대신해 은퇴 상태로 있던 전임 사장 도널드 키어가 이 일을 무마시킬 수 있었을 것이라 생각했다. 키어라면 벨기에로 가서 병원에 누워있을 학생들과 학생들 부모를 만나 사과하고 위로의 말을 건네주며, 문제를 조기에 해결할 수 있으리라 생각한 것이다.[531] 기업의 경우 위기의 순간에는 최고경영자의 자질이 중요할 수밖에 없다. 그런데도 아이베스터는 이 문제를 제대로 다루지 못했다.

또 다른 심각성은 유럽 소비자들이 코카콜라 사가 무언가를 숨기고 모든 정보를 알려주지 않는다고 생각한 반면, 코카콜라 사는 사태의 원인이 된 것이 전부 밝혀졌다고 생각했다는 데 있었다. 결국 아이베스터는 벨기에 정부 압력에 마지못해 공식적으로 사과했다. 그것도 벨기에가 아닌 애틀랜타 본사에서 사과 성명을 발표했다. 게다가 회사의 변호사들은 그 성명서가 코카콜라에 문제가 있다는 것을 인정해서는 안 된다고 조언했다. 이 성명서는 결국 문제가 발생한 것에 대해서 코카콜라 사는 유감으로 생각하지만, 문제를 일으킨 주체에 대해서는 침묵을 지켰다.[532]

사실 어떤 임원이 인정했듯이 코카콜라 사의 근시안적인 대책이 벨기에 사태를 더 악화시켰다고 볼 수 있다. 그 결과 코카콜라 사가 입은 상처는 너무도 컸다. 금전적으로도 제품을 회수하고 파기하는 데만 1억3백만 달러라는 비용이 들었으며, 전체 판매량과 순익의 급격한 감소로 이어졌다. 회수라는 사태만 없었더라면 영업이익이 6퍼센트는 더 증가할 수 있었다. 게다가 이 사태에 대한 해명기사의 보도와 광고비만도 5천만 달러가 들었다. 그러나 벨기에 사태가 가져온 더 심각한 문제는 그렇게 강조해오던 코카콜라의 품질에 대한 신뢰에 커다란 손상을 가져왔다는 것이다. 그랬는데도 아이베스터는 벨기에 사태를 예기치 못한 하나의 사건으로, 그리고 정권 교체 때문에 발생한 우발적 사건으로 이해했다. 그리고 이러한 사태가 다시는 발생하지 않을 것이라고 확신했다.[533] 그러나 그의 확신에도 7년 만에 인도에서 또다시 유사한 사건이 발생했다.

아이베스터는 결국 벨기에 사태가 일어난 이듬해인 2000년 코카콜라 사의 책임자 자리에서 물러나야만 했으며, 더글러스 대프트Douglas Daft가 그 자리를 이어받았다. 아이베스터는 겨우 2년 정도 정상의 자리에 있었을 뿐이다. 그러나 대프트마저도 코카콜라 사의 매출과 떨어지던 주가도 끌어올리지 못했을 뿐만 아니라, 직원들의 사기 또한 진작시키지 못했다. 고이수에타가 최고경영자로 있던 시절 코카콜라 사의 매출은 매년 평균 10.7퍼센트 증가했다. 그러나 그의 사망 이후 2001년 전반기까지 매출은 매년 평균 2.4퍼센트 정도만 증가했으며, 주식은 1주당 1998년의 88달러에서 48달러로 추락했다. 게다가 대프트는 놀랍게도 사기 진작은커녕 5천2백 명의 직원과 전 세계에 걸쳐 임원 20퍼센트를 해고했다. 창사 이래 이렇게 많은 직원을 짧은 시간에 자른 경우는 없었다. 코카콜라 사 직원들은 그 당시까지 특별한 잘못이 없는 이상 입사하면 퇴직 때까지 거의 종신고용 수준으로 일을 할 수 있었다. 그러니 이런 끔찍한 상황에서 코카콜라 사는 내부적으로 단합된 모습을 보일 수가 없었으며 직원들의 사기도 바닥으로 떨어졌다. 2003년 후반 대프트는 이미 회사에 대한 흥미를 잃고 있었다. 그 또한 4년 정도 책임자 자리에 머물렀을 뿐이다.[534]

2006년 8월, 인도 사태

인도의 경우에는 코카콜라와 특별한 악연이 있었다. 일찍이 1977년 새로 출범한 인도 정부는 코카콜라 사에게 자국의 회사와 반드시 합작할 것과, 나아가 코카콜라 제조비법도 공개할 것을 요구했다. 이러한 인도 정부의 요구에 대하여 코카콜라 사는 철수라는 극단적 방식으로 대응했다. 그 뒤로 1991년부터 인도에서 경제자유화가 시작되었다. 즉 서구에 대한 자본 유입을 허용하는 개방화 정책을 시행하게 되었던 것이다. 코카콜라 사의 경우도 철수한 지 16년 만인 1993년 후반 인도에 돌아왔으며, 20년 만인 1997년에 코카콜라 보틀링 사업을 재개했다.[535] 2006년 시점에서 코카콜라와 펩시콜라가 인도 청량음료에서 차지하는 비중은 80퍼센트 이상이며, 시장 규모는 16억에서 20억 달러에 이르고 있었다. 그리고 그중 코카콜라가 60퍼센트를 차지하고 있었다.[536]

코카콜라가 인도가 다시 진입했을 때, 인도에서의 청량음료 소비는 고작 일인당 3병이었다. 1984년 필리핀에서의 소비량이 일인당 134병이었음을 고려한다면, 코카콜라 사 입장에서 인도 시장이 얼마나 열악했는지, 또한 그 엄청난 잠재력에 대해 얼마나 기대하고 있었을지 상상할 수 있을 것이다. 코카콜라 사는 협상 끝에 초한Chauhan 형제에게 4천만 달러에 보틀링 프랜차이즈 권리를 주었다. 그래서 1993년 10월 말 타지마할 궁전이 위치한 아그라Agra에 첫 번째 보틀러가 지정되었다. 그렇지만 코카콜라가 인도에서 이윤을 남기게 된 것은 겨우 2009년이 되어서야 가능했다.[537] 이렇듯 문제가 많았던 인도에서 또 다른 문제가 터진 것이다.

2006년 8월 2일에 인도의 비정부단체인 '과학과 환경 센터Center for Science and Environment'는 보고서를 통해 코카콜라 사와 펩시콜라 사 제품 57개 샘플을 조사해보니, 인도 표준국이 정한 기준의 24배에 이르는 살충제의 잔류농약이 발견되었다고 주장했다. 이 보고서는 엄청난 반향을 불러일으켰다. 여러 주에서 저항과 시위가 연속적으로 발생했으며, 한 시위에서는 사람들이 먹어서는 안 되는 음료인 양 코카콜라를 당나귀들에게 먹이기도 했으며, 이들 제품을 파는 뉴델리의 여러 상점들이 공격을 받기도 했다.[538] 인도의 언론들도 기다렸다는 듯이 부정적 논조의 글을 싣기 시작했다. 예를 들자면 '독극물 칵테일'이라는 제목으로 코카콜라와 펩시콜라 이미지를 사진으로 올리기도 했다.[539]

'과학과 환경 센터'는 이미 2003년에도 이들 제품에서 허용치를 넘어서는 살충제 성분이 함유되어 있다고 주장했다. 또한 인도 정부에게 청량음료뿐만 아니라 우유 및 곡류 식품에 엄격한 살충제 잔류물에 관한 기준을 만들라고 촉구했으나, 당시 인도 정부는 이런 요구를 수용하지 않았다.[540] 사실상 인도의 농부들은 수십 년 동안 다량의 농약을 사용해왔으며, 지하수 속에는 많은 살충제 성분이 존재해왔다. 그렇기 때문에 인도 정부는 대부분의 제품에 살충제의 허용치에 대한 가이드라인을 제시해왔는데, 청량음료에 대해서는 아직 규제를 하지 않고 있었다.[541]

시간이 지날수록 사태가 점차 심각해졌다. 인도의 남부에 위치한 케랄라Kerala 주와 그 이웃 주인 카르나타카Karnataka에서는 학교와 병원을 비롯한 공공기관에서 두 회사의 탄산음료 판매를 금지시켰다. 캐랄라 주의 팔락카드Palakkad에서는 사람들이 그 지역에 있는 코카콜라 공장이 지하수를 고갈시킨다면서 공장을 폐쇄하라는 캠페인을 펼쳤다. 그들 가운데 일부는 이 공장이 문을 닫으면 8백 명 정도의 사람들이 직업을 잃게 되지만, 안전치 못한 음료로부터 수백 만 명의 사람들을 살리게 될 것이라고 주장했다. 그러나 인도의 재계는 코카콜라와 펩시콜라 판매금지 조치가 외국인들의 투자 의욕에 찬물을 끼얹지 않을까 우려하고 있었다. 왜냐하면 미국의 기업들이 하청을 통해 자신의 나라에 백만 개 이상의 일자리를 제공하고 있었기 때문이

었다.[542]

8월 22일에 인도 정부는 두 회사의 제품을 시험한 결과 안전 기준에 적합하다고 발표했다. 보건부 장관인 스와라지Sushma Swaraj는 국회에서 정부가 운영하는 연구소에서 조사가 진행되었으며, 12개의 샘플 모두 안전 기준치를 충분히 넘어섰다고 말했다. '과학과 환경 센터'의 책임자인 수니타 나레인Sunita Narain은 정부의 시험과 자신들의 시험과의 불일치에 당황했다. 그러나 그녀는 이러한 논쟁을 통해서 인도에서 마실 물에 대한 기준과 살충제 정책에 대한 관심이 높아지기를 희망했다. 동시에 그 센터는 정부의 발표를 회의적인 눈으로 바라보면서, 보건부 장관이 인도인들의 건강보다는 산업체의 이해를 옹호하는 편에 서 있다고 주장했다.[543]

'과학과 환경 센터'의 발표 이후 최소한 여섯 개 주에서 코카콜라 사와 펩시콜라 사 제품에 대해 전면적인, 또는 부분적인 판매금지 조치를 내렸다. 두 회사는 광고 캠페인을 통해 위 보고서가 사실이 아니며, 자사의 제품이 안전하다는 메시지를 인도 소비자들에게 전달했다.[544] 두 콜라 회사는 자사 제품들이 엄격한 국제 기준에 부합할 뿐만 아니라, 인도의 어떠한 기준도 만족시켰다는 성명서를 발표하기에 이르렀다. 그러나 두 회사는 '과학과 환경 센터'의 보고서가 얼마나 빨리 전국적인 '스캔들'이 되었는지를 과소평가했으며, 지역 정치가들이 환경 문제를 가지고 얼마나 재빨리 외국 브랜드를 공격했는가를 제대로 판단하지 못했으며, 게다가 소비자들의 우려와 공포에 대해서도 신속하게 대응하지도 못했다. 결국 두 회사는 사태가 발생한지 3주가 지나도록 여전히 소비자들의 신뢰 회복을 위해 애를 쓰고 있었다.[545]

왜 이런 일이 나타나게 된 것일까? 홍보전문가이자 '코카콜라 인디아'의 고문인 수헬 세스Suhel Seth는 기본적으로 인도의 과격한 정치가들은 서방의 기업들에 대해 적대적이라는 사실을 이들 두 회사가 더 잘 이해하고 있었어야 했다고 보았다. 두 회사는 '과학과 환경 센터' 보고서가 안고 있을 정치적 가능성에 대해 근본적으로 큰 관심을 보이지 않았다. "여기서는 사람들이 침묵을 유죄로 해석한다. 당신은 소매를 걷어붙이고 길거리로 나가 싸워야 한다. 코크와 펩시는 그것을 이해하지 못했다"고 세스는 주장한다. 홍보분석가인 아밋 아니호트리Amit Agnihotri는 인도가 급속히 새롭게 변화하고 있다는 점을 강조한다. 예를 들자면 인도는 36개 뉴스 채널을 가지고 있으며 사람들이 뉴스에 목말라한다는 것이다. 따라서 두 회사는 새로운 인도 뉴스 매체의 힘에 대해서 더 많은 관심을 기울였어만 했다고 생각한다. 뒤늦게야 코카콜라 사도 인도의 환경단체가 자국에서 식량생산과 직결되어 있는 농약 오염이라는 더 큰 문제에 관심을 기울이게 된 방식을 이해하게 되었다고 말했다.[546]

코카콜라에 인체에 해를 끼칠 수 있는 허용치 이상의 농약 성분이 발견되었다고 인도 사회가 들끓고 있을 때, 자신들의 침묵이 인도의 상황에서는 죄를 인정하게 된다는 사실조차 몰랐다면 무엇이 잘못된 것일까? 인도의 지역 정치가들이 민족주의적이고 반미적인 정서를 지녔다는 것과 일부 국민들의 다국적기업에 대한 적대적 감정 때문에라도 '오염된 음료'라는 뉴스가 그들에게 얼마나큰 반향을 불러일으킬 수 있을지를 몰랐다면, 코카콜라 사가 지향한 지역화의 의미는 퇴색될 수밖에 없었다.

코카콜라와 콜라독립 815

흥미롭게도 한국은 이러한 점에서 예외적이라 볼 수 있다. 20세기말에 코카콜라로부터 독립을 꿈꾸고 완전한 '콜라 독립'을 목표로 했다는 점에서 한국 사회는 독특한 위치를 차지한다는 것이다.

언제부터 우리나라 사람들은 코카콜라의 맛을 볼 수 있었을까? 아마도 소수의 사람들은 해방 직후 남한에 들어온 미군들을 통해서, 또는 미군 부대의 PX를 통해 유출된 코카콜라를 마셔볼 기회가 있었을 것이다. 어떤 시민은 이렇게 증언하고 있다. "미군 PX에서 흘러나온 코카콜라를 처음 맛보았을 때의 느낌은 경이적이었습니다. 달콤하면서도 톡 쏘는 자극을 주는 코카콜라는 당시 토종꿀에 버금가는 귀한 대접을 받았어요."[547]

흥미롭게도 38선 이남의 한국 땅에 해방군으로 들어온 미군을 따라 코카콜라도 같이 상륙했다. 스피어Speer라는 이름의 기술 고문이 이 프리믹스pre-mix(원액과 물, 탄산 등을 미리 배합해 만들던 공법) 공장 건설을 책임졌다.[548] 당시 주한 미군은 현재의 부평에 '코카콜라 시럽 공장'을 만들어 미군들에게 공급했던 것 같다. 그리고 한국전쟁 도중에는 전쟁터에 있는 미군을 위하여 부산에 보틀링 공장을 건설하기도 했다. 한국전쟁 중 연합국의 군정 치하에 있던 오스트리아의 수도 비인과 그곳의 소련 점령 지역의 한 벽에는 다음과 같이 낙서가 쓰여 있었다. "미국인에게는 코카콜라, 한국인에게는 (하나의) 한국"[549] 이 낙서는 과연 누가 왜 썼을까. 오스트리아 사람이었을까? 또는 소련군이었을까? 그리고 무슨 의미였을까? 미국인들에게 코카콜라가 절실하게 필요하듯이, 한국 사람들에게 통일이 절실하다는 의미였을까?

하여간 2차 세계대전 후 패배로 몰락해가던 도시에서 코카콜라와 한국의 통일에 관한 낙서가 존재했다는 것은 흥미로운 사실이 아닐 수 없다.

전쟁이 끝난 뒤인 1960년대에 산업화가 시작되자 코카콜라 사는 1964년과 65년 사이에 당시 '탄탄한 판매망'을 보유했던 동방청량음료에 먼저 기술제휴를 제안했다. 그러나 이 회사는 자신이 만든 '스페시 코라'의 인기가 상당했으므로 이 제안을 거절했다. 그러자 1966년 OB맥주를 생산하던 동양맥주가 코카콜라 사의 한국 측 파트너가 되어, 같은 해 5월 탄산음료 사업을 진행할 한양식품을 별도로 만들었다. 한양식품은 1967년 2월 영등포구 독산동에 공장 기공식을 갖고, 이듬해 2월 공장을 완공했다. 그리고 그해 6월 9일 첫 제품을 만들어 냈는데, 1분당 310병을 생산할 능력을 갖추고 있었다. 코카콜라 한 병의 용량은 190밀리리터였으며 판매가는 30원이었으나 병 값만 별도로 8원이었다.[550]

마침내 코카콜라는 1968년 한양식품의 보틀링 공장에서 처음으로 대량생산되기 시작했다. 코카콜라 사가 프랜차이즈 형태로 코카콜라를 생산하려하자 45개의 업체로 구성된 '한국청량음료공업협동조합'은 1967년 7월과 1968년 5월 두 차례에 걸친 대대적인 신문광고를 통해서 경제기획원 장관과 상공부 장관에게 건의서를 제출했다. 첫 번째 건의서를 통해서 이들은 코카콜라의 국내 생산을 승인하는 것은 중소기업에 대한 "공약 위반"이며 국내의 대기업이 해외의 거대자본과 협력하여 국내 탄산음료 시장을 교란시킬 것이며, 나아가 이를 위해 외화를 수입하는 것은 "국가경제발전과 민족자본육성"에 방해가 될 뿐이라고 주장했다. 그렇지만 이러한 건의에 대하여 정부는 전혀 반응을 보이지 않았다. 상황이 이러하자 두 번째 건의서를 통해서는 결국 코카콜라를 한국에서 판매해야 한다면 최소한 1969년 말까지 유보해줄 것을 요구했으나, 이 또한 묵살되었다. 기술제휴라는 명분으로 코카콜라가 국내에서 시판되는 상황이었지만, 소비재에 관한한 수입도 금지하고 국산품 애용만을 강조하던 당시 정권에서 코카콜라 생산을 허용했다는 것은 주목할 만한 예외적인 조처였다.

펩시콜라 사 또한 한국 안에서의 생산을 원하고 있었다. 펩시콜라 사는 크라운맥주를 생산하던 조선맥주와 동방청량음료 사이에서 후자를 선택했다. 조건으로 펩시콜라만을 생산할 별도의 회사를 신설할 것을 요구했다. 1967년 11월 한국 펩시콜라 보틀러 법인 자격으로 한미식품이 설립되었다. 한미식품의 판매지역은 서울과 경기도, 그리고 강원도로 제한되었다. 영등포구 양평동에 자리 잡은 펩시콜라 공장은 1969년 6월 준공되었으며, 첫 펩시콜라 생산은 같은 해 2월 8일로 코카콜라의 첫 생산보다 약 8개월 늦었다. 이렇게 한국 땅에서도 코카콜라와 펩시콜라는 대리전 형태로 격돌하는 양상을 띠게 되었지만 얼마 지나지 않아 펩시콜라가 뒤처지게 되었다.

그런데 흥미롭게도 소비자 보호를 주목적으로 하여 1963년에 창립한 '한국부인회'의 부회장 박금순조차도 기관지 〈소비자 보호 뉴우스〉에 코카콜라의 국내 생산에 대한 부정적 소감을 피력하고 있었다. "코카콜라 시비"라는 제목의 권두언을 통해 당시 한국의 지배 엘리트가 느끼고 있던 생각과 느낌을 솔직히 전달하고 있었다. 그녀는 솔직하게 코카콜라가 "산뜻하고 짜릿한 맛"을 지니고 있으며, "멋있는 상표"와 "홍수 같은 선전"으로 세계 사람들의 마음을 사로잡고 있으며, 나아가 "미국의 풍요한 소비를 상징"하고 있음을 인정했다. 그런데 한국에 외국 자본이 들어오는 것은 환영할 일이지만, "빈곤과 후진으로부터 탈피하려고" 애쓰고 있는 현실에서, 생필품도 아닌 음료까지 이 땅에서 생산하게 하여 "분수에 넘치는 사치와 소비"에 빠지게 해서는 안 된다고 주장했다. 따라서 아직까지는 부유한 사람들의 입맛에나 어울릴 코카콜라를 원액을 수입해 국내 보틀링 공장에서 생산하는 것은 "현 시점에서는 시기상조"라고 그녀는 강조했다.[551]

'한국부인회'라는 여성단체의 호소에도 그 이듬해에는 펩시콜라가 이 땅에 상륙했다. 그리고 코카콜라의 매출은 한국의 경제성장과 더불어 계속 증가해왔다고 볼 수 있다. 1970년대 중반까지도 코카콜라는 '칠성사이다'와 탄산음료 시장을 놓고서 자웅을 겨루고 있었다. 그렇지만 1980년대 외식산업이 커지면서부터 차츰 코카콜라 점유율이 칠성사이다와 간격을 벌리기 시작했다. 맥도날드나 버거킹을 비롯한 외국 계열 패스트푸드점은 사이다가 아닌 콜라를 주요 음료로 선택하고 있었기 때문이었다. 그렇게 코카콜라 사는 이른바 'IMF 사태'로 한국경제가 휘청거릴 때인 1998년까지 30년 동안 지역별로 두산음료, 우성식품, 범양식품, 호남식품의 4개 보틀러 사에게 원액을 공급해오고 있었다. 그런데 코카콜라 본사가 1980년대 후반부터 장기적으로 전 세계 보틀링 사업에 직접 참여하기로 작정을 하고 자본을 투입하여 이곳저곳에 거대 보틀링 회사를 만들기 시작했다. 한국의 경우도 예외가 아니었다. 한국에서 지역 보틀러들이 아닌 자신들이 직접 보틀링 회사를 만들어 운영하고자 했다. 코카콜라 사는 직영체제를 갖추기 위해 이 4개의 보틀러 회사에 지분을 넘겨달라고 요구했다. 그리고 그렇지 않으면 더 이상 코카콜라 원액을 공급하지 않겠다고 일방적으로 선언했다.[552]

당시 국내의 콜라 시장은 연 5천억 원 정도였다. 기존 3사의 보틀러들은 이 제안을 어쩔 수 없다고 받아들였지만, 1973년부터 충청과 영남권에서 코카콜라 보틀링 사업을 해오던 범양식품이 지분 매각을 거부했다. 그러자 코카콜라 사는 1995년 계약해지를 통보했으며, 범양식품 측은 한국 법원에 계약해지 취소 소송을 제기했다. 법원이 범양식품 측의 승소 판결을 내리고 2년 동안의 계약해지 유예기간을 인정해주었다. 이 기간 동안 범양식품은 자체적으로 콜라를 만들어내어 1998년 4월 1일 시판에 들어갔다. 그리고는 그 콜라의 이름을 미국의 콜라로부터 더 이상 기대지 않고 스스로 서겠다는 의미로 '콜라독립 815'라고 지었다. 8·15. 일제의 억압으로부터 해방된 날로 한국인이면 머릿속에 자연스럽게 각인되어 있는 날짜. 그 날짜를 이름에 새겨 넣어 자신들의 콜라가 코카콜라로부터 독립했음을 상징적으로 보여주고자 한 것이다. 이는 분명히 한국인의 민족주의에, 애국심에 호소하고자 한 것이다. '콜라독립 815'의 주된 소비자층은 10대 후반에서 20대 전반의 젊은이들이었다. 당시 대학생들 사이에서는 이 콜라를 마시는 것이 일종의 '애국'으로 인식되기도 했다.

범양식품이 국산 콜라를 생산하자, 국내 콜라 시장에서 점유율 25퍼센트의 펩시콜라를 생산하던 롯데칠성음료는 매출과 점유율 증대에 박차를 가했다. 또한 일화의 'RC(로얄 크라운)콜라'나 해태음료의 '콤비콜라', 한화유통의 '아메리칸 콜라', 그리고 제일제당의 '스파클'

등도 판촉에 적극적으로 나섰다. 한국야쿠르트에서는 수정과에 탄산을 섞어서 만든 '탁시콜라'를 만들어 "신토불이 콜라"라고 주장하고 나섰다. 덕분에 그해 여름 국내산과 미국산 콜라 사이의 고객 입맛 잡기 전쟁이 각종 이벤트를 동원하여 치열하게 벌어졌다.

직판체제로 넘어간 한국 코카콜라 보틀링 주식회사는 음료 대리점을 상대로 코카콜라 7상자 구입하면 1상자를 무료로 제공하는 '7대 1' 작전을 벌리는 한편, "777명의 응원단을 프랑스로 보내드린다"는 20억 원이 드는 행사를 벌여서 소비자를 상대로 월드컵 특수를 노리자, 물량 면에서 쫓아갈 수 없는 범양식품은 "815 깃발 아래 모여라"라는 애국심에 호소하는 광고를 내보냈다. 나아가 당시 마이크로소프트에게 거의 패배 직전에 있던 '아래아 한글'은 '콜라독립 815'와 손을 잡고 대대적인 '애국 마케팅'을 펼쳤다. 콜라 캔에 '아래아 한글'을 살리자는 취지의 광고 문구를 넣거나 판촉행사 때 '아래아 한글'을 살리기 위한 '백만인 서명운동'을 제안하기도 했다. 한글과컴퓨터 사는 '한글 815' 특별판을 내기도 하고, 한글날에는 '98 아래아 한글' 정품을 '콜라독립 815' 시음행사에 참여한 사람들에게 추첨을 통해 나눠주기도 하면서 공동 마케팅을 했다.

이런 방식의 공동 판촉 광고들이 '애국 마케팅'을 통해 소비자들에게 먹혀들어갔던 것은 'IMF 사태'로 한국의 경제가 국제통화기금의 손에, 특히나 미국의 손에 의해 좌지우지되는 경제적 예속 상태가 한국인들의 자존감에 상처를 입혔기 때문이었다. 정부가 '세계화 시대' 운운하다 방향을 잘못 잡은 금융개방 정책 덕분에 초래된 일이었기에 '독립'이라는 캐치프레이즈는 당시 한국의 소비자들에게 정서적으로

크나큰 호소력을 지니고 있었던 것이다. 물론 일부 사람들은 글로벌 경제를 지향한다면서 철 지난 민족주의를 팔아먹는 일에, 또는 혹시나 발생할 수 있는 통상 마찰에 우려를 표명하기도 했다.

이듬해 1월 특허청은 애초의 방침을 바꿔 범양식품의 '콜라독립 815'의 상표등록을 허용했다. 애초에 '독립'이니 '815' 같은 단어를 특정 회사에 독점권을 주는 것은 곤란하다는 입장을 뒤집어, 아무나 쓸 수 없는 배타적 권리를 범양식품에 부여한 것이다. 시장조사에서 콜라 점유율을 11.7퍼센트까지 올려 2위인 펩시콜라를 불과 0.3퍼센트 차이로 따라잡는 등 '콜라독립 815'가 소비자에게 빠른 속도로 정착하고 있는 상황 또한 이러한 결정에 한 몫을 한 것 같다. 게다가 김수동 특허청장은 "칠레에서는 '잉카콜라'가 시장점유율 1위를 차지하고 있는 등 상표를 이용한 애국 마케팅은 시장 후발주자에게는 정상적인 기업전략"이라면서 오히려 범양식품의 '콜라독립 815'를 추켜세웠다.

1999년 6월 앞에서 이야기했던 코카콜라의 벨기에에서의 파문 사태가 확대되자, 범양식품은 과감하게 24일자 광고에서부터 이 사태를 들먹이면서 상대적으로 '콜라독립 815'가 안전하다고 주장했다. 즉 이 사태로 한국에서 "안심하고 마실 수 있는" 콜라는 자사 제품뿐이라고 범양식품은 선전했다. 그렇지만 한국코카콜라 측은 이러한 공격성 광고에 맞대응할 수 없었다. 섣부른 맞대응으로 오히려 한국의 소비자들이 벨기에 사태를 각인하게 되는 상황이 될까 우려하여 '무대응'을 선택했기 때문이었다.

그러나 2000년에 들어서면서 '콜라독립 815'는 서서히 침몰하기 시작했다. 한때 콜라 시장점유율을 13.7퍼센트까지 끌어올렸지만 2002

년 전반기에 이르러서는 2퍼센트로 추락했다. 세계 최초로 노란색 콜라를 만들어 "상식을 뒤엎는 혁명적 제품"이라는 평가를 받으면서 각광을 받았던 '옐로 콜라' 또한 생산된 지 1년 반도 넘기지 못하고 그해 말 시장에서 사라졌다. 그리하여 2003년 전반기에는 '콜라독립 815'를 비롯한 국산 콜라는 시장에서 간신히 3퍼센트 대의 점유율을 차지하고 있었다. 게다가 '웰빙'이 주된 관심사가 되면서 건강음료가 약진하는 상황에서 토종 콜라가 설 자리는 점차 줄어들었다. 더 이상 애국주의 마케팅의 약발은 소비자들에게 먹혀들지 않았다. 2003년 10월 마침내 범양식품은 부도를 맞았으며, 화의신청 등의 절차를 거쳐 법정관리까지 들어갔으나, 2005년 3월 말 마침내 파산했다. 위기 의식을 느낀 코카콜라 사의 할인과 엄청난 물량 공세, 판촉 이벤트 등을 이겨내기 힘들었다. 저조한 판매와 자금 부족, 게다가 경영진의 오판으로 '콜라 독립'의 꿈이 사라지게 된 것이다.

범양식품은 '콜라독립 815'를 궁극적으로는 맛으로 승부해야했음에도, 제대로 된 콜라 맛을 보여주지 못했다. 유감스럽게도 '콜라독립 815'의 경우 주원료이자 "톡 쏘는 맛을 좌우하는" 탄산가스의 농도 조절에 실패함으로써 출시할 때마다 맛의 차이가 생길 수밖에 없었다. 게다가 시장점유율이 올라가자 범양식품의 최고경영진은 '콜라독립 815'의 저가 브랜드 이미지가 마음에 걸렸던지, 고가 전략을 사용하기로 결정하고 콜라의 가격을 1999년 7월과 8월에 걸쳐 2번이나 올렸다. 덕분에 99년에 5백억 원에 달하던 매출액이 1백억 원으로 수직 낙하했다. 어찌 보면 당연한 결과였다.

범양식품이 애초에 코카콜라 사의 인수 제의를 거절했던 것은 애국심 때문만이 아니었다. 나름대로 20년 이상 콜라를 생산한 경험이 있었기에 오랜 거래처를 확보해두어 유통망에 자신감을 갖고 있었다. 게다가 기존에는 코카콜라 사에 로열티를 제공해야 했지만 자체적으로 생산할 경우 로열티가 없으니 생산비를 낮출 수 있어 코카콜라보다 가격 경쟁력을 갖추고 기존의 거래처에 공급할 자신이 있었다. '콜라독립 815'의 초기 출고 가격은 당시 1.5리터 기준으로 12병 1상자에 1,500원에서 2,000원이 더 저렴했다. 그렇기 때문에 범양식품의 한 관계자는 훗날 '콜라독립 815'가 한때 성공할 수 있었던 것은 무엇보다도 '소비자 정서'와 '유통망', 그리고 '가격'의 3박자가 잘 맞았기 때문이라고 회고했다. 그런데 소비자들의 초창기 애국심이 시들해지고, 가격이라는 장점 또한 사라지면서 '콜라독립 815'는 흔들리기 시작했으며, 범양식품의 판매부진이 지속되자 믿었던 대리점마저 하나둘 빠져나가면서 유통망 또한 붕괴되었다. 그래서 마이크로소프트의 공략을 이겨냈던 '아래아 한글'의 경우와는 달리 전 세계 국가들 중에서 유일하게 코카콜라가 아닌 자국의 브랜드로 '콜라 독립'을 할 수 있었던 천재일우의 기회 또한 놓치게 되었다.

그러한 기회를 놓쳤더라도 한국은 지구상에서 코카콜라가 제대로 힘을 쓰지 못하는 몇몇 국가 중의 하나로 남아 있다. 예를 들어서 독일의 경우라면 대부분의 레스토랑에서 마실 수 있는 음료는 물과 맥주, 그리고 코카콜라이다. 그럴 만큼 음료의 선택권이 제한되어 있다. 그러나 한국의 경우라면 탄산음료뿐 아니라 스포츠 음료, 기능성 음료를 비롯한 수정과를 응용한 전통 음료, 혹은 보리를 이용한 곡물 음료에 이르기까지 음료가 다양하게 구비되어 있다. 이러한 지역적 상황에서 코카콜라는 어떻게 자신의 제품을 소비자들에게 각인해왔을까.

21세기와 코카콜라

코카콜라 사가 세계화를 지향하면서 그렇게 강조한 지역화에 무엇이 잘못된 것일까? 벨기에와 인도의 두 사태만 보면 우선 그들의 지역화가 철저하지 못했다고 지적할 수 있다. 벨기에 사태의 경우 사람들이 광우병과 다이옥신 등으로 건강 문제에 두려움을 느낄 만큼 신경이 곤두서 있었다는 점과 당시 농산물 개방 문제로 미국과 유럽이 첨예하게 대립하여 반미적 감정이 고조되고 있었다는 점을 심각하게 생각하지 않았다는 것은 과연 코카콜라 사가 전 지구적 차원에서 지역화를 충분히 달성했는가에 대해 의구심을 갖게 한다.

인도 사태의 경우 코카콜라 사는 다른 어떠한 다국적 기업보다도 인도의 현지 상황을 충분히 이해할 수 있는 위치에 있어야만 했다. 코카콜라는 거의 언제나 인도 내 좌파와 민족주의 진영의 표적이었다. 예를 들어 2001년의 9·11 테러 이후 반 이슬람 정책이 강화되고 나아가 오사마 빈 라덴을 체포한다는 명분으로 미국이 아프가니스탄을 침공하자, 인도의 많은 무슬림 요식업자들은 반대와 저항의 표시로 코카콜라와 펩시콜라를 길바닥에 쏟아 부었다. 이 당시 인도의 '인민전쟁그룹the People's War Group'이라는 마르크스주의 게릴라 집단도 코카콜라 보틀링 공장에 폭탄을 터트렸다. 이들은 인도 정부의 신자유주의 정책에 맞서 외국 공장들에 테러를 가하려 했으며, 그 목표로 코카콜라를 지목했던 것이다.[553] 이러한 예들은 인도에서는 무엇보다도 코카콜라가 미국과 자본주의 문화를 상징하고 있음을 분명히 보여준다.

한국의 '콜라독립 815'의 경우는 또 어떠한가. 승승장구하던 한국의 경제가 1997년 말 외환위기로 국가 부도 사태 직전까지 가게 되자, 국제통화기금에 손을 벌리고, 그 결과 한국정부는 국제통화기금의 경제적 간섭 상태를 받아들여야만 했다. 이때 한국인이 느끼던 자존감의 추락을 코카콜라 사는 의식하고 있지 못했던 것일까? 나아가 코카콜라 사는 한국의 위기를 자신들의 보틀링 직영 계획을 실행할 기회로만 생각했던 것일까? 그래서 '콜라독립 815'가 등장하고 애국심에 호소하는 마케팅이 많은 사람들 사이에서 공감을 얻게 된 상황을 예상치 못하고 있었을까? 어떻게 '행동은 지역적으로' 한다면서, 코카콜라 사업의 본질은 지역 사업이라면서 특정 지역이나 국가의 지역주의나 민족주의의 감정을 제대로 이해하지 못했을까?

이제 자본주의는 대량소비 없이는 굴러갈 수 없다. 값싼 원료를 쫓아서, 값싼 노동력을 찾아서 자본과 다국적기업은 발 빠르게 전 세계로 움직이고 있다. 덕분에 우리는 지구상 어디에 있더라도 긴장 상태에서 살고 있다. 세계화란 것은 바로 자본주의의 승리를 의미했다. 아니 좀 더 정확하게는 소비자본주의의 승리였다. 코카콜라가 공식적으로 판매되지 않는 국가는 이 지구상에 미얀마와 북한뿐이다. 그나마 남아 있던 미얀마의 경우도 현재 경제 자유화를 시도하고 있다.

그럼에도 벨기에와 인도 사태에서 보듯이 20세기 말부터 환경과 건강은 세계적으로 최우선적 관심사로 떠오르고 있다. 이렇게 보면 탄산음료인 코카콜라는 공격의 대상이 될 수밖에 없는 상황에 처해 있다. 그런데도 코카콜라 사가 세계화의 속도를 따라잡기 위한 방편으로 지역의 보틀러들을 제거하고 코카콜라 엔터프라이스 같은 대규모 중앙 집중적 보틀러 회사를 만들어 진정한 의미의 지역화에 걸림돌이 되고 있다. 즉 코카콜라 사의 경우 지역화를 통한 세계화 전략은 곤란한 상황에 빠져들어 있는 것이다. 따라서 현재 코카콜라를 통해서 본 글로벌리즘은 세계화를 통해 진행되고 있지만, 일방적 미국화는 아닐지라도 여전히 미국 중심적 메시지를 전달하면서 수용자의 지역성이 미국에 충분히 전달되지 않는 비대칭성과 불균형을 드러내고 있다고 볼 수 있다.

이 지구상의 인구는 올해로 이미 70억 명을 넘어섰다. 문제는 '미국적 생활방식'을 추구하는 사람들이, 즉 미국인들뿐만 아닌 편리하고 즐거운 생활방식을 따라 하고자 하는 많은 사람들이 전 세계적으로 날이 갈수록 빠른 속도로 늘어가고 있다는 점이다. 커다란 집, 커다란 차, 커다란 가전제품, 그리고 달콤한 패스트푸드의 추구 등은 그러한 생활방식의 구체적 표현일 것이다. '미국적 생활방식'의 핵심은 상품 소비에 대한 무제한의 욕망이다. 광고를 통한 미국적 라이프스타일은 이미 냉전체제에서 제3세계 사람들에게 일찍이 선망의 대상이 되었다. 미국 정부나 대기업 또한 이 시기에 자신들의 생활방식을 수출하고자 애쓰지 않았던가. 그러나 이제는 이러한 생활방식을 용납할 수 있을 정도로 지구의 자원은 넉넉지 않다. 이러한 '미국적 생활방식'의 전 지구적 확산은 중단되거나, 다른 방식으로 바뀌어야 한다. 왜냐하면 무엇보다도 이러한 생활방식이 개인적으로는 건강에, 공적으로는 자연 생태계에 치명적인 피해를 가져왔기 때문이다.

코카콜라만 해도 그렇다. 미국에서 대부분의 의학과 영양학 전문가들은 탄산음료가 비만의 유일한 원인이라고 말하지는 않지만, 주요한 원인 중의 하나라고 생각하고 있으며, 또한 미국인들의 비만의 가속화에 큰 역할을 하고 있다고 본다. 이런 상황이 계속적으로 악화되자 코카콜라 사는 야심찬 계획으로 2013년 1월 2분 5초짜리 텔레비전 광고를 만들었다. 주된 메시지는 비만의 문제에 더 이상 나 몰라라 하지 않고 코카콜라 사도 관심을 기울이며 동참하겠다는 것이었다. 그러면서 제품 전면에 칼로리를 표시하거나 용기의 크기를 줄인 제품 수를 늘리는 등 자신들도 노력하고 있다는 내용을 광고에 포함시켰다. 그러자 "뻔뻔스럽다"는 격한 반응에서 "코카콜라가 비만과 싸운다고? 오, 제발 그래다오"라는 조소적인 반응까지 나왔다. 이러한 비난에는 나름대로 충분한 이유가 있었다. 어느 소아내분비학 의사도 이야기하듯이, 단순하게 말하자면 "담배가 니코틴 전달 체계인 것처럼 탄산음료는 과당의 전달 체계"이기 때문이다.[554] 위의 광고를 통해 설탕 첨가물을 지닌 음료인 코카콜라를 너무 많이 마시면 칼로리가 늘어 살찐다고 조언을 해주니, 마치 돈 많이 벌면 부자가 되겠다는 의미 없는 말과 비슷하게 들렸던 것이다. 따라서 많은 미국인들에게 코카콜라 사의 이 광고는 그저 수사학적 메시지로만 들렸다.

결국 중이 제 머리 못 깎듯, 코카콜라 사를 비롯한 탄산음료 업체들이 자신들 손으로 비만 문제를 해결하기란 불가능한 것이다. 개혁의 대상이 개혁의 주체가 되기 어렵듯이 말이다. 결국 외부에서 유효한 해결책을 만들어 탄산음료 업계를 압박하고 있다. 즉 일부 국가나 지방자치단체들이 탄산음료에 세금을 부과해서 탄산음료 가격을 더 올리게 하고, 소비자들은 이를 덜 사먹게 되고, 국가는 더 많은 세수를 확보하고 나아가 국민 건강까지 챙기는 결과를 만들고자 하게 된 것이다.

최근 들어 세계 각국에서 '탄산음료세'를 신설하고 있다.[555] 덴마크나 핀란드 등의 북유럽 국가들은 특정의 음료나 식품류에 건강과 관련된 세금을, 프랑스는 2012년부터 탄산음료에 '소다세'를 도입했다. 국민의 건강을 해치는 상황에 개입하겠다는 의지와 세입을 늘리려는 의도 또한 담고 있는 것 같다. 마침내 2013년 9월, 멕시코 정부는 탄산음료 1리터 당 80원 가량의 '탄산음료세'를 부과하기로 결정했다. 멕시코는 비만률이 미국과 비슷하지만 미국인보다 40퍼센트나 많은 탄산음료를 소비한다. 너무도 많은 멕시코 사람들이 비만으로 고통을 받고 있어 국가가 더 이상 국민건강 문제를 좌시하지 않겠다는 뜻이다. 세수 증가 또한 목표일 것이다. 이러한 결정으로 약 1조 원의 세금을 더 거둘 수 있다고 예상하고 있기 때문이다. 사실상 엔리케 페냐 니에토Enrique Peña Nieto 멕시코 대통령은 세금 전반에 대한 개혁을 통해서 새로운 사회개혁 프로그램에 필요한 재원을 마련하고자 했다. 그는 부유층의 세금 회피를 방지하고, 소득세를 강화하며, '탄소배출세'와 '탄산음료세'를 신설하기로 한 것이다. 특히 탄산음료에 대한 소비세 부과로 얻게 될 세금으로 재원이 부족한 교육과 사회보장 등에 사용할 수 있고, 나아가 경제성장 또한 가능하다고 주장했다. 즉 현재 멕시코 정부는 사회개혁과 경제성장의 두 마리 토끼를 동시에 잡겠다는 야심찬 계획을 선언한 것이다.

미국 또한 일부 주에서는 탄산음료에 세금을 부과를 고려해왔다. 뉴욕 시와 뉴욕 주의 경우 2010년 1온스당 1센트의 '탄산음료세'를 부과할 것을 검토했다. 이것이 실현된다면 탄산음료의 소비는 10퍼센트 이상 감소하고, 세입은 뉴욕 주만도 12억 달러가 증가할 것이라고 예상했다. 샌프란시스코 소재 캘리포니아대학의 한 연구팀의 2012년 연구에 따르면, 만일 미국의 모든 주에서 '탄산음료세'를 도입한다면, 당뇨병은 24만 명, 심장병은 10만 명, 뇌졸중은 8천 명이나 감소할 수 있다고 예상했다. 또한 이러한 세금으로 세수는 130억 달러(약 14조3천억 원)가 늘어나고, 비만치료비는 170억 달러(약 18조7천억 원)가 줄어들 것이라고 보았다. 따라서 미국이 '탄산음료세'를 도입할 경우 미국 경제에 무려 300억 달러(약 33조 원)의 긍정적 효과를 가져 올 수 있을 것이라고 예상하고 있는 것이다. 그렇지만 담배에 세금을 부과하듯이 탄산음료에 세금을 부과하려는 시도에 대한 반대 또한 미국에서는 아직까지는 만만치 않다. 탄산음료 산업을 대변하는 '미국음료협회'는 '탄산음료세' 제안을 성공적으로 제압해왔다. 오늘날 미국인들이 음식으로부터 얻는 총 칼로리의 7퍼센트가 탄산음료라 한다. 게다가 미국의 어린이들이 우유보다도 오히려 탄산음료에서 더 많은 칼로리를 얻고 있는 작금의 현실에서, 코카콜라 사가 어떤 방식으로 이 문제에 대해 답변을 할지 궁금하기도 하고, 또 그 귀추가 궁금하다.

이 책의 들어가는 글에서는 브랜드 컨설팅 업체인 인터브랜드가 전 세계 기업을 상대로 평가해왔는데, 코카콜라는 평가가 시작된 이후 13년째 연속으로 '최고의 글로벌 브랜드' 순위에서 1등의 자리를 놓치지 않았다고 이야기했다. 그런데 이 책을 마무리 지으려는 시점인 9월 말에 인터브랜드는 2013년의 1위 자리가 애플로 바뀌었음을 선언했다. 2위는 구글이 차지함으로써 코카콜라는 3위로 추락했다. 애플과 구글의 브랜드 가치가 각각 983억 달러, 933억 달러인 반면, 코카콜라는 792억 달러로 애플이나 구글의 브랜드 가치에 비해 꽤 큰 격차를 보여주었다. 2000년 이후 정보기술 분야가 약진을 거듭해왔기 때문에 애플의 1위 등극은 '시간의 문제'였을지도 모른다. 게다가 무엇보다도 애플이나 구글은 '소셜 미디어' 지향적 삶을 선도해왔다. 따라서 이들 기업은 21세기 인간들의 삶의 형태, 즉 라이프스타일을 바꾸어왔던 것이다.[556]

결과적으로 코카콜라가 글로벌 브랜드 1위 자리를 놓친 것도 처음이었다. 이것은 의미 있는 발표였다. 아마도 더 이상 코카콜라가 브랜드 가치 1위 자리를 탈환하거나, 부동의 1위 자리를 유지하는 일은 없을 것이다. 이미 2000년을 전후한 시기부터 세계의 핵심 사조가 바뀌고 있기 때문이다. 지구의 자원이 무한한 것처럼 물질 획득에 전력 질주하던 물신주의적 삶에 의문을 던지며, 전 세계적으로 탈물질주의적이고 생태지향적이고 친환경적 삶을 지향하는 새로운 사조가 서서히, 그러나 꾸준하게 자리를 잡고 있다. 어떤 면에서 보자면 소비사회와 소비주의의 전 지구적 확산이란 성격 자체가 크게 바꾸고 있는 것이라 생각된다.

다시 한 번 강조하지만 전 세계적으로 소비주의가 직면하고 있는 새로운 변환의 흐름은 무엇보다도 탈물질주의이다. 그렇기 때문에 21세기 초의 시대적 화두는 다른 무엇보다도 환경과 건강일 것이다. 전자는 공공적 차원에서, 후자는 개인적 차원에서 그러하다. 따라서 20세기 소비자본주의가 만든 작금의 온갖 문제를 주시하면 코카콜라가 '공공의 적'으로 떠오르고 있음을 알 수 있다. 이제 많은 사람들이 건강하게 오래 살기를 희망하는 새로운 '욕망'과 너무 많은 소비와 편리함의 추구 때문에 생긴 환경에 대한 위협에 직면한 이 전환의 시점에서, 21세기 코카콜라의 운명은 전 지구적 차원에서 이러한 문제들을 어떻게 잘 풀어나가느냐에 달려 있다 해도 과언이 아니다.

필자가 코카콜라라는 주제를 잡은 것은 소비자본주의라는 현대 사회의 핵심적 성격을 드러내기 위함이었다. 비록 17세기 이후 서유럽의 일부 귀족층과 부르주아지가 사치품을 즐겨 쓰는 과정을 통해서 이들 국가에서 소비문화가 시작되었다고 볼 수도 있지만, 필자의 입장에서는 다수의 중간계급조차도 이러한 사치품을 필수품인 양 구매할 수 있게 된 1920년대 미국에서야말로 소비사회가 실현된 것이라고 본다. 물론 미국의 대중들은 20세기 초부터 욕망을 배우고, '미국적 생활방식'이라 불리는 라이프스타일을 교육받고 몸으로 체현하게 되었다. 그러니까 진정한 의미의 현대 사회의 기원은 1920년대 미국에서 시작된 대량소비사회에서 찾아볼 수 있을 것이다. 대량소비사회는 2차 세계대전 이후 자본주의 국가에서, 1990년대 이후 중국과 소련을 비롯한 동유럽 공산주의 국가에서, 미국의 세계적 영향력의 확대와 더불어 전지구상으로 확산되어 왔으며 현재도 진행중이다. 그런데 이러한 역사적 과정이 코카콜라를 통해 가장 잘 드러났다고 생각했기 때문에 이 주제를 선택한 것이다.

이 대량소비사회를 움직이는 엔진은 무엇보다도 소비자본주의이다. 지금의 자본주의는 근본적으로 대량소비의 시스템을 통해 작동하고 있으며, 그 엔진을 움직이는 주요한 에너지원은 인간의 욕망이다. 비록 1980년대 신자유주의의 득세 이후 금융자본을 통한 지배로 힘의 균형추가 움직이고 있다고는 하지만, 현 자본주의의 주도적인 동력은 여전히 전 세계 소비자들의 구매력에 기반을 두고 있다고 볼 수 있다. 그렇기에 모든 국가와 기업이 직면하고 있는 문제는 어떻게 이들의 구매력을 쉬지 않고 키우고, 이를 통해서 여하히 경제성장을 지속할 수 있는가로 귀결되고 있다. 곧 소비자들에게 욕망을 부추김으로 욕망의 확대재생산을 무한히 증폭시켜 끊임없이 앞으로 나아가겠다는 것이다.

그러므로 어떤 면에서 소비자본주의는 '욕망'을 발명했다. 욕망 없는 소비자본주의는 대량소비사회를 만들어낼 수 없었기 때문이었다. 대량생산이 대량소비를 통해 재생산되는 구조를 통해 욕망 또한 대량으로 충족되고 실현되었다. 이러한 끝없는 맞물림 속에서 대량소비가 재생산되는 구조가 만들어지고 욕망의 재생산 구조 또한 탄생했다. 그 결과 욕망의 과잉과 소비의 과잉이 무한히 반복되는 시대가 되었다. 이미 1990년대 중반에 어느 독일 언론인은 미국인의 무절제한 소비를 지적하고 있었다. 미국인들이 저축은 거의 하지 않으면서, "소비라는 달콤한 독약"에 빠져있어 낭비의 덫에서 빠져나오지 못한다는 것이다. 그 결과 미국의 국력은 갈수록 약화되고 있다는 주장이었다.[557] 지금의 우리도 그렇지 않은가? 많은 사람들이 저축이 마이너스 상태임에도 미래의 수입까지 담보로 하여 빚을 내어 이 욕망을 채우려 하지 않는가?

만약 전 세계에 살고 있는 사람들이 원하는 상품을 코카콜라 마시듯 소비한다면, 그래서 전 세계 사람들이 미국인들의 소비 수준과 성향을 그대로 따라간다면 과연 이 지구는 어떻게 될 것인가? 전 세계 사람들이 미국인처럼 소비하여 살고자 한다면 이 지구가 네 개쯤은 필요하다는 계산이 나오는 시점에서[한겨레 곽노필의 '미래창'] 우리가 소비자로서의 욕망을 스스로 자제할 수 없다면 지구상의 유한한 자원은 멀지 않아 바닥을 드러내고, 결국 이 소비자본주의는 가동을 멈출지도 모른다. 그렇게 된다면 20세기 초 포디즘에 기초한 소비사회는 그 수명을 다하고 말 것이라는 예측도 가능할 것이다.

오늘날 자본주의는 소비의 확대를 전제로 무한 경제성장을 지향하고 있다. 자본주의에 살고 있는 개인이 이 거대하고도 도도한 흐름을 거슬르기란 너무도 어렵다. 어떤 진화심리학자의 표현처럼 우리 개개인은 소비자본주의라는 망망대해에 떠다니는 플랑크톤일지도 모른다. 이렇게 보면 개별 소비자는 너무 무력해보인다. 그렇지만 때로 드물게는 개인이 세상을 바꾸기도 하지 않던가. 우리 모두가 욕망의 노예거나 욕망에 중독된 상태는 아닐 것이다. 문제는 어디서 언제쯤 욕망과 소비가 끊임없이 연결되는 거대한 사슬을 끊을 수 있을 것인가 하는 것이다. 사실 자본주의의 대안을 찾는 길이 결코 간단한 문제는 아니다. 지금 이 지구상에 살고 있는 대다수의 사람들은 이미 자본의 세계 안에서 살고 있어 알게 모르게 자본주의의 논리에 젖어 있기 때문이다. 더군다나 그 가상의 대안들이란 것이 아무도 가본 적이 없는 실험의 대상일 뿐이다. 하지만 분명한 것은 이제는 욕망의 무한한 확대가 답이 아니라는 사실이다.

그런데도 21세기 소비사회에서는 이미 어느 수준을 넘어선 욕망이 현실의 단계를 넘어서 환상을 소비하고 있다. 마치 무중력의 상태인 것처럼 경제학의 법칙도 무시되는 욕망의 세계에서는 터무니없는 가격도 문제가 되지 않는다. 문제는 능력도 없는 절대 다수의 소비자들 또한 이러한 가격에도 불구하고 소유하고 싶다는 데 있다. 70억의 인류가 소비자로서 자신의 욕망을 그대로 실현하고 그 욕망을 끊임없이 키우려 한다면, 우리의 후손뿐 아니라 우리들까지도 이 푸른 행성에 붙어 있기 힘들지 모른다. 지난 130년 가까이 코카콜라는 소비자 욕망의 확대에 기대어 그 자신의 욕망을 채워왔을지 몰라도, 또한 코카콜라의 방식이 대부분의 성공을 이루어냈을지 몰라도, 그 욕망을 끝없이 채울 수만은 없다. 그것이 코카콜라의 역사가 우리에게 던지는 주요한 메시지일 것이다. 고삐 풀린 소비자본주의 속에서 숨 쉬고 살아가는 우리들에게 욕망으로 인하여 모든 고통이 시작되니, 인간의 욕망이야말로 모든 고통의 원인이라는 부처의 말씀을 받아들이기는 쉽지 않을 것이다. 하물며 실천하기는 더더욱 어려울 것이다. 그렇지만 욕망도 때론 휴식이 필요하지 않겠는가. 다만 그 휴식의 시간에도 코카콜라가 같이하고 싶다고 유혹하지 않을까 염려스럽기는 하다. 이제는 우리에게도 소비로부터 자유로운 공간과 시간이 필요하다. 21세기 삶에는 '자유로부터의 도피'가 아닌 '소비로부터의 자유'가 더 절실한지도 모르겠다. 잠시일지라도 욕망이 정지된, 혹은 욕망에서 벗어난 삶이 존재해야 하지 않겠는가.

감사의 말

십 년이 넘은 긴 여정을 마무리하자니 감회가 새롭다. 더군다나 필자가 쓴 이 책이 조만간 독자들을 찾아갈 것이라 생각하니 두렵기까지 하다. 코카콜라를 통해서 미국의 소비사회를, 나아가 지구적 차원의 소비자본주의의 성격을 이해해보겠다는 생각을 굳힌 것이 2001년 1월 에머리대학으로 '연구년'을 떠나면서였다. 그러니까 정확한 햇수로는 거의 14년이 되어간다. 원래 이 주제에 대한 단행본을 언젠가는 만들겠다는 생각은 했었지만, 구체적인 출간 날짜를 잡은 적은 없었다. 그냥 막연히 '연구년'을 다녀온 후 2, 3년이면 되지 않을까 정도로 생각했던 것 같다. 이런 허술한 마음가짐 덕분에 십 년의 시간이 후딱 지나갔어도, 실질적인 진척이 거의 없었다. 마침내 더 이상 미룰 수가 없겠다는 생각이 분명 든 것이 작년 봄 학기였다. 그리하여 가을에는 '연구학기'를 활용하여 저술에만 전념했으며, 올해 3월 초고를 완성할 수 있었다. 여름방학을 이용하여 수정작업을 이어갔으며, 마침내 이

제야 간신히 고치는 작업을 마무리할 수 있게 되었다.

무엇보다 먼저 여러 동료 선생들의 도움을 언급하지 않을 수 없다. 채승진 선생은 학교의 보직을 맡고 있는 동안 자신의 방을 기꺼이 빌려주었다. 내가 집필에만 전념할 수 있도록 큰 도움을 준 것이다. 조지형 선생은 이화여대 지구사연구소를 통해 두 번의 세미나가 가능하게끔 도와주었다. 덕분에 새로운 글을 발표할 기회를 가질 수 있었다. 백승종 선생은 자신의 책을 쓰는 바쁜 와중에도 이 책의 초고를 전부 읽고 솔직한 조언을 해주었다. 백 선생의 지적대로 다 고치지는 않았지만, 많은 도움을 받았다. 이영석 선생은 이 책의 집필이 구체적으로 들어가기 이전 단계부터 여러 번의 대화를 통해 지적인 자극을 주었다.

전미연은 애틀랜타에서 공부하는 동안 고모부인 필자의 부탁을 들어주기 위해 난생 처음으로 국립문서고 조지아 주 분원를 방문하여, 코카콜라에 관한 재판기록을 복사해주었다. 채 선생 밑에서 석사논문을 쓰던 은금옥도 내가 원할 때마다 필요한 도움을 주었다. 또한 미국에서 관련 자료를 찾는 동안 여러 도서관 및 문서고 담당 직원 분들께 이러저러한 이유로 불가피하게 번거로움을 끼쳤다.

친구 오석균은 시도 때도 없이 필요할 때마다 글을 봐달라고 부탁해도, 한 번의 군말도 없이 내 글의 잘못된 점을 일일이 지적해주었다. 덕분에 글이 많이 좋아졌다. 이 책이 나올 출판사의 사장이기도 한 친구 장인용에게도 감사를 표하고자 한다. 최근에 나빠진 눈을 가지고 내 글을 읽느라 힘이 들어했을 그의 얼굴을 떠올리면 미안한 마음까지 든다. 편집자로서 객관적인 시각을 유지하느라 쉽지 않았을

텐데 먹물들의 속성을 잘 알고 있는지, 지나치게 현학적이거나 힘이 들어간 부분에서는 과감하게 생략하자고 제안하여 나의 동의를 이끌어냈다. 다 친구이기에 가능한 일이라 생각한다.

이 책의 출간을 기다려왔을 어머니, 동생들, 아들을 비롯한 가족들의 관심에도 감사할 뿐이다. 마지막으로 아내에게 고마움을 전한다. 직접적으로 도와준 적은 없지만 언제나 말없이 이 책 만드는 일을 짐짓 무심한 척하면서 관심을 기울여주기도 하고, 게으름을 피우려고 하면 무언의 압력을 행사하기도 했다. 어찌 그 따뜻한 마음을 모르랴.

이 모든 분들에게 다시 한 번 고마운 마음을 전한다.

얼마 전 다른 세상으로 떠나가신 아버지께 살아생전 이 책을 바칠 기회를 갖지 못해 안타까울 뿐이다.

김덕호

인용 논문 출처

이 책의 성격 때문에 별도의 참고문헌을 만들지는 않기로 했으니, 필요한 경우 미주에서 직접 확인해주기 바란다. 그러나 이 책의 본문 여기저기에 편집된 형태로 인용된 필자의 논문들의 출처는 밝힐 필요가 있어 아래와 같이 열거한다.

"코카콜라 광고와 미국의 소비문화, 1886–1940", 〈미국사연구〉 4 (1996. 12), 61–96.

"2차 세계대전과 코카콜라의 전지구화", 〈미국사연구〉 16 (2002. 11), 219–249.

"냉전 초기 코카콜라와 미국 문화산업의 세계화", 〈미국사연구〉 21 (2005. 5), 105–140.

"미국화인가 세계화인가: 코카콜라를 통해서 본 글로벌리즘", 〈미국사연구〉 24 (2006. 11), 171–206.

"광고를 통해서 본 코카콜라의 변신: 특허매약에서 청량음료로, 1885–1916", 〈미국사연구〉 26 (2007. 11), 105–140.

"1920년대 소비주의, 광고, 그리고 코카콜라", 〈역사와문화〉 22 (2011. 9), 149–190.

미주

들어가는 글

1 존 스컬리, 『마케팅 황제 존 스컬리 스티브 잡스를 만나다*Odyssey: Pepsi to Apple*』, 천희상 옮김(청년사, 2012), 97–150; 월터 아이작슨, 『스티브 잡스』, 안진환 옮김(민음사, 2011), 247–55.

2 Stuart Elliott, "List of Global Brands Keeps Coke on Top, and Apple Jumps Up," *New York Times*, Oct. 1, 2012. 1달러는 1,100원으로 평가했다. 한편 펩시콜라의 경우 22위로 165억 달러의 브랜드 가치로 평가되었다. 흥미롭게도 애플 사의 브랜드 가치 상승 또한 두드러졌다. 애플은 2010년의 17위, 2011년의 8위에서 작년에는 무려 2위로 급격히 상승했다. 삼성 또한 브랜드 가치가 각각 19위, 17위에서 작년에는 9위로 올라섰다. www.interbrand.com [2013년 7월 26일 검색]

3 올리비에로 토스카니, 『베네통 광고 이야기』, 김현아 옮김(산호출판사, 1996), 227–29.

4 코카콜라 사는 원가를 절감하기 위하여 설탕 대신 인공감미료*sweetner*로, 인공감미료에서 적어도 미국 내에서는 고과당 콘시럽(HFCS, High-Fructose Corn Syrup)으로 바뀌었다. 그렇다면 코카콜라에 대하여 탄산이 포함된 '설탕물'이라는 표현조차 무색해진다. 케네스 포메란츠, 스티븐 토픽, 『설탕, 커피 그리고 폭력』, 박광식 옮김 (심산, 2003), 216–17; David T. Courtwright, *Forces of Habit: Drugs and the Making of the Modern World* (Cambridge, MA: Harvard Univ. Press, 2001), 26–27.

5 장 보드리야르, 『소비의 사회: 그 신화와 구조』, 이상률 옮김(문예출판사, 1991), 12–13.

6 고병권, "푸줏간 앞의 개", 〈한겨레〉 2003년 4월 12일, p. 24

7 이때 보여준 초고가 나중에 논문으로 출간되었으며, 단행본의 한 장이 되기도 했다. Richard Kuisel, "Coca-Cola and the Cold War: The French Face Americanization, 1948–1953," *French Historical Studies* 17/1 (Spring 1991), 96–116; *Seducing the French: The Dilemma of Americanization* (Berkeley: University of California Press, 1993), ch. 3 "Yankee Go Home: The Left, Coca-Cola, and the Cold War".

1장 코카콜라의 탄생

8 Bob Siphen, "Guaranteed to cure what ails ya," *Drug Topics* 126/6 (April 19, 1982), 66–67.

9 James Harvey Young, *The Toadstool Millionaires: A Social History of Patent Medicines in America before Federal Regulation* (Princeton: Princeton University Press, 1961), 67. 홈즈 박사의 아들 또한 미국 헌정사에 길이 이름을 남긴, 연방대법원 판사를 역임한 올리버 웬델 홈즈 2세(1841–1935)였다.

10 T. J. Jackson Lears, *Fables of Abundance: A Cultural History of Advertising in America* (New York: Basic Books, 1994), 98. Siphen, "Guaranteed to cure what ails ya," 66–68.

11 Young, *The Toadstool Millionaires*, 165.

12 Lears, *Fables of Abundance*, 45.

13 Richard Y. Miller, "1870 to 1900: The foundation blocks," *Drug Topics* 126/6 (April 19, 1982), 64; Jackson Lears, *Fables of Abundance*, 141; *New York Tribune* (April 25, 1886), in Mark Pendergrast, *For God, Country and Coca-Cola*, 2nd ed. (New York: Basic Books, 2000), 13.

14 James Harvey Young. "Three Southern Food and Drug Cases," *Journal of Southern History* 49/1 (Feb. 1983), 5.

15 *Atlanta Journal*, 1885년 3월 10일자. *Atlanta Constitution*, 1886년 4월 16일자. 윌리엄 레이몽, 『코카콜라 게이트』, 이희정 옮김(랜덤하우스, 2007), 48, 41 각주를 볼 것. 이 책의 원제는 『*Coca-Cola: L'Enquete Interdite*』로서 직역하면 "코카콜라: 금지된 조사"인데 번역본의 제목은 다소 엉뚱하다. 필자는, 필요한 경우 원본과 대조하여 직역을 시도할 것이다.

16 적어도 마리아니의 선전 책자에는 위의 유명 인사들이 그렇게 평가한 것으로 쓰여 있었다. Frederick Allen, *Secret Formular: How Brilliant Marketing and Relentless Salesmanship Make Coca-Cola the Best-Known Product in the World* (New York: Harper Business, 1994), 22~23쪽. Tom Standage, *A History of the World in Six*

Glasses (New York: Walker & Company, 2005), 235–36.

17 Robert L. Hester, *The Coca-Cola Cocaine Connection: The First Twenty Years 1886-1906* (Gainsville, FL: Khoka Productions, Inc., 1987), 6–7, 4. 어느 광고에서는 'French Wine of Coca'로, 또 다른 광고에서는 'French Wine Coca'로 선전되고 있었다. 펨버튼은 1885년에 '프렌치 와인 코카'를 상표등록하면서도 자신이 이미 1882년에 이 제품을 만들었다고 주장했다. 헤스터 또한 그의 주장대로, 이 매약이 1882년에 만들어졌다고 기술하고 있다. 그렇지만 레이몽의 지적처럼 아마도 펨버튼은 1884년에 '마리아니 포도주'가 미국에 수입된 것을 의식해서 또한 자신이 모방품을 만든 것이 아니라는 것을 강조하기 위해 그렇게 주장한 것 같다. 레이몽, 『코카콜라 게이트』, 54.

18 레이몽, 『코카콜라 게이트』, 55.

19 미국에서의 드럭스토어는 여기처럼 단순히 약만 파는 약국이 아니었다. 이곳은 여러 잡다한 생필품도 구입할 수 있는 잡화점 기능도 지니고 있었다. 따라서 이곳은 동네 아낙네들이 장을 보기도 하고, 자연스럽게 모여 수다를 떨 수 있는 우리네 예전의 재래시장이나 빨래터 역할도 하고 있었다.

20 *Atlanta Journal*, 1885년 3월 10일, *Atlanta Journal*, 1885년 3월 14일자 광고. 레이몽, 『코카콜라 게이트』, 56, 49. 그런데 번역본은 광고 중간에 "육체적·정신적인 피로감(fatigue physique et intellectuelle)"을 "정신적인 피로감"으로만 생략되어 있어서 원문대로 번역했다. 또한 광고가 중간, 중간 생략된 부호가 있는데 이 또한 생략되어 있어 원래대로 고쳤다.

21 '탄산음료매장'에 대한 자세한 설명은 다음 장에서 할 것이다.

22 Pendergrast, *For God, Country and Coca-Cola*, 26–27, 29. 프레드릭 엘런은 French Wine of Coca로 기록하고 있다. Allen, *Secret Formular*, 26. Hester, *The Coca-Cola Cocaine Connection*, 7. 레이몽, 『코카콜라 게이트』, 46–47. 레이몽 책의 번역본에는 'boisson de tempérance'를 '금주 음료'가 아닌 '강장음료'로 번역하고 있는데 이는 오역이다. 'temperance'는 직역을 하자면 술을 절제하자는 의미이지만, 사실상 여기서는 술을 마실 수 없는 금주의 상황에서 술 대신 마실 수 있는 대체 음료로서 제안하고 있기 때문에 '금주 음료'로 번역한다.

23 Mark Pendergrast, *For God, Country and Coca-Cola, 30; Frederick Allen, Secret Formular*, 18, 25. 레이몽, 『코카콜라 게이트』, 42.

24 Randy Schaeffer and Bill Bateman, *Coca-Cola: A Collector's Guide to New and Vintage Coca-Cola Memorabilia* (Philadelphia and London: Courage Books, 1995), 12.

25 Hester, *The Coca-Cola Cocaine Connection*, 5. Martin Shartar and Norman Shavin, *The Wonderful World of Coca-Cola* (Atlanta: Third/Centennial Edition,

1985), 4 에는 광고 문안만 실려 있다.

26 Hester, *The Coca-Cola Cocaine Connection*, 10. Pat Watters, *Coca-Cola: An Illustrated History* (Garden City, NY: Double Day and Company, 1978), 7쪽에는 동일한 광고가 신문 인용문 형태로만 되어있다. 그러나 해스터 책자에는 신문광고 형태로 실려 있다. 필자 또한 시각적 효과를 위하여 해스터 책에 실린 광고를 인용했다.

27 Anne Cooper Funderburg, *Sundae Best: History of Soda Fountains* (Bowling Green, OH: Bowling Green State University Popular Press, 2002), 67.

28 Lawrence Dietz, *Soda Pop* (New York: Simon and Schuster, 1973), 35; Cecil Munsey, *The Illustrated Guide to the Collectibles of Coca-Cola* (New York: Hawthorn Book, Inc., 1972), appendix B "advertising slogans and statements," 313.

29 Funderburg, *Sundae Best*, 68–69, 71–72.

30 Munsey, *The Illustrated Guide to the Collectibles of Coca-Cola*, 3.

31 Pendergrast, *For God, Country and Coca-Cola*, 456–60. Watters, *Coca-Cola: An Illustrated History*, 39–43 참조.

32 "The Inside Story of Coca-Cola," in *Facts and notes on what they mean* (The Coca-Cola Company, 1923), 여기에는 페이지 표시가 없다.

33 Ibid.

34 E. J. Kahn, *The Big Drink: An Unofficial History of Coca-Cola* (London: Max Reinhardt, 1960), 57; Watters, *Coca-Cola: An Illustrated History*, 17; Pendergrast, *For God, Country and Coca-Cola*, 13, 30.

35 로빈슨의 증언, Koke Case: The Coca-Cola Company vs. The Koke Company of America, Supreme Court of the United States, October Term, 1919. No. 362.[이하 Koke Case로 생략함], 348–49, 362–63.

36 *Atlanta Evening Journal*, June 30, 1887, in Mitford M. Mathews, ed., A *Dictionary of Americanism on Historical Principles* (Chicago: University of Chicago Press, 1951), 350.

37 Hester, *The Coca-Cola Cocaine Connection*, 11. Watters, *Coca-Cola: An Illustrated History*, 18.

38 Watters, Ibid., 18; Allen, *Secret Formula*, 29. 칸E. J. Kahn, Jr.은 첫해의 매출액에 대해서는 50달러로 다른 사람들과 동일한 수치를 보여주었으나, 광고비용은 46달러로 기록하고 있다. Kahn, *The Big Drink*, 151.

39 Koke Case, 353.

40 Pendergrast, *For God, Country and Coca-Cola*, 32, 35–36. 레이몽, 〈코카콜라 게이트〉, 71.

41 Funderburg, *Sundae Best*, 32. http://en.wikipedia.org/wiki/Demographics_of_Atlanta [2012년 11월 5일 검색]

42 Allen, *Secret Formula*, 26.

43 Funderburg, *Sundae Best*, 48–49.

2장 코카콜라의 변신

44 Miller, "1870 to 1900: The foundation blocks," 64.

45 Richard de Santa, "'A wondrous place': The Famous remember," *Drug Topics*, 126/8 (April 19, 1982), 26.

46 Margaret Visser, *Much Depends on Dinner: The Extraordinary History and Mythology, Allure and Obsessions, Perils and Taboos, of an Ordinary Meal* (New York: Grove Press, 1986), 296.

47 Tom Standage, *A History of the World in Six Glasses* (New York: Walker & Company, 2005), 225–27. 인용은 227쪽. Anne Cooper Funderburg, *Sundae Best: History of Soda Fountains* (Bowling Green, OH: Bowling Green State University Popular Press, 2002), 6–8, 21. 프리스틀리는 훗날 자신이 인공적으로 탄산수를 만들어낼 수 있었던 것이 과학적 발견으로는 대단한 것이 아닐지 몰라도 "가장 행복한 아이디어"였다고 회고했다. Funderburg, Ibid, 7.

48 재레드 다이아몬드, 『총, 균, 쇠』, 김진준 옮김 (문학사상사, 1998), 20–21.

49 Funderburg, *Sundae Best*, 17–18.

50 Ibid., 31.

51 Ibid., 32–33.

52 Ibid., 43–44, 40, 42.

53 Mary Gay Humphreys, "The Evolution of the Soda Fountain," *Harper's Weekly* (Nov. 21, 1891), 924 in Funderburg, *Sundae Best*, 43에서 재인용. 1895년의 탄산음료매장 통계 또한 같은 책, 같은 쪽.

54 Robert L. Hester, *The Coca-Cola Cocaine Connection: The First Twenty Years 1886-1906* (Gainsville, FL: Khoka Productions, Inc., 1987), 2. 총 23쪽에 불과한 이 소책자는 개인이 운영하는 무명의 출판사에서 자비로 출간된 것으로 보인다. 필자가 조지아 주 애틀랜타 시에 위치한 Atlanta Historical Society의 협회 도서관에서 발견한 것이다. 책의 도서번호는 HD 9349. S634 C6360 1987이다.

55 Pat Watters, *Coca-Cola: An Illustrated History* (Garden City, NY: Doubleday and Company, 1978), 15–16.

56 Ibid., 16.

57 Allen, *Secret Formula*, 26.

58 Richard Y. Miller, "1857 to 1870: Pharmacy gets an identity," *Drug Topics* 126:6 (April 19, 1982), 63.

59 Standage, *A History of the World in Six Glasses*, 239–240. 레이몽, 『코카콜라 게이트』, 80–82. 레이몽의 책에는 찰리 펨버튼 대신 2/3의 주식을 소유한 윌리스 베너블Willis Venable과 조지 로운즈George Lowndes가 팔았던 것으로 되어있다.

60 레이몽, 『코카콜라 게이트』, 84–85.

61 Allen, *Secret Formula*, 34; Watters, *Coca-Cola: An Illustrated History*, 22. 캔들러가 코카콜라에 관한 모든 권리를 사들인 금액과 시기에 대해서 아직도 잘못된 내용이 언론을 통해 재생산된다. 예컨대 프랑스를 대표하는 신문인 〈르몽드*Le Monde*〉까지도 코카콜라에 관한 특집 기사(1999년 8월 21일자)에서 캔들러가 1891년 펨버튼으로부터 모든 권리를 1,750달러에 사들였다고 쓰고 있다. 이것은 터무니없는 기사다. 앞에서도 말한 것처럼 펨버튼은 이미 1888년 8월 16일에 죽었으며, 펨버튼은 캔들러와 직접 거래한 적이 없다. 기사대로라면 죽은 유령과 산 사람이 계약을 맺은 셈이다. 따라서 제시된 가격 또한 사실이 아니다. 레이몽, 『코카콜라 게이트』, 70.

62 Asa Candler to Warren Candler, 1888년 4월 10일, Asa G. Candler Papers, Box 1, Manuscript Collection, Robert Woodruff Library, Emory University. 동생인 워렌 캔들러(1857–1941)는 당시 테네시 주 내슈빌Nashville에서 감리교회 목사로서 한 종교잡지의 부편집자로 활동하고 있었다. 그는 훗날 에머리대학이 총장직을 제안했으며, 형의 반대에도 불구하고 이 제안을 받아들였다. 선교에도 관심이 많아 이 대학의 총장으로 재직하면서 윤치호 같은 동아시아의 청년들을 학생으로 받아들여, 조선이나 청의 많은 엘리트층을 개신교도로 만드는 데 큰 공헌을 했다.

63 레이몽, 『코카콜라 게이트』, 75–76.

64 Watters, *Coca-Cola: An Illustrated History*, 17.

65 Allen, *Secret Formula*, 36–37.

66 Coca-Cola Archives, Advertising Copy, vol 1 (1887–1905), 00011; Jan Cowan, "Coca-Cola Advertising– 1886–1910," J. Harvey Young's Freshman Seminar paper (June 5, 1975), in Coca-Cola Collection, Box 6, Folder 6, Robert Woodruff Library, Special Collection, Emory University. 3쪽에서 재인용.

67 Ludy T. Benjamin et al., "Coca-Cola, Caffeine, and Mental Deficiency: Harry Hollingworth and The Chattanooga Trial of 1911," *Journal of the History of the Behavioral Sciences* 27/1 (January, 1991), 45 & 53, n. 21.

68 Michael K. Witzel and Gyvel Young–Witzel, *The Sparkling Story of Coca-Cola* (Stillwater, Minnesota: Voyageur Press, Inc., 2002), 66; Schaeffer & Bateman, *Coca-Cola: A Collector's Guide to New and Vintage Coca-Cola*

Memorabilia, 13 and 92.

69 Watters, *Coca-Cola: An Illustrated History*, 18, 95.

70 Standage, *A History of the World in Six Glasses*, 241.

71 SALES OF COCA-COLA (U. S. & Foreign), Coca-Cola Archives, in Pendergrast Collection, Manuscription Collection Woodruff Library, Emory University.

72 Rucker Case: The Coca-Cola Company vs. Henry A. Rucker, U. S. Circuit Court of Appeals, 5th Circuit, No. 1161, Original Record Filed May 12, 1902, 84–86. Trial and Appeal Record, Federal Record Center, East Point, Georgia.

73 Schaeffer and Bateman, *Coca-Cola: A Collector's Guide to New and Vintage Coca-Cola Memorabilia*, 13에서 재인용.

74 *The Coca-Cola News*, 3/2 (May 15, 1898), 3, in Collection 60, Box 1, Folder 8, Warshaw Collection, Archives Center, National Museum of American History, Smithsonian Institution, Washington, D. C.

75 Munsey, *The Illustrated Guide*, 38.

76 *The Coca-Cola News*, 3/2 (May 15, 1898), 2, in Collection 60, Box 1, Folder 8, Warshaw Collection; Pendergrast, *For God, Country and Coca-Cola*, 64.

77 Kebler, "Coca-Cola–Atlanta, Ga.," (1907), Seizure No. 352 file, Box 3, Accession 59A–2098, Food And Drug Administration Records, Record Group 88, in Young, "Three Southern Food And Drug Cases," 11.

78 Allen, *Secret Formula*, 43.

79 Visser, *Much Depends on Dinner*, 275. 저자인 비써는 단정적으로 그 시기를 1903년이라고 주장하고 있지만 단정하기는 쉽지 않다.

80 Kahn, *The Big Drink*, 97.

81 Young, *The Toadstool Millionaires*, 205, 212–215. Standage, *A History of the World in Six Glasses*, 234.

82 Jackson Lears, *Fables of Abundance*, 156–157. Young, *The Toadstool Millionaires*, 242–44.

83 Pendergrast, *For God, Country and Coca-Cola*, 109.

84 와일리는 평소부터 코카콜라에 대한 부정적인 생각을 갖고 있었다. 코카콜라 사 사람들을 "마약 판매상dope peddlers"이라고 비난하고, 심지어 "독살자poisoners"라고 부르기까지 했다고 알려져 있다. Munsey, *The Illustrated Guide*, 40.

85 Munsey, *The Illustrated Guide*, 40; Young, "Three Southern Food And Drug Cases," 16–18; Watters, *Coca-Cola: An Illustrated History*, 102–04.

86 Hester, *The Coca-Cola Cocaine Connection*, 4, 22.

87 레이몽,『코카콜라 게이트』, 62, 65–66, 67 각주, 79, 91, 97.

88 Watters, *Coca-Cola: An Illustrated History*, 1. "The Philosophy of Coca-Cola Advertising," n. a. (1952), 9.

89 Young, "Three Southern Food And Drug Cases," 5.

3장 코카콜라에 대중의 부르주아적 욕망을 싣다

90 Michael B. Miller, *The Bon Marché. Bourgeois Culture and the Department Store, 1869–1920* (Princeton: Princeton University Press, 1981) 참조. 파리와 '봉 마르셰' 백화점을 모델로 1883년 에밀 졸라가 쓴 소설『여성의 행복*Au Bonbeur des Dames*』 또한 동 시대의 자화상을 보여주었다. 영역본 제목은 흥미롭게도 '여성의 낙원The Ladies' Paradise'이라 되어 있다. 백화점이야말로 여인들의 지상낙원이라는 의미를, 여성의 행복이 백화점이라는 천국에서 실현되었다는 의미를 전달하고자 했을 것이다.

91 Regina Lee Blaszeczyk, *American Consumer Society, 1865-2005* (Wheeling, IL: Harlan Davidson Inc., 2009), 76–78.

92 Funderburg, *Sundae Best*, 8–10, 16. 소다수를 인공적으로 만들려면 산acid과 탄산염carbonate은 필수적이다. 특히 산 중에서도 황산sulfuric acid이 다른 어떤 산보다도 소다수를 만드는 데 탁월한 효과가 있었다. 그런데 미국의 도시에서 대중들에게 팔리는 소다수가 1830년대쯤이면, 사실상 이름만 남게 되는 지경에 이르렀다. 일찍이 1814년의 한 책자는 소다수로 팔리는 음료에 극히 미량의 소다수가 있을 뿐이라고 쓰고 있다. 그리고는 어느 시점에 소다는 제조법에서 아예 사라지고 말았다. 그리하여 1831년 존 벨 박사는 약제사가 파는 소다수에는 실제적으로 소다가 포함되어 있지 않으며 따라서 이름을 잘못 붙인 것이라고 보고하고 있다. 훗날 어떤 기술 편람의 저자 또한 소다수는 부적절한 명칭이며, 나아가 "탄산의carbonade"라는 용어가 몇 년 내로 대체하게 될 것이라고 예측했다. 그의 예언 아닌 예측은 실현되었다. 오늘날 사람들은 'soda'나 'soda water'가 'carbonated water'나 'carbonated drinks'와 같은 의미의 단어로 생각하고 있다. 결과적으로 소다수가 탄산수가 된 것이다. 그렇지만 또 다른 주장에 의하면, 18세기에 탄산수 "aerated" water를 제조하는데 사용한 가스에 훗날 소다수soda water라고 잘못 이름 붙여졌다. Funderburg, *Sundae Best*, 18–19. Margot Raven, "The soda fountain- How sweet it was," *Drug Topic* 126/6 (April 19, 1982), 78.

93 Funderburg, *Sundae Best*, 13–14, 18.

94 Funderburg, *Sundae Best*, 20–21. Raven, "The soda fountain– How sweet it was," 78–79. 앤 펀더버그와 마고 레이븐, 둘 다 이 구절을 사용하고 있으나, 글의 출간 시기를 비교해보면 레이븐이 20년 앞선다. 그렇다면 펀더버그가 레이븐 논문의 소

제목을 인용표시도 없이 사용하고 있는 것이다.

95 James H. Collins, "Remarkable Proprietary Beverage," *Printer's Ink* (November 4, 1908), 6.

96 Lawrence Dietz, *Soda Pop: The History, Advertising, Art and Memorabilia of Soft Drinks in America* (New York: Simon and Schuster, 1973), 25–27. 인용은 26–27.

97 J. J. Willard, "The Early Days of The Coca-Cola Bottler," *The Coca-Cola Bottler* 51/1 (April 1959), 50; Watters, *Coca-Cola: An Illustrated History*, 33.

98 Dietz, *Soda Pop*, 31. 그런데 코카콜라 사의 기록에 의하면 1905년 판매량은 1,549,886갤런으로 되어있다. 디츠의 책과 998갤런의 차이가 나지만 이는 통계상 무시할 만하다.

99 Harrison Jones to J. A. Biedenharn, Sept. 11, 1939. 이 편지는 Wilbur G. Kurtz, Jr. "Joseph A. Biedenharn," in *The Coca-Cola Bottler* 51/1 (April 1959), pp. 93–97, 191 중 94쪽에 삽입되어 있었다.

100 *The Coca-Cola Company: An Illustrated Profile*, 31.

101 Watters, *Coca-Cola: An Illustrated History*, 91; Pendergrast, *For God, Country and Coca-Cola*, 81.

102 Munsey, *The Illustrated Guide*, 56.

103 Watters, *Coca-Cola: An Illustrated History*, 83–85. 이 책에서는 이른바 '호블 스커트hobble skirt' 모양의 코카콜라 병이 순전히 우연에 의해서 만들어졌다고 설명하고 있다. 에드워즈는 병 디자인과 관련된 모든 자료를 보다가 『브리태니카 백과사전』에서 코카coca의 열매가 그림으로 나와 있는 것을 발견했다. 그리하여 자연스럽게 사무엘슨은 이 그림에 근거하여 병 모양을 만들었다. 그런데 나중에 확인해보니, 에드워즈가 보았다는 코카의 열매는 사실상 카카오cacao의 열매 그림이었던 것이다. 그러니까, 에드워즈의 "뜻밖의 발견serendipity"이 오늘날의 코카콜라 병 모양 탄생에 지대한 공헌을 했다는 것이다.

104 질 리포베츠키, 『패션의 제국』, 이득재 옮김 (문예출판사, 1999), 229에서 재인용.

105 Munsey, *The Illustrated Guide*, 101. 레이몽, 『코카콜라 게이트』, 73.

106 Pendergrast, *For God, Country and Coca-Cola*, 62–63, 66~67. Allen, *Secret Formular*, 69.

107 *The Coca-Cola Company: a chronological history 1886-1971* (Public Relations Department, The Coca-Cola Company, 1971), 2, 4. 그런데 코카콜라 사에서 1974년에 간행된 소책자에 의하면 〈*Munsey's*〉, 〈*Saturday Evening Post*〉, 〈*Everybody's*〉 같은 전국 수준의 잡지들에 광고를 싣기 시작한 시기를 1904년으로 기록하고 있다. 그런가 하면 또 다른 책은 1902년 〈*Munsey's*〉에 실린 것이 처음이라

고 주장하고 있다. *The Coca-Cola Company: an Illustrated Profile*, 33. Dietz, *Soda Pop*, 49. 그리고 가장 최근인 2011년 코카콜라 사가 만든 소책자에는 이 시기를 1904년으로 기록하고 있다. *125 years of sharing happiness: A Short History of The Coca-Cola Company* (2011).

108 Pendergrast, *For God, Country and Coca-Cola*, 64.

109 Susan Strasser, *Satisfaction Guaranteed: The Making of the American Mass Market* (Washington and London: Smithsonian Institution Press, 1989), 7장 참조.

110 *The Journal of Labor* (April 10, 1903), *Review of Reviews* (June 1905). 이 두 잡지는 J. Harvey Young's Freshman Seminar paper (Nov. 26, 1973), in Coca-Cola Collection, Box 6, Folder 2, Special Collection, Robert Woodruff Library, Emory University에서 재인용. *Saturday Evening Post* (August 8, 1905), in Allen, *Secret Formula*, 74. *American Theater Magazine* (September 1906), in Dietz, *Soda Pop*, 39.

111 Watters, *Coca-Cola: An Illustrated History*, 95; Pendergrast, *For God, Country and Coca-Cola*, 104–105, 489 후주. 그런데 코카콜라 사에서 간행된 책에서는 로빈슨과 돕스 두 사람이 하는 일이 겹치자, 1906년 캔들러가 별도의 판매부서Sales Department를 만들어 돕스를 책임자 자리를 주고 로빈슨은 계속해서 광고를 책임지게 한 것으로 설명하고 있다. 즉 두 사람 사이에 갈등이 없었던 것처럼, 혹은 해결된 것처럼 묘사한다. *The Coca-Cola Company: an Illustrated Profile* (1974), 32. 또한 워터스의 책에는 로빈슨이 1914년 12월에 은퇴한 것으로 되어 있다. Watters, *Coca-Cola: An Illustrated History*, 88.

112 Frederick Allen, *Secret Formular*, 74–76; Mark Pendergrast, *For God, Country and Coca-Cola*, 98–99; Watters, *Coca-Cola: An Illustrated History*, 98; Dietz, *Soda Pop*, 52.

113 Gyvel Young-Witzel and Michael Karl Witzel, *The Sparkling Story of Coca-Cola* (Stillwater, MN: Voyageur Press, Inc., 2002), 46.

114 이 광고는 1912년에 등장했는데, *Ladies Home Journal*이나 *Saturday Evening Post* 같은 전국적인 잡지에 실렸다. Witzel and Witzel, ibid., 72.

115 Frank Trentmann, "Introduction," in idem., ed., *The Oxford Handbook of the History of Consumption* (Oxford: Oxford University Press, 2012), 4.

116 직접 인용은 Maury Klein, *The Flowering of the Third America: The Making of an Organizational Society, 1850-1920* (Chicago: Ivan R. Dee, 1993), 134.

117 Dietz, *Soda Pop*, 55–56.

118 Sam E. Whitmire, "Coco-Cola," *Printer's Ink* 32/9 (August 29, 1900), 3–4.

표는 4쪽을 약간 바꾸어서 만들었음. 놀랍게도 이 잡지는 코카콜라를 'COCO-COLA'라는 제목으로, 본문에서도 여전히 'Coca-Cola'라는 단어를 계속해서 사용하고 있다. 이것을 인쇄상의 실수로 돌릴 수 있을지 혹은 1900년까지도 많은 사람들에게 여전히 코카콜라의 정확한 단어가 혼란을 일으켜서인지 확인하기 어렵다.

119 Strausser, *Satisfaction Guaranteed*, 185–86.

120 Falk, "The Genealogy of Advertising," 101.

4장 코카콜라와 함께 온 대량소비사회

121 Walter Lippman, *Drift and Mastery* (New York: Prentice-Hall, 1961[1914]), 73.

122 Charles F. McGovern, *Sold America: Consumption and Citizenship, 1890-1945* (Chapel Hill: University of North Carolina Press, 2006), 98.

123 Peter N. Stearns, *Consumerism in World History: The Global Transformation of Desire* (London and New York: Routledge, 2001), x.

124 Neil McKendrick, John Brewer, and J. H. Plumb, *The Birth of a Consumer Society: The Commercialization of Eighteenth-Century England* (Bloomington: Indiana University Press, 1982); Rosalind Williams, *Dream World: Mass Consumption in Late Nineteenth Century France* (Berkeley: University of California Press, 1982); Chandra Mukerji, *From Graven Images: Patterns of Modern Materialism* (New York: Columbia University Press), 1983.

125 포터는 스스로를 보수주의자로 평가하면서 미국의 역사를 계급 간의 갈등에 초점을 맞추는 찰스 비어드Charles Beard 등이 주도한 갈등 학파conflict school를 비판하고, 이른바 1950년대의 합의 학파consensus school를 형성하는데 일조를 했다. 이러한 면에서 다니엘 부어스틴Daniel J. Boorstin 또한 포터와 비슷한 길을 걸었다.

126 Warren I. Susman, *Culture as History* (New York: Pantheon, 1984), xx–xxi.

127 "A Review of Findings by the President's Research Committee on Social Trends," in *Recent Social Trends in the United States: Report of the President's Research Committee on Social Trends*, one volume edition (New York and London: McGraw-Hill Company, Inc., 1933), xxxvi–xxxvii. 허버트 후버 대통령은 자신이 엔지니어 출신임을 과시하듯, 1929년 당시 미국에서 전개되는 사회적 변화에 대한 이해하고자 콜롬비아 대학의 경제학자 웨슬리 미첼Wesley C. Mitchell을 위원장으로 하는 대통령 사회경향위원회President's Committee on Social Trends를 만들었다. 이 위원회는 3년간의 연구 끝에 최종 보고서를 후버에게 제출했다. 따라서 이들의 보고서인 〈최근 사회 경향Recent Social Trends〉는 동시대를 이해하는 중요한 사료로서 자리매김해왔다.

128 Ibid., xxxvii– xxxviii. 인용은 xxxviii.

129 Susan Strasser, *Satisfaction Guaranteed: The Making of the American Mass Market* (Washington and London: Smithsonian Institution Press, 1989), 15–17.

130 Maury Klein, *The Flowering of the Third America: The Making of an Organizational Society, 1850-1920* (Chicago: Ivan R. Dee, 1993), 132–33.

131 Strasser, *Satisfaction Guaranteed*, 97–100. 얼마 전 한 질레트의 최고경영자는 다음과 같은 취지로 말한 적이 있다. 밤사이에 푸릇푸릇 자랄 남성들의 수염을 생각하면 나는 밤마다 설레곤 한다. 얼마나 놀라운 표현력인가

132 Frank Trentmann, "introduction," in idem, ed., *The Oxford Handbook of The History of Consumption* (Oxford: Oxford University Press, 2012), 1.

133 Frederick L. Allen, *Only Yesterday: An Informal History of the 1920's* (New York: Harper & Row, Publishers, 1931), 64, 2.

134 Regina Lee Blaszczyk, *American Consumer Society, 1865-2005: From Hearth to HDTV* (Wheeling, IL: Harlan Davidson Inc., 2009), 104.

135 Thomas K. McCraw, *American Business Since 1920: How It Worked*, 2nd ed. (Wheeling, IL: Harlan Davidson, Inc., 2009), 16. David Nye, *Consuming Power: A Social History of American Energies* (Cambridge, MA: MIT Press, 1998), 178, 161, 298, note 15.

136 John Kenneth Galbraith, *The Affluent Society*, 40th anniversary edition (Boston: Houghton Mifflin Company, 1998), 31. McCraw, *American Business Since 1920*, 128. 포드가 제안한 일당 5달러를 하루 9시간 일하는 것으로 계산했다. 그러면 한 시간당 대략 55.5센트의 임금을 받은 셈이 된다. 따라서 년 소득으로 계산하게 되면 0.555달러×2,600시간으로 위의 소득이 나온다.

137 Daniel Horowitz, *The Morality of Spending: Attitudes toward the Consumer Society in America, 1875-1940* (Chicago: Ivan R. Dee, 1992), 135–37.

138 William Leach, *Land of Desire: Merchants, Powers, and the Rise of a New American Culture* (New York: Vintage Books, 1994), 266–68. 직접 인용은 Blaszczyk, *American Consumer Society, 1865-2005*, 94.

139 Leach, *Land of Desire*, 266.

140 Robert and Helen Lynd, *Middletown: A Study in Contemporary American Culture* (New York: Harcourt Brace Jovanovich, Publishers 1929), 87–88. 흥미롭게도 이 신문의 사설은 앞에서 언급하고 있는 스트로스의 주장을 거의 비슷하게 옮겨 쓰고 있다. 특히 미국 시민의 으뜸가는 중요성이 소비자라는 주장은 동일한 문장이다. 스트로스의 글이 *The Atlantic Monthly* 1924년 11월에 실린 것으로 보

아, 이 사설이 그의 주장을 인용한 것 같다.

141 피터 버크, 『이미지의 문화사*Eyewitnessing: The Uses of Images as Historical Evidence*』, 박광식 옮김 (심산, 2009), 19.

142 마샬 맥루한, 『미디어의 이해*Understanding Media*』, 박정규 옮김 (커뮤니케이션북스, 1997), 333; 제임스 트위첼, 『욕망, 광고, 소비의 문화사*Twenty ads That Shook the World*』, 김철호 옮김 (청년사, 2001), 11. .

143 Marchand, Roland. *Advertising the American Dream: Making Way for Modernity, 1920-1940* (Berkeley: University of California Press, 1985), 2. 그런데 흥미롭게도, 이 시기 광고업자들은 자신들을 "합리적"으로 사고하는 "남성적인 엘리트"로서 인식한 반면, 자신들이 만든 광고를 보고 이해할 대다수의 미국인들을 "감정적"으로 사고하는 "여성적인 대중들"로 인식하고 있었다. Ibid., 1.

144 Leach, *Land of Desire*, 375.

145 Allen, *Only Yesterday*, 140.

146 스튜어트 유엔, 『이미지는 모든 것을 삼킨다*All Consuming Images*』, 백지숙 옮김 (시각과 언어, 1988), 70에서 재인용.

147 Allen, *Only Yesterday*, 142.

148 Leach, *Land of Desire*, 294.

149 Leach, *Land of Desire*, 294–95. Seligman, *The Economics of Installment Selling*, vol. 1 (New York, 1927), 221; Leach, *Land of Desire*, 295에서 인용.

150 Galbraith, *The Affluent Society*, 2.

151 Galbraith, *The Affluent Society*, 127, 130. Marchand, *Advertising The American Dream*, 22–23.

152 Stuart Ewen, *Captains of Consciousness: Advertising and the Social Roots of the Consumer Culture*, 25th Anniversary edition (New York: Basic Books, 2001[1976]), 22, 107. 인용은 22. 크리스틴 프레드릭(1883–1970)은 1912년부터 1919년까지 수백만 미국 여성이 즐겨 보던 〈Ladies Home Journal〉에서 기고 편집자로 활동하면서, 가정을 어떻게 일상의 허드렛일이나 짜증나는 일로부터 벗어나 "단순한 생활simple living"을 즐길 수 있는 공간으로 만들 수 있는가를 설파했다. 동시에 가사 전문가의 명성을 이용하여 그녀는 특정 회사의 가사도구들을 이 잡지에 소개하기도 했다. 그녀는 오늘날 미국에서 마사 스튜워트Martha Stewart가 했던 역할을 했다고 볼 수 있다. Blaszczyk, *American Consumer Society, 1865-2005*, 47.

153 Leach, *Land of Desire*, pp. 290–91.

154 Galbraith, *The Affluent Society*, 123–26. 인용은 126.

155 Leach, *Land of Desire*, 351, 297.

156 Ibid., 372.

157 Ibid., 362–66, 인용은 366.

158 월터 A. 프리드먼, 『세일즈맨의 탄생*Birth of A Salesman: the Transformation of Selling in America*』, 조혜진 옮김 (말글빛냄, 2005), 279..

159 "A Review of Findings by the President's Research Committee on Social Trends," in *Recent Social Trends in the United States*, lii–liii.

160 Leach, *Land of Desire*, 269, 308.

161 Blaszczyk, *American Consumer Society, 1865-2005*, 101에서 인용.

5장 재즈 시대의 코카콜라

162 Regina Lee Blaszczyk, *American Consumer Society, 1865-2005: From Hearth to HDTV* (Wheeling, IL: Harlan Davidson Inc., 2009), 95.

163 'flapper'는 일제 강점기 조선에도 수입되었다. 거의 동시대인 1920년대 후반 일본을 통해서 수입되어, 식민지 조선에서는 'flapper'가 '후라빠' 라는 이름으로 불렸다. 일본식 영어의 수용이었지만, 그래도 거기에는 서구의 신여성에 대한 막연한 동경이 묻어있었다. 작가이자 번역가인 안정효는 한국 사람들이 마구 엉터리로 쓰고 있는 영어들을 가나다순으로 분석한 책에서 'flapper'가 영국에서 출발하여 "1950년대의 미국으로 건너가서는 '자유분방한 신세대 여성'을 뜻"하게 되었다고 설명하고 있는데, 'flapper'가 '자유분방한 신세대 여성'은 맞지만 1950년대가 아니라 1920년대 미국이다. 아마도 출판에서의 오류가 아닌가 싶다. 왜냐하면 바로 뒤 설명에 이 단어가 스콧 피츠제럴드F. Scott Fitzgerald(1896–1940)의 『위대한 개츠비』를 통해 널리 알려졌다고 언급하고 있기 때문이다. 이 소설은 1925년에 발간되었다. 안정효, 『가짜 영어 사전』(현암사, 2000), 872. 하여간 안정효의 설명처럼, 이 땅에서 '후라빠'는 '건달 아가씨'라는 의미를 지니게 되었으며, 나아가 '날나리 여고생'을 뜻하게 되었다. 후자의 대상, 즉 원래 'flapper'의 주된 연령층인 20대 여성에서 여고생으로 나이가 낮아진 것은 특히 한국전쟁 이후에 널리 퍼진 현상이 아닌가 싶다.

164 Lynn Dumenil, "Reinterpreting the 1920s," *OAH Magazine of History* 21/3 (July 2007), 5.

165 David Shannon, *Between the Wars: America, 1919~1941* (Boston: Houghton Mifflin, 1965), 104.

166 Lawrence B. Glickman, "Rethinking Politics: Consumers and the Public Good during the 'Jazz Age'," *OAH Magazine of History* 21/3 (July 2007), 17–18.

167 Leach, *Land of Desire*, 291, 276–77. 인용은 277.

168 Lippmann, Drift and Mastery (1914), 52~53 in 유엔, 『이미지는 모든 것을 삼킨다』, 65–67에서 재인용.

169 Warren Susman, "Culture and Civilization : the Nineteen-Twenties", in his *Culture as History*, 112.

170 George E. Mowry, ed. *The Twenties: Fords, Flappers, and Fanatics* (Prentice-Hall, 1963), 14–15.

171 Stuart Ewen, *Captains of Consciousness: Advertising and the Social Roots of the Consumer Culture*, 25th Anniversary edition (New York: Basic Books, 2001[1976]), 37

172 Philip Cushman, *Constructing the Self, Constructing America: A Cultural History of Psychotherapy* (New York: Addison-Wesley Publishing Company, 1995), 154–155.

173 Charles Howard Candler, *Asa Griggs Candler* (Atlanta, GA: Emory University Press, 1950), 144–45, 154.

174 Candler, *Asa Griggs Candler*, 184–85. Charles Elliott, *"Mr Anonymous": Robert W. Woodruff of Coca-Cola* (Atlanta: Cherokee Publishing Company, 1982), 115–16. 캔들러 후손 중의 하나는 캔들러가 자식들에게 자신의 코카콜라 사 주식을 양도한 데는 부인의 역할이 컸다고 기록하고 있다. Elizabeth Candler Graham and Ralph Roberts, *The Real Ones: Four Generations of The First Family of Coca-Cola* (Fort Lee, NY: Barricade Books, Inc., 1992), 88, 90–91.

175 Frederick Allen, *Secret Formular*, 89. Daniel Levy and Andrew T. Young, "' The Real Thing': Nominal Price Rigidity of the Nickel Coke, 1886–1959," *Journal of Money, Credit, and Banking* 36/4 (August 2004), 773.

176 Frederick Allen, *Secret Formular*, 89–90. 다아시는 이 광고가 나간 첫 날 돕스과 함께 후버를 찾아갔다. 사무실에 들어섰더니, 후버는 이 광고를 책상 위에 올려놓고 있었으며, 그가 흡족해했기 때문에 대화가 잘 풀렸었다고 회고했다.

177 Jackson Lears, *Fables of Abundance*, 222. Frederick Allen, *Secret Formular*, 90.

178 Levy and Young, "'The Real Thing': Nominal Price Rigidity of the Nickel Coke, 1886–1959," 773.

179 Funderberg, *Sundae Best*, 69.

180 The Coca-Cola Bottling Co. v. The Coca-Cola Co. (District Court, D. Delaware. November 8, 1920)

181 Candler, Asa Griggs Candler, 171–74, 185. Graham and Roberts, *The Real Ones*, 131–32.

182 The Coca-Cola Company v. The Koke Company of America et al. in *United States Reports, Cases Adjudged in The Supreme Court at October Term, 1920, from*

October 4, 1920 to January 24, 1921 (New York: The Banks Law Publishing Co., 1921), Volume 254, 145.

183 Charles Elliott, *"Mr Anonymous"*, 102.

184 비록 우드러프는 공식적으로 1923년에서 1939년(1923.4.28–1939.5.1)까지, 그리고 1945년에서 1946년(1945.11.5–1946.5.6) 사이 잠깐 코카콜라 사 사장으로 있었지만, 격무에 시달릴 수밖에 없는 사장 자리를 50세 이후에는 그가 능력이 있다고 판단한 사람들에게 맡겼다. 그후 회사 내규에 따라 65세가 되는 1954년에 은퇴를 선언했지만, 그는 죽는 날까지 재정위원회Finance Committee 위원장 자리를 유지하면서 코카콜라 사의 주요한 결정마다 참여하여 막후에서 그의 의지가 반영되게 하였다. Munsey, *The illustrated Guide*, 28–29.

185 Pendergrast, *For God, Country & Coca-Cola*, 155. Charles Elliott, *"Mr Anonymous"*, 75, 29 및 여기 저기.

186 Fiora Steinbach Palazzini, *Coca-Cola Superstar* (New York: Barron's, 1988, [Original Italian edition, 1986]), 32, 59

187 우드러프와 그의 아버지의 관계는 애증 그 자체였다. "아버지와 나는 결코 잘 어울릴 수 없었다. 그는 내가 하는 일 어느것도 동의하지 않았다"고 고백할 정도이다. Charles Elliott, *"Mr Anonymous"*, 22.

188 "Why Coca-Cola Rebuilt Its Sales Organization," *Printer's Ink Monthly* 9/1 (July 1924), 20. 이 글은 니콜스(G. A. Nichols)가 로버트 우프러프와 인터뷰 한 후에 작성한 기사이다. "Annual Report to Stockholders," (The Coca-Cola Company, 1924), 15–16. in Box, 1, Folder 9, MSS 164, Kenan Research Center, Atlanta History Center, Atlanta, Georgia. 당시 새무얼 윌라드Samuel Willard가 동부 지역, 데니얼 캔들러Daniel Candler가 남서부 지역, 해밀턴 호시Hamilton Horsey가 서동부 지역, 유진 켈리Eugene Kelly가 중부 지역, 칼 톰슨T. Carl Thompson이 서부 지역을 각각 책임지고 있었다. Ross C. Treseder, *As I Remember* (Atlanta: the Coca-Cola Company, 1973), 48.

189 Allen, *Secret Formula*, 157. "Annual Report to the Stockholders for the Year 1925," (The Coca-Cola Company, Feb. 15, 1926), in Box, 1, Folder 9, MSS 164, Kenan Research Center, Atlanta History Center, Atlanta, Georgia.

190 Allen, *Secret Formula*, 175. Pendergrast, *For God, Country and Coca-Cola*, 161–62.

191 Palazzini, *Coca-Cola Superstar*, 29.

192 "Why Coca-Cola Rebuilt Its Sales Organization," 87.

193 Pat Watters, *Coca-Cola: An Illustrated History* (Garden City, NY: Doubleday & Company, Inc., 1978), 129; Pendergrast, *For God, Country and Coca-Cola*,

165.

194 "Why Coca-Cola Rebuilt Its Sales Organization," 19; Munsey, *The Illustrated Guide*, 30. Daniel Levy and Andrew T. Young, "'The Real Thing': Nominal Price Rigidity of the Nickel Coke, 1886–1959," *Journal of Money, Credit, and Banking* 36/4 (August, 2004), 765–99. 특히 770쪽의 '표 1'을 참조할 것.

195 Gyvel Young-Witzel, and Michale K. Witzel, *The Sparkling Story of Coca-Cola* (Stillwater, MN: Voyageur Press, 2002), 90.

196 *Saturday Evening Post*, "What do you think all the red signs are for?"(Sept. 27, 1924); "Stop at the red sign and refresh yourself"(Nov. 21, 1925); "the red sign … means … stop and refresh yourself"(Aug. 28, 1926); "the little red sign at a cool and cheerful place"(Sept. 24, 1927); "At the little red sign"(Nov. 19, 1927); "the little red signs"(Feb. 11, 1928, Feb. 9, 1929)

197 Pendergrast, *For God, Country & Coca-Cola*, 145.

198 Allen, *Secret Formula*, 165.

199 Ibid., 165, 167.

200 J. Hixon Kinsella, "Fifty Years of Advertising," The Coca-Cola Bottler 51/1 (April 1959), 73에서 인용. 그러나 거의 같은 시기 다아시는 코카콜라를 "갈증에 대한 대답"의 용도로 만들어졌다고 이해하고 있었다. W. C. D'Arcy, "The Power of An Idea Multiplied," *The Red Barrel* 3/1 (Jan. 1924), 6. *The Red Barrel*은 1922년 코카콜라 사가 코카콜라와 관련된 기관이나 사람들에게 배포하기 위해 만든 월간지이다.

201 *Saturday Evening Post*, May 7, 1927, pp. 106–07, Oct. 22, 1927, p. 141.

202 *Saturday Evening Post*, "Before Coca-Cola nobody thought it possible to produce a drink people would enjoy equally winter and summer."(Feb. 12, 1927); "enjoy the one great drink"(Sept. 24, 1927); "stop to enjoy Coca-Cola"(Nov. 19, 1927); "leisure to enjoy refreshment and be refreshed for enjoyment"(Jan. 12, 1929); "Enjoy refreshment and be refreshed for enjoyment" & "Enjoy it at home as millions do at soda fountains" (March 9, 1929); "For health and happiness"(Feb. 12, 1927); "A happy thought refresh yourself"(Aug. 25, 1928)

203 그렇지만 그러한 충족감은 잠시뿐이고 얼마간의 시간이 흐르면 또 다시 갈증과 욕망에 사로잡히게 되어, 결국은 만족할 수 없는 갈증과 만족할 수 없는 욕망 상태에 놓이게 된다. 그리하여 바닥으로 떨어진 바위를 다시 끌고 올라가는 시지포스처럼, 소비자들은 또 다시 코카콜라를 찾게 된다. 결국 그들에게 이러한 상황은 매번 반복될 것이다.

204 *Printer's Ink Monthly*, Apr. 1926, p. 23, Marchand, *Advertising the American Dream*, pp. 3–4에서 재인용.

205 *Saturday Evening Post*, March 15, 1924. 'pause'는 문자 그대로 '휴지'의 의미를 담고 있다. 그렇지만 광고 카피의 번역어로는 적절해보이지 않는다. 차라리 시간적으로 길지 않은 멈춤의 순간을 담고 있는 '잠시의 휴식', '잠깐의 휴식' 혹은 '짧은 휴식'이라는 번역어가 그래도 나아 보인다. 필자는 이 세 번역어를 상황에 따라 번갈아가면서 사용할 것이다.

206 *Saturday Evening Post*, March 15, 1924, Dec. 20, 1924; Nov. 19, 1927; Oct. 20, 1928, Nov. 17, 1928, Feb. 9, 1929, Apr. 6, 1929, Sept. 21, 1929, Nov. 16, 1929 등에 실린 광고를 볼 것.

207 *Saturday Evening Post*, "a pause for a little minute is long enough for a big rest"(July 14, 1928); "Playing, working, walking, talking make you welcome a pause for this one great drink"(Jan. 14, 1928); "In these hurried, strenuous times……. 'Pause and refresh yourself'"(Nov. 17, 1928); "a minute's pause for a refreshing drink'(Jan. 12, 1929).

208 *Saturday Evening Post*, "짧은 1분은 커다란 휴식을 취하기에 충분하다one little minute that's long enough for a big rest"(Jan. 14, 1928, Feb. 11, 1928) "커다란 휴식을 위한 짧은 1분A little minute for a big rest"(March 10, 1928) "1분 동안 멈추어라stop for a minute"(May 4, 1929)

209 *Saturday Evening Post*, "All think alike about the pause that refreshes"(Feb. 9, 1929).

210 "Bottled Coca-Cola apparently has different taste," *The Coca-Cola Bottler* (May 1920), 25.

211 Munsey, *The Illustrated Guide to the Collectibles of Coca-Cola*, 105.

212 "$5 For Each New Retail Sales Outlet for Bottled Coca-Cola," *The Red Barrel* 3/3 (March 1924), 12.

213 Munsey, *The Illustrated Guide*, 224.

214 Tedlow, *New and Improved*, 66–67. "Annual Report to the Stockholders for the Year 1928," (The Coca-Cola Company, Feb. 5, 1929), 11 in Box, 1, Folder 9, MSS 164, Kenan Research Center, Atlanta History Center, Atlanta, Georgia.

215 Harrison Johnson, "Blazing the Trail," p. 4, "Report of Sales and Advertising Conference of the Bottlers of Coca-Cola," (Atlanta, Georgia, March 7 and 8, 1923), Mark Pendergrast Papers, Special Collections, Robert W. Woodruff Library, Emory University.

216 해리스 존슨은 우드러프와는 달리 사교적이고 달변에다 이처럼 멋진 수사학적 표현을 사용한 즉흥연설도 잘했다. "Through the Years…," (The Coca-Cola Company, New York), July 12, 1948, p. 9, Robert Woodruff Papers, Doc Case 55, Woodruff Library, Manuscript Division, Emory University. 다른 곳에서는 이 구절이 "within arm' length of desire" 혹은 "An arm's length from desire"로 표현되어 있다. "The Coca-Cola Industry," *Fortune* 18(Dec. 1938), 110. Allen, *Secret Formula*, 158. 동료직원들 또한 그렇게 평가했다. 1922년에서 1925년에는 광고책임자로, 1925년에서 1934년 사이 지역책임자와 판매책임자를 역임한 로스 트레시더Ross C. Treseder는 존슨을 자신이 알고 있는 최고의 연설가라고 기억하고 있다. Treseder, *As I Remember*, 36.

217 *Saturday Evening Post*, "Around the corner from anywhere"(Sept. 24, 1927; Apr. 7, 1928, Feb. 9, 1929; Oct. 19, 1929); "there's no other drink so universally desired"(Dec. 14, 1929); "……because all men desire the pause that refreshes"(Dec. 14, 1929)

218 Roy Dickinson, "Finding the Profitable Outlets," *The Red Barrel* (May 1930), 14. 이 글의 저자는 잡지 *Printer's Ink*의 편집자로서 코카콜라 사를 직접 방문한 후 쓴 기사이며, 나중에 코카콜라 사에서 *The Red Barrel*에 재 수록한 것이다.

219 놀랍게도 이들 브랜드는 오늘날까지도 그 지위를 고수하고 있다. McCraw, *American Business Since 1920*, 49–50.

6장 대공황도 뛰어넘은 코카콜라

220 밀턴 프리드만, 『화려한 약속, 우울한 성과*Bright Promises, Dismal Performance: An Economist's Protest*』, 안재욱, 이은영 옮김 (나남출판, 2005), 25–28.

221 Galbraith, *The Affluent Society*, 145–46.

222 Robert S. McElvaine, *The Great Depression: America, 1929-1941*, with a new introduction (New York: Times Books, 1993[1984]), 42.

223 David Burner, *Herbert Hoover: A Public Life* (New York: Alfred A. Knopf, 1979), 201.

224 Regina Lee Blaszczyk, *American Consumer Society, 1865-2005* (Wheeling, IL: Harlan Davison, Inc., 2009), 107; McElvaine, *The Great Depression*, 37–38; 강현두, 원용진, 전규찬, 『현대 대중문화의 형성』(서울대출판부, 1998), 66; F. L. 알렌, 『빅 체인지*The Big Change: American Transforms Itself, 1900-1950*』, 박진빈 옮김 (도서출판 엘피, 2008), 231–32.

225 McElvaine, *The Great Depression*, 41.

226 Lizabeth Cohen, *Consumers' Republic: the Politics of Mass Consumption in*

Postwar America (New York: Alfred Knopf, 2003), 9, 22.

227 Blaszczyk, *American Consumer Society*, 1865–2005, 110에서 인용.

228 알렌, 『빅 체인지』, 236–37.

229 MacElaine, *The Great Depression*, 170.

230 "Memorandum on THE COCA-COLA COMPANY," (May 12, 1933), 3. Box 2, Mark Pendergrast Papers, Special Collections, Woodruff Library, Emory University. 이 메모는 외부인사가 작성한 것으로 보이는데, 코카콜라 사를 주식가격을 포함한 다양한 분석 자료에 입각한 평가서로 볼 수 있다. 이 메모의 저자는 표시되어 있지 않으며, 다만 겉표지에 손 글씨로 JFCf라고 쓰여 있다.

231 "Why Coca-Cola Rebuilt Its Sales Organization," *Printer's Ink Monthly* 9/1 (July 1924), 19, 80.

232 "Big business on little capital," in *The Five-Star Book or What Makes Big Stores Out Of Little Ones?* (The Coca-Cola Company, 1928), 21, 23. in Box 1, Folder "advertising," MSS 377, Kenan Research Center, Atlanta History Center, Atlanta, Georgia.

233 "Why Coca-Cola Rebuilt Its Sales Organization," 88.

234 http://en.wikipedia.org/wiki/F._W._Woolworth_Company (2012년 11월 22일 검색)

235 Ross C. Treseder, *As I Remember* (Atlanta: the Coca-Cola Company, 1973), 62. 1922년부터 1934년까지 코카콜라 사의 부사장을 지낸 저자는 미국에서 이러한 제품들이 생겨나는 과정을 하나의 혁명으로 이해하고 있었다. 거기에 그는 "광고 작가의 재능과 슈퍼마켓의 놀라운 발전, 그리고 대량 마케팅과 전시에 대한 그들[슈퍼마켓]의 비범한 재주와 더불어, 패키지 디자이너의 재능은 소비자가 구매할 충동을 만들어냈다"고 평가했다. Ibid.

236 Memorandum on THE COCA-COLA COMPANY," (May 12, 1933), 9. Box 2, Mark Pendergrast Papers, Special Colletions, Woodruff Library, Emory University. 이 통계는 원래의 메모에 있는 표 중에서 필요한 내용만 취사선택해서 만들었다.

237 "Why Coca-Cola Rebuilt Its Sales Organization," 19.

238 W. C. D'Arcy, "The Power of An Idea Multiplied," *The Red Barrel* 3/1 (Jan. 1924), 6–8.

239 *Life*, vol. 4, no. 9 (Feb. 28, 1938), 11.

240 Frederick Allen, *Secret Formula*, 227.

241 Anne Cooper Funderburg, *Sundae Best: History of Soda Fountains* (Bowling Green, OH: Bowling Green State University Popular Press, 2002), 33.

242 Frederick Allen, *Secret Formula*, 224.

243 Susman, "The Culture of the Thirties," in his *Culture as History*, 154, 302의 미주 19.

244 Susman, "Culture Heroes: Ford, Barton, Ruth," in his *Culture as History*, 127–28에서 재인용.

245 Ibid., 128.

246 미국의 지성사가인 멀 커티Merle Curti는 '아메리칸 드림'이라는 용어를 작가인 제임스 트러슬로우 애담스James Truslow Adams가 1931년에 쓴 〈미국의 서사시*The Epic of America*〉에서 만들었거나 널리 대중화시켰다고 본다. Susman, "The Culture of the Thirties," in his *Culture as History*, 302의 미주 19. http://en.wikipedia.org/wiki/James_Truslow_Adams 참조(2012년 11월 23일 검색).

247 Susman, "Culture and Commitment," in his *Culture as History*, 192.

248 William Herberg, *Protestant, Catholic, Jew: An Essay in American Religious Sociology* (Chicago: Univ. of Chicago Press, 1955), 79. 그는 뉴욕 맨해튼의 유대인 가정에서 출생했다. 자라면서 미국 공산당의 제이 러브스턴Jay Lovestone을 추종하던 공산주의자였으나, 훗날 종교적 보수주의자로 전향하여 〈유대주의*Judaism*〉이라는 계간지를 만들었다. 〈내셔널 리뷰*National Review*〉라는 보수 성향 잡지의 종교 담당 편집자로도 활동하면서 1965년 노골적으로 민권운동에 대하여 회의적인 시각과 반대하는 입장을 표명하기도 했다. http://en.wikipedia.org/wiki/American_way_of_life (2012년 11월 23일 검색).

249 Roland Marchand, *Creating the Corporate Soul: The Rise of Public Relations and Corporate Imagery in American Big Business* (Berkeley: University of California Press, 1998), 203.

250 Blaszczyk, *American Consumer Society*, 1865–2005, 133.

251 Ibid., 135.

252 Barbara Keys, "Spreading Peace, Democracy, and Coca-Cola: Sport and American Cultural Expansion in the 1930s," *Diplomatic History* 28/2 (April 2004), 189–93.

253 Daniel Aaron and Robert Bendiner, eds., *The Strenuous Decade: A Social and Intellectual Record of the Nineteen-Thirties* (Garden City, N. Y.: Anchor Books, 1970), 392. Harvery Green, *The Uncertainty of Everyday Life 1915-1945* (New York: Harper Perennial, 1993), 195.

254 Lawrence Levine, "The Folklore of Industrial Society : Popular Culture and Its Audience", *American Historical Review* 97(Dec. 1992), 1394–95. 슈멜링은 2차 세계대전이 끝난 후인 1957년, 놀랍게도 아리안 족 우월성의 상징을 벗어

나 독일의 코카콜라 보틀러로 변신했다. 한때는 자신의 적과 같은 국가에서 파는 코카콜라를 자신의 국가에서 파는 보틀러로 생계를 유지하고자 했으니 재미난 인생유전이 아닐 수 없다. Pendergrast, *For God, Country and Coca-Cola*, 226.

255 Frank Trentmann, "The Politics of Everyday Life," in idem., ed., *The Oxford Handbook of the History of Consumption* (Oxford: Oxford University Press, 2012), 546.

256 Felix Gilbert's memo to Robert Woodruff, May 24, 1938. Box 5, Personal Files, Robert W. Woodruff Papers, Manuscript and Rare Books Division, Woodruff Library, Emory University, Atlanta, Georgia.

257 Palazzine, *Coca-Cola Superstar*, 134; Cecil Munsey, *The Illustrated Guide to the Collectibles of Coca-Cola* (New York: hawthorn Books, Inc., 1972), 부록 B, 313, 317. 또한 Keys, "Spreading Peace, Democracy, and Coca-Cola," 185, 186, 193에 나온 스포츠와 관련된 'American way of life'도 참조할 것.

258 Mark Weiner, "Consumer Culture and Participatory Democracy, the Story of Coca-Cola during World War II, " in Carole M. Counihan, ed., *Food in the USA: A Reader* (New York: Routledge, 2002), 135.

7장 코카콜라, '욕망의 제국'을 일으키다

259 코카콜라 사뿐 아니라 탄산음료 산업에 종사하는 사람들은 단일 동전의 위력을 알고 있었다. 대공황 시절 루즈벨트 정부가 더 많은 5센트 동전을 생산하게 되자, 1935년부터 탄산음료의 매출이 급증했다. 코카콜라 또한 연간 원액 판매액이 1935년의 14.5%에서 1936년에는 26.3%, 1937년에는 18.2%로 늘어났다. Daniel Levy and Andrew T. Young, "'The Real Thing': Nominal Price Rigidity of the Nickel Coke, 1886–1959," *Journal of Money, Credit, and Banking* 36/4 (August, 2004), 785–86.

260 "REMARKS OF R. w. WOODRUFF AT FIFTIETH ANNIVERSARY DINNER, COCA-COLA FOUNTAIN SALES CORPORATION, PIEDMONT DRIVING CLUB, MARCH 25, 1936," Folder "Speeches: 50th Anniversary," Box 5, RWW Personal Collection, Robert Woodruff Papers, Manuscripts and Rare Books Division, Woodruff Library, Emory University, Atlanta, Georgia.

261 Charles Elliott, *"Mr Anonymous": Robert W. Woodruff of Coca-Cola* (Atlanta: Cherokee Publishing Company, 1982), 19.

262 Robert Woodruff, "After National Distribution–What?," *Nation's Business* (Aug. 1929), 125.

263 Ibid., 126–27.

264 Watters, *Coca-Cola: An Illustrated History*, 33

265 *The Coca-Cola Company: An Illustrated Profile* (Atlanta: The Coca-Cola Company, 1974), 73. Roy S. Jones, "A Brief History of Coca-Cola Overseas," *The Coca-Cola Bottler* 51/1 (April 1959), 181.

266 Charles Elliott, *"Mr Anonymous"*, 128.

267 Howard Candler, *Asa Griggs Candler*, 158–59.

268 Howard Candler, 159. 감리교 목사이기도 했던 동생 워렌 캔들러Warren Candler 또한 선교에 있어 제국주의적 시각을 갖고 있었던 것 같다. 그는 "선교 사업이 국제 교역보다 앞서 나아가야 한다"고 주장하면서, 개신교 복음과 산업자본주의가 공존할 수 있다고 생각했다. 그는 중국이나 당시 조선, 멕시코 혹은 쿠바에 선교사들을 파견하기도 했다. Pendergrast, *For God, Country and Coca-Cola*, 93.

269 Howard Candler, *Asa Griggs Candler*, 159–60..

270 *The Coca-Cola Company: An Illustrated Profile* (Atlanta: The Coca-Cola Company, 1974), 35.

271 Petra Goedde, "The Globalization of American Culture," in Karen Halttunen, ed., *Blackwell Companion in American Cultural History* (NY: Blackwell, 2008), 248–50. 흥미롭게도 이 시기 미국인들은 거꾸로 유럽과 아시아에서 온 이민자들 때문에 두려워하고 있었다. 따라서 이들을 미국화시키는 일을 무엇보다도 '혁신주의자들'의 임무라고 생각했다.

272 Elliott, *"Mr Anonymous"*, 127.

273 Roy Jones, "A Brief History of Coca-Cola Overseas," 182.

274 Watters, *Coca-Cola: An Illustrated History*, 136, 180–81; Hunter Bell, "Fifty Fabulous Years of Overseas Growth For Coca-Cola, 1926–1976," *Refresher USA*, 8/3 (1976), 5.

275 Elliott, *"Mr Anonymous"*, 130.

276 Roy Jones, "A Brief History of Coca-Cola Overseas," 182.

277 Watters, *Coca-Cola: An Illustrated History*, 179–180. 심지어 델크르와의 경우 성만 알고 있고 그의 이름조차 알려져 있지 않았다.

278 "Coca-Cola As Sold Throughout the World," *The Red Barrel*, 8/2 (Feb. 1929), 4–5, 11. 이 잡지의 이 호수는 특별 해외판을 준비했다.

279 Ibid., 12, 19.

280 *The Coca-Cola Company: An Illustrated Profile*, 75

281 Ibid., 77.

282 Humphrey McQueen, *The Essence of Capitalism: The Origins of Our Future*

(Montreal: Black Rose Books, 2003), 190.

283 "Coca-Cola As Sold Throughout the World," *The Red Barrel*, 8/2(Feb. 1929), 27, 29.

284 "Coca-Cola As Sold Throughout the World," *The Red Barrel*, 8/2(Feb. 1929), 4; Watters, *Coca-Cola: An Illustrated History*, 181.

285 Roy Jones, "A Brief History of Coca-Cola Overseas," 182. 우드러프는 코카콜라 수출회사 초대 사장 자리를 1934년 1월 15일까지 지켰으며, 후임은 호지H. R. Horsey로서 1937년 5월 3일까지 그 자리에 있었다. 호지의 후임으로는 에이클린A. A. Acklin(1937. 11. 2−1939. 3. 6), 저드킨스H. B. Judkins(−1940. 9. 9), 니콜슨H. B. Nicholson(−1944. 12. 31), 홉스W. J. Hobbs(1945. 5. 1−1949. 5. 4), 커티스J. F. Curtis(−1954. 5. 5)가 차례로 그 자리에서 일했다. 중간의 공백 기간은 누가 그 자리를 맡았는지, 왜 공백 기간이 있는지는 존스의 글에는 나와 있지 않아 알 수 없다. 코카콜라 수출회사는 1972년까지 뉴욕 시에 자리를 잡고 있었으며, 그 이후 코카콜라 본사와의 긴밀한 협력을 위해 애틀랜타로 내려갔다.

286 Elliott, *"Mr Anonymous"*, 130−31.

287 Watters, *Coca-Cola: The Illustrated History*, 181−82.

288 Ibid, 182−83. 하루종일 샘플 병이 든 가방을 들고 다니는 것이 얼마나 힘들었으면 세일즈맨들은 이 가방을 "많은 한숨이 깃든 가방seufzertasche"이라고 불렀다. 독일의 경우 코카콜라 원액은 캐나다 코카콜라 유한회사에서 공급했는데, 이곳의 책임자인 유진 켈리Eugene Kelley가 단맛을 좋아해서인지 원래의 코카콜라 맛보다 더 설탕이 많았다. 카이트의 설명에 의하면, 샘플 병에는 표준용량보다 4 cc가 더 들어있었다. Ibid., 183.

289 Ibid, 183.

290 Barbara Keys, "Spreading Peace, Democracy, and Coca-Cola: Sport and American Cultural Expansion in the 1930s," *Diplomatic History* 28/2 (April 2004), 165. 이 논문의 제목과는 달리 내용에는 사실상 코카콜라에 대한 직접적인 언급은 그리 많지 않다. 차라리 부제에서 암시하는 것처럼 1930년대 올림픽을 비롯한 스포츠가 아마추어주의의 한계를 드러내면서 상업화되고, 독일이나 일본에서처럼 정치적으로 이용되는 경제적, 정치·외교적, 문화적 상황을 서술하고 있다. 그녀가 이 논문을 쓰는 동안 코카콜라 사는 "Coca-Cola and the Olympic Movement: A Long−Standing Partnership"이라는 날짜 미상의 문서를 보내주었다. 유감스럽게도 필자는 이 문서를 갖고 있지 못하다.

291 Keys, "Spreading Peace, Democracy, and Coca-Cola," 173. 1924년 올림픽에서 훗날 조니 와이즈뮐러Johnny Weissmuller가 수영 부문에서 3개의 금메달을 획득하여 미국인들의 인기를 독차지했다. 또한 그는 다음 올림픽에서도 2개의 금메달을

추가했다. 훗날 그는 1932년부터 시작된 〈타잔Tarzan〉 영화 시리즈의 주인공이 되기도 하고, 영화배우 그래타 가르보Greta Garbo와 같이 1934년도 코카콜라 광고에도 등장할 정도로 미국의 명사가 되었다.

292 Fiora S. Palazzini, *Coca-Cola Superstar* (New York: Barron's Educational Series, Inc., 1988), 32. 흥미롭게도 네덜란드에서는 미국에서 크게 호소력을 지닌 "스스로를 상쾌하게 하라Refresh Yourself"라는 광고를 할 수 없었는데, 그 문구가 네덜란드어로는 "손을 씻어라"라는 의미를 지니기 때문이었다. "Coca-Cola As Sold Throughout the World," *The Red Barrel*, 8/2 (Feb. 1929), 8.

293 Keys, "Spreading Peace, Democracy, and Coca-Cola," 175–76.

294 Ibid., 174, 175의 그림 2.

295 *The Coca-Cola Company: An Illustrated Profile* (CCC, 1974), 76–77.

296 James M. Kahn, "Coca-Cola in WW II," Unpublished Manuscript 1946, p. 3, Mark Pendergrast Papers, accession 4.93, Box 12 of 15, Special Collections Department, Robert W. Woodruff Library, Emory University. 2002년 1월 현재 〈Pendergrast Papers〉는 에모리대학 도서관에서 분류가 완료되지 않은 문서 상태로 남아있다. 그렇기 때문에 박스번호도 최종적인 것은 아니고, 잠정적인 것에 지나지 않는다. 원래 칸Kahn의 수고는 코카콜라 본사 건물 내의 Coca-Cola Archives에 위치하고 있다. 그런데 이곳을 방문하려는 필자의 여러 번에 걸친 시도는 번번이 거절당했다. 결과적으로 어쩔 수 없이 펜더그래스트가 기증한 자료에 의존할 수밖에 없었는데, 그가 복사한 칸Kahn의 수고는 원본의 3쪽에서 33쪽까지만 남아 있다. 한편 프레드릭 앨런Frederick Allen에 의하면 코카콜라 문서고 담당자들은 이러한 명령에 관한 기록을 찾을 수 없었다고 한다. *Secret Formula*, 456 note. 우연의 일치인지는 몰라도 바로 이 시기에 코카콜라 사는 코카콜라에 대해 '코크Coke'이라는 애칭을 인정하고 공식적으로 사용하기 시작했다. 또한 모든 광고와 판촉에 '코카콜라'라는 이름과 같이 '코크'를 사용하기 시작했다. 1942년 1월의 잡지 광고 참조. V. Dennis Wrynn, *Coke Goes to War* (Missoula, Montana: Pictorial Histories Publishing Co., 1996), 32.

297 'Cokempire'라는 용어는 필자가 'Coke' + 'Empire'를 합성하여 만든 조어이다. 미국의 제국주의는 유럽의 제국주의, 나아가 역사상 존재해왔던 제국주의와는 성격이 다르다고 생각한다. 그 차이를 드러내기 위하여 'Cokempire'라는 용어를 사용하고자 한다. 그 이유는 무엇보다도 소비 제품을 통하여, 나아가 소비문화와 대중문화를 통하여 미국이 주도하는 세계의 표준화 혹은 미국화 과정의 결과 형성된 새로운 의미의 제국을 표현하고 싶어서이다. 또한 그 제국은 무력과 공포보다는 즐거움과 욕망을 통해 지배하며, 식민지 국민들의 자발적인 투항와 대중동원에 기초한다는 의미도 담고 있다. 따라서 'Cokempire'의 핵심은 무엇보다도 욕망의 제국이다.

298 http://en.wikipedia.org/wiki/American_way_of_life (2012년 11월 23일 검색).

299 Kahn, "Coca-Cola in WW II," 31에서 재인용. 그런데 코카콜라 사 탄생 100주년 기념으로 만들어진 책자에는 "나는 민주주의 혹은 공화국의 진정한, 상식적 의미가 정확하게 무엇인지 잘 모르겠다. 그러나 우리가 중국에서 이야기하곤 했을 때, 모두 동의했던 것은 우리가 미국 소녀The American Girl를 위해 싸우고 있었다는 것이다. 우리에게 그녀는 미국이었다. 민주주의, 코카콜라, 햄버거, 잠을 잘 깨끗한 장소, 혹은 미국적 생활방식"이라고 인용되어 있다. Shartar and Shavin, *Wonderful World of Coca-Cola*, 40쪽에서 재인용.

300 Pendergrast, *For God, Country and Coca-Cola*, 206.

301 윌리엄 레이몽, 『코카콜라 게이트』(랜덤하우스, 2007), 222–23.

302 Frederick Allen, *Secret Formula*, 248–249.

303 Ibid., 249–250.

304 Ibid., 250.

305 Pendergrast, *For God, Country and Coca-Cola*, 196에서 재인용.

306 Stan Cohen, *V for Victory: America's Home Front during World War II* (Missoula, Montana: Pictorial Histories, 1991), 2.

307 당시 21–36세의 남성이 징집 대상이었다. 기준은 키 5피트 이상, 몸무게 105파운드, 평발이 아니면 될 정도로 느슨했음에도 불구하고 놀랍게도 50% 이상이 징집에서 제외되었다. 아마도 부분적으로는 1930년대의 대공황의 영향도 있었을 것이다. Cohen, *V for Victory*, 19.

308 E. J. Kahn, Jr., *The Big Drink: An Unofficial History of Coca-Col*a (London: Max Reinhardt, 1960[원래는 뉴욕에 위치한 Random House에서 출간됨]), 14. 그의 책은 1950년대 후반 잡지 *New Yorker*에 연재된 글들을 수정하여 만들어졌다. 그는 James M. Kahn과 별개의 인물이다.

309 Cohen, *V for Victory*, 78; Martin Shartar and Norman Shavin, *The Wonderful World of Coca-Cola* (Atlanta: Third/Centennial Edition, 1985), 38.

310 Nicholson to R. W. Woodruff, confidential letter, Jan. 26, 1940, Robert Woodruff Papers, Box 5, Folder 'Admin. CC Export Co. 1936–42,' Special Collections Department, Robert W. Woodruff Library, Emory University.

311 Allen, *Secret Formula*, 254.

312 Pendergrast, *For God, Country and Coca-Cola*, 511 note.

313 Allen, *Secret Formula*, 252. 코카콜라 사는 이번에도 워싱턴의 인맥을 동원한 로비를 펼쳐 탄산음료에 대한 추가 세금의 가능성을 제거했다. 덕분에 8백만 달러의 세

금을 절약할 수 있었다. 윌리엄 레이몽, 『코카콜라 게이트』, 224.

314 Pendergrast, *For God, Country and Coca-Cola*, 197. 팔리는 1930년대 민주당의 중견 정치인이었다. 루즈벨트가 후버를 이기고 대통령에 당선되는 데 커다란 공헌을 했으며, 1930년대 의회에서 민주당을 진두지휘했다. 그러나 루즈벨트 대통령의 3선 출마에 끝까지 반대하면서 정치인으로서의 생활을 끝내고, 우드러프의 간곡한 부탁으로 코카콜라 사와 죽을 때까지 인연을 맺게 되었다. 그의 일생은 전기로 남기기에 충분히 파란만장하고 흥미롭지만, 필자가 아는 한 아직까지 그에 대한 전기는 출간된 적이 없다.

315 Blum, *V was for Victory*, 108.

316 Captain James D. Osgood to Andrew K. Kingery, Coca-Cola Bottling Co. of Connecticut, Jan. 17, 1942, Pendergrast Papers, Box 4 of 15.

317 F. S. Matthews to Coca-Cola Bottling Co. of Oakland, California, Jan. 14, 1942, Pendergrast Papers, Box 4 of 15.

318 Ron Antonio, "Coca-Cola and the War Years," *Cola Call* (July 1983), 5.

319 J. C. Louis and Harvey Z. Yazijian, *The Cola Wars* (New York: Everest House, 1980), 66.

320 Allen, *Secret Formula*, 255.

321 Watters, *Coca-Cola*, 164; Allen, *Secret Formula*, 250. Pendergrast는 진주만 공습 또는 그보다 한 달 전쯤 아이슬란드의 수도 레이캬비크에 공사 중인 공군기지로 코카콜라 병이 공수되었으며, 이 임무는 코카콜라 사에서 앨버트 데이비스Albert Davis를 파견하여 담당한 것으로 보고 있다. Pendergrast, *For God, Country and Coca-Cola*, 197. 필자로서는 누구의 견해가 더 정확한지 판단할만한 원 사료를 갖고 있지 못하다. 다만 분명한 것은 미국의 참전 이전에 해외에 대량의 코카콜라 병을 보낸다는 것이 엄청나게 어려운 문제라는 것을 알게 되었으며, 이것이 코카콜라 사 고위층에게 현지에 직접 보틀링 공장을 건설해야한다는 생각을 갖게 한 것 같다.

322 Woodruff Papers, Box 78, Folder 'Dwight Eisenhower 1943–1963'. 이 전보는 1966년에야 비밀이 해제되었다.

323 Pendergrast, *For God, Country and Coca-Cola*, 199–200; Allen, *Secret Formula*, 255–256.

324 Pendergrast, *For God, Country and Coca-Cola*, 199. 아이젠하워와 우드러프가 2차 세계대전 이후에도 많은 골프 회동 등을 통하여 서로의 돈독한 우정을 과시했음은 널리 알려진 사실이다.

325 구체적으로 마셜 장군이 남부 출신이라는 점을 강조하면서, 그가 전선의 사령관들에게 코카콜라 보틀링 공장을 현지에 건설할 것을 권유했으며, 동시에 코카콜라를 식량이나 탄약과 동일한 지위를 부여했다는 것이다. 그런데 민츠의 주장은 루이스J.

C. Louis와 야지지안Harvey Z. Yazijian의 책에 근거했으며, 후자의 주장은 다시 워터스Pat Watters의 책에 의존하고 있다. 워터스의 책에는 마셜 장군이 서명한 한 회람이 지역 사령관들에게 보틀링 공장을 주문할 수 있는 권리를 허용하여, 1943년에 공장이 전선에 만들어질 수 있었다고 보고 있다. 그러나 워터스가 근거를 분명히 밝히고 있지 않은 마셜 장군의 명령은 전쟁성 회람 153호로써 1943년 7월 5일자로 되어 있다. 아이젠하워 장군의 전보가 같은 해 6월 29일자임을 고려한다면, 그리고 마셜 장군의 명령에 의해 아이젠하워 장군의 전보가 보내졌다는 증거를 확인하기 전까지는, 마셜 장군의 주장 때문에 전선에 코카콜라 보틀링 공장이 건설되었다는 민츠의 주장은 받아들이기 곤란하다. Sidney W. Mintz, *Tasting Food, Tasting Freedom: Excursions into Eating, Cluture, and the Past* (Boston: Beacon Press), 26; Louis an Yazijian, *Cola Wars*, 56; Watters, *Coca-Cola: The Illustrated History*, 164; Allen, *Secret Formula*, 255–256; Pendergrast, *For God, Country and Coca-Cola*, 199.

326 루즈벨트 대통령은 "마셜 장군이 워싱턴에 없으면 잠을 이룰 수 없었"다고 할 만큼 마셜 장군에 전적으로 의지하고 있었다. Gunter Bischof and Stephen E. Ambross, eds., *Eisenhower: A Centenary Assessment* (Baton Rouge and London: Louisiana State University Press, 1995), 108–109쪽 사이 사진자료에서 재인용. 1941년 12월 7일, 마셜은 당시 3군단 참모장인 아이젠하워 준장을 워싱턴으로 소환했다. 필리핀에 관한 몇몇 과제 수행을 시험한 후 마셜은 아이젠하워가 "군 최고의 장교"라는 맥아더 장군의 견해에 동의하게 되었다. 아이젠하워도 그의 보좌관에게 1명의 마셜을 50명의 맥아더하고도 바꾸지 않겠다고 고백할 정도로 마셜을 존경했다. Stephen E. Embrose, *The Victors: Eisenhower and His Boys: The Men of World War II* (New York: Simon & Schuster, 1998), 16–19.

327 Rick Atkinson, "Ike's Dark Days," *U. S. News & World Report*, October 28, 2002, 42–49. 인용은 48쪽. 이 글은 앳킨슨Atkinson이 2002년 10월에 출간한 자신의 저서 *An Army at Dawn: The War in North Africa*, 1942–1943 을 요약한 것임.

328 Kahn's memo, 1946, Coca-Cola Archives, in Pendergrast, *For God, Country and Coca-Cola*, 512 note. 칸은 1946년에 코카콜라의 전쟁 시기의 활동에 관한 사본manuscript을 만들었는데, 당시 그는 코카콜라 사의 대외적 홍보업무를 담당하던 한네건Steve Hannagan 회사를 위해 일하고 있었다. 그런데 그의 사본은 사람들이 전쟁에 대해서 더 이상 알고 싶어 하지 않는다는 이유로 출판이 거부되었다. 그리고 "역사가들이 그것을 복원하기 시작할 때까지" 방치되었다. Watters, *Coca-Cola: The Illustrated History*, 164 note.

329 Blum, *V was for Victory*, 107.

330 프라이스Herbert Price 이병, "A GI Opinion of Cooperation," *The Red Barrel*,

November 1944, 41; Pendergrast, *For God, Country and Coca-Cola*, 212에서 재인용.

331 Allen, *Secret Formula*, 255

332 당시 기술고문이었던 조지 다우닝George Dowing의 증언, n. d., Pendergrast Papers, Box 25 of 32. 다우닝은 1945년 1월 기술고문으로 선발되었으며, 그의 주요 임무는 여러 지역의 보틀링 공장을 순회하면서 일이 제대로 돌아가는지 점검하고, 그곳의 기술고문들로부터 건의사항을 받는 것이었다. 개인적으로는 불행하게도 1946년 10월 그의 부인과 아이들이 그가 활동하던 유럽에 합류하기 위해 오던 도중 뉴펀들랜드에서의 비행기 사고로 사망했다. 그는 개인적 비극이 발생한 몇 달 후 기술고문을 그만두고 앨라배마 주의 모빌에 정착했다.

333 Kahn, *Big Drink*, 16.

334 예를 들자면 중동 지역에서 활동하던 존슨 서튼Johnson Wards Sutton은 1945년 2월 23일, 보틀링 공장 점검을 마치고 카이로로 귀환하다가 비행기 충돌 사고로 사망했다. *T. O. Digest*, vol. 1, no. 4, p. 1, Pendergrast Papers, Box 25 of 32; P, 202. *T. O. Digest*는 원래 코카콜라 사 문서고에 위치하고 있다.

335 Allen, *Secret Formula*, 256.

336 Kahn, "Coca-Cola in WW II," 11.

337 Ibid., 15.

338 흥미로운 점은 유럽 전선의 경우와 달리, 최소한 코카콜라를 마시는 동안에는 흑인과 백인 병사가 분리되지 않고 같이 마실 수 있었다. Pendergrast, *For God, Country and Coca-Cola*, 200.

339 Kahn, "Coca-Cola in WW II," 18–20.

340 Watters, *Coca-Cola: The Illustrated History*, 165.

341 Kahn, "Coca-Cola in WW II," 26, 15. 흥미롭게도 38선 이남의 한국 땅에 해방군으로서 들어온 미군을 따라 코카콜라도 같이 상륙했다. 스피어Speer라는 이름의 기술고문관이 프리믹스pre-mix(원액과 물, 탄산 등을 미리 배합하여 코카콜라를 만들던 공법의 일종) 공장 건설을 책임졌다. Ray Spencer, Manila, Oct. 12, 1945, *T. O. Digest*, vol. 1, no. 8, p. 1. Pendergrast Papers, Box 25 of 32.

342 Allen, *Secret Formula*, 257.

343 Pendergrast, *For God, Country and Coca-Cola*, 197.

344 Allen, *Secret Formula*, 257.

345 베이컨은 파리에 도착해서 파리 호텔Hotel de Paris에 임시로 매장을 만들어 병이 아닌 잔으로 된 코카콜라를 제공했는데, 미군 병사들이 건물을 휘감는 기다란 줄을 서서 기다리는 것을 놀라운 시선으로 바라보았다. Allen, *Secret Formula*, 259–261.

346 Don Cowan, Sardinia, Feb. 18, 1945, Jim Salter, Aug. 1944, Syd Williams, Recife, Brazil, Oct. 31, 1944, and Gene Brendle, New Guinea, Aug. 1944. E. *T. O. Digest*, vol. 1, no. 1, pp. 1, 2, 3, 7. Pendergrast Papers, Box 25 of 32.

347 Pendergrast, *For God, Country and Coca-Cola*, 202.

348 Wrynn, *Coke Goes to War*, 47, 48, 1943년 6월 및 9월 광고.

349 Louis and Yazijian, *Cola Wars*, 61.

350 Kahn, "Coca-Cola in WW II," 27.

351 이 기사는 당시 코카콜라 사장인 에이클린이 우드러프에게 보낸 편지에 첨부되어 있었다. Acklin to Woodruff, Oct, 13, 1942, Box 3, Woodruff Papers. 일본의 경우도 유사했다. 일본의 라디오 방송은 "우리는 코카콜라와 더불어 미국 사회로부터 질병의 세균을 수입했다. 그러나 이 세균들이 즐거운 방식으로 소개되었기 때문에 우리는 그것을 인식하지 못했다"고 전파를 내보냈다. 인용은 Pendergrast, *For God, Country and Coca-Cola*, 208.

352 Pendergrast, *For God, Country and Coca-Cola*, 201에서 재인용.

353 Kahn, "Coca-Cola in WW II," 27.

354 Herb Myers, England, Feb. 18, 1945, *T. O. Digest*, vol. 1, no. 3, p. 8, in Pendergrast Papers, Box 25 of 32.

355 Kahn, *Big Drink*, 13에서 재인용, 후일 코카콜라 사는 이 편지에 감동하여 그에게 가죽 장정의 노트케이스를 보내주었다.

356 Blum, *V was for Victory*, 58, 64. 유감스럽게도 그는 이오지마 전투에서 죽었다.

357 Ibid., 64–66.

358 Ibid., 66–67.

359 Louis and Yazijian, *Cola Wars*, 57.

360 Mintz, Tasting Food, *Tasting Freedom*, 25–26

361 1945년 1월 현재, 47개의 보틀링 공장이 선적되었거나 선적을 기다리고 있었다. 그런데 이윤이라는 관점에서 보자면 상당히 실망스러웠다. 그럼에도 코카콜라 사는 대차대조표가 '급속히' 나아지고 있다고 판단하고 있었다. Memo, "Army and Navy Plants," 1/29/1945, n. a. Pendergrast Papers, Box 25 of 32. 비록 저자는 알려져 있지 않지만 이 메모는 코카콜라 수출회사에서 만든 것이다.

362 J. F. Curtis, "The Overseas Story," *Coca-Cola Overseas*, 1/1 (June 1948), 5; "Fifty Fabulous Years of Overseas Growth For Coca-Cola, 1926–1976," *Refresher USA III*, vol. 8 (1976), 5. 그러나 또 다른 코카콜라 사에서 발행된 책자에 의하면 2차 대전 기간에 미군들에게 공급된 코카콜라는 50억 병이라고 기록하고 있다. *The Coca-Cola Company: An Illustrated Profile* (Coca–Cola Company, 1974), 78. 또 다른 기록 또한 전쟁 중 코카콜라가 미군들에게 2억1천2백만 상자를

보급했다고 쓰고 있다. 한 상자를 24병으로 계산하면 50억8천8백만 병이 제공되었다는 것이다. Watters, *Coca-Cola: The Illustrated History*, 164.

363 Louis and Yazijian, *The Cola Wars*, 61; Munsey, *The Illustrated Guide*, 4.

364 Allen, *Secret Formula*, 246.

365 Pendergrast, *For God, Country and Coca-Cola*, 195.

366 Munsey, *The Illustrated Guide*, 62.

367 이 사건은 12장에서 자세히 다룰 것이다.

9장 코카콜라, '욕망의 제국'

368 E. J. Kahn, Jr. *The Big Drink: An Unofficial History of Coca-Cola* (London: Max Reinhardt, 1960), 1. 칸은 석유를 코카콜라 병에 담으면 1급의 화염병이 된다고까지 주장한다.

369 H. B. Nicholson to Jim Curtis, n. d., in editorial, "Milestones," Coca-Cola Overseas 6/3 (June '53), 1. 20억 갤런의 원액을 이용하면 2,400억 병 이상의 코카콜라를 만들 수 있으며, 만일 코카콜라 병으로 세워놓는다면 이 병들의 길이는 무려 지구를 361.27바퀴를 돌 수 있는 거리가 되었다. "Happenings Around the World," *Coca-Cola Overseas* 6/4 (Aug. 1953), 30.

370 "off Duke's desk," *Coca-Cola Overseas* 2/3 (June 1949), 29.

371 "letter to the editor," W. W. Woodruff; James Farley; Harrison Jones, *Coca-Cola Overseas* 1/2 (August 1948), 31.

372 Ralph Hayes, "letters to the editor…," *Coca-Cola Overseas* 4/5 (October. 1951), 29.

373 W. Hal Roberts, Division Manager for Japan, "letters to the editor…," *Coca-Cola Overseas* 6/6 (December 1953), 30.

374 기 소르망, 『Made in USA』, 민유기·조윤경 옮김 (문학세계, 2004), 290.

375 Victoria de Grazia, *Irresistible Empire: America's Advance through 20th-Century Europe* (Cambridge, Mass.: Belknap Press of Harvard University Press, 2005), 1–3.

376 국가자원계획위원회는 원래 1933년 '국가계획위원회'로 출범하였으며, 1939년 그 이름을 바꾸었다. Diane B. Kunz, *Butter and Guns: America's Cold War Economic Diplomacy* (New York: Free Press, 1997), 6–7.

377 Ibid., 7.

378 원래 아놀드의 글은 "Depression– Not in your Lifetime"라는 제목으로 〈*Collier's Magazine*〉(1953년 4월 25일)에 기고된 것이다. 그런데 Coca-Cola Overseas가 코카콜라에 관한 부분만 재 수록한 것이다. "As Others See Us, …" *Coca-Cola*

Overseas 6/3 (June 1953), 31.

379 V. K. Wellington Koo, "International Trade," *Coca-Cola Overseas* 1/3 (October 1948), 30.

380 H. B. Nicholson, "Economic Route to Friendship," *Coca-Cola Overseas* 5/6 (December 1952), 31.

381 James Farley, "peace and prosperity," *Coca-Cola Overseas* 1/2 (August 1948), 24.

382 Idem, "The American Mission Today," *Coca-Cola Overseas* 7/2 (April 1954), 25–26.

383 Editorial, "A perpetual challenge," *Coca-Cola Overseas* 5/2 (Apr. 1952), 1; editorial, "Building for the future··· today," Coca-Cola Overseas 5/4 (Aug. 1952), 1.

384 J. F. Curtis, "The Overseas Story," *Coca-Cola Overseas* 1/1 (June 1948), 4–5.

385 Ibid., 5.

386 Ibid.

387 Clifford Belcher, representative, "Dealer Education and Home Sampling in Scenic Nassau, The Bahamas," *Coca-Cola Overseas* 4/4 (August 1951), 27 사진참조.

388 "Local Business," *Coca-Cola Overseas* 1/3 (October 1948), 1.

389 James Farley, "A Place in the Community," *Coca-Cola Overseas* 7/5 (October 1954), 1.

390 editorial, "··· A Unique Business," *Coca-Cola Overseas* 5/6 (December 1952), 1.

391 "Washington and Lincoln," *Coca-Cola Overseas* 4/1 (February 1951), 1.

392 "First Citizens," *Coca-Cola Overseas* 2/3 (June 1949), 1.

393 editorial, "time, patience, perseverance," *Coca-Cola Overseas* 4/5 (October 1951), 1.

394 이러한 주장은 여러 번에 걸쳐서 등장하고 있다. "Business Character," *Coca-Cola Overseas* 2/4 (Aug. 1949), 1; "The Value of Roots," *Coca-Cola Overseas* 3/3 (June 1950), 1; editorial, "···in your hands," *Coca-Cola Overseas* 5/5 (Oct. 1952), 1; editorial, "A New Year," *Coca-Cola Overseas* 6/1 (Feb., 1953), 2.

395 "An Adventure in Friendship," *Coca-Cola Overseas* 3/6 (December 1950), 1; Russel McCracken, "The Overseas Story," part three, *Coca-Cola Overseas* 1/4 (December 1948), 28; "Good Will," *Coca-Cola Overseas*, 1/4 (December 1948), 1.

396 "An Adventure in Friendship," *Coca-Cola Overseas* 3/6 (December 1950), 1.

397 Mark Pendergrast, *For God, Country and Coca-Cola*, 2nd ed. (New York: Basic Books, 2000), 239. 그런데 이 퀴즈의 정답자는 우연히도 스위스의 유명한 맥주 제조업자의 아들이었다. 덕분에 그는 부상으로 미국 여행을 공짜로 할 수 있었다.

398 "Off Duke's Desk" *Coca-Cola Overseas* 1/4 (December 1948), 30.

399 "Cairo," *Coca-Cola Overseas* 2/3 (June 1949), 32.

400 Duke Ludwig, "A Visit to Marrakech: Capital of South Morocco," *Coca-Cola Overseas* 5/2 (April 1952), 20–21.

401 Mooson Kwauk, "First Coca-Cola Plant in India," *Coca-Cola Overseas* 4/1 (February 1951), 3, 5–6. 원래는 봄베이에 처음으로 만들려 했으나 공장 건설에 문제가 발생하여 뉴델리로 바꾸었다. 준공식에는 네루Shri Jawaharlal Nehru 수상이 참석했다.

402 editorial, "Opportunities Unlimited," *Coca-Cola Overseas* 7/3 (June 1954), 1.

403 "Economic Route to Friendship," *Coca-Cola Overseas* 5/6 (December 1952), 7.

404 "As Others See Us, . . ," *Coca-Cola Overseas* 6/3 (June 1953), 31.

405 editorial, "Opportunities Unlimited," *Coca-Cola Overseas* 7/3 (June 1954), 1.

406 Joe Rintelen, "New 1956 Pattern Advertising Campaign Goes All Over the World," *Coca-Cola Overseas* 8/5 (Oct. 1955), 20, 22. 필자의 원래 이름은 Joseph W. Rintelen으로 후일 1956년 5월 9일 이사회 모임에서 존 텔리John R. Talley, 니콜슨 2세H. B. Nicholson, Jr.와 더불어 코카콜라 수출회사의 부사장으로 선출되었다. 그는 그 뒤로도 뉴욕 본사 광고부의 책임자 자리를 계속 유지했다. "Happenings Around the World," *Coca-Cola Overseas* 9/3 (June 1956), 29.

407 Joe Rintelen, "New Ideas– New Opportunities in Coca-Cola Advertising," *Coca-Cola Overseas* 9/5 (Oct. 1956), 21.

408 Rintelen, "New 1956 Pattern Advertising Campaign Goes All Over the World," *Coca-Cola Overseas* 8/5 (Oct. 1955), 22.

409 Rintelen, "New Ideas– New Opportunities in Coca-Cola Advertising," *Coca-Cola Overseas* 9/5 (October 1956), 20.

410 "1958 Pattern Book," *Coca-Cola Overseas* 10/5 (October 1957), 12.

411 "Venice & Coca-Cola," *Coca-Cola Overseas* 4/6 (December 1951), 13.

412 "Food for One Year in Norway," *Coca-Cola Overseas* 5/5 (October 1952), 29; "Norway and Coca-Cola," *Coca-Cola Overseas* 5/1 (Feb. 1952), 13, 15.

413 Max Keith, "Coca-Cola is popular again in Western Germany," *Coca-Cola*

Overseas 4:6 (Dec. 1951), 16–18.

414 Duke Ludwig, "A Visit to Marrakech: Capital of South Morocco," *Coca-Cola Overseas* 5/2 (April 1952), 18–19.

415 Henri Spangenberg, Field Representative, "Algiers– When East and West Meet," *Coca-Cola Overseas* 5/3 (June 1952), 33.

416 "Happenings Around the World," *Coca-Cola Overseas* 4/6 (December 1951), 30.

417 Noel Finch and Gordon Christie, "XVI Olympiad, Melbourne, Australia, 1956," *Coca-Cola Overseas* 10/1 (February 1957), 22쪽 그림 설명 참조.

418 "off Duke's desk," *Coca-Cola Overseas* 4/1 (February 1951), 29.

419 "A True Story About the Cover Picture," *Coca-Cola Overseas* 9/6 (December 1956), 28.

420 "Happenings Around the World," *Coca-Cola Overseas* 7/2 (April 1954), 28.

421 Thurman Arnold, "Depression-Not in our Lifetime," *Collier's Magazine* (April 25, 1953), in "As Others See Us…," *Coca-Cola Overseas* 6/3 (June 1953), 31에서 재인용.

422 바르니에, 『문화의 세계화』, 140.

423 Richard Pells, *Not Like Us: How Europeans Have Loved, Hated, and Transformed American Culture Since World War II* (New York: Basic Books, 1997), 200.

10장 '욕망의 제국'의 한계

424 테오도어 아도르노, 막스 호르크하이머, 『계몽의 변증법: 철학적 단상』, 김유동 옮김(문학과지성사, 2001).

425 "Culture Industry Reconsidered," in Theodor W. Adorno, *The Culture Industry*, ed. and with an introduction by J. M. Bernstein (London and New York: Routledge, 1991), 98.

426 아도르노는 또 다른 논문인 "지식사회학의 의식"에서 "자유방침 원칙이 자유주의 아래에서도 단지 경제적 지배를 은폐했을 뿐이며 그에 따라 '문화상품들'의 선택은 본질적으로 지배적인 사회적 이해관계와 일치하느냐 하는 척도에 따라 이루어졌다는 인식이 왜곡된다"고 주장하여, 자본주의에서 '문화상품들'은 지배계급의 이해를 반영할 수밖에 없다고 생각했다. 이 논문은 1937년에 씌어졌으나, 1953년에 가서야 『계몽*Aufklärung*』에 발표되었다. 테오도어 W. 아도르노, 『프리즘: 문화비평과 사회』, 홍승용 옮김(문학동네, 2004), 41.

427 박기성, 『대중문화와 문화산업』(평민사, 1992), 375.

428 Louis and Yazijian, *The Cola Wars*, 74.

429 "I think that without a doubt, the best American ambassador of all is good old 'Coca-Cola.'" "As Others See Us," *Coca-Cola Overseas* 4/6 (December 1951), 31.

430 *Time*, May 15, 1950. 원래 〈타임〉은 코카콜라 사의 실질적 소유주인 우드러프와 인터뷰를 하고 그의 사진을 싣고자했으나, 언론을 극도로 싫어한 그의 거부로 그 대안으로서 파격적으로 코카콜라를 의인화한 그림을 표지모델로 선택하게된 것이다.

431 Richard Pells, *Not Like Us: How Europeans Have Loved, Hated, and Transformed American Culture Since World War II* (New York: Basic Books, 1997), 199.

432 유럽의 미국화에 관한 자료들은 Frank Costigliola, *France and the United States: The Cold Alliance Since World War II* (New York: Twayne, 1992); idem, *Awkward Dominion: American Political, Economic, and Cultural Relations with Europe, 1919- 1933* (Ithaca: Cornell University Press, 1987); Rob Kroes, ed., *Within the U. S. Orbit: Small National Cultures vis-a-vis the United States* (Amsterdam: VU University Press, 1991); idem, *If You've See One, You've Seen the Mall: Europeans and American Mass Culture* (Urbana: University of Illinois Press, 1996); Richard Kuisel, *Seducing the French: The Dilemma of Americanization* (Berkeley: University of California Press, 1993); Edward McCreary, *The Americanization of Europe: The Impact of Americans and American Business on the Uncommon Market* (Garden City, N. Y.: Doubleday, 1964); Ralph Willett, *The Americanization of Germany, 1945-1949* (London: Routledge, 1989) 등을 참조할 것.

433 "off Duke's desk" *Coca-Cola Overseas* 1/1 (June 1948), 30. Louis & Yazijian, *The Cola Wars*, 76.

434 "Happenings Around the World," *Coca-Cola Overseas* 6/2 (April 1953), 30. 이 기사는 현 편집인 브라운Sherman Brown이 전 편집인인 듀크Ludwig Duke에게 부탁하여 작성되었다.

435 "Happenings Around the World," *Coca-Cola Overseas* 6/3 (June 1953), 30.

436 Kuisel, *Seducing the French*, 54.

437 Louis & Yazijian, *The Cola Wars*, 74.

438 롤랑 바르트, 『현대의 신화*Mythologies*』, 이화여자대학교 기호학연구소 옮김 (동문선, 2002), 102.

439 놀랍게도 우연의 일치인지, 마크 와이너 또한 나처럼 코카콜라를 '토템 음료'라는 시각에서 접근하고 있었다. Mark Weiner, "Consumer Culture and Participatory Democracy, the Story of Coca-Cola during World War II," in Carole M. Counihan, ed., *Food in the USA: A Reader* (NY: Routledge, 2002), 123.

440 앞으로 언급하게 될 프랑스에서의 코카콜라 소동에 관한 내용은, 프랑스의 외교문서 및 코카콜라 사의 문서고 자료를 유일하게 이용하고 있는 리차드 카이즐Richard Kuisel 교수의 저서에 많이 의존하고 있다.

441 Kuisel, *Seducing the French*, 37–38.

442 Kuisel, *Seducing the French*, 38–40.

443 Louis Aragon, "Victor Hugo," *Les Lettres française*, 1951년 6월 28일. Kuisel, *Seducing the French*, 41, 38에서 재인용. 〈*Les Lettres française*〉는 프랑스 공산당 기관지의 문예지였다. 그리고 아라공은 이 문예지의 책임자(1953–1972년)였다.

444 Kuisel, *Seducing the French*, 42, 47.

445 Kuisel, *Seducing the French*, 54–55.

446 Kuisel, *Seducing the French*, 55–56.

447 Kuisel, *Seducing the French*, 57–58.

448 Tom Standage, *A History of World in 6 Glasses* (New York: Walker & Company, 2005), 258.

449 Kuisel, *Seducing the French*, 58–59.

450 Kuisel, *Seducing the French*, 61–62.

451 Kuisel, *Seducing the French*, 62.

452 Kuisel, *Seducing the French*, 63–64.

453 Kuisel, *Seducing the French*, 65–67.

454 Kuisel, *Seducing the French*, 68–69.

455 Kuisel, *Seducing the French*, 64–65.

456 *Le Monde*, Nov. 23, 1949, in *Seducing the French*, 64에서 재인용.

457 Kuisel, *Seducing the French*, 63.

458 톰린슨, 『문화제국주의』, 64.

459 Reinhold Wagnleitner, *Coca-Colonization and the Cold War*, trans. Diana Wolf (Chapel Hill: University of North Carolina Press, 1994), 3.

460 *Le Monde*, Dec. 30, 1949, in *Seducing the French*, 65.

461 Pells, *Not Like Us*, 202.

462 "As Others See Us.…" *Coca-Cola Overseas* 7/2 (April 1954), 29. 본문의 내용은 리우 데 자네이루에서 출판되는 잡지인 〈광고와 사업*Publicidade e Negócios*〉 1953년 11월 20일에 실린 펜테아도의 기사를 〈코카콜라 오버시즈〉에 재수록한 것이다.

463 Wagnleitner, *Coca-Colonization and the Cold War*, pp. xii– xiii.

464 Dr. Rudolf Brandes, "Coca-Cola Returns to Austria," *Coca-Cola Overseas* 8/3 (June '55), 14. 브란데스 박사에 의하면, 1955년경, 비인Wien의 코카콜라 보관창고는 소련 점령 지역에 위치했는데 그 덕분에 소련군도 코카콜라를 즐겼다.

465 Wagnleiter, *Coca-Colonization and the Cold War*, 283, 292.

466 Pells, *Not Like Us*, 200; 인용은 Mattiessen, *From the Heart of Europe* (New York: Oxford University Press, 1948), 60.

467 Uta G. Poiger, *Jazz, Rock and Rebels: Cold War Politics and American Culture in a Divided Germany* (Berkeley: University of California Press, 2000), 1–2.

468 Poiger, *Jazz, Rock and Rebels*, 2.

469 Poiger, *Jazz, Rock and Rebels*, 6–7, 11.

470 Jeff R. Schutts, "Born Again in the Gospel of Refreshment? Coca-Colonization and the Re-Making of Postwar German Identity," in David F. Crew, ed., *Consuming Germany in the Cold War* (Oxford and New York: Berg, 2003), 122.

11장 코카콜라와 미국식 소비사회의 세계적 확산

471 Thomas Oliver, *The Real Coke, The Real Story* (New York: Penguin Books, 1986), 46, 58–59; Louis & Yazijian, *The Cola Wars*, 350

472 Pendergrst, *For God, Country and Coca-Cola*, 312.

473 Pendergrast, *For God, Country and Coca-Cola*, 333; Louis & Yazijian, *The Cola Wars*, 351–52; Oliver, 58.

474 Oliver, *The Real Coke, The Real Story*, 58–61, 인용은 60쪽.

475 Ibid., 61.

476 Pendergrast, *For God, Country and Coca-Cola*, 349.

477 Pendergrst, *For God, Country and Coca-Cola*, 352. 그런데 애틀랜타 시의 최대 신문에서는 55–45가 아니라 52–48로 전하고 있다. 즉 '뉴 코크'와 펩시의 선호도 차이가 불과 4% 차이로 줄어드는 것이다. *Atlanta-Journal Constitution*, May 5, 1985, p. 14A. RWW Papers, Box 55, File "Coca-Cola Clippings: Formular Change," Manuscript Collection, RWW Library, Emory University.

478 Pendergrast, *For God, Country and Coca-Cola*, 353–57. 인용은 357쪽.

479 Ibid., 348.

480 코카콜라 사가 '코카콜라 클래식'에서 '클래식'이라는 명칭을 떼기 시작한 것은 '뉴 코크' 소동이 일어난 지 24년이 지난 후였다. 2009년 1월, 소비자들에게는 알려주지도 않고 미국의 남동부 지역에서부터 '클래식'을 생략하기 시작했다. 그리고 그해 여름이면 전 지역에서 그 단어가 사라질 예정이었다. Stephanie Clifford, "Coca-Cola Deleting 'Classic' From Coke Label," *New York Times*, January 31, 2009.

481 Robert J. Foster, *Materializing the Nation: Commodities, Consumption, and Media in Papua New Guinea* (Bloomington & Indianapolis: Indiana University

Press, 2002, 2002), 151–52.

482 Benjamin J. Barber, *Jihad vs. McWorld* (London: Corgi Books, 2003[1995]), 23, 24.

483 Jan Nederveen Pieterse, "Globalization as Hybridization," in *Global Modernities*, eds., Mike Featherstone, Scott Lash and Roland Robertson (London: Sage Publications, 1995), 45.

484 Thomas Friedman, *The Lexus and the Olive Tree* (New York: Farrar Straus Giroux, 1999), 309, 312.

485 Richard Pells, *Not Like Us: How Europeans Have Loved, Hated, and Transformed American Culture Since World War II* (New York: Basic Books, 1997), 326. 스테드는 불운하게도 저 유명한 타이타닉 호를 타고 미국을 가려다가 그 배가 침몰하는 바람에 죽음을 맞이했다.

486 Barber, *Jihad vs. McWorld*, 52.

487 Pells, *Not Like Us*, 278; 프랑스의 경우, Riahcrd Kuisel, *Seducing the French: The Dilemma of Americanization* (Berkeley: University Press of California, 1993)을 참조할 것.

488 제임스 헌터, 조슈아 예이츠, "세계화의 선봉에서–미국적 세계화주의자들의 세계," in 피터 버거 & 새뮤얼 헌팅턴 편, 『진화하는 세계화*Many Globalizations: Clutural Diversity in the Contemporary World*』, 김한영 옮김 (아이필드, 2005), 482.

489 Barber, *Jihad vs. McWorld*, 105.

490 Von Eschen, "Globalizing Popular Culture in the 'American Century,' and Beyond," 57.

491 헌터와 예이츠, "세계화의 선봉에서,"『진화하는 세계화』, 483–84.

492 Pells, *Not Like Us*, 279.

493 Pendergrast, *For God, Country and Coca-Cola*, 448. "Interbrand Best Global Brands 2006," 11. *Interbrand*와 *Business Week*가 2001년부터 공동 조사해왔다. IBM, GE, Intel이 차례로 3, 4, 5위를, 그리고 삼성이 소니[26위]를 제치고 20위를 차지하고 있다.

494 헌터와 예이츠, "세계화의 선봉에서,"『진화하는 세계화』, 481.

495 Neville Isdell, *Inside Coca-Cola: A CEO's Life Story of Building the World's Most Popular Brand* (New York: St. Martin's Griffin, 2011), 117–18.

496 Ibid., 220–21.

497 Friedman, "Big Mac II," *New York Times* (December 11, 1996). 이와 유사한 예가 보이스카우트 학생에게서도 발견된다. 즉 어떤 일본의 보이스카우트 학생이 시카고를 방문할 기회가 있었는데, 맥도널드를 발견하고는 깜짝 놀랐다는 것이다. 왜

냐하면 그 소년은 맥도널드를 일본 기업으로 생각했기 때문이었다. 이처럼 맥도널드가 어느 동네에 개점을 하게 되면, 그 동네사람들은 맥도널드를 당연히 일본의 기업으로 이해한다는 것이다. Emiko Ohnuki-Tierney, "McDonald's in Japan: Changing Manners and Etiquette," in James L. Watson, ed. *Golden Arches East: McDonald's in East Asia*, 2nd ed. (Stanford: Stanford University Press, 2006); 조지 리처, 『맥도날드 그리고 맥도날드화*The McDonaldization of Society*』, 김종덕 옮김 (시유시, 2003), 306-07.

498 헌터와 예이츠, "세계화의 선봉에서," 『진화하는 세계화』, 510-11. 맥도널드의 국제사업본부장인 제임스 켄털루포James Cantalupo도 마찬가지로 맥도널드의 목표가 "가능한 한 지역 문화의 일부가 되는 것"이라면서, "사람들이 우리를 다국적이라고 부르는 것"에 거부감을 표시하면서, "맥도널드는 새 매장을 열 때 지역의 공급자와 지역의 동업자를 찾기 위해 많은 노력을 하는 것을 의미하는 다지역적이라고 부르는 것을 좋아한다"고 털어놓고 있다. 조 킨첼로, 『버거의 상징: 맥도널드와 문화권력 *The Sign of the Burger: McDonald's and the Culture of Power*』, 성기완 옮김(아침이슬, 2004), 196.

499 William Marling, "Globalisms: Imaginary and Real," *American Studies* vol. 41, no. 2/3 (Spring/Fall 2000), 321 쪽에서 재인용.

500 헌터와 예이츠, "세계화의 선봉에서," 『진화하는 세계화』, 496.

501 Ibid., 509.

502 Barber, *Jihad vs. McWorld*, 62.

503 헌터와 예이츠, "세계화의 선봉에서," 『진화하는 세계화』, 529.

504 Constance L. Hays, *The Real Thing: Truth and Power at the Coca-Cola Company* (New York: Random House, 2004), 38, 30. 아이베스터는 *Fortune*에 의해 21세기형 최고경영자의 모델로 묘사되기도 했다. Pendergrast, *For God, Country and Coca-Cola*, 429.

505 Ibid, 72, 69.

506 피터 버거, "세계화의 문화적 원동력," 『진화하는 세계화』에서, 21.

507 부다페스트의 Foote Cone & Belding의 판매책임자인 Martin Hoffmann의 관찰이다. Jared Salter, "From Karl Marx to Trademarks," June 19, 2006, http://www.brandchannel.com/print_page.asp?ar_id=140&section=bra...

508 Pells, *Not Like Us*, 200-201; Pendergrast, *For God, Country and Coca-Cola*, 391.

509 Isdell, *Inside Coca-Cola*, 123-24.

510 킨첼로, 『버거의 상징: 맥도날드와 문화권력』, 140쪽에서 재인용. 뉴욕 시에 본부를 둔 〈마드모아젤〉 잡지는 젊은 여성을 대상으로 1935년에 창간되었으나 시대적 조류

를 좇아가지 못해 2001년 11월호를 마지막으로 폐간되었다. http://en.wikipedia.org/wiki/Mademoiselle_(magazine)

1992년 4월 베이징의 천안문 부근에 중국 최초의 맥도날드 매장이 문을 열었을 때도 모스크바의 경우와 유사한 일이 일어났다. 이 매장은 무려 7백 개의 의자와 29명의 종업원이 동시에 계산을 할 수 있는 현금등록기를 구비하고 있었다. 사회주의 국가에서 자본주의 방식의 구경거리가 제공된 것이다. 개방된 주방, 깔끔한 차림의 종업원들, 자그마한 봉투에 넘칠 듯 들어있는 감자튀김, 선물을 받을 때나 볼 수 있었던 포장지로 싸여져 있는 햄버거, 이 모든 것들이 맥도날드가 "먹는 경험"을 "감탄으로서의 삶"에 결부시켜 중국인들에게 정교하게도 "미국식 자유"를 맛보게 한 것이다. 여기 바로 맥도날드 매장에 빅맥과 더불어 코카콜라가 그들에게 먹는 즐거움을 더해주고 있었다. 킨첼로, 같은 책, 115.

511 Isdell, *Inside Coca-Cola*, 126.

512 Ibid., 136, 140.

513 Ibid, 133.

514 Ibid, 127–28.

515 Hays, *The Real Thing*, 141–142, 247.

516 Pendergrast, *For God, Country and Coca-Cola*, 391; David Greising, *I'd Like the World to Buy a Coke: The Life and Leadership of Roberto Goizueta* (New York: John Wiley and Sons, Inc., 1997), 170; Standage, *A History of the World in 6 Glasses*, 261.

517 Greising, *I'd Like the World to Buy a Coke*, 172. 고이수에타의 이러한 주장은 런던의 *Financial Times*와의 1980년 10월 1일자 인터뷰에서 드러났다. 또한 *New York Times*도 1981년 4월 16일자 기사 제목을 통해 코카콜라가 중국에 "맛있는 행복"을 팔고 있다고 언급했다. RWW Papers, Box 111 and Box 112, File "Goizueta, Roberto C. (1974–1980)," Manuscript Collection, RWW Library, Emory University.

518 토머스 L. 프리드먼, 『Code Green: 뜨겁고 평평하고 붐비는 세계』, 이영민·최정임 옮김 (21세기북스, 2008), 102.

519 Glenn Collins, "Coke Drops 'Domestic' and Goes One World," *New York Times*, January 13, 1996.

12장 새천년을 전후한 코카콜라 사의 위기

520 코카콜라 사의 1988년 연례보고서Annual Report는 표지서부터 최고경영자가 커다란 세계 지도를 배경으로 웃고 있는 사진을 싣고 있었으며, 본문의 내용의 순서도 미국에 앞서 여러 국제 지역권의 업적부터 소개하여 코카콜라 사의 사업이 '글로벌

비즈니스'임을 강조하고 있었다. Pendergrast, *For God, Country and Coca-Cola*, 380, 388, 394; 1992 Coca-Cola Annual Report in Barber, *Jihad vs. McWorld*, 68.

521 Pendergrast, *For God, Country and Coca-Cola*, 410에서 인용; Greising, *I'd Like the World to Buy a Coke*, 172–173.

522 Isdell, *Inside Coca-Cola*, 153. 펜더그래스트는 43억 달러에서 1,450억 달러로 코카콜라 사의 시장 가치가 폭증했다고 기록한다. *For God, Country and Coca-Cola*, 423.

523 Hays, *The Real Thing*, 322–323; Pendergrast, *For God, Country and Coca-Cola*, 430.

524 코카콜라 엔터프라이스 사는 1998년까지 영국, 프랑스, 룩셈부르크 및 벨기에에서의 코카콜라 보틀링 사업체를 사들였다.

525 Hays, *The Real Thing*, 263–264.

526 Ibid., 267–68.

527 Ibid., 268–69; Pendergrast, *For God, Country and Coca-Cola*, 432.

528 Hays, *The Real Thing*, 269–270.

529 Ibid., 270.

530 Ibid., 271.

531 Ibid., 272.

532 Ibid., 273.

533 Pendergrast, *For God, Country and Coca-Cola*, 433; Hays, *The Real Thing*, 275–276.

534 Isdell, *Inside Coca-Cola*, 158–61; Daniel Fisher, "Gone flat," www.forbes.com/global/2001/1015/042.html

535 Isdell, *Inside Coca-Cola*, 143–44; Pendergrast, For God, Country and Coca-Cola, 392; Amy Waldman, "India Tries to Contain Tempest Over Soft Drink Safety," *New York Times*[이하 NYT로 표시함] (August 23, 2006).

536 Rai, "Move in India" NYT (August 15, 2006); Gentleman, "International Business," NYT (August 23, 2006).

537 Isdell, *Inside Coca-Cola*, 146–47, 150.

538 Amelia Gentleman, "International Business: Coke and Pepsi Try to Reassure India That Drinks Are Safe," NYT (August 8, 2006). 또 전반적인 사태의 원인과 결과에 대해서는 〈한겨레 21〉 627호 (2006년 9월 19일) 특집 기사인 "콜라 고 홈: 퇴출 위기에 처한 탄산의 제국"을 참조할 것.

539 Amelia Gentleman, "For 2 Giants of Soft Drinks, a Crisis in a Crucial

Market," NYT (August 23, 2006).

540 Saritha Rai, "Move in India to Ban Coke and Pepsi Worries Industry," NYT (August 15, 2006).

541 Gentleman, "International Business," NYT (August 8, 2006)

542 Rai, "Move in India to Ban Coke and Pepsi Worries Industry," NYT (August 15, 2006).

543 Waldman, "India Tries to Contain Tempest Over Soft Drink Safety,"NYT (August 23, 2006); Gentleman, "For 2 Giants of Soft Drinks," NYT (August 23, 2006).

544 Rai, "Move in India to Ban Coke and Pepsi Worries Industry," NYT (August 15, 2006).

545 Gentleman, "International Business," NYT (August 8, 2006); idem, "For 2 Giants of Soft Drinks," NYT (August 23, 2006).

546 Gentleman, "International Business," NYT (August 8, 2006).

547 〈한겨레〉, 1995년 4월 27일.

548 Ray Spencer, Manila, Oct. 12, 1945, *T. O. Digest*, vol. 1, no. 8, p. 1. Pendergrast Papers, Box 25 of 32, Woodruff Library, Emory University.

549 "Off Duke's desk," *Coca-Cola Overseas* 4/3 (June 1951), 29.

550 이하의 내용은 대부분 롯데칠성음료 50년사 편찬위원회, 『롯데칠성음료 50년사』(서울, 2000), 60-63에 의존하고 있다.

551 박금순, "권두언: 코카콜라 시비," 〈소비자 보호 뉴우스〉, 5호 (1968), p. 5. 박금순은 훗날 '한국부인회'의 2대 및 4대 회장을 역임했다.

552 이하의 내용은 대부분 다음과 같은 신문기사들을 참조하여 만들었다. 〈매일경제〉, 1998년 4월 11일, 1면; 〈경향신문〉, 1998년 5월 5일, 9면; 〈동아일보〉, 1998년 5월 15일, 26면; 〈매일경제〉, 1998년 7월 15일, 1면; 〈한국일보〉, 1998년 8월 4일, 23면; 〈한겨레〉, 1999년 1월 19일, 9면; 〈매일경제〉, 1999년 6월 26일; 〈서울경제〉, 2002년 7월 19일; 〈한국경제〉, 2003년 3월 10일, 1면; 〈한국경제〉, 2003년 6월 5일; 〈매일경제〉, 2005년 3월 31일; 〈오마이뉴스〉, 2006년 1월 5일.

553 *Atlanta Journal-Constitution* (October 10, 2001), A11 사진 참조; *Atlanta Journal-Constitution* (October 22, 2001), A10.

나오는 글

554 Mark Bittman, "Coke Blinks," *New York Times*, January 22, 2013; Stephanie Strom, "In Ads, Coke Confronts Soda's Link to Obesity," *New York Times*, January 14, 2013.

555 아래의 내용은 KBS 뉴스 프로그램인 'Global 24'의 2013년 9월 25일자 방송에 많이 의존하고 있다. 또한 Elizabeth Malkin, "President of Mexico Proposes Tax Overhaul," *New York Times*, September 8, 2013; Jane E. Brody, "A Tax to Combat America's Sugary Diet," *New York Times*, April 5, 2010 도 참조할 것.

556 '최고의 글로벌 브랜드' 10위 순위 안에 정보기술 분야의 회사가 절반이나 포함되어 있다. 예컨대 마이크로소프트가 5위, 삼성이 8위, 인텔이 9위에 자리 잡고 있다. 그러나 모든 정보기술 회사들이 도약한 것은 아니었다. 블랙베리는 2011년 56위에서 작년에는 93위로, 그리고 올해는 아예 100위권 밖으로 사라졌다. 노키아 또한 2011년 14위에서 작년에는 19위로, 올해는 무려 57위로 추락했다. 이 분야의 경쟁이 치열한 결과 때문이기도 하다. Stuart Elliot, "Apple Passes Coca-Cola as Most Valuable Brand," *New York Times*, September 29, 2013. http://www.interbrand.com/en/news-room/press-releases/2013-09-30-d355afc.aspx

557 Josef Joffe, "The U. S. Is Still No. 1," *New York Times*, April 25, 1995, A23.

찾아보기

ㅂ

ㅅ

ㅌ

ㅍ

김덕호는 성균관대학교 사학과를 졸업한 후, 서강대학교 대학원과 노스웨스턴대학교 대학원에서 석사학위를 받았으며, 뉴욕주립대학교(스토니 브룩)에서 미국의 금주법과 관련된 논문으로 박사학위를 받았다. 주요 저서로 『근대 엔지니어의 탄생』(공저, 에코리브르, 2013), 『아메리카나이제이션』(공편, 푸른역사, 2008)), 『현대 미국의 사회운동』(공편, 비봉출판사, 2001) 등이 있고, 역서로는 『있는 그대로의 미국사』(공역, 휴머니스트, 2011), 『옥스퍼드 유럽 현대사』(공역, 한울, 2003) 등이 있다. 현재는 한국기술교육대학교 교양학부에서 강의와 연구를 하고 있다.

욕망의 코카콜라

초판 1쇄 인쇄일 2014년 1월 8일
초판 1쇄 발행일 2014년 1월 13일

지은이 김덕호

발행처 지호출판사
발행인 장인용
출판등록 1995년 1월 4일
등록번호 제10-1097호
주소 경기도 고양시 일산동구 호수로 662 삼성라끄빌 912호
전화 031-903-9350
팩시밀리 031-903-9969
이메일 chihobook@naver.com

ISBN 978-89-5909-073-0